Unternehmensmobilität im EU-Binnenmarkt

ZGR-Sonderheft 26

ZEITSCHRIFT FÜR UNTERNEHMENS- UND GESELLSCHAFTSRECHT

Begründet von
Marcus Lutter und Herbert Wiedemann

Herausgegeben von
Alfred Bergmann, Ingo Drescher, Holger Fleischer,
Stephan Harbarth, Jens Koch, Gerd Krieger,
Hanno Merkt, Christoph Teichmann, Jochen Vetter,
Marc-Philippe Weller, Hartmut Wicke

Sonderheft 26

DE GRUYTER

Unternehmensmobilität im EU-Binnenmarkt

DE GRUYTER

ISBN 978-3-11-078080-2
e-ISBN (PDF) 978-3-11-078089-5
e-ISBN (EPUB) 978-3-11-078099-4

Library of Congress Control Number: 2022943461

Bibliografische Information der Deutschen Nationalbibliothek
Die Deutsche Nationalbibliothek verzeichnet diese Publikation in der Deutschen Nationalbibliografie; detaillierte bibliografische Daten sind im Internet über http://dnb.dnb.de abrufbar.

Druck und Bindung: CPI books GmbH, Leck

www.degruyter.com

Inhalt

Christoph Teichmann und Ralf Knaier*

Grenzüberschreitende Umwandlungen zwischen Primärrecht und Sekundärrecht

Zusammenfassung: Das Recht der grenzüberschreitenden Unternehmensumwandlungen hat in den vergangenen Jahren für großes Aufsehen gesorgt. Zahlreiche Entscheidungen mitgliedstaatlicher Gerichte befassten sich mit deren Zulässigkeit und den Modalitäten des Verfahrens. In mehreren Entscheidungen setzte sich schließlich der EuGH mit der Frage auseinander, inwieweit und wie grenzüberschreitende Umwandlungen von den Gewährleistungen der primärrechtlichen Niederlassungsfreiheit geschützt werden (II.). Wenngleich damit der Weg für grenzüberschreitende Strukturmaßnahmen bereitet war, konnte er regelmäßig nicht ohne das aufwendige Überwinden zahlreicher Stolpersteine beschritten werden. Eine kaum überschaubare Flut von Literatur aus Wissenschaft und Praxis behandelte in der Folge zahlreiche Einzelfragen und die großen Linien des grenzüberschreitenden Umwandlungsrechts. Immer klarer wurde dabei, dass auf Dauer kein Weg an einer sekundärrechtlichen Kodifikation, die mit der Mobilitätsrichtlinie 2019 Realität wurde, vorbeiführte. Durch diese wird zwar einige Rechtssicherheit hinzugewonnen, doch ist damit längst nicht das letzte Wort gesprochen. Einige Probleme lässt auch die umfangreiche Kodifikation ungeregelt und für die Zukunft dürfte weder dem EuGH noch Wissenschaft und Praxis das Fallmaterial ausgehen, wenn an diesen offenen Baustellen das Spannungsverhältnis von Sekundär- und Primärrecht elaboriert werden muss (III.). Letztlich muss man in einer globalisierten Welt auch über den Tellerrand der EU hinausschauen und sich die Frage stellen, wie Umwandlungen unter Beteiligung von Unternehmen aus weiteren Staaten realisiert werden könnten (IV.).

Abstract: The paper analyses the development regarding the rules on cross-border conversions on the national and the European level. Following a number of

* Der Text beruht auf dem Vortrag von Teichmann bei der ZGR-Sondertagung zum UmRUG am 8. Oktober 2022 in Würzburg, der inhaltlich erweitert und um Fundstellenhinweise ergänzt wurde. Der Autor Teichmann ist Inhaber des Lehrstuhls für Bürgerliches Recht, Deutsches und Europäisches Handels- und Gesellschaftsrecht an der Julius-Maximilians-Universität Würzburg. Außerdem ist er Mitglied der Informal Company Law Expert Group (ICLEG) zur Beratung der Europäischen Kommission und der vom BMJ eingesetzten Expertengruppe zur Umsetzung der Umwandlungsrichtlinie. Der Autor Knaier ist an diesem Lehrstuhl wissenschaftlicher Mitarbeiter und wissenschaftlicher Referent am Deutschen Notarinstitut in Würzburg.

https://doi.org/10.1515/9783110780895-001

national judgments on the admissibility of cross-border conversions, the European Court of Justice finally elaborated the requirements and the procedure of cross-border conversions in the light of the European freedom of establishment (below II.). The landmark decisions of the ECJ, however, did not solve the question as to how a cross-border conversion should be organized in practice. Papers from academics and practitioners discussed the relevant issues in abundance. Finally, it became clear that secondary law was needed, which saw the light of the day in 2019 when the mobility directive was adopted. This directive offers a reliable framework for cross-border conversions of private companies, but it did not mention partnerships and divisions by acquisition. As primary law also covers these types of cross-border conversions, the interrelationship between primary and secondary law needs to be discussed (below III.). Finally, in a globalized world cross-border conversions with third countries should also be taken into account (below IV.).

Inhaltsübersicht

I. Einführung

Die 2019 erlassene sog. Mobilitätsrichtlinie[1] regelt mehrere Varianten der grenzüberschreitenden Umwandlung: den Formwechsel, die Spaltung und die Verschmelzung über die Grenze. Ihnen ist gemeinsam, dass sich mit der verfahrensabschließenden Handelsregistereintragung – bei grenzüberschreitender Verschmelzung und Spaltung zumindest für einen der beteiligten Rechtsträger oder den neuen Rechtsträger – das anwendbare Gesellschaftsrecht ändert. Insoweit stellen sich zwar grundsätzlich dieselben Regelungsfragen wie bei einer innerstaatlichen Umwandlung. Es kommt aber eine zusätzliche Komplexitätsstufe hinzu, weil sich die Anknüpfung des anwendbaren Rechts ändert.

Ein Wechsel des anwendbaren Rechts war und ist für Gesellschaften bereits auf Grundlage des Primärrechts, also auch ohne den Erlass einer Richtlinie, möglich. Die in Artikel 49 und 54 AEUV geregelte Niederlassungsfreiheit gibt einer Gesellschaft das Recht, die Anknüpfung zum Heimatstaat zu lösen und sich einer anderen Rechtsordnung zu unterstellen, ohne sich deswegen auflösen und neu gründen zu müssen. Der so definierte Schutzbereich der Niederlassungsfreiheit umfasst alle Umwandlungsformen, die auch innerstaatlich zugelassen sind, also nicht nur den Formwechsel, sondern auch die Verschmelzung und die Spaltung. Dies lässt sich der Entscheidungsreihe *Sevic*,[2] *Cartesio*,[3] *Vale*[4] und *Polbud*[5] entnehmen (vgl. nachfolgend *unter II.*).

Streng genommen hat die Richtlinie also keine neuen Gestaltungsmöglichkeiten eröffnet – sie liefert eher den verfahrensrechtlichen „Leitfaden" für Umwandlungsformen, die primärrechtlich bereits gewährleistet sind. Die Praxis wird es zu schätzen wissen. Denn eine grenzüberschreitende Umwandlung ohne flankierendes Verfahrensrecht durchführen zu wollen, ist ein mühseliges Unter-

---

1 Richtlinie des Europäischen Parlaments und des Rates zur Änderung der RL (EU) 2017/1132 in Bezug auf grenzüberschreitende Umwandlungen, Verschmelzungen und Spaltungen, ABl. EU Nr. L 321/2019, 1; hierzu Knaier in Rupp, IPR zwischen Tradition und Innovation, Tübingen 2020, S. 103; Heckschen/Stelmaszczyk, BB 2020, 1734; Brehm/Schümmer, NZG 2020, 538; Förster, DStR 2020, 865; Habersack, ZHR 186 (2022), 1; Kainer/Persch, EuR 2021, 454; Müller-Bonanni/Jenner/Thomas, NZG 2021, 764; M. Noack, ZGR 2020, 90; J. Schmidt in FS Hopt, 2020, S. 1097; J. Schmidt in FS Krieger, 2020, S. 841; Schollmeyer, ZGR 2020, 62; Schollmeyer, AG 2019, 541; Schurr, EuZW 2019, 539; Stelmaszczyk, GmbHR 2020, 61; Stelmaszczyk, ZIP 2019, 2437.

2 EuGH v. 13.12.2005, SEVIC Systems, C-411/03, ECLI:EU:C:2005:762, ZIP 2005, 2311.

3 EuGH v. 16.12. 2008, Cartesio, C-210/06, ECLI:EU:C:2008:723, DNotZ 2009, 553 = ZIP 2009, 24.

4 EuGH v. 12.07.2012, Vale, C-378/10, ECLI:EU:C:2012:440, NJW 2012, 2715 = EuZW 2012, 621 Anm. Behrens.

5 EuGH v. 25.10.2017, Polbud, C-106/16, ECLI:EU:C:2017:804, NJW 2017, 3639.

fangen. Nicht jeder Rechtspfleger ist begeistert, wenn er eine Transaktion im Register eintragen soll, deren einzige normative Grundlage der Vertrag über die Arbeitsweise der Europäischen Union ist. Den Rahmen des Machbaren stecken doch hierzulande immer noch das Gesetz und die Handelsregisterverordnung ab und nicht etwa der Europäische Gerichtshof.[6] Berichte aus der Praxis belegen, dass schon die Ankündigung, sich die Eintragung notfalls gerichtlich erkämpfen zu müssen, viele Mandanten von der geplanten Umwandlung Abstand nehmen lässt. Wenn dann auch noch damit zu rechnen ist, dass Minderheitsgesellschafter, Gläubiger oder Arbeitnehmer ihre Interessen aktiv verteidigen, wird man sich ohne klaren Rechtsrahmen erst recht nicht an eine grenzüberschreitende Umwandlung heranwagen. Bislang jedenfalls betrafen die bekannt gewordenen Fälle des grenzüberschreitenden Formwechsels soweit ersichtlich allesamt kleine Gesellschaften, bei denen kein Konfliktpotenzial bestand.[7]

Die Richtlinie bietet nun ausgefeilte Regelungen für den Schutz von Minderheitsgesellschaften, Gläubigern und Arbeitnehmern (dazu die Beiträge von *Krenek*, *J. Schmidt*, *Schubert* und *Thole* in diesem Band). Man mag beklagen, dass das Verfahren dadurch mühselig und schwerfällig geworden ist. Indessen liegt dies zum Teil schlicht an der Komplexität der Materie: Es sind mehrere Stakeholder-Gruppen beteiligt und es handelt sich um eine Umwandlung, bei der mindestens zwei Rechtsordnungen zu beachten sind.

Wer die einschlägigen Entscheidungen des EuGH kennt, der wird bei einem Blick auf die Richtlinie erkennen: Hier handelt es sich gewissermaßen um geronnene EuGH-Rechtsprechung. Der rote Faden, der sich durch die Richtlinie zieht, wurde vom EuGH gezogen – in den Entscheidungen *Sevic* (grenzüberschreitende Verschmelzung), *Vale*, *Cartesio* und *Polbud* (grenzüberschreitender Formwechsel). Die grenzüberschreitende Umwandlung vollzieht sich in einer

6 Dies belegen die Erfahrungen mit der Durchführung von grenzüberscheitenden Formwechseln vor Erlass der Mobilitätsrichtlinie. Dass dessen Zulässigkeit sich bereits aus der *Sevic*-Entscheidung (2005) ergibt, wurde geflissentlich ignoriert, ebenso das deutliche *obiter dictum* der *Cartesio*-Entscheidung aus 2008 (siehe nur OLG Nürnberg, ZIP 2012, 272: Unzulässigkeit der grenzüberschreitenden Sitzverlegung); erst nach der *Vale*-Entscheidung von 2012 öffneten sich deutsche Oberlandesgerichte für den grenzüberschreitenden Formwechsel (vgl. OLG Nürnberg, GmbHR 2014, 96), was einzelne Handelsregister nicht davon abhielt, weiterhin Widerstand zu leisten (vgl. OLG Düsseldorf, NZG 2017, 1354). Zur EuGH-Rechtsprechung vgl. eingehend *unter II.* in diesem Beitrag.

7 Vgl. die empirische Studie von Biermeyer/Meyer-Erdmann, Cross-border Corporate Mobility in the EU, 2021 (abrufbar auf ssrn.com), wonach die Unternehmen, die bislang einen grenzüberschreitenden Formwechsel vollzogen haben, zumeist nur zwischen 1 und 5 Arbeitnehmern hatten (ebda., S. 57).

sukzessiven Anwendung der beteiligten Rechtsordnungen, das ist O-Ton EuGH[8] und wird in der Richtlinie ausbuchstabiert durch Ordnung der Verfahrensschritte im Wegzugs- und im Zuzugsstaat (näher ausgeführt von *Heckschen* in diesem Band).

Ob dieses Ausbuchstabieren immer exakt den Linien der Niederlassungsfreiheit folgt, wird in den nächsten Monaten und Jahren bei der weiteren Durchdringung der Materie immer wieder eine offene Frage sein. Die Richtlinie ermöglicht die Umwandlung nicht nur, sie legt ihr auch ganz erhebliche Hindernisse in den Weg. In diesem Band erläutern dies die Beiträge von *Thole* zum Gläubigerschutz sowie von *Krenek* und *J. Schmidt* zum Minderheitenschutz. Liegen darin Beschränkungen der Niederlassungsfreiheit, die der EuGH einem strengen Rechtfertigungstest unterziehen wird? Oder findet die Niederlassungsfreiheit womöglich – umgekehrt – gar keine Anwendung? Es geht ja nur um sog. Wegzugsfälle, bei denen man vielleicht nicht so genau hinschauen muss.[9] Diesen Fragen wird im dritten Teil nachgegangen (*unter III.*), bevor noch ein Blick auf grenzüberschreitende Umwandlungen mit Gesellschaften aus Drittstaaten zu werfen ist (*unter IV.*).

II. Grenzüberschreitende Umwandlungen unter dem Schutz der Niederlassungsfreiheit

1. Niederlassungsfreiheit im Kontext der Grundfreiheiten

Im Gesellschaftsrecht wird die Niederlassungsfreiheit häufig als Garant für unbegrenzte Gestaltungsfreiheit verstanden: Freie Rechtswahl, ungehinderte Ausbreitung von Briefkastengesellschaften, Wettbewerb der Rechtsordnungen[10] – all dies verbinden wir mit dem Schlagwort der Niederlassungsfreiheit.[11]

---

8 EuGH v. 12.07.2012, Vale, C-378/10, ECLI:EU:C:2012:440, Rn. 37: „Solche Umwandlungen setzen nämlich die sukzessive Anwendung von zwei nationalen Rechtsordnungen voraus."

9 Die (unzutreffende) Auffassung, Wegzugsfälle seien nicht von der Niederlassungsfreiheit erfasst, findet sich bis in die jüngere Zeit in der Literatur (vgl. m.w.Nachw. TEICHMANN in: Gebauer/Teichmann, EnzEuR, Band 6, Europäisches Privat- und Unternehmensrecht, 2. Aufl., 2022, § 9 Rn. 36).

10 Siehe zum Wettbewerb der Gesellschaftsrechtsordnungen BAYER, BB 2003, 2357; EIDENMÜLLER, ZIP 2002, 2233; LEUERING, ZRP 2006, 201; monographisch hierzu etwa KIENINGER, Wettbewerb der Privatrechtsordnungen im Europäischen Binnenmarkt, 2002 und HEINE, Regulierungswettbewerb im Gesellschaftsrecht, 2003; zum vertikalen Regulierungswettbewerb zwischen nationalen und supranationalen Rechtsformen im unionalen Gesellschaftsrecht BACHMANN, in:

In der unionsrechtlichen Literatur sieht man ihre Funktion etwas anders. Die Niederlassungsfreiheit konstituiert als eine von vier Grundfreiheiten den Binnenmarkt. Dieser ist definiert als ein Raum ohne Binnengrenzen, in dem der freie Verkehr von Waren, Personen, Dienstleistungen und Kapital gewährleistet ist (Artikel 26 Abs. 2 AEUV). Dass die Grundfreiheiten im Zentrum der rechtlichen Ausgestaltung des Binnenmarktes stehen, offenbart zweierlei: Es geht um grenzüberschreitende Privatautonomie, um das Ideal einer marktgemäßen Selbststeuerung und um optimale Allokation von Produktionsfaktoren.[12]

Unter einer Niederlassung versteht der EuGH die tatsächliche Ausübung einer wirtschaftlichen Tätigkeit mittels einer dauerhaften und festen Einrichtung.[13] Daran hält er weiterhin fest. Die jüngere Rechtsprechung, selbst die sehr liberale *Polbud*-Entscheidung, weicht davon nicht ab.[14] Artikel 49 Unterabs. 2 AEUV präzisiert: Es geht um die Aufnahme und Ausübung einer selbstständigen Erwerbstätigkeit nach den Bestimmungen des Aufnahmestaates für seine eigenen Angehörigen. Geschützt ist, mit anderen Worten, die Eingliederung in die Rechts- und Wirtschaftsordnung eines anderen Mitgliedstaates.[15]

Mit dem Erfordernis einer selbstständigen Erwerbstätigkeit mittels einer festen Einrichtung positioniert der Gerichtshof die Niederlassungsfreiheit im Kontext der anderen Grundfreiheiten: Die dauerhafte und feste Einrichtung unterscheidet die Niederlassung von der Dienstleistung.[16] Die selbstständige Tätigkeit grenzt sie von der Arbeitnehmerfreizügigkeit ab.[17] Insgesamt prägen die vier Grundfreiheiten – also die Freiheit von Waren, Personen, Dienstleistungen und Kapital – den europäischen Binnenmarkt.

FS Hommelhoff, 2012, S. 21; zur GmbH im europäischen Wettbewerb der Rechtsformen Teichmann, ZGR 2017, 543; zum kontinentaleuropäischen Gesellschaftsrecht im Wettbewerb der Rechtsordnungen Bormann/Stelmaszczyk, ZIP 2018, 764; zur UG (haftungsbeschränkt) im Wettbewerb der Rechtsordnungen Knaier, GmbHR 2018, 1181.

11 Siehe nur Kieninger, NJW 2017, 3624 ff. (Besprechung der Polbud-Entscheidung); Kahnert, Rechtsetzung im Europäischen Gesellschaftsrecht, 2012, S.109 ff.; Klöhn, RabelsZ 2012, 276 ff.; Teichmann, ZGR 2017, 543 ff.

12 Kainer, in: Müller-Graff (Hrsg.), EnzEuR, Band 4, Europäisches Wirtschaftsordnungsrecht, 2. Aufl., 2021, § 4 Rn. 1 ff. (m.w.Nachw.); Ludwigs, in: Dauses/Ludwigs, Handbuch des EU-Wirtschaftsrechts, 55. EL Januar 2022, E. I. Rn. 1 ff.

13 Wendland, in: Müller-Graff (Hrsg.), EnzEuR, Band 4, Europäisches Wirtschaftsordnungsrecht, 2. Aufl., 2021, § 3 Rn. 7 (m.w.Nachw.).

14 Zur dogmatischen Einbettung der *Polbud*-Entscheidung in das Konzept der Niederlassungsfreiheit als einer Gewährleistung der tatsächlichen Ansiedlung in einem anderen EU-Mitgliedstaat Teichmann/Knaier, GmbHR 2017, 1314 ff.; außerdem weiter unten im Text (*unter II.2.*).

15 Kainer (o.Fn. 11), § 4 Rn. 6; Ludwigs (o.Fn. 11), E.I. Rn. 18.

16 Ludwigs (o.Fn. 11), E.I. Rn. 40 (m. w. N.).

17 Wendland (o.Fn. 12), § 3 Rn. 11.

Von Umwandlungen ist in Artikel 49 AEUV nicht die Rede. Das ist verständlich, denn bei natürlichen Personen gibt es keine rechtliche Konfiguration, die sich in der Weise ändern könnte wie bei einer Gesellschaft.[18] Überdies ist eine gesellschaftsrechtliche Umwandlung streng genommen ein Vorgang, der sich allein in der Gedankenwelt der Juristen abspielt und auf den Tatbestand der dauerhaften und festen Einrichtung keinerlei Auswirkung hat. Auf dem Fabrikgelände in Südfrankreich wird allenfalls das Türschild ausgetauscht, wenn der Unternehmensträger von einer französischen S.A. in eine deutsche AG umgewandelt wurde. Der eigentliche Gehalt dessen, was eine Niederlassung ausmacht, wird davon nicht tangiert. Es verwundert also nicht, dass Umwandlungen in Artikel 49 AEUV keine Erwähnung finden.

Die Niederlassungsfreiheit von Gesellschaften ist bekanntlich nicht in Artikel 49 AEUV geregelt, sondern in Artikel 54 AEUV. Die Kernaussage dieser Vorschrift erschöpft sich allerdings in einem Verweis auf Artikel 49 AEUV. Gesellschaften stehen den natürlichen Personen gleich. Wenn also eine Umwandlung bei natürlichen Personen schon denklogisch nicht vorkommt und auch begrifflich wenig mit einer Niederlassung zu tun hat, dann ist das möglicherweise kein Vorgang, der von der Niederlassungsfreiheit geschützt wäre. Der EuGH sieht es bekanntlich anders. Wie kommt er darauf?

2. Der Niederlassungscharakter einer grenzüberschreitenden Umwandlung

In der Rechtssache *Sevic Systems*[19] legte das Landgericht Koblenz dem Gerichtshof die Frage vor, ob eine grenzüberschreitende Verschmelzung auch dann eingetragen werden müsse, wenn das inländische Umwandlungsrecht nur eine Umwandlung von Rechtsträgern mit Sitz im Inland vorsieht. Darin waren im Kern schon alle hier interessierenden Aspekte enthalten: (1) Unterliegt der Vorgang der grenzüberschreitenden Verschmelzung überhaupt der Niederlassungsfreiheit? (2) Kann sich ein Mitgliedstaat darauf berufen, dass es dafür keine Verfahrensregeln gibt?

Die erste Antwort des Gerichtshofes ist glasklar: Die Vorschriften über die Niederlassungsfreiheit sind auf eine grenzüberschreitende Verschmelzung an-

---

18 Eine gewisse Parallele findet sich in der rechtlichen Zuordnung einer natürlichen Person, wie sie in der Staatsangehörigkeit zum Ausdruck kommt (eingehend TEICHMANN, FS Hommelhoff, 2012, S. 1213 ff.). Man könnte die grenzüberschreitende Umwandlung einer Gesellschaft insoweit mit dem Wechsel der Staatsangehörigkeit bei einer natürlichen Person vergleichen (vgl. hierzu nachfolgend *unter II.4.*).

19 EuGH v. 13.12.2005, SEVIC Systems, C-411/03, ECLI:EU:C:2005:762; dazu DORALT, IPRax 2006, 572; TEICHMANN, ZIP 2006, 355.

wendbar.[20] Denn, so der Gerichtshof, es geht bei der Niederlassungsfreiheit um „den Zugang zu einem anderen Mitgliedstaat als dem Sitzmitgliedstaat und die *Ausübung einer wirtschaftlichen Tätigkeit in jenem Staat.*"[21] Weiterhin heißt es: Es gehe bei der Niederlassungsfreiheit um Maßnahmen, die „die tatsächliche Teilhabe der betroffenen Wirtschaftsbeteiligten am Wirtschaftsleben des letztgenannten Mitgliedstaats *unter denselben Bedingungen gestatten, die für die inländischen Wirtschaftsbeteiligten gelten.*"[22] Der Gerichtshof zitiert explizit Artikel 43 Abs. 2 EG-Vertrag (der heutige Artikel 49 Abs. 2 AEUV), wonach Niederlassungsfreiheit darin besteht, sich im Aufnahmestaat nach den Regeln niederzulassen, die für dessen eigene Angehörige gelten.[23]

Die grenzüberschreitende Verschmelzung stellt „ein wirksames Mittel zur Umwandlung von Gesellschaften dar, das es *im Rahmen eines einzigen Vorgangs* ermöglicht, eine bestimmte Tätigkeit in neuer Form und ohne Unterbrechung auszuüben, so dass Komplikationen sowie Zeit- und Kostenaufwand verringert werden, die andere Formen der Umgestaltung von Gesellschaften mit sich bringen, etwa die Auflösung einer Gesellschaft mit Vermögensabwicklung und die *Gründung einer neuen Gesellschaft unter Übertragung der einzelnen Vermögensgegenstände* auf diese."[24]

Das Urteil wurde in der Folgezeit vielfach kritisiert, insbesondere mit dem Hinweis, die Verschmelzung sei kein Niederlassungsvorgang.[25] Bemerkenswert war auch der Kontext der Entscheidung. Nur wenige Wochen zuvor war die Verschmelzungsrichtlinie[26] verabschiedet worden, die nach ihrer Umsetzung in den Mitgliedstaaten die Grundlage für grenzüberschreitende Verschmelzungen von Kapitalgesellschaften bilden sollte. Durch die Entscheidung gab der EuGH zu

---

20 EuGH v. 13.12.2005, SEVIC Systems, C-411/03, ECLI:EU:C:2005:762, Rn. 16.

21 EuGH v. 13.12.2005, SEVIC Systems, C-411/03, ECLI:EU:C:2005:762, Rn. 18 (kursive Hervorhebung durch VERF.).

22 EuGH v. 13.12.2005, SEVIC Systems, C-411/03, ECLI:EU:C:2005:762, Rn. 18 (kursive Hervorhebung durch VERF.).

23 EuGH v. 13.12.2005, SEVIC Systems, C-411/03, ECLI:EU:C:2005:762, Rn. 17 (kursive Hervorhebung durch VERF.).

24 EuGH v. 13.12.2005, SEVIC Systems, C-411/03, ECLI:EU:C:2005:762, Rn. 21 (kursive Hervorhebung durch VERF.).

25 Siehe nur KINDLER, Der Konzern 2006, 811, 818 ff.; KINDLER, in MünchKommBGB, Bd. 13, IntWiR, Rn. 128: Auch in der Sache sei „SEVIC" nicht haltbar; FRANK, Formwechsel im Binnenmarkt, 2016, S. 26 f. m. w. N.

26 Richtlinie 2005/56/EG v. 26.10.2005 über die Verschmelzung von Kapitalgesellschaften aus verschiedenen Mitgliedstaaten, Abl. L 310/1 v. 25.11.2005; zur Entwicklungsgeschichte der Verschmelzungsrichtlinie ausführlich LUTTER/BAYER/J. SCHMIDT, Europaisches Unternehmens- und Kapitalmarktrecht, § 22.

verstehen, dass grenzüberschreitende Umwandlungen zu den wirtschaftlichen Tätigkeiten gehören, hinsichtlich derer die Mitgliedstaaten die Niederlassungsfreiheit zu beachten haben, ohne dass es einer vorherigen sekundärrechtlichen Harmonisierung bedürfte. Der EuGH stellte jedoch nicht klar, welche der beteiligten Gesellschaften bei einer grenzüberschreitenden Verschmelzung unter Auflösung des einen Rechtsträgers Trägerin der Niederlassungsfreiheit sein soll.[27] Die übertragende Gesellschaft erlischt mit Eintragung der Verschmelzung, während die aufnehmende Gesellschaft ihren Standort nicht verlässt. Wer also beruft sich hier eigentlich auf die Freiheit der grenzüberschreitenden Niederlassung?

Im Fall *Cartesio*[28] wollte eine ungarische Kommanditgesellschaft ihre Hauptverwaltung nach Italien verlegen.[29] Ein Formwechsel in das italienische Recht war damit nicht beabsichtigt. Die Gesellschaft wollte weiterhin als Gesellschaft ungarischen Rechts operieren. Das ungarische Handelsregister wies darauf hin, dass eine Gesellschaft ungarischen Rechts ihren Sitz und ihre Hauptverwaltung in Ungarn haben müsse. Vor dem Gerichtshof in Luxemburg stellte sich die Frage, ob die Vorschriften über die Niederlassungsfreiheit einer solchen nationalen Sichtweise entgegenstehen.

Der EuGH bezog sich dabei auf eine Formel, die er bereits in der *Daily Mail*-Entscheidung von 1988 geprägt hatte: *Eine Gesellschaft hat jenseits der nationalen Rechtsordnung, die ihre Gründung und ihre Existenz regelt, keine Realität.*[30] Das liegt nicht zuletzt daran, dass es ein originär europäisches Gründungsrecht für Gesellschaften bis zum heutigen Tage nicht gibt. Die Gründung einer Gesellschaft setzt immer noch die Verknüpfung mit einer bestimmten nationalen Rechtsordnung voraus, die üblicherweise durch Eintragung in einem nationalen Register, teilweise aber eben auch – zusätzlich – durch Ansiedlung der Hauptverwaltung in dem betreffenden Staat hergestellt wird.

In dieser speziellen Frage will der Gerichtshof die Autonomie der Mitgliedstaaten respektieren. Sie können als Verknüpfung eine Registereintragung aus-

27 Teichmann, ZIP 2006, 355, 356; Kindler, in: MünchKommBGB, Bd. 13, IntWiR, Rn. 128.

28 EuGH v. 16.12. 2008, Cartesio, C-210/06, ECLI:EU:C:2008:723; dazu Frobenius, DStR 2009, 487; Korom/Metzinger, ECFR 2009, 125; Mörsdorf, CMLR 49 (2012), 629, 633 ff.; Teichmann, ZIP 2009, 393; Kindler, IPRax 2009, 189, 190 ff.; Bayer/J. Schmidt, ZHR 173 (2009), 735; Bollacher, RIW 2009, 150; Frenzel, EWS 2009, 158; Herrler, DNotZ 2009, 484; Hoffmann/Leible, BB 2009, 58; Kussmaul/Richter/Ruiner, EWS 2009, 1; Paefgen, WM 2009, 529; Verse, ZEuP 2013, 458, 461 f.; Zimmer/Naendrup, NJW 2009, 545.

29 Der Sachverhalt war insoweit begrifflich nicht ganz klar („Sitz“ oder „Hauptverwaltung“). Der Gerichtshof unterstellt aber für seine Entscheidung, dass es um die Verlegung der Hauptverwaltung gehe (vgl. EuGH v. 16.12. 2008, Cartesio, C-210/06, ECLI:EU:C:2008:723, Rn. 47).

30 EuGH v. 16.12. 2008, Cartesio, C-210/06, ECLI:EU:C:2008:723, Rn. 104; EuGH, Urt. v. 27.09.1988, Daily Mail, C-81/87, ECLI:EU:C:1988:456, Rn. 19.

reichen lassen, sie können aber auch die Ansiedlung der Hauptverwaltung im Inland verlangen. Der EuGH hält insoweit die in Artikel 54 AEUV genannten Anknüpfungselemente für gleichwertig.[31] Es handele sich um eine „*Vorfrage*", die beim gegenwärtigen Stand des Gemeinschaftsrechts nur nach dem geltenden nationalen Recht beantwortet werden könne.[32] Von einer Beschränkung könne immer erst dann die Rede sein, wenn zuvor feststehe, dass eine Gesellschaft sich dem Grunde nach überhaupt auf die Niederlassungsfreiheit berufen könne;[33] eben dies setzt zunächst eine Gründung nach den Rechtsvorschriften eines Mitgliedstaates voraus, wie Artikel 54 AEUV unmissverständlich klarstellt.

Aufschlussreich ist ein Abgleich mit der *Sevic*-Entscheidung. Dort habe der Fall anders gelegen, so argumentiert der Gerichtshof in *Cartesio*.[34] In *Sevic* habe der Gründungsstaat einer Gesellschaft ihre Niederlassung in einem anderen Mitgliedstaat behindert. Offenbar betrachtet der Gerichtshof die grenzüberschreitende Verschmelzung der luxemburgischen AG auf die deutsche AG als einen *Niederlassungsvorgang der deutschen AG*. Diese dehnt ihre Aktivitäten nach Luxemburg aus, indem sie in der grenzüberschreitenden Verschmelzung als aufnehmende Gesellschaft das Vermögen der luxemburgischen Gesellschaft übernimmt. Die Gesellschaft, deren Niederlassung behindert wird, ist also in der *Sevic*-Konstellation die deutsche Aktiengesellschaft.

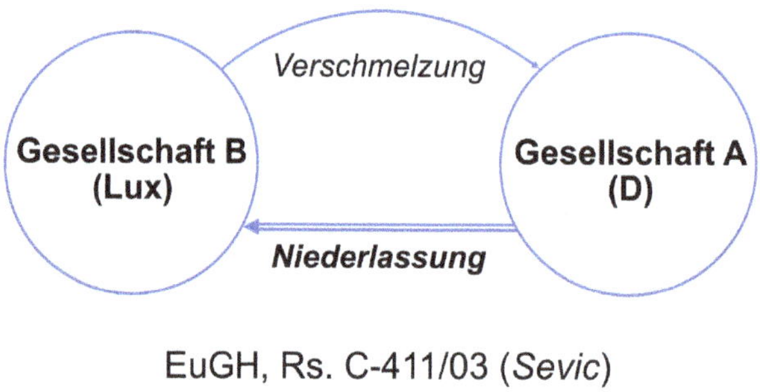

Abbildung 1: Niederlassungsvorgang: Mit der Verschmelzung von Gesellschaft B (Luxemburg) auf Gesellschaft A (Deutschland) erwirbt Gesellschaft A das in Luxemburg belegene Vermögen von Gesellschaft B. Die Verschmelzung ist mithin ein Niederlassungsvorgang von Gesellschaft A in Luxemburg.

---

31 EuGH v. 16.12. 2008, Cartesio, C-210/06, ECLI:EU:C:2008:723, Rn. 106.
32 EuGH v. 16.12. 2008, Cartesio, C-210/06, ECLI:EU:C:2008:723, Rn. 109.
33 EuGH v. 16.12. 2008, Cartesio, C-210/06, ECLI:EU:C:2008:723, Rn. 109.
34 EuGH v. 16.12. 2008, Cartesio, C-210/06, ECLI:EU:C:2008:723, Rn. 122.

In diesem Kontext gewinnen auch die Bemerkungen aus der *Sevic*-Entscheidung Gewicht, dass andere Konstruktionen zur Erreichung desselben wirtschaftlichen Zieles (Auflösung der luxemburgischen Gesellschaft unter Abwicklung des Vermögens bzw. Neugründung einer luxemburgischen Gesellschaft und Einbringung des Vermögens) einen höheren Zeit- und Kostenaufwand verursachen.[35] Mit anderen Worten: Wer ein Unternehmen dazu zwingt, bei der grenzüberschreitenden Niederlassung unnötige Umwege zu gehen, der beschränkt dessen Niederlassungsfreiheit.

Dieser Gedanke trägt auch die *Polbud*-Entscheidung:[36] Das Ziel, eine polnische Niederlassung mit einer luxemburgischen Gesellschaft zu betreiben, wäre auch durch Neugründung einer luxemburgischen Gesellschaft mit Einbringung des Unternehmens als Sacheinlage möglich gewesen. Die Übernahme des polnischen Betriebes durch eine luxemburgische Gesellschaft wäre zweifellos ein von der Niederlassungsfreiheit geschützter Vorgang. Der schlichte Formwechsel der polnischen in eine luxemburgische Gesellschaft ist aber der rechtlich und wirtschaftlich wesentlich einfachere Weg zum selben Ziel. Den Formwechsel zu untersagen, bedeutet somit, das Unternehmen zu einem kostspieligen Umweg zu zwingen.[37]

3. Reichweite der mitgliedstaatlichen Regelungsautonomie

Bei der Betrachtung der grenzüberschreitenden Umwandlung verschränken sich mitgliedstaatliche Regelungsautonomie und die Anwendung der Grundfreiheit als Beschränkungsverbot in besonderer Weise. Aus Sicht des Europäischen Gerichtshofes ist die Gründung der Gesellschaft (*unter a*) ebenso eine Vorfrage wie die Umwandlung der Gesellschaft (*unter b*). Beides unterliegt in den einzelnen Verfahrensschritten weitgehend der Regelungsautonomie der Mitgliedstaaten.

---

35 EuGH v. 13.12.2005, SEVIC Systems, C-411/03, ECLI:EU:C:2005:762, Rn. 21 (kursive Hervorhebung durch Verf.).

36 EuGH v. 25.10.2017, Polbud, C-106/16, ECLI:EU:C:2017:804, NJW 2017, 3639; dazu Teichmann/Knaier, GmbHR 2017, 1314; Schall, ZfPW 2018, 176; Paefgen, WM 2018, 981 und 1029; Feldhaus, BB 2017, 2819; Hushahn, RNotZ 2018, 23; Kieninger, NJW 2017, 3624; Kieninger, ZEuP 2018, 309; Kindler, NZG 2018, 1; Deck, GPR 2018, 8; Korch/Thelen, IPRax 2018, 248; Kovács/Keve, ZIP 2018, 253; Mörsdorf, ZIP 2017, 2381; Oechsler, ZIP 2018, 1269; Schockenhoff, Der Konzern 2018, 106; Schollmeyer, ZGR 2018, 186; Stiegler, AG 2017, 846; Sparfeld, WPg 2018, 55; Szydlo, CMLR 2018, 1549; Mucha/Oplustil, ECFR 2018, 270.

37 Zu dieser Interpretation der *Polbud*-Entscheidung bereits Teichmann/Knaier, GmbHR 2017, 1314, 1318 ff.

a) Gründung von Gesellschaften

Die Mitgliedstaaten genießen Regelungsautonomie bezüglich der Rechtsvorschriften, die bei der Gründung einer Gesellschaft zu beachten sind. Das folgt implizit aus Artikel 54 AEUV, wonach „die nach den Rechtsvorschriften eines Mitgliedstaats gegründeten Gesellschaften" Niederlassungsfreiheit genießen. Zunächst muss die Gesellschaft gegründet worden sein, erst danach stellt sich die Frage nach ihrer Niederlassungsfreiheit in anderen EU-Mitgliedstaaten. Zwar kann der EU-Gesetzgeber durch Erlass von Richtlinien das nationale Gründungsrecht beeinflussen, wie es zuletzt durch die Richtlinie zur Digitalisierung des Gründungsverfahrens[38] geschehen ist. Der Europäische Gerichtshof hingegen überlässt es völlig zu Recht den Mitgliedstaaten, nach welchen Regeln sie Gesellschaften entstehen lassen. Daher ist weder § 2 Abs. 1 GmbH-Gesetz, wonach der Gesellschaftsvertrag der notariellen Beurkundung bedarf, noch § 5 Abs. 1 GmbH-Gesetz, der ein Mindestkapital von 25.000 Euro regelt, eine Beschränkung der Niederlassungsfreiheit. Wer eine deutsche Gesellschaft gründen will, muss sich an das deutsche Gesellschaftsrecht halten, selbst wenn dieses höhere Hürden errichtet als das Recht anderer Mitgliedstaaten.

b) Grenzüberschreitende Umwandlung von Gesellschaften

Eine wesentliche Erkenntnis der EuGH-Entscheidungen *Cartesio* und *Vale* liegt darin, dass sich die Regelungsautonomie der Mitgliedstaaten nicht nur auf das Gründungsstadium bezieht. Wer sich bei der Gründung einer Gesellschaft für eine bestimmte Rechtsordnung entscheidet, der wird deren gesellschaftsrechtliche DNA anschließend nicht ohne weiteres los. Wer eine deutsche GmbH gründet, muss spätere Satzungsänderungen erneut der notariellen Beurkundung unterwerfen und bei Ausschüttungen weiterhin das Mindestkapital beachten. Ebenso muss die Gesellschaft das Anknüpfungsmerkmal beibehalten, dass der Mitgliedstaat für die Verknüpfung mit seiner eigenen Rechtsordnung voraussetzt: Soweit ersichtlich verlangen alle Mitgliedstaaten, dass der Registersitz einer Gesellschaft nicht nur im Zeitpunkt der Gründung, sondern über die gesamte Le-

38 Richtlinie (EU) 2019/1151 vom 20.06.2019 zur Änderung der Richtlinie (EU) 2017/1132 im Hinblick auf den Einsatz digitaler Werkzeuge und Verfahren im Gesellschaftsrecht, ABl. EU, 11.7. 2019, Nr. L 186/80; umgesetzt in Deutschland durch das Gesetz zur Umsetzung der Digitalisierungsrichtlinie, BGBl. I 2021 vom 13.8.2021, S. 3338.

bensdauer der Gesellschaft im Inland bleibt.[39] Ein Staat, der zusätzlich die Ansiedlung der Hauptverwaltung verlangt, hat das Recht, auch diese Anknüpfung über den gesamten Lebenszyklus der Gesellschaft fortzuführen. Daraus folgt eine wichtige Kernaussage der *Cartesio*-Entscheidung: Der Mitgliedstaat kann die Anwendung des eigenen Rechts beenden, wenn die Gesellschaft die Anknüpfung löst, die das nationale Recht des Gründungsstaates als Bindeglied zur eigenen Rechtsordnung vorsieht.[40]

Was auf den ersten Blick wie ein Freibrief für die Mitgliedstaaten klingt, wird ergänzt durch den Hinweis, diese Kompetenz des Gründungsstaates impliziere keinesfalls irgendeine Immunität des nationalen Rechts über die Gründung und Auflösung von Gesellschaften im Hinblick auf die Niederlassungsfreiheit.[41] Auf dieser Basis wird *obiter dictum* angedeutet, dass eine Gesellschaft zwar nicht einseitig das vom Gründungsstaat verlangte Anknüpfungskriterium ändern könne, dass eine Änderung des anwendbaren Rechts aber möglich sein müsse.[42] Wenn sich eine Gesellschaft durch Sitzverlegung in eine Rechtsform eines anderen EU-Mitgliedstaates umwandeln wolle, dürfe sie der Gründungsmitgliedstaat daran nicht durch Auflösung und Liquidation hindern.[43]

Voraussetzung dafür ist allerdings, dass die Umwandlung nach dem Recht des Aufnahmestaates möglich ist.[44] Denn nun ist dessen Regelungsautonomie aufgerufen. Eine Gesellschaft , die sich der Rechtsordnung des Aufnahmestaates unterstellen will, muss sich an die dort geltenden Regeln halten. Wenn die Gesellschaft auf dieser Basis das anwendbare Gesellschaftsrecht ändern möchte, läge in der Behinderung dieser Umwandlung eine Beschränkung der Niederlassungsfreiheit; wie jede andere Beschränkung wäre sie nur zulässig, wenn und soweit sie aus zwingenden Gründen des Allgemeininteresses geboten ist (vgl. auch *unter II.5.d)*.[45]

Im Fall *Vale*[46] wollte eine italienische Gesellschaft ihren Sitz nach Ungarn verlegen und sich in eine Gesellschaft ungarischen Rechts umwandeln. Ungarn

---

39 Siehe hierzu BEHME, Rechtsformwahrende Sitzverlegung, 2015, S. 9; BRAUN, Die Wegzugsfreiheit als Teil der Niederlassungsfreiheit, 2010, S. 222.

40 EuGH v. 16.12. 2008, Cartesio, C-210/06, ECLI:EU:C:2008:723, Rn. 110.

41 EuGH v. 16.12. 2008, Cartesio, C-210/06, ECLI:EU:C:2008:723, Rn. 112.

42 EuGH v. 16.12. 2008, Cartesio, C-210/06, ECLI:EU:C:2008:723, Rn. 111.

43 EuGH v. 16.12. 2008, Cartesio, C-210/06, ECLI:EU:C:2008:723, Rn. 112.

44 EuGH v. 16.12. 2008, Cartesio, C-210/06, ECLI:EU:C:2008:723, Rn. 112.

45 EuGH v. 16.12. 2008, Cartesio, C-210/06, ECLI:EU:C:2008:723, Rn. 113.

46 EuGH v. 12.07.2012, Vale, C-378/10, ECLI:EU:C:2012:440; dazu JAENSCH, EWS 2012, 353; BAYER/J. SCHMIDT, ZIP 2012, 1481; BAYER/J. SCHMIDT, BB 2013, 3, 9 f.; BEHME, NZG 2012, 936; BÖTTCHER/KRAFT, NJW 2012, 2701; BRAUN, DZWiR 2012, 411; EGE/KLETT, DStR 2012, 2442; FRENZEL, NotBZ 2012, 349; KINDLER, EuZW 2012, 888; KÖNIG/BORMANN, NZG 2012, 1241; KRUIS/WIDMAYER, CFL

verweigerte dies und berief sich auf den Passus der *Cartesio*-Entscheidung, wonach ein Formwechsel über die Grenze voraussetze, dass diese Umwandlung nach dem Recht des Aufnahmestaates möglich sei. Der Gerichtshof präzisiert daraufhin: Zwar existiert eine Gesellschaft nur vermittels der nationalen Rechtsvorschriften, die für ihre Gründung und ihre Tätigkeit maßgebend sind.[47] Die Pflicht eine grenzüberschreitende Umwandlung zuzulassen, greife nicht in die Befugnis des Aufnahmestaates ein, diese Regeln über die Gründung und Funktionsweise einer Gesellschaft festzulegen.[48] Wenn allerdings die für eine Gründung aufgestellten Bedingungen erfüllt sind, muss die Gesellschaft auch aufgenommen werden. Eine nationale Regelung, die einen Zuzug im Wege der Umwandlung generell untersagt, fällt daher in den Anwendungsbereich der Niederlassungsfreiheit.[49]

4. Durchführung der grenzüberschreitenden Umwandlung

Hinsichtlich der Durchführung einer grenzüberschreitenden Umwandlung stellt der Gerichtshof in *Vale* einleuchtend fest, dass es hier um die „sukzessive Anwendung von zwei nationalen Rechtsordnungen" gehe.[50] Damit sind zunächst die Mitgliedstaaten aufgerufen, das Verfahren nach ihren Vorstellungen auszugestalten. Der enge Zusammenhang des Umwandlungsrechts mit dem Gründungsrecht, wie er beispielsweise in § 197 UmwG zum Ausdruck kommt, lässt es vernünftig erscheinen, dass der Gerichtshof bei der Umwandlung ebenso wie bei der Gründung von Gesellschaften die Regelungsautonomie der Mitgliedstaaten betont und respektiert. Nicht zu beanstanden ist daher die Anwendung der inländischen Vorschriften über die Gründung und Funktionsweise einer Gesellschaft.[51]

Den Artikeln 49 und 54 AEUV lassen sich naturgemäß keine genaueren Vorgaben für die Durchführung einer grenzüberschreitenden Umwandlung entnehmen, die Anwendung der hierauf bezogenen nationalen Regelungen ist aber

---

2012, 349; Menjucq, JCP G 2012, 1089; Messenzehl/Schwarzfischer, BB 2012, 2072; Mörsdorf/Jopen, ZIP 2012, 1398; Roth, ZIP 2012, 1744; Teichmann, DB 2012, 2085; van Eck/Roelofs, ECL 9 (2012), 319; Wicke, DStR 2012, 1756; Wohlrab, GPR 2012, 316; Hansen, ECFR 2013, 1; Biermeyer, CMLR 2013, 571; McEleavy, ICQLQ (62) 2013, 503.

47 EuGH v. 12.07.2012, Vale, C-378/10, ECLI:EU:C:2012:440, Rn. 27.

48 EuGH v. 12.07.2012, Vale, C-378/10, ECLI:EU:C:2012:440, Rn. 30.

49 EuGH v. 12.07.2012, Vale, C-378/10, ECLI:EU:C:2012:440, Rn. 33.

50 EuGH v. 12.07.2012, Vale, C-378/10, ECLI:EU:C:2012:440, Rn. 37: „Solche Umwandlungen setzen nämlich die sukzessive Anwendung von zwei nationalen Rechtsordnungen voraus."

51 EuGH v. 12.07.2012, Vale, C-378/10, ECLI:EU:C:2012:440, Rn. 52.

auch nicht jeder Kontrolle am Maßstab des Unionsrechts entzogen.[52] Jedenfalls darf ein Mitgliedstaat eine Umwandlungsform, die innerstaatlich geregelt ist, nicht allein deshalb verweigern, weil nunmehr eine Gesellschaft ausländischen Rechts von ihr Gebrauch machen will.[53] Vielmehr verpflichten ihn die allgemeinen Grundsätze des Unionsrechts, eine solche Umwandlung zu ermöglichen.[54] Aus dem unionsrechtlichen Äquivalenzgrundsatz folgt, dass die Regelung für grenzüberschreitende Vorgänge nicht ungünstiger sein darf als für innerstaatliche Sachverhalte.[55] Der unionsrechtliche Effektivitätsgrundsatz fordert die Mitgliedstaaten auf, die Ausübung der unionsrechtlichen Rechtspositionen nicht praktisch unmöglich zu machen oder übermäßig zu erschweren.[56]

Konkret zeigt sich die Bedeutung dieser Grundsätze an der Behandlung von Bescheinigungen, die ausländische Behörden oder Register über die Durchführung der grenzüberschreitenden Umwandlung ausgestellt haben. Derartige Bescheinigungen stellen die unerlässliche Verbindung zwischen dem Eintragungsverfahren im Herkunfts- und im Aufnahmestaat her, sie dürfen daher durchaus einer Prüfung unterzogen werden.[57] Allerdings ist einer vom Herkunftsstaat ausgestellten Bescheinigung im Sinne des Effektivitätsgrundsatzes gebührend Rechnung zu tragen,[58] was bedeuten dürfte, dass ihre Aussagekraft nur in evidenten Zweifelsfällen in Frage gestellt werden darf[59].

5. Abgleich mit Normtext und Systematik der Artikel 49 und 54 AEUV

a) Begünstigter Rechtsträger

Die Einordnung der grenzüberschreitenden Umwandlung in die Systematik der Artikel 49 und 54 AEUV wird dadurch erschwert, dass die Regelung im Ausgangspunkt auf natürliche Personen bezogen ist. Artikel 49 AEUV gewährleistet

52 EuGH v. 12.07.2012, Vale, C-378/10, ECLI:EU:C:2012:440, Rn. 45.

53 EuGH v. 13.12.2005, SEVIC Systems, C-411/03, ECLI:EU:C:2005:762, Rn. 22f.; EuGH v. 12.07. 2012, Vale, C-378/10, ECLI:EU:C:2012:440, Rn. 36.

54 EuGH v. 12.07.2012, Vale, C-378/10, ECLI:EU:C:2012:440, Rn. 48.

55 Streinz, in: Streinz, EUV/AEUV, 3. Aufl. 2018, Art. 4 EUV Rn. 34.

56 Schill/Krenn, in: Grabitz/Hilf/Nettesheim, Das Recht der Europäischen Union, 75. EL Januar 2022, Art. 4 EUV Rn. 91.

57 EuGH v. 12.07.2012, Vale, C-378/10, ECLI:EU:C:2012:440, Rn. 59.

58 EuGH v. 12.07.2012, Vale, C-378/10, ECLI:EU:C:2012:440, Rn. 61.

59 In diesem Sinne Teichmann, DB 2012, 2085, 2091.

den Staatsangehörigen der Mitgliedstaaten das Recht, sich im Hoheitsgebiet eines anderen Mitgliedstaats niederzulassen. Die Niederlassungsfreiheit von Gesellschaften wird in Artikel 54 AEUV durch einen Verweis auf Artikel 49 AEUV geregelt. Gesellschaften sind den natürlichen Personen gleichzustellen, so heißt es dort. Eine Gesellschaft kann also in einem anderen Mitgliedstaat eine dauerhafte wirtschaftliche Tätigkeit mittels einer festen Einrichtung betreiben. Wo aber steht, dass sie sich auch umwandeln kann?

Dazu muss die Parallele von natürlicher Person und Gesellschaft noch etwas genauer betrachtet werden.[60] Eine natürliche Person ist nicht kraft Geburt berechtigt, sich auf die Niederlassungsfreiheit zu berufen. Auf die Staatsangehörigkeit kommt es an. In EuGH-Entscheidungen zu natürlichen Personen begegnet einem das später in *Cartesio* wiederkehrende Vokabular: Die Bestimmung der Staatsangehörigkeit ist eine „Vorfrage", insoweit herrscht Regelungsautonomie der Mitgliedstaaten. Wenn ein Deutscher gerne die polnische Staatsangehörigkeit hätte, kann er sich dafür nicht auf die Niederlassungsfreiheit berufen. Er erhält die polnische Staatsangehörigkeit nur dann, wenn er die hierfür von der polnischen Rechtsordnung festgelegten Voraussetzungen erfüllt. Dann allerdings ist die von Polen verliehene Staatsangehörigkeit auch von allen übrigen Mitgliedstaaten zu respektieren.

Gesellschaften haben eine „Staatsangehörigkeit" in dem Sinne, dass sie von ihrer Gründung an einer bestimmten Rechtsordnung angehören. Artikel 54 AEUV greift dies auf und schützt Gesellschaften, die „nach den Rechtsvorschriften eines Mitgliedstaats gegründet" worden sind. Dieser Passus erfüllt dieselbe Funktion wie die Staatsangehörigkeit bei natürlichen Personen. Er regelt die Zugehörigkeit einer Gesellschaft zu einem bestimmten Mitgliedstaat; erst wenn die Gesellschaft erfolgreich und wirksam gegründet worden ist, kann sie Trägerin der Grundfreiheit sein. Im Lichte dieser Systematik betont der EuGH zu Recht, dass die Gründung einer Gesellschaft eine Vorfrage des nationalen Rechts ist. Daraus ergibt sich der zweistufige Charakter der Niederlassungsfreiheit: Die Zugehörigkeit zur Rechtsordnung eines Mitgliedstaats ist der erste Prüfungsschritt; hier gilt *Regelungsautonomie* der Mitgliedstaaten. Die Niederlassung in einem anderen Mitgliedstaat ist der zweite Prüfungsschritt; hier gilt das strenge *Beschränkungsverbot*, das aus anderen EuGH-Entscheidungen bekannt ist.

---

60 Hierzu eingehend *Teichmann*, FS Hommelhoff, 2012, 1213 ff.

Systematik der Artikel 49/54 AEUV	
1. Stufe: Staatsangehörigkeit (natürliche Person) bzw. Gründung nach dem Recht eines Mitgleidstaats (Gesellschaft) = Zugehörigkeit zur Rechtsordnung eines bestimmten Mitgliedstaates.	→ Regelungsautonomie der Mitgliedstaaten („Vorfrage“)
2. Stufe: Niederlassung in einem anderen Mitgliedstaat.	→ Prüfungsmaßstab: Beschränkungsverbot

b) Verpflichtete aus der Grundfreiheit: die „anderen“ EU-Mitgliedstaaten

Artikel 49 AEUV gewährt natürlichen Personen das Recht der freien Niederlassung in einem „anderen Mitgliedstaat“. Dies sind all jene Staaten, deren Staatsangehörigkeit die natürliche Person nicht besitzt. Daraus ergibt sich die bereits erläuterte zweistufige Prüfung des Tatbestandes der Niederlassungsfreiheit: Zunächst muss geklärt werden, welchem Mitgliedstaat die natürliche Person kraft *Staatsangehörigkeit* rechtlich zugeordnet ist; erst in Abhängigkeit davon kann festgestellt werden, ob die geplante oder bereits durchgeführte Niederlassung in einem *anderen* Mitgliedstaat angesiedelt ist.

Bei der Niederlassung in einem *anderen* Mitgliedstaat greift die strenge Beschränkungsprüfung, die man aus der Entscheidungsreihe *Centros*, *Überseering* und *Inspire Art* kennt.[61] Der aufnehmende Mitgliedstaat darf einer Gesellschaft, die nach dem Recht ihres Gründungsstaates wirksam entstanden ist, keine Hindernisse auferlegen, die seinem eigenen Gründungsrecht entstammen. Daher wandelt sich beispielsweise das Mindestkapital, das man bei der Gründung von eigenen Gesellschaften durchaus verlangen darf, nunmehr zu einer Beschränkung gegenüber Gesellschaften anderer Staaten. Bemerkenswert ist hierzu die Formulierung des Gerichtshofes in der *Inspire Art*-Entscheidung. Er begründet den beschränkenden Charakter der niederländischen Regelung mit folgendem Hinweis: Die englische Gesellschaft unterliege bei der Errichtung einer Zweigniederlassung in den Niederlanden „bestimmten Vorschriften, die in diesem Staat *für die Gründung* einer Gesellschaft mit beschränkter Haftung gelten.“[62] Die Freiheit der Regelung bestimmter Gründungsanforderungen gilt demnach für die

61 Siehe nur (m.w.Nachw.) Teichmann in: Gebauer/Teichmann, EnzEuR, Band 6, Europäisches Privat- und Unternehmensrecht, 2. Aufl., 2022, § 9 Rn. 45 ff.

62 EuHG v. 30.09.2003, Inspire Art, C-167/01, ECLI:EU:C:2003:512, Rn. 101. Kursive Hervorhebung durch Verf.

Gesellschaften, die sich nach der eigenen Rechtsordnung gründen wollen, nicht aber für Gesellschaften, die bereits nach der Rechtsordnung eines anderen Mitgliedstaates wirksam gegründet worden sind.

In der Entscheidung *Inspire Art* hat der EuGH das Mindestkapital daher als eine Beschränkung der Niederlassungsfreiheit verworfen, die nicht zu rechtfertigen sei.[63] Ungeachtet dessen haben einige Mitgliedstaaten, wie beispielsweise Österreich, für die eigenen Gesellschaften auch nach *Inspire Art* unbeirrt am Mindestkapital festgehalten.[64] Darin liegt offenkundig kein Verstoß gegen die Niederlassungsfreiheit. Denn die Frage, nach welchen Regeln sich eine österreichische Gesellschaft gründet, liegt auf derselben Ebene wie die Erlangung der Staatsangehörigkeit. EU-Recht ist hier nicht zuständig. Im Fall *Inspire Art* hingegen tauchte das Mindestkapital erst auf der zweiten Prüfungsebene auf: Die Gesellschaft war bereits gegründet worden, und zwar nach englischem Recht. Damit existierte ein Rechtsträger mit EU-Angehörigkeit, der sich auf die Niederlassungsfreiheit berufen konnte. Er wollte im Hoheitsgebiet eines *anderen* Mitgliedstaats eine Niederlassung errichten, also eine tatsächliche und dauerhafte wirtschaftliche Aktivität betreiben, und das wurde ihm versagt. Darin lag die Beschränkung der Niederlassungsfreiheit.

c) Niederlassung im Sinne einer tatsächlichen Ansiedlung

Am Begriff der Niederlassung hält der EuGH auch im Kontext der grenzüberschreitenden Umwandlungen fest. Es geht um die tatsächliche Ausübung einer wirtschaftlichen Tätigkeit mittels einer dauerhaften und festen Einrichtung,[65] mithin um die Eingliederung in die Rechts- und Wirtschaftsordnung eines anderen Mitgliedstaates.[66] In der *Vale*-Entscheidung unterstellte der EuGH die Absicht der formwechselnden Gesellschaft, sich in Ungarn anzusiedeln,[67] weshalb der Formwechsel in das ungarische Recht unter die Niederlassungsfreiheit fiel.

---

63 EuHG v. 30.09.2003, Inspire Art, C-167/01, ECLI:EU:C:2003:512, Rn. 135.

64 Doralt/Rastegar/Gelter/Conac/Rastegar/Schuster, GesRZ 2021, 120, 129, stellen fest, die internationale Diskussion über Sinn und Zweck des Mindestkapitals sei an Österreich „relativ spurlos... abgeperlt".

65 Wendland, in: Müller-Graff (Hrsg.), EnzEuR, Band 4, Europäisches Wirtschaftsordnungsrecht, 2. Aufl., 2021, § 3 Rn. 7 (m.w.Nachw.); vom EuGH bestätigt in Vale, C-378/10, ECLI:EU:C:2012:440, Rn. 34.

66 Kainer (o. Fn. 11), § 4 Rn. 6; Ludwigs (o.Fn. 11), E.I. Rn. 18.

67 EuGH v. 12.07.2012, Vale, C-378/10, ECLI:EU:C:2012:440, Rn. 35.

In der *Polbud*-Entscheidung lagen die Dinge vordergründig anders. Die polnische Gesellschaft wollte einen Formwechsel nach Luxemburg vollziehen, ohne sich dort niederzulassen. Jedenfalls lautete so der Sachverhalt, der dem Gerichtshof vorgelegt worden war und den er seiner Entscheidung zugrunde zu legen hatte.[68] Wenn in Luxemburg keine Niederlassung geplant war, konnte sich die Gesellschaft *insoweit* nicht auf die Niederlassungsfreiheit berufen. Allerdings war dies auch nicht erforderlich, denn Luxemburg hatte den Formwechsel bereits eingetragen. Es hatte der Gesellschaft damit aus freien Stücken die Möglichkeit gewährt, sich der luxemburgischen Rechtsordnung zu unterstellen. Die Gesellschaft hatte auch alle dazu nötigen Schritte vollzogen, beispielsweise die in Luxemburg nötige notarielle Beurkundung vorgenommen.

Betrachtet man die oben beschriebenen zwei Prüfungsstufen, so lag der Fall auf der ersten Prüfungsstufe so, dass die Gesellschaft die rechtliche Zugehörigkeit zu Luxemburg erworben hatte. Dies zu hinterfragen ist nicht Sache des EuGH, der auf dieser Ebene die Autonomie der Mitgliedstaaten respektiert. Ebenso wie bei natürlichen Personen die Staatsangehörigkeit nicht zwingend mit einem Wohnort im betreffenden Staat einhergehen muss, ist diese Frage auch für die rechtliche Zugehörigkeit einer Gesellschaft ohne Belang. Es ist der jeweilige Mitgliedstaat, der entscheidet, unter welchen rechtlichen und tatsächlichen Voraussetzungen er die Zugehörigkeit zu seiner Rechtsordnung verleiht.

Aufschlussreich ist daher folgende Passage in der *Polbud*-Entscheidung: die polnische Gesellschaft genießt das Recht, sich in eine Gesellschaft luxemburgischen Rechts umzuwandeln, „*soweit* sie die nach luxemburgischem Recht *für die Gründung* einer Gesellschaft erforderlichen Voraussetzungen ... erfüllt."[69] Die Niederlassung in einem *anderen* Mitgliedstaate als demjenigen der rechtlichen Zugehörigkeit ergibt sich im zweiten Schritt daraus, dass die künftig luxemburgische Gesellschaft eine Betriebsstätte in Polen unterhält.[70] Auf dieser zweiten Prüfungsstufe verwirklicht sich die Niederlassungsfreiheit der nun luxemburgischen Gesellschaft, die vom Herkunftsstaat Polen nicht in unverhältnismäßiger Weise beschränkt werden darf.

---

68 Zu den Besonderheiten des Sachverhaltes Oplustil/Sikora, EWS 2017, 134 ff.

69 EuGH v. 25.10.2017, Polbud, C-106/16, ECLI:EU:C:2017:804, Rn. 35; kursive Hervorhebung durch Verf.

70 Dazu bereits Teichmann/Knaier, GmbHR 2017, 1314, 1318 ff.

d) Rechtfertigung von beschränkenden Regelungen

Nationale Regelungen, welche die Ausübung einer Grundfreiheit weniger attraktiv machen, werden vom Gerichtshof üblicherweise als Beschränkung qualifiziert. Beschränkende Maßnahmen können gerechtfertigt werden, wenn sie einem zwingenden Allgemeinwohlinteresse dienen, in nicht-diskriminierender Weise angewandt werden und zur Verfolgung des angestrebten Zieles geeignet und erforderlich sind.[71] Im Kontext einer Umwandlung können Beschränkungen insbesondere dann gerechtfertigt sein, wenn sie dem Schutz der Interessen von Gläubigern, Minderheitsgesellschaftern und Arbeitnehmern dienen.[72] Damit sind die klassischen *Stakeholder*-Interessen benannt, deren Wahrung zahlreiche Vorschriften des Umwandlungsrechts dienen. Sofern die schutzwürdigen Interessen konkret gefährdet sind und nicht nur eine abstrakte Gefahr geltend gemacht wird, ist eine beschränkende Maßnahme der Rechtfertigung eher zugänglich. Das zeigt ein Vergleich der Rechtfertigungsprüfung im Fall *Inspire Art* (abstrakte Gefährdung von noch nicht existierenden Gläubigern) mit der *Kornhaas*-Entscheidung (Insolvenzstadium und daher konkrete Gefährdung von Gläubigern).[73]

Bei einer Wegzugskonstellation mit konkret betroffenen Minderheitsgesellschaftern, Gläubigern und Arbeitnehmern ist eine Rechtfertigung daher grundsätzlich möglich, sofern verhältnismäßige Schutzmechanismen gewählt werden, die der Umwandlung nicht unnötig Steine in den Weg legen.[74] Der EuGH deutet die Besonderheit der Umwandlungskonstellation in der *Vale*-Entscheidung an: Bei der Rechtfertigung einer möglichen Beschränkung könne es eine Rolle spielen, dass grenzüberschreitende Umwandlungen spezielle Probleme mit sich bringen, da sie die sukzessive Anwendung von zwei nationalen Rechtsordnungen voraussetzen.[75]

Von vornherein einer Rechtfertigung unzugänglich ist allerdings eine Regelung, die es generell ausschließt, dass grenzüberschreitende Umwandlungen überhaupt vorgenommen werden – und dies obwohl vergleichbare Umwandlungen innerstaatlich durchgeführt werden können.[76] Dieses Verdikt galt auch für die polnische Rechtslage in der *Polbud*-Entscheidung: Eine Regelung, die von der

---

71 Zusammenfassend TEICHMANN, ZGR 2011, 639, 667 ff.

72 EuGH v. 12.07.2012, Vale, C-378/10, ECLI:EU:C:2012:440, Rn. 39 ; EuGH v. 25.10.2017, Polbud, C-106/16, ECLI:EU:C:2017:804, Rn. 54.

73 Siehe nur TEICHMANN in: Gebauer/Teichmann, EnzEuR, Band 6, Europäisches Privat- und Unternehmensrecht, 2. Aufl., 2022, § 9 Rn. 61.

74 Hierzu bereits TEICHMANN, ZGR 2011, 639, 685 ff.

75 EuGH v. 12.07.2012, Vale, C-378/10, ECLI:EU:C:2012:440, Rn. 37.

76 EuGH v. 12.07.2012, Vale, C-378/10, ECLI:EU:C:2012:440, Rn. 40.

Gesellschaft die vorherige Auflösung und Liquidation ihres Vermögens verlangt, geht erkennbar über dasjenige hinaus, was zum Schutz der genannten Interessen erforderlich ist.[77] Das inländische Umwandlungsrecht kennt mildere Maßnahmen, speziell für den Fall der grenzüberschreitenden Verschmelzung, bei der die Interessenlage vergleichbar ist und für den in allen EU-Mitgliedstaaten seit vielen Jahren eine Regelung existiert.

III. Mobilitätsrichtlinie und Primärrecht

1. Lücken im System der Mobilitätsrichtlinie

a) Gewährleistungsgehalt der Niederlassungsfreiheit

Die Niederlassungsfreiheit gewährt den von Artikel 54 AEUV erfassten Gesellschaften nach dem Verständnis des EuGH eine weitgehende Umwandlungsfreiheit[78] im Binnenmarkt. Das wirtschaftliche Ergebnis einer Umwandlung lässt sich zwar auch ohne Umwandlungsverfahren erreichen. Die Alternative besteht etwa darin, die gewünschte Rechtsform im Ausland neu zu gründen und die Vermögensgegenstände der eigenen Gesellschaft auf die neu gegründete Gesellschaft zu übertragen. Eben dieser Umweg allerdings wäre, wenn er vom nationalen Recht erzwungen würde, nach Auffassung des EuGH eine Beschränkung der Niederlassungsfreiheit. Stattdessen darf die Gesellschaft den direkten Weg – der Spaltung, der Verschmelzung oder des Formwechsels – gehen und muss sich nicht auf kostspielige Umwege verweisen lassen.

Die Mobilitätsrichtlinie und deren Umsetzung in Deutschland durch das UmRUG[79] (dazu der Beitrag von *Schollmeyer* in diesem Band) werden dieser umfassenden primärrechtlichen Gewährleistung nicht in vollem Umfang gerecht. Erstens erfassen sie nicht alle Rechtsträger, die nach Artikel 54 AEUV unter den

---

77 EuGH v. 25.10.2017, Polbud, C-106/16, ECLI:EU:C:2017:804, Rn. 59.

78 Begriff nach Teichmann/Knaier, GmbHR 2017, 1314, 1319 ff.; Kieninger, NJW 2017, 3624, spricht im Kontext der Polbud-Entscheidung von einer „Freiheit der nachträglichen Rechtswahl".

79 Referentenentwurf eines Gesetzes zur Umwandlungsrichtlinie (UmRUG-RefE) v. 20.4.2022, abrufbar unter: https://www.bmj.de/SharedDocs/Gesetzgebungsverfahren/Dokumente/RefE_UmRUG.pdf?__blob=publicationFile&v=1 (Stand: 13.9.2022); dazu J. Schmidt, NZG 2022, 579 und 635; Heckschen/Knaier, GmbHR 2022, 501 und 613; Regierungsentwurf eines Gesetzes zur Umsetzung der Umwandlungsrichtlinie (UmRUG-RegE) v. 05.08.2022, BR-Drs. 371/22; dazu Heckschen/Knaier, GmbHR 2022, R260; Drinhausen/Keinath, BB 2022, 1923; Bungert/Strothotte, DB 2022, 1818.

Begriff der „Gesellschaft" fallen. Die Regelung gilt nur für Kapitalgesellschaften; für Personengesellschaften fehlt weiterhin ein verlässlicher Rechtsrahmen für grenzüberschreitende Umwandlungen (hierzu *Zwirlein-Forschner* in diesem Band). Unvollständig ist die Mobilitätsrichtlinie auch im Bereich der Spaltung, da sie nur die Spaltung zur Neugründung vorsieht, nicht aber die Spaltung zur Aufnahme.[80]

Überall dort, wo keine Richtlinienregelung existiert, bleibt es bei der Anwendung der allgemeinen Grundsätze der Niederlassungsfreiheit. Deren praktische Geltung hängt nicht von der Existenz einer Richtlinie ab. Diesen allgemeinen Grundsatz hat der Europäische Gerichtshof insbesondere in der *Vale*-Entscheidung nochmals verdeutlicht: Das Fehlen von europäischem Sekundärrecht, auch wenn solche Vorschriften „gewiss hilfreich wären", vermag eine Beschränkung der Niederlassungsfreiheit nicht zu rechtfertigen.[81] Ihre Existenz ist keine Vorbedingung für die Umsetzung der Niederlassungsfreiheit. In Ermangelung von Sekundärrecht sind die Bestimmungen, die eine grenzüberschreitende Umwandlung ermöglichen, im nationalen Recht zu finden, und zwar im Recht des Herkunftsmitgliedstaats, dem die Gesellschaft unterliegt, und im Recht des Aufnahmemitgliedstaats, dem die Gesellschaft nach der Umwandlung unterliegen wird.[82]

b) Personengesellschaften

Die Berufung auf die Niederlassungsfreiheit ist bekanntlich ein beschwerlicher Weg. Die Vergangenheit hat gezeigt, dass nicht alle Handelsregister bereitwillig eine Eintragung vollziehen, wenn sich dafür im deutschen Umwandlungsgesetz keine explizite Regelung findet.[83] Vielfach wurde daher in Wissenschaft und Praxis gefordert, eine überschießende Richtlinienumsetzung für Personengesellschaften in Erwägung zu ziehen.[84] Der Regierungsentwurf greift dies jedoch

---

80 Siehe ausführlich zur Spaltung nach dem UmRUG-RefE und der dort vorgesehenen überschießenden Umsetzung Bungert/Strothotte, DB2022, 1411.

81 EuGH v. 12.07.2012, Vale, C-378/10, ECLI:EU:C:2012:440, Rn. 38.

82 EuGH v. 12.07.2012, Vale, C-378/10, ECLI:EU:C:2012:440, Rn. 43.

83 Vgl. oben die Nachweise in Fn. 6.

84 Siehe etwa Hilser, Grenzüberschreitende Rechtsformwechsel in der Europäischen Union, 2022, S. 339 ff.; Hornberger, Rechtsformwahrende Sitzverlegung, Verschmelzungen und Formwechsel von Personengesellschaften innerhalb der EU, 2020, S. 302; Bormann/Stelmaszczyk, ZIP 2019, 300, 302; Bormann/Stelmaszczyk, ZIP 2019, 353, 354; Lieder/Bialluch, NJW 2019, 805, 810; Lieder/Hilser, ZHR 185 (2021), 471, 504; Wicke, DStR 2018, 2642, 2643; Bayer/J. Schmidt, BB 2019, 1922, 1935; Bungert in FS Krieger, 2020, S. 109, 110 f.; Bungert/Becker, DB

ebenso wenig wie der Referentenentwurf auf. Wie bislang wird auch künftig ausschließlich die grenzüberschreitende Hereinverschmelzung auf eine Personenhandelsgesellschaft mit in der Regel nicht mehr als 500 Arbeitnehmern ausdrücklich in den Anwendungsbereich des Umwandlungsgesetzes einbezogen (§ 122b Abs. 1 Nr. 2 UmwG = § 306 Abs. 1 Nr. 2 UmRUG-RefE).

Im Hinblick auf den Austritt des Vereinigten Königreiches aus der EU hatte 2018 das Vierte Gesetz zur Änderung des Umwandlungsgesetzes[85] diese Möglichkeit einer grenzüberschreitenden Verschmelzung auf Personengesellschaften eingeführt (vgl. § 122 m UmwG). Auf diese Weise sollten deutsche Unternehmen, die sich einer englischen Rechtsform bedient hatten, die Gelegenheit erhalten, sie auf eine deutsche Personengesellschaft zu verschmelzen. Schon damals erwies sich die unternehmerische Mitbestimmung als Hemmschuh für weitergehende Regelungen. Um Umgehungskonstellationen zu vermeiden (Personengesellschaften sind grundsätzlich mitbestimmungsfrei), ist eine Verschmelzung nur auf Personenhandelsgesellschaften mit in der Regel nicht mehr als 500 Arbeitnehmern möglich; sie liegt damit zwingend unterhalb der Arbeitnehmerzahl, die bei Kapitalgesellschaften die unternehmerische Mitbestimmung nach dem Drittelbeteiligungsgesetz auslöst (vgl. § 1 Abs. 1 DrittelbG).[86] Die Sorge vor einer Umgehung der Mitbestimmung dürfte auch bei der Umsetzung der Mobilitätsrichtlinie einer Ausdehnung auf Personengesellschaften entgegengestanden haben. Daneben lassen sich der Grundsatz der 1:1-Umsetzung[87] und das Fehlen entsprechender Parallelregelungen in anderen Mitgliedstaaten ins Feld führen.[88]

Personengesellschaften bleibt damit weiterhin nur der mit Rechtsunsicherheiten behaftete Weg, grenzüberschreitende Umwandlungen nach Maßgabe der EuGH-Rechtsprechung zu Artikel 49, 54 AEUV durchzuführen.[89] Unstrittig dürfte

---

2019, 1609; J. Schmidt, ZIP 2019, 1093, 1100; J. Schmidt, Der Konzern 2018, 283, 285; J. Schmidt, EuZW 2019, 801, 802; J. Schmidt, ZEuP 2020, 565, 566; Stelmaszczyk, GmbHR 2020, 61, 63; Stiegler, NZG 2020, 979, 980; Wachter, DB 2020, 2281, 2285.

85 Viertes Gesetz zur Änderung des Umwandlungsgesetzes (4. UmwGÄndG) v. 19.12.2018, BGBl I 2018, 2694 f.

86 Vgl. BT-Drucks. 19/5463, S. 10; kritisch zu dieser Begrenzung: Hilser, Grenzüberschreitende Rechtsformwechsel in der Europäischen Union, 2022, S. 362; Hoffmann, NZG 2019, 1208, 1212.

87 Vgl. Koalitionsvertrag von CDU, CSU und SPD 2019, Zeile 2910, abrufbar unter: https://www.bundesregierung.de/resource/blob/974430/1990812/04221173eef9a6720059cc353d759a2b/2021-12-10-koav2021-data.pdf?download=1 (Stand: 13.09.2022).

88 Vgl. dazu auch die Entschließung des Bundestags v. 13.12.2018; BT-Drucks. 19/6466, S. 3 und PlPr. 19/8252.

89 Vgl. hierzu *Zwirlein-Forschner* in diesem Band. Außerdem zu den Möglichkeiten und Verfahren grenzüberschreitender Unternehmensumwandlungen nach Maßgabe der EuGH-Rechtsprechung Limmer/Knaier in Limmer, Handbuch der Unternehmensumwandlung, Teil 6

sein, dass alle Rechtsträger, die sich auf die Niederlassungsfreiheit berufen können und somit insbesondere auch Personengesellschaften, nach der Rechtsprechung des EuGH auch an grenzüberschreitenden Verschmelzungen, Spaltungen und Formwechseln (rechtsformwechselnde Sitzverlegung) teilnehmen können.[90] Erwägungsgrund 2 der Umwandlungsrichtlinie erkennt das sogar ausdrücklich an,[91] zieht daraus aber nur unzureichende Konsequenzen.

Es ist davon auszugehen, dass sich bei einer richtlinienüberschießenden Umsetzung diejenigen, die schon für die Umwandlungsrichtlinie gegen eine Einbeziehung der Personengesellschaften votiert haben, durchsetzen werden. Dies ist bedauerlich, da auch aus Sicht der Arbeitnehmer und ihrer Vertretungen ein geordnetes, vom Gesetzgeber geregeltes Verfahren deutliche Vorzüge gegenüber den Optionen hat, die ohne Einbeziehung der Personengesellschaften für die Zukunft bereitstehen: Gesellschaften könnten den Anreiz finden, sich zuvor in

---

Rn. 358 ff.; Stiegler in Jung/Krebs/Stiegler, Gesellschaftsrecht in Europa, 2019, § 10 Rn. 117 ff., 157 f.; Stiegler, ZGR 2017, 312; Stiegler, Grenzüberschreitende Sitzverlegungen nach deutschem und europäischem Recht, 2017, S. 389 ff.

90 Vgl. EuGH v. 16.12.2008, Cartesio, C-210/06, ECLI:EU:C:2008:723, ZIP 2009, 24 Rz. 111 ff.; dazu Frobenius, DStR 2009, 487; Korom/Metzinger, ECFR 2009, 125; Mörsdorf, CMLR 49 (2012), 629, 633 ff.; Teichmann, ZIP 2009, 393; Kindler, IPRax 2009, 189, 190 ff.; Bayer/J. Schmidt, ZHR 173 (2009), 735; Bollacher, RIW 2009, 150; Frenzel, EWS 2009, 158; Herrler, DNotZ 2009, 484; Hoffmann/Leible, BB 2009, 58; Kussmaul/Richter/Ruiner, EWS 2009, 1; Paefgen, WM 2009, 529; Verse, ZEuP 2013, 458, 461 f.; Zimmer/Naendrup, NJW 2009, 545; EuGH v. 25.10.2017, Polbud, C-106/16, ECLI:EU:C:2017:804, GmbHR 2017, 1261 Rz. 33; zu Polbud Teichmann/Knaier , GmbHR 2017, 1314; Schall, ZfPW 2018, 176; Paefgen, WM 2018, 981 und 1029; Feldhaus, BB 2017, 2819; Hushahn, RNotZ 2018, 23; Kieninger, NJW 2017, 3624; Kieninger, ZEuP 2018, 309; Kindler, NZG 2018, 1; Deck, GPR 2018, 8; Korch/Thelen, IPRax 2018, 248; Kovács/Keve, ZIP 2018, 253; Mörsdorf, ZIP 2017, 2381; Oechsler, ZIP 2018, 1269; Schockenhoff, Der Konzern 2018, 106; Schollmeyer, ZGR 2018, 186; Stiegler, AG 2017, 846; Sparfeld, WPg 2018, 55; Szydlo, CMLR 2018, 1549; Teichmann, GmbHR 2017, R356; Mucha/Oplustil, ECFR 2018, 270; s. allgemein auch: Deutscher Notarverein, Stellungnahme v. 20.6.2017, S. 28; Lieder/Hilser, ZHR 185 (2021), 471, 479; W.-H. Roth, ZGR 2014, 168, 184; Wachter, DB 2020, 2281, 2284; vgl. aktuell zum Verein: KG v. 27.11.2020 – 22 W 13/20, NZG 2021, 429; hierzu: Nentwig, GWR 2021, 263.

91 Vgl. ErwG. 2 der Mobilitätsrichtlinie: *„Die Niederlassungsfreiheit gehört zu den Grundprinzipien des Unionsrechts. Die Niederlassungsfreiheit für Gesellschaften umfasst nach Artikel 49 Absatz 2 des Vertrags über die Arbeitsweise der Europäischen Union (AEUV) in Verbindung mit Artikel 54 AEUV unter anderem das Recht auf Gründung und Leitung von Gesellschaften nach den Bestimmungen des Niederlassungsmitgliedstaats. Der Gerichtshof der Europäischen Union hat dies dahin ausgelegt, dass die Niederlassungsfreiheit den Anspruch einer nach dem Recht eines Mitgliedstaats gegründeten Gesellschaft auf Umwandlung in eine dem Recht eines anderen Mitgliedstaats unterliegende Gesellschaft umfasst, soweit die Voraussetzungen des Rechts jenes anderen Mitgliedstaats eingehalten sind und insbesondere das Kriterium erfüllt ist, das in diesem anderen Mitgliedstaat für die Verbundenheit einer Gesellschaft mit seiner nationalen Rechtsordnung erforderlich ist."* – Hervorhebung durch Verf.

Personengesellschaften umzuwandeln, um dann außerhalb der Bestimmungen der Richtlinie grenzüberschreitende Umstrukturierungen möglicherweise mit einem niedrigeren Schutzniveau für Arbeitnehmer und andere Stakeholder durchzuführen.[92]

c) Spaltung zur Aufnahme

Hinsichtlich der Spaltung hat sich der Regierungsentwurf, ebenso wie bereits der Referentenentwurf erfreulicherweise für eine teilweise überschießende Richtlinienumsetzung entschieden. Obgleich Titel II Kapitel IV Gesellschaftsrechts-RL nur die grenzüberschreitende Spaltung zur Neugründung regelt, sollen vom Anwendungsbereich des Umwandlungsgesetzes künftig ausdrücklich auch grenzüberschreitende Spaltungen zur Aufnahme erfasst sein (§ 332 Satz 1 UmRUG-RefE).[93] Hierfür besteht zweifellos ein erhebliches praktisches Bedürfnis.[94] Eine klare Regelung sorgt insoweit – jedenfalls für die „deutsche Seite" – für Rechtssicherheit und erspart den Unternehmen aufwendige und kostenträchtige Umwege.[95] Die praktische Herausforderung wird darin bestehen, die Behörden der beteiligten ausländischen Gesellschaft zur Durchführung der Spaltung zu bewegen. Hier bleibt nur der Hinweis auf die Gewährleistung der Niederlassungsfreiheit (*oben a*). Darüber hinaus mag es eine gewisse Überzeugungskraft entfalten, wenn auf die hierzu existierende deutsche Regelung hingewiesen werden kann.

Auch in die Spaltung reicht allerdings der lange Schatten der Mitbestimmung: Vom Anwendungsbereich sollen nur Spaltungen erfasst sein, bei denen die 4/5-Regelung des Artikel 160 l Abs. 2 Gesellschaftsrechts-RL nicht eingreift.[96] Dies

---

92 Vgl. OLG Oldenburg, Beschl. v. 30.6.2020 – 12 W 23/20, BeckRS 2020, 14441; hierzu: Hilser, Grenzüberschreitende Rechtsformwechsel in der Europäischen Union, 2022, S. 317 ff.; Knaier , DNotZ 2021, 153; Stiegler, NZG 2020, 979, 979 ff.; Wachter, DB 2020, 2281, 2283 ff.; vgl. ausführlich zu Anwachsungsmodellen: Hoger/Lieder, ZHR 2016, 613, 614 ff.

93 Begr. UmRUG-RefE, S. 113 ff.; siehe auch J. Schmidt, NZG 2022, 579, 580; Heckschen/Knaier, GmbHR 2022, 613, 614.

94 Begr. UmRUG-RefE, S. 113; J. Schmidt, NZG 2022, 579, 580; Heckschen/Knaier, GmbHR 2022, 613, 614; für eine überschießende Umsetzung daher auch bereits Bayer/J. Schmidt, BB 2019, 1922, 1926; Bormann/Stelmaszczyk, ZIP 2019, 353, 355; Bungert in FS Krieger, 2020, S. 109, 111; Bungert/Becker, DB 2019, 1609, 1617; J. Schmidt, EuZW 2019, 801, 802; Stelmaszczyk, GmbHR 2020, 61, 64; Stelmaszczyk, Der Konzern 2021, 1, 4.

95 Begr. UmRUG-RefE, S. 113; J. Schmidt, NZG 2022, 579, 580; Heckschen/Knaier, GmbHR 2022, 613, 614.

96 Begr. UmRUG-RefE, S. 114; J. Schmidt, NZG 2022, 579, 580; Heckschen/Knaier, GmbHR 2022, 613, 614.

sind Spaltungen, bei denen die sich spaltende Gesellschaft in den letzten sechs Monaten vor Offenlegung des Spaltungsplans durchschnittlich eine Zahl von weniger als 400 Arbeitnehmern beschäftigt hat (§ 332 Satz 1 UmRUG-RefE).[97]

Diese Einschränkung stellt ein besonderes Unikum dar, wenn man bedenkt, dass die Regelung der Spaltung zur Aufnahme lediglich eine grenzüberschreitende Umwandlung kodifiziert, die im Kontext der Niederlassungsfreiheit ohnehin gewährleistet ist. Selbst ohne gesetzliche Regelung könnte die Spaltung unter Berufung auf die Niederlassungsfreiheit durchgeführt werden. Der deutsche Gesetzgeber hat nicht die Befugnis, die von der Niederlassungsfreiheit gegebene Spaltungsfreiheit einseitig zu begrenzen. Zulässige Beschränkungen der Spaltungsfreiheit sind denkbar, soweit sie beispielsweise dem Schutz von Arbeitnehmerinteressen dienen und das hierzu erforderliche Maß nicht überschreiten (*oben II.5.d*). Für den Schutz der Arbeitnehmerinteressen sieht die Mobilitätsrichtlinie aber gerade das Verhandlungsverfahren vor, das bei einer Belegschaft von mehr als 400 Arbeitnehmern zur Anwendung kommt (eingehend *Schubert* in diesem Band). Der generelle Ausschluss einer Spaltung durch Aufnahme für diese Fälle wird daher aller Voraussicht nach vor dem Europäischen Gerichtshof keinen Bestand haben.

2. Überprüfung der Richtlinie am Maßstab des Primärrechts

Nach Erlass der Mobilitätsrichtlinie wurde bisweilen kritisiert, dass diese eine grenzüberschreitende Umwandlung nicht etwa erleichtere, sondern ihr eher Steine in den Weg lege. Diese Steine des Anstoßes sind namentlich die Schutzvorschriften für Minderheitsgesellschafter, Gläubiger und Arbeitnehmer sowie die sehr weit gefasste Missbrauchsklausel (zu letzterer *Foerster* in diesem Band). Würden einzelne Mitgliedstaaten eine grenzüberschreitende Umwandlung derart erschweren, wie es die Mobilitätsrichtlinie tut, könnte dies eine unzulässige Beschränkung der Niederlassungsfreiheit darstellen. Gilt aber derselbe Maßstab auch für den EU-Sekundärgesetzgeber, wenn er derartige Schutzregeln in eine Richtlinie schreibt?

Grundsätzlich ist unionsrechtlich anerkannt, dass der Sekundärgesetzgeber das EU-Primärrecht beachten muss. Es kommt nicht allzu oft vor, aber hin und wieder stellt der Europäische Gerichtshof ausdrücklich fest, dass auch der EU-

97 Begr. UmRUG-RefE, S. 113; J. Schmidt, NZG 2022, 579, 580; Heckschen/Knaier, GmbHR 2022, 613, 614.

Gesetzgeber die Grundfreiheiten des Primärrechts beachten muss.[98] Andererseits ist erkennbar, dass der Prüfungsmaßstab des EuGH gegenüber Sekundärrecht weniger streng ist als gegenüber nationalen Vorschriften. Im Gesellschaftsrecht lässt sich dies am Fall *Inspire Art* anschaulich illustrieren:[99] Die nationale Vorschrift, die der ausländischen Gesellschaft ein Mindestkapital vorschreiben wollte, wurde als Verstoß gegen die Niederlassungsfreiheit gewertet. Die nationale Vorschrift hingegen, die bei Verletzung der harmonisierten Publizitätsregeln eine persönliche Haftung anordnete, wurde als unproblematisch angesehen – sofern die Regel nicht nur für ausländische, sondern auch für inländische Gesellschaften gilt.

Nun ist persönliche Haftung erkennbar ein schärferes Schwert als ein Mindestkapital. Die unterschiedliche Bewertung lässt sich nur dadurch erklären, dass es beim Mindestkapital um eine rein nationale Maßnahme in einem nicht harmonisierten Bereich ging. Wenn hingegen eine Richtlinie existiert und darin ein bestimmtes Schutzniveau für alle Mitgliedstaaten einheitlich festgelegt wurde, erweist sich selbst eine recht strenge Regelung, die der Richtlinie im Sinne des *effet utile* zur Wirksamkeit verhilft, nicht mehr als Beschränkung des Marktzugangs. Der Grenzübertritt als solcher wird nicht behindert, da die Gesellschaft nach dem Grenzübertritt dieselbe Regelung antrifft, die auch in ihrem Herkunftsland gilt. Die Behinderung des Marktzugangs ist aber gerade der tiefere Geltungsgrund dafür, dass nationale Beschränkungen vom EuGH einem strengen Verhältnismäßigkeitstest unterworfen werden.[100]

Für die Mobilitätsrichtlinie ist daher anzunehmen, dass die Maßnahmen zum Schutz der betroffenen Stakeholder nicht gegen Primärrecht verstoßen. Sie wären möglicherweise sogar als nationale Maßnahmen der Rechtfertigung zugänglich und sind dies erst recht, wenn sie in einer Richtlinie für alle Mitgliedstaaten in gleicher Weise eingeführt werden. Mit Blick auf die Missbrauchsklausel ist festzuhalten, dass auch der Gerichtshof in ständiger Rechtsprechung betont, EU-Recht dürfe nicht zur Umgehung nationaler Vorschriften missbraucht werden.[101] Solange die Mitgliedstaaten den vom EuGH gezogenen Vorgaben bei der Missbrauchskontrolle gerecht werden, ist auch insoweit kein Verstoß gegen Primärrecht feststellbar.

---

98 EuGH, Rs. 240/83 (*Association de défense des brûleurs d'huiles usagées*), Slg. 1985, 531 (Tz. 9 ff.); Rs. C-351/92 (*Clinique*), Slg. 1994, I-317 (Tz. 12); Rs. C-51/93 (*Meyhui*), Slg. 1994, I-3879 (Tz. 10 f.). In der Literatur wird diese Begrenzung des EU-Gesetzgebers teilweise kritisch gesehen, vgl. Korte in: Callies/Ruffert, EU/AEUV, 6. Aufl., 2022, Art. 114 Rn. 71 (m.w.Nachw.).

99 Eingehend zum Folgenden Teichmann, FS Scheuing, 2011, S. 735 ff.

100 Zusammenfassend Teichmann, ZGR 2011, 639, 653 ff.

101 Hierzu Foerster, in diesem Band, sowie Teichmann, ZGR 2022, 376 ff.

IV. Grenzüberschreitende Umwandlungen mit Drittstaaten

Ein Praxisproblem, das außerhalb der Gewährleistungen der Niederlassungsfreiheit liegt, sind grenzüberschreitende Umwandlungsmaßnahmen unter Beteiligung von Gesellschaften aus Drittstaaten. Die Mobilitätsrichtlinie bezieht sich nur auf grenzüberschreitende Umwandlungen innerhalb der EU und des EWR. Für grenzüberschreitende Umwandlungen mit Drittstaatenbezug fehlt es sowohl in der Richtlinie als auch im deutschen Recht an sachrechtlichen Regelungen. Das teilweise angeführte Argument, wonach das Umwandlungsgesetz aufgrund seiner Beschränkung auf inländische Rechtsträger (§ 1 Abs. 1 UmwG) keine Anwendung finde,[102] überzeugt zwar nicht, weil dies bei den ausdrücklich geregelten grenzüberschreitenden Umwandlungen auch nicht anders ist. Das deutsche UmwG regelt immer nur das Verfahren für den deutschen Rechtsträger. Entscheidend ist, dass die gesetzlichen Regelungen für grenzüberschreitende Umwandlungen explizit nur dann gelten, wenn der andere beteiligte Staat der EU oder dem EWR angehört. Die Regeln der Artikel 86a ff. Gesellschaftsrechts-RL finden aus demselben Grunde keine Anwendung; sie beziehen sich nur auf innereuropäische (EU/EWR) grenzüberschreitende Umwandlungsmaßnahmen. Aus diesen Gründen sind grenzüberschreitende Formwechsel (rechtsformwechselnde Sitzverlegung), Verschmelzungen und Spaltungen aus Drittstaaten nach Deutschland und umgekehrt nicht rechtssicher durchführbar.

Die Praxis muss sich daher mit Ausweichgestaltungen behelfen, z. B. mit Asset Deals oder Anwachsungsmodellen.[103] Diese Gestaltungsvarianten sind jedoch im Vergleich zu dem „direkten" Weg einer grenzüberschreitenden Umwandlung aus verschiedenen Gründen nachteilig. Es ist offensichtlich, dass dies kein befriedigender Zustand ist. Der Umsetzungsgesetzgeber täte angesichts der praktischen Bedürfnisse von Umwandlungen mit Drittstaatenbezug gut daran, eine Erstreckung der neuen Regelungen für grenzüberschreitende Umwandlungen auf Drittstaaten zu erörtern, da sie auch hier passend erscheinen.[104] Die Begrenzung auf Rechtsträger mit Sitz im Inland ist kein Hindernis, denn das deutsche Umwandlungsgesetz gilt im Rahmen der „sukzessiven Anwendung der beteiligten Rechtsordnungen"[105] ohnehin nur für den deutschen Teil des Verfahrens.

---

102 Göthel in Göthel, Grenzüberschreitende M&A-Transaktionen, 5. Aufl. 2020, § 29 Rn. 34.
103 Zu diesen Möglichkeiten ausführlich Heckschen/Hilser, DStR 2022, 1005, 1008 ff.
104 Hilser, Grenzüberschreitende Rechtsformwechsel in der Europäischen Union, 2022, S. 370 f.
105 Vgl. EuGH v. 12.07.2012, Vale, C-378/10, ECLI:EU:C:2012:440, Rn. 37.

Da es stets einer Mitwirkung der anderen beteiligten Rechtsordnung bedarf, kann der deutsche Gesetzgeber die Praxisprobleme zwar nicht im Alleingang beheben. Er könnte aber zur Klarstellung regeln, dass bei einer grenzüberschreitenden Umwandlung mit Drittstaaten, wenn diese nach dem Recht des Drittstaates zugelassen ist, für die deutsche Gesellschaft das deutsche Umwandlungsgesetz gilt. Für Umwandlungen nach Deutschland herein sollte dies ohne weiteres möglich sein, wie die Einfügung von § 122m UmwG beweist. Die dort geregelte Verschmelzung auf eine Personengesellschaft findet im Recht anderer Mitgliedstaaten häufig keine Entsprechung, dennoch hat der deutsche Gesetzgeber klargestellt, dass Deutschland als Staat der aufnehmenden Gesellschaft eine solche Umwandlung eintragen würde. Grundsätzlich sollte aus deutscher Sicht auch nichts gegen die Zulässigkeit einer grenzüberschreitenden Umwandlung aus einem Drittstaat sprechen, wenn die Vorschriften des deutschen Rechts, die schon jetzt für den Zuzug aus EU-/EWR-Staaten eine uneingeschränkte Gründungs- und Kapitalaufbringungskontrolle vorschreiben,[106] gewahrt werden.[107]

Zu beachten wäre allerdings, dass in Drittstaatensachverhalten kollisionsrechtlich die Sitztheorie Anwendung findet.[108] Die Herausverlegung des Verwaltungssitzes führt immer dann, wenn es nicht durch Anwendung der Gründungstheorie im Zuzugsstaat zu einer Rückverweisung auf deutsches Recht kommt, zwingend zu einer Auflösung und Liquidation der Gesellschaft.[109] Für den umgekehrten Fall einer Hereinverlegung des Verwaltungssitzes mangelt es an einer die Identität für die zuziehende Gesellschaft anordnenden Norm. Die zugezogene Gesellschaft wird in Anwendung der „Wechselbalgtheorie" via Transposition als deutsche Personengesellschaft behandelt.[110] Dies bedingt erhebliche Rechtsunsicherheit, wenn man berücksichtigt, dass sich eine Verwaltungssitzverlegung im Rechtsleben jedenfalls bei kleineren Unternehmen bisweilen ohne Bewusstsein der damit verbundenen Rechtsfolgen ereignen kann. Es genügt schon der Umzug des alleinigen Geschäftsführers von St. Gallen (Schweiz) in das nur wenige Kilometer entfernte Konstanz (Deutschland), um aus der Gesellschaft eines

---

106 Heckschen, ZIP 2015, 2049, 2050.

107 Vgl. Hilser, Grenzüberschreitende Rechtsformwechsel in der Europäischen Union, 2022, S. 370 f.

108 BGH v. 27.10.2008 – II ZR 158/06, BGHZ 178, 192, 197 = GmbHR 2009, 138 m. Anm. Wachter; BGH v. 8.10.2009 – IX ZR 227/06, GmbHR 2010, 211; BGH v. 22.11.2016 – II ZB 19/15, NZG 2017, 347, 349 = GmbHR 2017, 367 m. Anm. Seggewisse/Weber.

109 Knobbe-Keuk, ZHR 1990, 325, 350.

110 BGH v. 27.10.2008 – II ZR 158/06, NZG 2009, 68, 70 Rz. 23 = GmbHR 2009, 138 m. Anm. Wachter.

Drittstaates (Schweiz) versehentlich eine deutsche Personengesellschaft entstehen zu lassen.

V. Fazit

Die Mobilitätsrichtlinie ist für den Fragenkreis der grenzüberschreitenden Umwandlungen zweifellos ein großer Wurf. Zahlreiche Zweifelsfragen und Unsicherheiten sind nun geklärt. In vielen Bereichen konnte ein höheres Maß an Rechtsangleichung erreicht werden als bei der 2005 eingeführten grenzüberschreitenden Verschmelzung. Und dennoch bleibt Raum für die Analyse des Primärrechts, das im Kontext der Niederlassungsfreiheit teilweise weitergehende Rechte gewährt als die Richtlinie. So schweigt die Richtlinie zur Umwandlungsfreiheit von Personengesellschaften und zur Umwandlungsvariante der Spaltung zur Aufnahme. Für diese in der Richtlinie nicht genannten Verfahren bleibt die direkte Berufung auf die Niederlassungsfreiheit denkbar.

Der deutsche Gesetzgeber will mit dem UmRUG bei der Spaltung die Lücke schließen und diese Umwandlungsform zumindest für die beteiligte deutsche Gesellschaft regeln. Das ist uneingeschränkt zu begrüßen. Die mitbestimmungspolitisch motivierte Einschränkung auf Unternehmen, die weniger als 400 Arbeitnehmer beschäftigen, hat allerdings vor dem strengen Auge der Niederlassungsfreiheit keinen Bestand. Die generelle Untersagung einer solchen Spaltung ist unverhältnismäßig, da die Richtlinie mit dem Verhandlungsverfahren ein milderes Mittel für den Schutz der Arbeitnehmer regelt.

Grenzüberschreitende Umwandlungen unter Beteiligung von Gesellschaften aus Drittstaaten sind bislang nicht gesetzlich geregelt. Denkbar sind sie durchaus. Das deutsche Umwandlungsgesetz erfasst zwar nur Rechtsträger mit Sitz im Inland, dies meint aber auch im EU-Kontext immer nur diejenige an der Umwandlung beteiligte Gesellschaft, die deutschem Recht unterliegt. Für die Gesellschaft ausländischen Rechts gilt deren Rechtsordnung. Dieser Grundsatz gilt auch im Verhältnis zu Drittstaaten. Der deutsche Gesetzgeber könnte zumindest für Umwandlungen, die nach Deutschland hereinführen, klarstellen, dass derartige Verfahren möglich sind, weil hier alle Schutzregeln des deutschen Rechts zur Anwendung gelangen können.

Eberhard Schollmeyer*

Gesetzentwurf und Gesetzgebungsverfahren

Zusammenfassung: In dem Verfahren, in dem das Europäische Parlament und der Rat die Umwandlungsrichtlinie beschlossen haben, waren drei Umständen von besonderer Bedeutung. Neben dem Polbud-Urteil des Europäischen Gerichtshofs haben der bevorstehende Austritt des Vereinigten Königreichs aus der Europäischen Union und der kurze Verhandlungszeitraum bis zu den Wahlen 2019 den Gang und das Ergebnis der Verhandlungen beeinflusst. Inhaltlich steht der Umsetzungsgesetzgeber jetzt vor vielen komplizierten Aufgaben, von denen einige in diesem Beitrag exemplarisch betrachtet werden sollen.

Abstract: Throughout the process in which the European Parliament and the Council adopted the Mobility Directive, three factors were of particular importance. The course of the negotiations and their outcome were significantly influenced by the Polbud ruling of the European Court of Justice, the imminent withdrawal of the United Kingdom from the European Union, and the short negotiation period in the run-up to the 2019 elections. In terms of content, the legislatures tasked with transposing the Directive now face several complicated challenges, some of which will be considered in this presentation by way of example.

Inhaltsübersicht

* Der Autor Dr. Eberhard Schollmeyer, LL.M., ist Leiter des Referats IIIA1 (Europäisches Gesellschaftsrecht, Konzernrecht, Recht der Umstrukturierung, Personengesellschaftsrecht) im Bundesministerium der Justiz in Berlin. Er gibt ausschließlich seine persönliche Meinung wieder.

https://doi.org/10.1515/9783110780895-002

I. Einleitung

Bis zum 31. Januar 2023 ist die Richtlinie des Europäischen Parlaments und des Rates vom 27. November 2019 zur Änderung der Richtlinie (EU) 2017/1132 in Bezug auf grenzüberschreitende Umwandlungen, Verschmelzungen und Spaltungen[1] – kurz: Umwandlungs- oder Mobilitätsrichtlinie – umzusetzen[2]. Die Umwandlungsrichtlinie regelt Formwechsel, Verschmelzungen und Spaltungen von Kapitalgesellschaften. Diese Umwandlungen bilden einen wesentlichen rechtlichen Baustein für die Mobilität von Unternehmen im Binnenmarkt, können die Mobilität allein aber nicht garantieren. In diesem Beitrag sollen wesentliche Stationen des Gesetzgebungsverfahrens im Rat und im Europäischen Parlament nachgezeichnet und der aktuelle Stand der Vorüberlegungen für vier exemplarisch ausgewählte Fragen skizziert werden, die in einem Umsetzungsgesetz beantwortet werden müssen.

II. Das Richtlinienverfahren

1. Der Verhandlungsrahmen des „Company Law Package"

Als die Europäische Kommission im Oktober 2015 in ihrer neuen Binnenmarktstrategie[3] eine Weiterentwicklung des Rechts der grenzüberschreitenden Umwandlungen ankündigte, ahnte noch niemand, dass in den darauffolgenden 24 Monaten zwei Ereignisse diesen wenig ambitioniert formulierten Überlegungen neuen Schub, neue Bedeutung und eine neue Richtung geben würden: Das Re-

1 Richtlinie (EU) 2019/2121, ABl. Nr. L 321 S. 1 vom 12.12.2019.

2 Nachfolgend zitierte Artikel der Gesellschaftsrechtsrichtlinie 2017/1132 sind – soweit nicht gesondert kennzeichnet – solche in der Fassung der Umwandlungsrichtlinie.

3 Mitteilung der Kommission an das Europäische Parlament, den Rat, den Europäischen Wirtschafts- und Sozialausschuss und den Ausschuss der Regionen: „Den Binnemarkt weiter ausbauen: Mehr Chancen für die Menschen und die Unternehmen", vom 28. Oktober 2015, COM(2015) 550 final.

ferendum im Vereinigten Königreich über den Brexit am 23. Juni 2016[4] und die *Polbud*-Entscheidung des *EuGH* vom 25. Oktober 2017[5].

Der Brexit bedeutete für Fragen der grenzüberschreitenden Umwandlung und für künftige Aktivitäten des Sekundärrechtsgesetzgebers zweierlei: Zum einen fiel das Vereinigte Königreich als ein gewichtiger und dem „nicht-bürokratischen Lager" zuzurechnender Verhandler im Rat aus. Dies war aus deutscher Sicht vor allem deshalb misslich, weil das Vereinigte Königreich in der Vergangenheit regelmäßig bereit war, Deutschland mit seinen Belangen bei der Mitbestimmung gegen akzeptable Zugeständnisse bei anderen Dossiers im Rat zu unterstützen. Zum anderen würde das Vereinigte Königreich in absehbarer Zukunft zum Drittstaat werden, so dass die Fortgeltung der Niederlassungsfreiheit für nach britischem Recht gegründete Bestandsgesellschaften oder auch für künftig zu gründende Gesellschaften nicht mehr ohne weiteres angenommen werden konnte. Vielmehr würde sie künftig vom Inhalt eines Austrittsabkommens oder künftigen Abkommens über die gegenseitigen Beziehungen zwischen der Europäischen Union und dem Vereinigten Königreich abhängen. Mittlerweile ist wohl davon auszugehen, dass die Niederlassungsfreiheit nicht fortgilt und auch Alt-Gesellschaften britischen Rechts keinen Bestandsschutz genießen[6]. Mit dem Brexit bekamen Regelungen, die das Verhältnis zu Drittstaaten berühren, eine neue Relevanz.

In der *Polbud*-Entscheidung sah der EuGH zum wiederholten Male Veranlassung, die weit zu ziehenden Grenzen der Niederlassungsfreiheit gegen Übergriffe durch das Recht der Mitgliedstaaten zu verteidigen. Mit der faktischen Herstellung von Rechtswahlfreiheit[7] hat er mit diesem Urteil der Serie von *Centros*[8], *Vale*[9] und *Cartesio*[10] gleichsam die Krone aufgesetzt. Mit der Herstellung nahezu vollkommener Freiheit für Unternehmen, das Rechtskleid eines anderen Mitgliedstaats annehmen zu können, ohne dafür real mobil sein zu müssen, setzte der EuGH den Sekundärrechtsgesetzgeber unter hohen Handlungsdruck. Er

---

4 „Die Briten sind raus", FAZ vom 24. Juni 2016, S.1.

5 EuGH Urt. vom 25.10.2017 Rs. C-106/16 NJW 2017, 3639, Anm. *Schollmeyer* ZGR 2018, 186; *Stiegler* AG 2017, 846; *Bärwaldt/Hoefling* DB 2017, 3051; *Wicke* DStR 2017, 2690; *Stelmasczyk* EuZW 2017, 890; *Teichmann/Knaier* GmbHR 2017, 1314; *Korch/Thelen* IPrax 2018, 248; *Kieninger* NJW 2017, 3624; *Wachter* NZG 2017, 1312; *Habersack* ZHR 2018, 495; *Bayer/J. Schmidt* ZIP 2017, 2225–2234.

6 *OLG München* Urt. vom 5. August 2021 29 U 2411/21 Kart IHR 2021, 217 = BB 2021, 2349; *Knaier* GmbHR 2021, 488; *Schollmeyer* NZG 2021, 692; *Mayer/Manz* BB 2021, 451; a.A. *J. Schmidt* EuZW 2021, 613; *Zwirlein-Forschner* IPrax 2021, 357.

7 *Kieninger* NJW 2017, 3624; *Mörsdorf* ZIP 2017; 2381; *Schollmeyer* ZGR 2018, 186, 192f.

8 Urt. vom 09.03.1999 Rs. C-212/97 GmbHR 1999, 474.

9 Urt. vom 12.07.2012 Rs. C-378/10 NZG 2012 871.

10 Urt. vom 16.12.2008 Rs. C-201/06 NJW 2009 569.

brachte alle Kräfte im Europäischen Parlament und im Rat, die traditionell bestimmte Rechtsgüter, Gruppen oder Interessen – seien es Arbeitnehmerschutz, industriepolitisch-protektionistische Ziele oder staatlicher Einfluss auf Unternehmen – vor möglichen Auswirkungen dieser Freiheit in Schutz nehmen wollen, schlagartig in die Defensive, was auch die Europäische Kommission erkannt haben dürfte.

Schon vor Erlass des *Polbud*-Urteils hatte das Europäische Parlament die Europäische Kommission in einer Resolution[11] aufgefordert, einen Vorschlag für eine Richtlinie zu allen drei Umwandlungsarten vorzulegen. Im Frühsommer 2017 lotete die Europäische Kommission nach der Ankündigung einer solchen Initiative in ihrem Arbeitsprogramm für 2017[12] und der Durchführung einer öffentlichen Konsultation in einer Sitzung der Expertengruppe Gesellschaftsrecht der Mitgliedstaaten aus, auf welche Resonanz wohl ein Gesellschaftsrechtspaket stoßen würde. Dieses könnte eine Umwandlungsrichtlinie mit Regelungen für grenzüberschreitende Formwechsel, Verschmelzungen und Spaltungen, eine Richtlinie zur Digitalisierung der Gesellschaftsgründung und –anmeldung und eine Rom-Verordnung zum Internationalen Gesellschaftsrecht umfassen. Zu diesem Zeitpunkt waren die Verhandlungen zwischen der EU und dem Vereinigten Königreich über die Austrittsmodalitäten bereits im Gang und es zeichnete sich ab, dass Fragen der Niederlassungsfreiheit von Gesellschaften und des Rechts der grenzüberschreitenden Umwandlungen in ihnen keine Rolle spielen würden.

Das wesentliche Ergebnis dieses Zusammentreffens war, dass es eine Rom-Verordnung zum Internationalen Gesellschaftsrecht in absehbarer Zeit nicht geben würde. Ausschlaggebend dürfte zum einen gewesen sein, dass es einer Kodifikation der Maßgeblichkeit des Gründungsrechts im Verhältnis der Mitgliedstaaten untereinander nicht bedurfte. Die EuGH-Rechtsprechung zur Niederlassungsfreiheit hatte sie praktisch entbehrlich gemacht hatte. Zudem hätte eine solche Kodifizierung, die parallel zu den Verhandlungen über die eher technischen Fragen des Wechsels des anwendbaren Rechts zu beraten gewesen wäre, letztere durch eine Debatte über denkbare Sonderanknüpfungen[13] in bedrohlicher Weise verkompliziert. Zum anderen hätte die Erstreckung der Maßgeblichkeit des Gründungsrechts auf Drittstaaten sowohl mit Blick auf den Brexit als auch wegen der damals noch frischen Affäre um die „Panama-Papers" eine politische Sprengkraft entwickeln können, die für die Verhandlungen des ge-

11 Resolution des Europäischen Parlaments vom 13. Juni 2017 über grenzüberschreitende Verschmelzungen und Spaltungen (2016/2065(INI)).

12 COM(2016) 710 final vom 25. Oktober 2016

13 Vgl. z.B. den Vorschlag einer Sonderanknüpfung der Unternehmensmitbestimmung von *Weller*, FS Hommelhoff (2012), 1275.

samten Gesellschaftsrechtspakets hätte gefährlich werden können[14]. Solche drohenden Gefahren wurden durch den Verzicht auf die Rom-Verordnung von den beiden als wichtig bzw. unverzichtbar wahrgenommenen Bestandteilen des Gesellschaftsrechtspakets, der Digitalisierungsrichtlinie und der Umwandlungsrichtlinie, ferngehalten.

Daneben wurde in dieser frühen Phase der Diskussion des avisierten Company Law Package deutlich, dass das Interesse an einer Umwandlungsrichtlinie bei den Mitgliedstaaten, denen der EuGH mit *Polbud* praktisch alle Handlungsoptionen im nationalen Recht genommen hatte, viel stärker war als bei der Wirtschaft, die wohl befürchtete, dass die Richtlinie zu viele Umwandlungshindernisse enthalten könnte, obwohl sie von Anfang an als „enabling legislation" bezeichnet wurde[15].

Ein weiteres Ergebnis der frühen Diskussion war, dass außerhalb Deutschlands keinerlei Interesse an einer Erstreckung der umwandlungsrechtlichen Vorschriften auf Personengesellschaften bestand.

2. Richtlinienvorschlag und Beratungen im Europäischen Parlament und im Rat

Das *Polbud*-Urteil hat zu einer verzögerten Vorlage des Richtlinienvorschlags geführt. Die Europäische Kommission musste nach der Entscheidung, die zum Primärrecht ergangen war, prüfen, welche Spielräume ihr bei einer sekundärrechtlichen Regelung grenzüberschreitender Umwandlungen noch blieben. Die sodann im Text des Richtlinienvorschlags vom April 2018 ausgedrückte Einschätzung, dass materielle Schutzvorschriften zugunsten von Minderheitsgesellschaftern, Gläubigern und Arbeitnehmern zulässig sind, folgte dann der Logik des *Polbud*-Urteils. Dort hatte der EuGH hervorgehoben, dass mitgliedstaatliche Beschränkungen dem dort angewandten primärrechtlichen Prüfungsmaßstab beim damals aktuellen Stand des Unionsrechts unterlägen. In der Verknüpfung des Prüfmaßstabs mit dem gegenwärtigen Stand des Unionsrechts lag geradezu die Aufforderung des Gerichts an den Sekundärrechtsgesetzgeber, die Umwandlungsvorgänge nunmehr gesetzlich auszugestalten.

Im Europäischen Parlament wurden die Berichterstattungen zu den beiden Richtlinienvorschlägen des Company Law Package zwischen den beiden großen

---

14 Zu diesem Zusammenhang s. *Kieninger* ZEuP 2018, 309, 317.

15 Vgl. Explenatory Memorandum, in: *European Commission*, Proposal for a Directive of the European Parialment and of the Council amending Directive (EU) 2017/1132 as regards crossborder conversions, mergers and divisions, COM (2018) 241 final vom 25.4.2018.

Fraktionen aufgeteilt: Die EVP-Fraktion, der die Digitalisierung besonders wichtig erschien, erhielt die Berichterstattung für die Digitalisierungsrichtlinie. Berichterstatterin für die Umwandlungsrichtlinie wurde die österreichische SPE-Abgeordnete Evelyn Regner. Im Rat fielen die Beratungen der Richtlinie in die Zeit der bulgarischen, österreichischen und rumänischen Präsidentschaft. Bei Vorlage des Kommissionsvorschlags im April 2018 war klar, dass bis zum Ende der Legislaturperiode des Europäischen Parlaments nur etwa ein Jahr bleiben würde. Zwar drohte de facto keine Diskontinuität, wie wir sie aus dem nationalen Gesetzgebungsverfahren kennen. Denn es entspricht der Üblichkeit, dass das Europäische Parlament nach einem Neuzusammentritt die Beratungen der in der vorangegangenen Legislaturperiode nicht abgeschlossenen Dossiers auf Grundlage eines in der Geschäftsordnung vorgesehenen Fortsetzungsbeschlusses wiederaufnimmt[16]. Wegen der allgemeinen politischen Verschiebungen herrschte aber die Befürchtung, dass in dem neu gewählten Parlament anders als bisher für die Kompromissfindung die Zustimmung von mehr als zwei Fraktionen erforderlich werden könnte und die kommode Aufteilung des Gesamtpakets an die zwei größten Fraktionen als Garant für eine Einigung nicht mehr taugen könnte. Es war also Eile geboten, so dass die Beratungen insbesondere während der österreichischen Ratspräsidentschaft im zweiten Halbjahr 2018 rasch voranschritten. Die deutsche Delegation konnte ihre Stimme in den Verhandlungen unter anderem bei Fragen des Gläubigerschutzes sowie des Minderheitenschutzes und der Verankerung des Grundsatzes „Dulde und liquidiere!" zu Gehör bringen. Dies dürfte insbesondere der klugen Entscheidung des österreichischen Vorsitzes zu verdanken sein, die streitige Mitbestimmungsproblematik erst gegen Ende des Verhandlungsmarathons aufzurufen. Denn dass die mitbestimmungskritischen Mitgliedstaaten hier hart gegenhalten würden und Deutschland bei diesem Thema auf sein gesamtes verbleibendes Verhandlungsgewicht würde zurückgreifen müssen, war absehbar: Aus Sicht dieser Mitgliedstaaten war klar, dass im bevorstehenden Trilog mit dem Europäischen Parlament, dessen Position maßgeblich von der Berichterstatterin bestimmt werden würde, noch „Verhandlungsmasse" gebraucht werden würde.

Der hohe Zeitdruck führte dazu, dass die Vorschriften über grenzüberschreitende Spaltungen nur sehr oberflächlich beraten wurden. Dementsprechend weisen sie viele Schwächen auf, beispielsweise bei Fragen des Register-

16 Art. 240 Satz 2 der Geschäftsordnung für die 9. Legislaturperiode: „Zu Beginn jeder Wahlperiode entscheidet die Konferenz der Präsidenten über die mit Gründen versehenen Anträge der Ausschüsse des Parlaments sowie der anderen Organe, die Prüfung der unerledigten Angelegenheiten von vorn zu beginnen oder fortzusetzen."

vollzugs der Spaltung[17], des Gläubigerschutzes[18] und des Minderheitenschutzes bei der nicht-verhältniswahrenden Spaltung[19]. Andere Schwächen der Richtlinie sind hingegen nicht auf die Eile, sondern auf Sonderwünsche einzelner Mitgliedstaaten zurückzuführen, wie beispielsweise der aufgespaltene Gerichtsstand für die Überprüfung des Umtauschverhältnisses bei der Verschmelzung[20] oder der fortbestehende Sondergerichtsstand beim Formwechsel gemäß Art. 86j Abs. 4 GesRRL, auf dem ein Mitgliedstaat ausgerechnet für die aus Gläubigersicht regelmäßig am wenigsten gefährliche Umwandlungsvariante, den Formwechsel, bestanden hatte.

III. Ausgewählte Aufgaben für das Umsetzungsgesetz

1. Anfechtungsausschluss für Minderheitsaktionäre der übernehmenden Gesellschaft wegen des Umtauschverhältnisses bei der Verschmelzung

Die Richtlinie enthält eine Regelung, die manchen praktisch tätigen Umstrukturierungsplaner elektrisiert haben dürfte: Anders als dies im Umwandlungsgesetz für innerstaatliche Verschmelzungen zur Aufnahme vorgesehen ist, unterliegen nach Art. 126 Abs. 4 lit. a) i.V.m. 126a Abs. 6 GesRRL auch die Minderheitsgesellschafter der übernehmenden Gesellschaft einer grenzüberschreitenden Verschmelzung dem Anfechtungsausschluss und werden ins Spruchverfahren geschickt[21]. Da dies keine Mitgliedstaatenoption ist, braucht hierüber im Zuge des Umsetzungsgesetzes auch nicht diskutiert zu werden.

Wenn die Richtlinie für grenzüberschreitende Verschmelzungen das Anfechtungsrisiko reduziert, stellt sich umgehend die Frage nach einer überschießenden Umsetzung, so dass auch innerstaatliche Verschmelzungen davon profitieren

---

17 *Schollmeyer*, IPrax 2020, 297.
18 *Schollmeyer*, ZGR 2020, 62, 84.
19 S.u. Ziff. III.4.
20 Die im Kommissionsvorschlag vorgesehene Zuständigkeitskonzentration (hierzu: *Benz/Hübner/Zimmermann* ZIP 2018, 2254) wurde im Zuge der Verhandlungen im Rat gestrichen, hierzu *Noack/Habrich* AG 2019 908;
21 *Noack*, AG 2018, 780, 785.

könnten. Diese Möglichkeit dürfte die – bekannte – rechtspolitische Debatte[22] neu entfachen. Die Frage überschießender Umsetzung dürfte unabhängig davon, welchen Vorschlag diesbezüglich der Gesetzentwurf enthält, im bevorstehenden Gesetzgebungsverfahren ein intensiv diskutierter Punkt werden. Dabei dürfte auch folgende Überlegung eine Rolle spielen: Wird von einer überschießenden Umsetzung für innerstaatliche Umwandlungen abgesehen, dürfte die Kautelarpraxis problemlos in der Lage sein, dies weitgehend zu ignorieren: Schließlich ist eine Verschmelzung gemäß Art. 118 GesRRL grenzüberschreitend, wenn zwei der sich verschmelzenden Gesellschaften ihren Sitz in verschiedenen Mitgliedstaaten haben, ohne dass die Zahl der insgesamt an einer grenzüberschreitenden Verschmelzung teilnehmenden Gesellschaften auf zwei beschränkt wäre. Man gelangt also in den Anwendungsbereich grenzüberschreitender Verschmelzung, wenn man an der im Übrigen innerstaatlichen Verschmelzung einfach eine weitere Gesellschaft aus einem anderen Mitgliedstaat teilnehmen lässt. Man kann zum Beispiel eine mit einem geringen Gesellschaftsvermögen ausgestattete B.V. niederländischen Rechts gründen, deren Anteile zudem der übernehmenden Gesellschaft gehören. Nimmt sie als dritter Partner an der Verschmelzung teil, dürfte der Verschmelzungsvorgang insgesamt im Anwendungsbereich der Richtlinie liegen und die Minderheitsgesellschafter der übernehmenden Gesellschaft können nicht anfechten. Man kann auf diese Weise also den Anker im sicheren Hafen des Anfechtungsausschlusses werfen (Ankertheorie). Diese Gestaltungsmöglichkeit ist ein starkes Argument für eine Erstreckung des Spruchverfahrens auf die Gesellschafter des übernehmenden Rechtsträgers auch für rein innerstaatliche Verschmelzungen. Es ist aber auch nicht auszuschließen, dass eine überschießende Umsetzung der Richtlinie ungeachtet ihrer sachlichen Begründbarkeit an dem schon seit einigen Legislaturperioden hochgehaltenen politischen Dogma der „Eins-zu-eins-Umsetzung“ und des „No gold plating!“[23] abprallt.

2. Gewährung neuer Anteile statt barer Zuzahlung

Bare Zuzahlungen, zu denen eine Gesellschaft am Ende eines langen Spruchverfahrens zur Korrektur des Umtauschverhältnisses verpflichtet wird, belasten die

22 Beschlüsse des 72. DJT 2018, Wirtschaftsrecht I.1; *Bayer/Möller* NZG 2018, 801 (806); *Grigoleit*, AG 2018 645 (660); *Koch*, Gutachten F 65; *J. Vetter* ZHR 168 (2004), 4; Kallmeyer-/*Marsch-Barner/Oppenhoff* UmwG 7. Aufl. 2020 § 14 Rdn 16; Widmann/Mayer/*Heckschen* UmwG (Stand: 192 Lfg. 2021) § 14 Rdn. 60, 6; Lutter/*Decher* UmwG 6. Aufl. 2019 § 14 Rdn. 25.

23 Instruktiv zur nationalen Umsetzungspolitik nach diesen Vorgaben: *Payrhuber/Stelkens* EuR 2019, 190.

Liquidität. Die Richtlinie enthält daher für Verschmelzung und Spaltung die Mitgliedstaatenoption, den zur Verbesserung des Umtauschverhältnisses ausgleichsberechtigten Gesellschaftern anstelle einer baren Zuzahlung zusätzliche Anteile zu gewähren, Art. 126a Abs. 7, 160i Abs. 7 GesRRL[24]. Macht der Umsetzungsgesetzgeber von dieser Option Gebrauch, stellt sich zuallererst die für die Umwandlungspraxis interessante Frage, ob von dieser Option nur für grenzüberschreitende Umwandlungen oder auch für den praktisch sehr viel häufigeren Fall innerstaatlicher Umwandlung Gebrauch gemacht werden soll. Diese Frage hat sich in einer schon vor einigen Jahren intensiv geführten Debatte um die hierfür erforderliche Kapitalaufbringung niedergeschlagen[25]. Auch die widerstreitenden Interessen in überaus komplizierten Fragen zur Ausübung einer solchen Wahlmöglichkeit und ihres Zeitpunkts sowie der angemessenen Berücksichtigung von Veränderungen, die sich während der Dauer eines Spruchverfahrens bezogen auf die betroffenen Ausgangsanteile ergeben können, müssen sorgfältig abgewogen werden.

Die für den Ausgleich erforderlichen Anteile müssen vorhanden sein. Soweit die Gesellschaft sie nicht als eigene Anteile im Zuge der Vorbereitung der Umwandlung geschaffen hat, müssen sie zur Erfüllung des Ausgleichsanspruchs unter Nutzung der Wahlmöglichkeit geschaffen werden. Hier muss der Gesetzgeber, der die Mitgliedstaatenoption ziehen will, entscheiden, ob bei der für die neuen Anteile erforderlichen Kapitalerhöhung das Erlöschen der jeweiligen Ausgleichsansprüche gemäß § 362 Abs. 1 BGB oder durch Konfusion nach Abtretung als Sachkapital eingelegt werden kann. Man käme wohl mit beiden Ansätzen zum richtigen Ergebnis.

3. Austritt gegen Barabfindung und § 15 GmbHG

Anders als die Richtlinienbestimmungen über innerstaatliche Verschmelzungen und Spaltungen, in deren Anwendungsbereich nur Aktiengesellschaften fallen, gelten die Bestimmungen über grenzüberschreitende Umwandlungen für alle Gesellschaftsformen des Anhangs II, der die GmbH einschließt. Gesellschaftern, die sich mit ihrem Engagement nicht in eine ausländische Rechtsordnung begeben wollen, ist ein Austrittsangebot gegen Barabfindung zu unterbreiten; bei der Verhandlung über die Richtlinie standen hier zwei Fragen im Mittelpunkt: Zum einen galt es, das Erfordernis des Widerspruchs zu Protokoll (§ 29 Abs. 1 Satz 1

24 *Noack/Habrich* AG 2019, 908, 910.

25 *DAV-Handelsrechtsausschuss* Stellungnahmen in NZG 2000, 802, 803, NZG 2007, 497, 500 und NZG 2013, 694 (699) – mit Regelungsvorschlag; *Bayer* ZHR 172 (2008), 24, 29; Lutter/*Decher* UmwG 6. Aufl. 2019 § 15 Rdn 10.

UmwG) als Abfindungsvoraussetzung auch für grenzüberschreitende Umwandlungen beibehalten zu können. Zum anderen galt es, die für die Übertragung von Gesellschaftsanteilen einer GmbH maßgeblichen Formerfordernisse[26] abzusichern. Beides findet in der Richtlinie eine Grundlage: Art. 126a Abs. 1 Unterabs. 3 GesRRL enthält für die Verschmelzung eine Mitgliedstaatenoption für das Widerspruchserfordernis. Die Art. 86i Abs. 1 und 160i Abs. 1 GesRRL enthalten entsprechende Optionen für Formwechsel und Spaltung. Zu der dem nationalen Recht überantworteten Durchführung des Austritts hält Erwägungsgrund 18 der GesRRL fest, dass Formvorschriften der Mitgliedstaaten unberührt bleiben sollen.

Damit ist der deutsche Gesetzgeber frei darin, für den Austritt des GmbH-Gesellschafters die notarielle Form vorzusehen. Hierfür eine Regelung zu finden, die sich in die Fristläufe des Umwandlungsverfahrens einfügt, sicherstellt, dass das Ausscheiden erfolgt, bevor die Gesellschaft einem anderen Recht unterliegt und gleichwohl den Regelungsgehalt des § 15 GmbHG nicht in Frage stellt[27], wird ein schwieriges Unterfangen. An dem Regelungsgehalt von § 15 GmbHG auch im Zusammenhang mit der Richtlinienumsetzung festzuhalten, gebietet folgende Überlegung: Ein Prozess, der die Erosion dieser Vorschrift in Gang setzen würde, würde früher oder später dazu führen, dass das GmbH-Recht sich nicht mehr aus den Paragraphen 1 bis 88 des GmbHG ergibt, sondern vor allem aus einem weiteren kapitalanlegerschützenden Regelungsungetüm von mehreren 100 Paragraphen.

4. Spaltungsrechtlicher Squeeze-out durch Einstimmigkeitsverbot auch bei nicht-verhältniswahrender Spaltung?

Im nationalen Recht sieht § 128 UmwG vor, dass eine nicht-verhältniswahrende Spaltung der Zustimmung aller Anteilsinhaber bedarf. Dies schließt sowohl die bei der Beschlussfassung in der Gesellschafterversammlung nicht anwesenden Anteilsinhaber, als auch die Anteilsinhaber ohne Stimmrecht ein. Der Schutzzweck der Vorschrift ist klar: Anteilsinhaber sollen davor geschützt werden, bei der Zuteilung der neuen Anteile benachteiligt zu werden. Spiegelt das Beteiligungsverhältnis der Anteilsinhaber des übertragenden Rechtsträgers zueinander

---

26 *Noack*, AG 2018, 780, 783; Lutter/*Grunewald* UmwG 6. Aufl. 2019 § 31 Rdn. 3; Kallmeyer/*Marsch-Barner/Oppenhoff*, UmwG 7. Aufl. 2020 § 31 Rdn. 6; Widmann/Mayer/*Wälzholz* UmwG (Stand: 192 Lfg. 2021) § 31 Rdn. 3; Habersack/Wicke/*Rieder* UmwG (2019) § 31 Rdn. 7.
27 Vgl. *Luy*, GmbHR 2019, 1105, 1108.

sich nicht in ihrem Beteiligungsverhältnis an den neuen Rechtsträgern oder dem übernehmenden Rechtsträger eins zu eins wieder, sollen Mehrheitsentscheidungen nicht möglich sein. Jeder soll einem Rechtverlust zustimmen. Die mit der nicht-verhältniswahrenden Spaltung mögliche Aufteilung eines Unternehmens auf zerstrittene Gesellschafterstämme oder andere Spaltungen „zu Null" sind also nur im allseitigen Einvernehmen möglich[28].

Wie § 126 Abs. Abs. 1 Nr. 10 UmwG für die innerstaatlichen Spaltungen sieht auch Art. 160d lit. o der Richtlinie vor, dass der Spaltungsplan die Zuteilung von Anteilen an der neuen oder übernehmenden Gesellschaft auf die Gesellschafter der spaltenden Gesellschaft und den Aufteilungsmaßstab angeben muss. Die Vorschrift wird nach allgemein vertretener Lesart so verstanden, dass detaillierte Angaben zur Aufteilung nur bei nicht-verhältniswahrender Spaltung zu machen sind. Bei verhältniswahrender Spaltung reicht ein Hinweis auf die Verhältniswahrung. Art. 160d lit. o GesRRL hat einen Vorläufer in der Vorschrift des Art. 137 Abs. 2 lit. i GesRRL, in der die aus der alten Spaltungsrichtlinie stammende Regelung fortgeschrieben wurde. Sowohl das alte Sekundärrecht zu innerstaatlichen Spaltungen (von Aktiengesellschaften), als auch die deutsche Umsetzungsnorm zum Spaltungsplan, als auch der neue Art. 160d lit. o GesRRL gehen also davon aus, dass nicht-verhältniswahrende Spaltungen möglich sind[29].

Im Unterschied zum den Art. 93, 137 Abs. 2 GesRRL enthält Art. 160 h Abs. 3 GesRRL aber ein Verbot an die Mitgliedstaaten, für die Gesellschafterbeschlüsse über grenzüberschreitende Spaltungen Einstimmigkeit vorzusehen. Die von den Mitgliedstaaten festzulegenden Mehrheiten müssen mindestens 2/3 und höchstens 90 % betragen[30]. Mit einer 90 %-Mehrheit könnte man also die Beteiligung eines Gesellschafters, der allein oder gemeinsam mit anderen über weniger als 10 % der Anteile verfügt, im Wege der nicht-verhältniswahrenden Spaltung aus einer aus der Spaltung hervorgehenden neuen Gesellschaft oder der übernehmenden Gesellschaft ausschließen, auch wenn praktisch das ganze Gesellschaftsvermögen auf diese Gesellschaft übertragen wird. Damit hätte man die Möglichkeit zu einem spaltungsrechtlichen Squeeze-out geschaffen. Die vorgesehenen Rechtsbehelfe für Minderheitsgesellschafter – Austritt gegen Abfindung oder bare Zuzahlung zur Verbesserung des Umtauschverhältnisses – passen nicht und vermögen dieses kaum akzeptable Ergebnis deshalb auch nicht auszugleichen. Schließlich soll der Austritt dem Gesellschafter die Möglichkeit geben, anstelle der Beteiligung an einer Gesellschaft, die einer anderen Rechtsordnung

28 Habersack/Wicke/*Verse* UmwG (2019) § 128 Rdn 19; Lutter/Priester UmwG 6. Aufl. 2019 § 128 Rdn. 17; KK-UmwG-*Simon* (2009) § 128 Rdn 23ff.

29 *Stelmaszcyk* GmbHR 2020, 61,64.

30 *Bungert/Wansleben* DB 2018, 2094, 2099.

unterliegt, eine Geldabfindung wählen zu können. Der Squeeze-out würde ihm diese Wahlmöglichkeit gerade abschneiden. Eine bare Zuzahlung bzw. Gewährung neuer Anteile an der neuen oder übernehmenden Gesellschaft soll Fehler bei der Unternehmensbewertung ausgleichen und würde schon wegen des in einem unvermeidlichen Spruchverfahren zu treibenden Verfahrensaufwands nicht taugen, einen Gesellschafter dafür zu entschädigen, dass seine Mitgesellschafter ihm durch eine Veränderung des untereinander bestehenden Beteiligungsverhältnisses seinen Anteil entzogen haben.

Der Umsetzungsgesetzgeber steckt jetzt in einem Dilemma. Entweder muss er nicht-verhältniswahrende Spaltungen ausschließen, um die Minderheitsgesellschafter zu schützen oder er muss – ohne damit gleich die Obergrenze von 90 % für Zustimmungsquoren zu verletzen – für den Fall der nicht-verhältniswahrenden Spaltung jedem Gesellschafter, dessen Anteil sich bei der Zuteilung gegenüber seiner Beteiligung an der übertragenden Gesellschaft im Verhältnis zu seinen bisherigen Mitgesellschaftern vermindert, ein Vetorecht geben. Damit wäre die nicht-verhältniswahrende Spaltung in grenzüberschreitenden Fällen freilich anders geregelt als nach § 128 UmwG für innerstaatliche Spaltungen: Dort bedarf sie der Zustimmung aller Anteilsinhaber des übertragenden Rechtsträgers[31], während bei der für die Umsetzung erwogenen Lösung bei grenzüberschreitenden Fällen nur diejenigen Gesellschafter zustimmen müssten, die einen Nachteil erleiden. Gleichwohl dürfte diese Lösung am ehesten passen, aber bei beiden Lösungen läuft der Umsetzungsgesetzgeber Gefahr, mit seiner Lösung vor dem EuGH nicht zu bestehen.

IV. Ausdehnung des Anwendungsbereichs

1. Grenzüberschreitende Umwandlung von Personengesellschaften

Dass der Gesetzgeber des MoPeG der Empfehlung des Essener Juristentages von 2016[32] nicht gefolgt ist, die grenzüberschreitende Umwandlung von Personengesellschaften zu regeln, hat zu Enttäuschung geführt[33]. Schließlich genießen auch sie Niederlassungsfreiheit gemäß Art. 49, 54 AEUV[34]. Die Richtlinie enthält keine

31 Habersack/Wicke/*Verse* UmwG (2019) § 128 Rdn 27.
32 71. DJT 2016, II/1 = 105 Nr. 27.
33 *Lieder/Hilser* ZHR 185 (2021), 471, 501.
34 *Stelmaszcyk* GmbHR 2020, 61,62.

Vorgaben hierzu. In das Umwandlungsgesetz sind bereits mit dem Vierten Gesetz zur Änderung des Umwandlungsgesetzes[35] Bestimmungen aufgenommen worden, die die Hineinverschmelzung auf Personenhandelsgesellschaften ermöglichen. Diese Möglichkeit wurde mit einem Arbeitnehmerschwellenwert von 500 versehen, oberhalb dessen eine solche Verschmelzung nicht möglich ist; dies zeigt, dass der Gesetzgeber bei Regelungen zu grenzüberschreitenden Umwandlungen auf Belange der Mitbestimmung stets Rücksicht nimmt. Ob es vor diesem Hintergrund opportun erscheint, in eine Debatte über mögliche, *de lege ferenda* einzuschlagende Wege für Herausumwandlungen von Personengesellschaften einzutreten, ist zweifelhaft.

2. Spaltung zur Aufnahme

Die Richtlinie beschränkt die Regelungen über die Spaltung auf solche über die Spaltung zur Neugründung. Der Sekundärrechtsgesetzgeber hat dies wie schon die Europäische Kommission bei Vorlage des Richtlinienvorschlags damit begründet, dass eine Regelung übermäßig kompliziert geworden wäre[36]. Jedenfalls für die Regelungen zur Mitbestimmung stellt sich die zu regelnde Materie sehr komplex dar und könnte im Gesetzgebungsverfahren schwer zu überwindende Schwierigkeiten bereiten. Zwar dürfte in der Praxis ein Bedürfnis bestehen, insbesondere konzerninterne Umstrukturierungen auf diese Weise vorzunehmen und entsprechende Forderungen sind bereits erhoben worden[37]. Es stellt sich aber neben der Komplexität der Regelungen das Problem, dass eine solche Regelung für die Praxis nur dann einen Mehrwert brächte, wenn sich mindestens ein weiterer Mitgliedstaat findet, der entsprechende Regelungen bereithält. Es ist freilich nicht auszuschließen, dass die Praxis Wege findet, solche Operationen auch ohne gesetzliche Regelungen mit Hilfe von registerführenden Stellen durchzuführen, die sich hierzu mit Blick auf die Niederlassungsfreiheit verpflichtet fühlen

V. Ausblick

Bis zum Ablauf der Umsetzungsfrist am 31. Januar 2023 ist noch genug Zeit, die dem Umsetzungsgeber mit der Richtlinie aufgegebenen Rätsel zu lösen und die

---

35 4. UmwGÄndG v. 19.12.2018, BGBl. I 2018, S. 2694; dazu näher: *Bungert/Wansleben* DB 2019, 49; *Zwirlein* ZGR 2018, 900.

36 Erwägungsgrund 8 zur Richtlinie 2019/2121, ABl. Nr. 321 L v. 12. Dezember 2019 S. 2.

37 *Stelmaszcyk* GmbHR 2020, 61,64.

denkbaren Lösungsvorschläge zu diskutieren. Das Gesetzgebungsverfahren wird uns während des ganzen Jahres 2022 beschäftigen, manche Frage wird hart umkämpft sein. Nach der Umsetzung läuft ein vierjähriger Zeitraum, nach dessen Ende die Europäische Kommission nach Artikel 4 der Umwandlungsrichtlinie einen Evaluierungsbericht vorlegen muss. In diesem Evaluierungsbericht sollen insbesondere drei Themen aufgegriffen werden: Die Einführung eines harmonisierten Rechtsrahmens für die Mitbestimmung, die Kosten von Umwandlungsverfahren und die Notwendigkeit, Regelungen über eine Spaltung zur Aufnahme aufzunehmen. Auch nach Ende des Gesetzgebungsverfahrens zur Richtlinienumsetzung wird also gelten: Nach dem Spiel ist vor dem Spiel.

Sophia Schwemmer*

Bericht über die Diskussion

An die Referate von *Christoph Teichmann* zu „Niederlassungsfreiheit und grenzüberschreitende Umwandlungen" und von *Eberhard Schollmeyer* zu „Gesetzentwurf und Gesetzgebungsverfahren" schloss sich unter der Leitung von *Hanno Merkt* eine lebhafte Diskussion an. Dabei gab das Referat von *Christoph Teichmann* nicht nur Anlass zur Erörterung der Rechtsprechung zur Niederlassungsfreiheit, sondern auch zur Diskussion der Chancen für eine Kodifikation des internationalen Gesellschaftsrechts auf europäischer Ebene (I.). Die Diskussionsbeiträge zur Umsetzung der Mobilitätsrichtlinie nahmen sowohl zur Grundausrichtung des noch in einem Vorbereitungsstadium befindlichen Umsetzungsgesetzes Stellung (II.), als auch zu ausgewählten Einzelproblemen, die *Eberhard Schollmeyer* in seinem Referat zur Diskussion gestellt hatte (III.).

I.

Im Fokus der Diskussion über die Rechtsprechung des EuGH zur Niederlassungsfreiheit stand zunächst die von *Christoph Teichmann* aufgestellte These, der EuGH habe seine Rechtsprechung zum internationalen Gesellschaftsrecht auf einer Wertungsparallele zum Staatsangehörigkeitsrecht aufgebaut. Ein Diskutant aus der Wissenschaft wies darauf hin, dass genau diese Parallele aus der Sicht des internationalen Privatrechts insofern problematisch sei, als das Staatsangehörigkeitsrecht als Teil des öffentlichen Rechts einer ganz anderen Logik folge als das durch allseitige Kollisionsnormen geprägte IPR mit der ihm eigenen Methodik. Weil der EuGH mit seiner Rechtsprechung zur Niederlassungsfreiheit also eine Art Mischrecht aufgebaut habe, werde diese als komplex und widersprüchlich empfunden. Vor diesem Hintergrund sei eine gesetzliche Regelung des internationalen Gesellschaftsrechts in einer Rom-Verordnung trotz aller politischen Widerstände nach wie vor wünschenswert. Die Frage habe durch den Brexit auch neue praktische Relevanz gewonnen. Die vom BGH in der Trabrennbahn-Entscheidung etablierte gespaltene Anknüpfung sei in ihren praktischen Folgen zumindest fragwürdig. An *Eberhard Schollmeyer* richtete sich daher die Frage, ob er auf europäischer Ebene mittelfristig Chancen für eine gesetzliche Regelung des

---

* *Dr. Sophia Schwemmer* ist Mitarbeiterin am Institut für ausländisches und internationales Privat- und Wirtschaftsrecht der Universität Heidelberg (Lehrstuhl Prof. Dr. *Marc-Philippe Weller*).

https://doi.org/10.1515/9783110780895-003

internationalen Gesellschaftsrechts sehe. Dieser gab sich insoweit jedoch wenig optimistisch.

Ein weiterer Diskutant aus der Wissenschaft warf schließlich die Frage auf, ob der EuGH Schranken der Niederlassungsfreiheit, die der EU-Gesetzgeber geschaffen habe, nach den gleichen strengen Maßstäben beurteilen werde wie von den Mitgliedstaaten geschaffene Schranken. *Christoph Teichmann* führte dazu in seiner Antwort aus, dass der EuGH in der Tat bei Sekundärrechtsakten einen anderen Maßstab anlegen dürfte als bei Maßnahmen der Mitgliedsstaaten.

II.

Mit Blick auf die anstehende Umsetzung der Mobilitätsrichtlinie wies ein Diskutant aus der Praxis zunächst darauf hin, dass es sich zwar um eine technisch komplizierte Aufgabe für den Gesetzgeber handle, bei der aber auch viel erreicht werden könne, wenn man einen liberalen Ansatz wähle. Bislang habe insbesondere bei der Verschmelzung börsennotierter Gesellschaften das deutsche Recht große Schwierigkeiten bereitet. Daher solle man nun die Richtlinie möglichst nicht zu restriktiv umsetzen. Ein Diskutant aus der Wissenschaft warf insoweit die Grundsatzfrage auf, ob die Mobilitätsrichtlinie als willkommener Modernisierungsschub aus Europa für das gesamte nationale Umwandlungsrecht gesehen werden solle oder ob bei der Umsetzung vielmehr die Grundlinie verfolgt werde, die überkommenen Regelungen für den nationalen Kontext so weit wie möglich beizubehalten. *Eberhard Schollmeyer* bekannte sich darauf persönlich zu einer Grundphilosophie der allgemeinen Modernisierung des Umwandlungsrechts, bei der die nach der Richtlinie gebotenen Erleichterungen auch für den nationalen Kontext übernommen werden sollten. Ob das auch der politische Wille einer neuen Bundesregierung sein werde, könne man freilich noch nicht sagen. Bedenken müsse man bei der überschießenden Umsetzung aber jedenfalls, dass mitunter auch Richtlinienbestimmungen über die innerstaatliche Verschmelzung und Spaltung der Übernahme der neuen Erleichterungen für innerstaatliche Fälle entgegenstünden. Hier könne nur der europäische Gesetzgeber für Einheitlichkeit sorgen.

III.

Eine überschießende Umsetzung hatte *Eberhard Schollmeyer* in seinem Referat insbesondere für den in der Richtlinie vorgesehenen Anfechtungsausschluss und den Verweis auf das Spruchverfahren für Minderheitsaktionäre beider sich verschmelzender Gesellschaften (Art. 126 Abs. 4 lit. a iVm Art. 126a Abs. 6 GesRRL) ins Spiel gebracht. Innerstaatlich gilt dies bislang nur für die Minderheitsaktionäre der übertragenden Gesellschaft (§§ 14 Abs. 2, 15 Abs. 1 UmwG). Dieser Vorschlag erntete große Unterstützung aus der Praxis. Eine solche „Symmetrisierung des Spruchverfahrens" könne eine der größten Umstrukturierungsbremsen im internationalen Kontext beseitigen.

Anlass zur überschießenden Umsetzung böten auch die Beschränkungen der grenzüberschreitenden Umwandlungsmöglichkeiten aus Gründen der Mitbestimmung. Ein Diskutant aus der Praxis betonte, dass trotz aller mitbestimmungsrechtlichen Probleme ein praktischer Bedarf für das von der Richtlinie nicht erfasste Instrument der Spaltung zur Aufnahme bestehe. Auch ein Diskutant aus der Wissenschaft drückte seine Frustration über die Mitbestimmung als ewiger Hemmschuh der Modernisierung des Gesellschaftsrechts aus, die nun auch der sinnvollen Erweiterung des Anwendungsbereichs der Richtlinie und einer überschießenden Umsetzung entgegenstehen solle. Er regte an, im Rahmen der Umsetzung ein Regelungsmodell für die mitbestimmungsrechtlichen Fragen der bislang nicht von der Richtlinie erfassten Bereiche zu erarbeiten, mit dem man dann in die avisierten weiteren Verhandlungen auf europäischer Ebene gehen könnte. *Eberhard Schollmeyer* erwiderte auf diese Anregungen, dass das Bedürfnis der Praxis nach der grenzüberschreitenden Spaltung zur Aufnahme durchaus gesehen werde, aber man auf die unlösbaren mitbestimmungsrechtlichen Probleme Rücksicht nehmen müsse. Zudem seien Spaltungen zur Aufnahme ohnehin von der Niederlassungsfreiheit gedeckt, so dass sich letztlich nur die Frage stelle, ob diese dem geregelten oder dem nicht geregelten Bereich zugeordnet würden. Die Entwicklung eines Regelungsmodells für die mitbestimmungsrechtlichen Fragen bedürfe eines entsprechenden politischen Willens. Es sei daher zweifelhaft, ob man in den insoweit kritischen Bereichen zu einer überschießenden Umsetzung gelangen werde.

Ein Diskutant aus der Praxis regte ferner an, in Spruchverfahrensfällen solle die Festlegung darüber, ob Anteile oder eine Barzuzahlung gewährt wird, erst nach dem Abschluss des Spruchverfahrens getroffen werden. *Eberhard Schollmeyer* führte dazu in seiner Replik aus, dass dieses Interesse der Unternehmensseite bekannt und verständlich sei, aber dennoch ein politisch akzeptabler Interessenausgleich gefunden werden müsse.

Mit Blick auf den Austritt gegen Barabfindung sprach sich ein Diskutant aus der Wissenschaft dafür aus, die Anwendung des § 15 Abs. 4 GmbHG zu überdenken, da diese Regelung rechtsvergleichend isoliert sei und beim Erwerb eigener Anteile kein erkennbares Bedürfnis für eine Formvorschrift mit Warnfunktion bestehe. *Eberhard Schollmeyer* machte in seiner Replik jedoch deutlich, dass man diesem Vorschlag zurückhaltend gegenüberstehe, da der § 15 Abs. 4 GmbHG das Entstehen neuer Geschäftsmodelle des Beteiligungsvertriebs an Privatanleger verhindere, auf die man gegebenenfalls mit deutlich restriktiveren Anlegerschutzgesetzen reagieren müsste.

Lebhaft diskutiert wurde auch das von *Eberhard Schollmeyer* umrissene Problem des fehlenden Rechtsschutzes beim nach der Richtlinie möglichen Squeeze Out durch Spaltung mit 90%-Mehrheit. Ein Diskutant aus der Wissenschaft führte dazu aus, im Umwandlungsrecht stünden grundsätzlich zwei Rechtsschutzmechanismen zur Verfügung, nämlich einmal die Überprüfung der Barabfindung und andererseits die Überprüfung des Umtauschverhältnisses. Danach könne die Höhe der Abfindung überprüft werden, so dass sich ihm die Frage stelle, ob hier wirklich eine Rechtsschutzlücke bestehe. *Eberhard Schollmeyer* erläuterte in seiner Replik, die Möglichkeit des Squeeze Out durch Spaltung sei im Rat nie erörtert worden und die Richtlinie sei darauf auch nicht angelegt gewesen. Jedenfalls seien die bestehenden Rechtsschutzmöglichkeiten, die lediglich einen nachgelagerten Barausgleich gewähren würden, aus seiner Sicht ungenügend.

Abschließend wurde noch das Problem der fehlenden Regelungen zur internationalen gerichtlichen Zuständigkeit in der Richtlinie thematisiert, aus dem sich eine Gefahr divergierender gerichtlicher Entscheidungen zu den Umtauschverhältnissen ergibt. Ein Diskutant aus der Praxis stellte zunächst fest, dass der nationale Gesetzgeber daran nun auch nichts mehr ändern könne. Auch eine Lösung über Gerichtsstandsvereinbarungen werde für die Praxis mit hohen Unsicherheiten behaftet sein. Während einheitliche europäische Zuständigkeitsregelungen sicherlich die Ideallösung seien, könne man das Problem aber doch auch über Regelungen wie die Art. 29, 30 der EuGVVO in den Griff bekommen, die eine Aussetzung zur Verhinderung widersprechender Entscheidungen vorsähen. Hierüber müsse doch eine Einigung zu erzielen sein, da schließlich kein Staat ein Interesse an widerstreitenden Entscheidungen haben könne. *Eberhard Schollmeyer* erläuterte hierzu in seiner Replik, dass man bei der Umsetzung jedenfalls versuchen werde, Kooperationsmechanismen zwischen den Gerichten der Mitgliedsstaaten zu finden. Einer Regelung auf europäischer Ebene stehe aber der Umstand entgegen, dass es durchaus Mitgliedsstaaten gebe, die ein Interesse an der Erschwerung grenzüberschreitender Umwandlungen und deshalb auch an der Gefahr widerstreitender Entscheidungen hätten.

Helmut Krenek*

Schutz der Minderheit

Zusammenfassung: Die Richtlinie des Europäischen Parlaments und des Rates vom 27.11.2019 zur Änderung der Richtlinie (EU) 2017/1132 in Bezug auf grenzüberschreitende Umwandlungen, Verschmelzungen und Spaltungen schafft einen spezifischen Rechtsrahmen innerhalb der Europäischen Union für die in der Richtlinie geregelten Strukturmaßnahmen. Den Schutz der Minderheit gewährleistet sie zum einen durch ein System des präventiven Schutzes mit Informationen im Vorfeld und während der Gesellschafterversammlung sowie dem Erfordernis einer qualifizierten Mehrheit. Zum anderen bietet sie nachgelagerten Schutz durch das Angebot einer Barabfindung bei der Möglichkeit des Austritts oder bei der grenzüberschreitenden Spaltung und Verschmelzung durch die Möglichkeit der Anfechtung des Umtauschverhältnisses beim Verbleib in der Gesellschaft. Die Angemessenheit dieser Kompensation muss gerichtlich überprüft werden, wobei das Anfechtungsrecht wegen Unangemessenheit ausgeschlossen wird. Dieses System entspricht weitgehend dem in Deutschland geltenden Recht.

Abstract: The Directive of the European Parliament and of the Council of 27.11.2019 amending Directive (EU) 2017/1132 in regard to cross-border transformations, mergers and divisions creates a specific legal framework within the European Union for the structural measures regulated by the Directive. It ensures the protection of the minority, on the one hand, through a system of preventive protection with information prior to and during the shareholders' meeting as well as the requirement of a qualified majority. On the other hand, it offers downstream protection through the offer of cash compensation in the event of the possibility of withdrawal or, in the case of cross-border splitting and mergers, through the possibility of contesting the exchange ratio in the event of remaining in the company. The appropriateness of this compensation must be reviewed by a court, excluding the right of challenge on grounds of inappropriateness. This system largely corresponds to the law applicable in Germany.

* Der Autor ist Vorsitzender Richter am Landgericht München I.

https://doi.org/10.1515/9783110780895-004

Inhaltsübersicht

I. Einführung

Die Niederlassungsfreiheit zählt zu den vier Grundfreiheiten des Unionsrechts und damit zu seinen Grundprinzipien oder tragenden Säulen. Nach Art. 49 Abs. 2 AEUV i.V.m. Art. 54 AEUV umfasst sie unter anderem das Recht auf Gründung und Leitung von Gesellschaften nach den Bestimmungen des Niederlassungsmitgliedstaates. Der EuGH hat dies dahingehend ausgelegt, dass die Niederlassungsfreiheit den Anspruch einer nach dem Recht eines Mitgliedstaats gegründeten Gesellschaft auf Umwandlung in eine dem Recht eines anderen Mitgliedstaats unterliegende Gesellschaft umfasst, soweit die Voraussetzungen des Rechts jenes anderen Mitgliedstaats eingehalten sind und namentlich das Kriterium erfüllt ist, das in diesem anderen Mitgliedstaat für die Verbundenheit einer Gesellschaft mit seiner nationalen Rechtsordnung erforderlich ist – dies hat der EuGH namentlich in seinen Entscheidungen zu VALE[1] und Polbud[2] nochmals bekräftigt. Diese Entscheidungen bilden einen gewissen Schlusspunkt in der Entwicklung der Rechtsprechung des Europäischen Gerichtshofs, die bereits mit

1 EuGH v. 12.7.2012 Rs.C-378/10, NJW 2012, 2715 ff.
2 EuGH v. 25.10.2017 Rs. C-106/16, NJW 2017, 3639.

Daily Mail[3] eingeleitet und sich über Centros[4], Überseering[5], Inspire Act[6] und Cartesio[7] fortsetzte.

Die hier zu erörternde Richtlinie des Europäischen Parlaments und des Rates vom 27.11.2019 zur Änderung der Richtlinie (EU) 2017/1132 in Bezug auf grenzüberschreitende Umwandlungen, Verschmelzungen und Spaltungen schafft sekundärrechtlich einen speziellen Rechtsrahmen innerhalb der EU für grenzüberschreitende Spaltungen und grenzüberschreitende Formwechsel. Zudem kam es in der Richtlinie zu einer umfassenden Novellierung für grenzüberschreitende Verschmelzungen.

Als eines der zentralen Elemente der Richtlinie – und in der Literatur hierzu vielfach als Errungenschaft bezeichnet[8]– muss dabei der Schutz der Minderheitsgesellschafter angesehen werden, der einer Harmonisierung zugeführt wird. Die Anteilsinhaber erleiden durch diese gesellschaftsrechtliche Strukturmaßnahme einen Eingriff in ihr auch grundrechtlich geschütztes Eigentum, denn der Schutz des Art. 14 Abs. 1 GG erfasst die Substanz dieses Anteilseigentums in seiner mitgliedschaftsrechtlichen und vermögensrechtlichen Ausgestaltung.[9]

Mittlerweile liegt der Referentenentwurf eines Gesetzes zur Umsetzung der Umwandlungsrichtlinie[10] vor, der auch die Elemente des Minderheitenschutzes aus der Richtlinie aufnimmt und vor allem in einem neuen „Sechsten Buch – Grenzüberschreitende Umwandlung" im Umwandlungsgesetz in innerstaatliches Recht umsetzt.

---

3 EuGH v. 27.9.1988 Rs. 81/87, NJW 1989, 2186.

4 EuGH v. 9.3.1999 Rs. C-212/97, NJW 1999, 2027.

5 EuGH v. 5.11.2002 Rs. C-208/00, NJW 2002, 3614.

6 EuGH v. 30.9.2003 Rs. C-167/01, NJW 2003, 3331.

7 EuGH v. 16.12.2008 Rs. C-210/06, NJW 2009, 569.

8 So J. Schmidt/Bayer, BB 2019, 1922, 1931.

9 Für Aktionäre vgl. nur BVerfGE 14, 263, 276 f. – Feldmühle; BVerfGE 100, 289, 301 f. – DAT/Altana; BVerfGE 132, 99, 119 Rdn. 52; BGH ZIP 2013, 2254 Rdn. 3 – Frosta; der BGH sieht in dieser Entscheidung beim Delisting keinen Eingriff in das durch Art. 14 Abs. 1 GG geschützte Eigentum der betroffenen Minderheitsaktionäre.

10 Im Folgenden RefE

II. Schutz im Vorfeld und in der Gesellschafterversammlung

1. Information der Anteilsinhaber

a) Regelungsgehalt der Richtlinie

Für jede dieser drei Maßnahmen muss vom Leitungsorgan bzw. von den Leitungsorganen ein Plan gem. Art. 86d, Art. 123 und Art. 160d erstellt werden, in dem die wesentlichen Informationen über die neue Gesellschaft enthalten sind. Bereits im Vorfeld der eigentlichen Beschlussfassung über diese Maßnahmen sieht die Richtlinie in Art. 86e, 124 und 160d einen Bericht für die grenzüberschreitende Umwandlung, grenzüberschreitende Verschmelzungen und Spaltungen vor, in dem die rechtlichen und wirtschaftlichen Aspekte der grenzüberschreitenden Strukturmaßnahme erläutert und somit schon vor der Gesellschafterversammlung offengelegt werden. Hierzu gehören namentlich aufgrund von Art. 86e Abs. 4 lit. b die Einzelheiten zum Angebot einer Barabfindung für Gesellschafter bei der Umwandlung. Aufgrund von Art. 124 Abs. 3 lit. a und lit. b sind die Barabfindung und die zu ihrer Ermittlung benutzte Methode sowie das Umtauschverhältnis der Gesellschaftsanteile und gegebenenfalls die Darstellung der Methode oder der Methoden in dem Bericht zu erläutern, die zur Ermittlung des Umtauschverhältnisses benutzt wurden. Bei der grenzüberschreitenden Spaltung muss gem. Art. 160e Abs. 3 lit. a und lit. b wiederum die Barabfindung sowie das Umtauschverhältnis der Aktien oder sonstigen Gesellschaftsanteile einschließlich der angewandten Methoden erläutert werden

Dieser Plan ist bei allen drei Maßnahmen aufgrund von Artt. 86 f, 125 und 160 f von einem unabhängigen Sachverständigen zu prüfen, der dann einen Bericht für die Gesellschafter erstellt und der den Gesellschaftern ebenso wie der Plan spätestens einen Monat vor dem Tag der Gesellschafterversammlung offenzulegen ist. Dieser Bericht muss in jedem Fall die Stellungnahme des Sachverständigen zu der Frage enthalten, ob die Barabfindung bzw. das Umtauschverhältnis angemessen sind.

Bei der Bewertung der Barabfindung berücksichtigt der Sachverständige gem. Artt. 86f Abs. 2 Satz 2, 125 Abs. 3 Satz 2 und 160f Abs. 2 Satz 2 den etwaigen Marktpreis, den die Anteile an der Gesellschaft vor Ankündigung der geplanten Umwandlung hatten, oder den nach allgemein anerkannten Bewertungsmethoden bestimmten Wert der Gesellschaft ohne die Auswirkungen der geplanten Umwandlung.

b) Umsetzung durch den Referentenentwurf

Dieses System eines präventiven Schutzes durch die Berichterstattung und insbesondere durch die Prüfung der Angemessenheit der Kompensationsleistung entspricht in seinem Grundgedanken der Konzeption des Aktiengesetzes und des Umwandlungsgesetzes mit der gerichtlichen Bestellung eines Prüfers im Vorfeld aktienrechtlicher Strukturmaßnahmen in §§ 10, 60, 122f., 125 UmwG sowie §§ 293 c bis 293 e, 327 c Abs. 2 Satz 2 AktG, die dem präventiven Schutz der Anteilseigner dienen soll.[11] Allerdings macht die Richtlinie konkretere Vorgaben als das bisher geltende deutsche Recht, wenn vorgegeben wird, dass ein Marktpreis oder eine allgemein anerkannte Bewertungsmethode auf Basis einer Stand alone-Betrachtung[12] zu berücksichtigen sind. In der Sache entspricht dies aber dennoch der gehandhabten Praxis. Aus Art. 14 Abs. 1 GG ist nämlich abzuleiten, dass der Börsenkurs als Marktpreis bei der Bemessung der Barabfindung als Untergrenze angesetzt werden muss, wobei dieser als gewichteter Durchschnittskurs innerhalb eines Referenzzeitraums von drei Monaten vor der Bekanntgabe der Maßnahme an die Kapitalmärkte darstellt.[13] Darüber hinaus ist aber nach der Rechtsprechung des BGH eine Kompensationsleistung nach allgemein anerkannten Bewertungsmethoden zu ermitteln. Von daher ändert sich an der aus dem geltenden Recht vertrauten Grundkonzeption durch diese Vorgaben der Richtlinie in der Sache nichts. Dasselbe gilt für das Umtauschverhältnis bei der Verschmelzung und der Abspaltung.

Das Abstellen auf eine allgemein anerkannte Bewertungsmethode entspricht gleichfalls der Rechtsprechung insbesondere auch des II. Zivilsenats des BGH. Dem Gericht kommt danach nämlich die Aufgabe zu, unter Anwendung aner-

---

11 Vgl. nur OLG München ZIP 2007, 375, 377; AG 2014, 453, 454; OLG Stuttgart AG 2007, 128, 129 f.; Emmerich, in: Emmerich/ Habersack, Aktien- und GmbH-Konzernrecht, 9. Aufl., § 8 SpruchG Rdn. 6.

12 Dies ergibt sich aus den Formulierungen in Artt. 86 f Abs. 2, 125 Abs. 3 Satz 2 und 160 f Abs. 2 Satz 2, wonach der Wert der Gesellschaft ohne die Auswirkungen der jeweiligen Strukturmaßnahme zu ermitteln ist.

13 So die heute ganz h.M: grundlegend zur Bedeutung des Börsenkurses BVerfGE 100, 289, 305 ff. – DAT/Altana; BVerfGE 132, 99, 123 Rdn. 62; BGH NJW 2010, 2657, 2658 Rdn. 10 ff. – Stollwerck unter Aufgabe der auf den Stichtag der Hauptversammlung abstellenden Entscheidung BGHZ 147, 108, 118 ff. – DAT/Altana; AG 2011, 590 f. Rdn. 8; OLG Stuttgart ZIP 2010, 274, 277 ff.; OLG Düsseldorf ZIP 2009, 2055, 2056 ff.; Paulsen in: Münchener Komm. z. AktG, 5. Aufl., § 305 Rdn. 105 f.; ebenso Hüffer/Koch, AktG, 15. Aufl., § 305 Rdn. 43; Emmerich, aaO (Fn. 10), § 305 Rdn. 45 bis 46 a; Tonner, FS Karsten Schmidt, 2009, S. 1581, 1597 ff.

kannter betriebswirtschaftlicher Methoden den Unternehmenswert als Grundlage der Abfindung im Wege der Schätzung nach § 287 Abs. 2 ZPO zu bestimmen.[14]

Der Referentenentwurf orientiert sich sehr stark an den Vorgaben der Richtlinie. §§ 307, 322 und 335 RefE enthalten die Bestimmungen über den Inhalt des Verschmelzungs-, Spaltungs- und Formwechselplans samt seiner Bekanntmachung, während in §§ 309, 324 und 337 RefE der entsprechende Bericht geregelt ist, der der Information der Aktionäre dient, die auch in § 310 RefE ausdrücklich vorgeschrieben ist. Auch bei der Ausgestaltung der Prüfung kann der Gesetzgeber durch die Verweisung auf §§ 9 bis 12 UmwG in den entsprechenden neuen Vorschriften der §§ 311, 325 und 338 RefE zurückgreifen.

2. Publizität

a) Regelungsgehalt der Richtlinie

Gleichfalls im Vorfeld der Maßnahme müssen die Mitgliedstaaten aufgrund der Vorgaben aus Artt. 86 g Abs. 1, 125 Abs. 1 und Art. 160 g Abs. 1 sicherstellen, dass die Gesellschaft namentlich den Plan für die grenzüberschreitende Maßnahme spätestens einen Monat vor dem Tag der Gesellschafterversammlung offenlegt und im Register des Wegzugmitgliedstaats öffentlich zugänglich macht. Auch können die Mitgliedstaaten vorschreiben, dass der Bericht des unabhängigen Sachverständigen in dem Register offengelegt und öffentlich zugänglich gemacht wird.

Allerdings können die Mitgliedstaaten aufgrund von Artt. 86 g Abs. 2, 123 Abs. 2 und Art. 160 g Abs. 2 eine Gesellschaft von der Offenlegungspflicht befreien, wenn diese Gesellschaft diese Unterlagen während eines ununterbrochenen Zeitraums, der mindestens einen Monat vor dem festgelegten Tag der Gesellschafterversammlung beginnt und nicht vor Schließung der Versammlung endet, auf ihrer Website der Öffentlichkeit kostenlos zugänglich macht.

b) Umsetzung

Diese Vorgaben entsprechen in ihrem Grundgedanken auch dem bereits geltenden Recht. Dies gilt vor allem über die Offenlegung des Plans, der dem Bericht der

---

14 Vgl. nur BGHZ 208, 265, 272 Rdn. 21; OLG München, Beschluss vom 13.11.2018, Az. 31 Wx 372/15; Beschluss vom 9.4.2021, Az. 31 Wx 2/19; OLG Düsseldorf ZIP 2016, 71, 72.

Gesellschaft entspricht, und des Prüfungsberichts des gerichtlich bestellten Prüfers. Beide sind nach den einschlägigen Vorgaben des in § 293f AktG wie auch für eine grenzüberschreitende Verschmelzung nach § 122d UmwG im Vorfeld der Hauptversammlung bzw. einer Gesellschafterversammlung auszulegen. Die Pflicht zur Einreichung eines Verschmelzungsplans sowie die anschließende Veröffentlichungspflicht für das Handelsregister nach § 10 HGB ist im aktuell geltenden Recht in § 122d UmwG geregelt. Der Zweck dieser Bekanntmachung liegt vor allem auch in der frühzeitigen Information der *Anteilsinhaber* wie auch der Gläubiger über die bevorstehende Versammlung der Anteilsinhaber und die anstehende Verschmelzung; zudem soll dem Registergericht ermöglicht werden, den Verschmelzungsplan bzw. seinen Entwurf zu *prüfen* und auf etwaige Mängel noch vor der Beschlussfassung der Anteilsinhaber aufmerksam zu machen.[15]

Die bislang nicht geregelten Maßnahmen des grenzüberschreitenden Formwechsels wie auch der grenzüberschreitenden Spaltung werden bei der Umsetzung aufgrund dieser Vorgaben Anpassungen des Umwandlungsgesetzes erforderlich machen, die sich aber in die Systematik des innerstaatlichen Rechts einfügen und insoweit zu keinem Systembruch führen werden. Zu begrüßen ist, dass der Gesetzgeber in § 311 Abs. 2 RefE von der ihm durch die Richtlinie eingeräumten Optionsmöglichkeit Gebrauch gemacht hat, auf eine Prüfung zu verzichten, wenn sich alle Anteile in der Hand einer Person befinden. Zudem entfällt eine Prüfung, wenn alle Anteilsinhaber aller beteiligten Rechtsträger hierauf verzichten. Hier kann kein Schutzbedürfnis für außenstehende Anteilsinhaber bestehen.

III. Schutz in der Gesellschafterversammlung

1. Regelungsgehalt der Richtlinie

In der Gesellschafterversammlung selbst wird der Schutzgedanke zugunsten aller Gesellschafter dadurch verwirklicht, dass die Gesellschafter aufbauend auf der im Vorfeld erhaltenen Information ein Mitentscheidungsrecht haben, weil die Gesellschafterversammlung aufgrund von Artt. 86 h Abs. 1 und Abs. 3, 160 h Abs., 1 und Abs. 3, einen entsprechenden zustimmenden Beschluss mit einer qualifizierten Mehrheit fassen muss, die den Mitgliedstaaten Erfordernisse zwischen nicht weniger als zwei Dritteln und nicht mehr als 90 % der Stimmen der in der

15 Vgl. Drinhausen, in: Semler/Stengel/Leonhard, UmwG, 5. Aufl., § 122d Rdn. 2; Bayer, in: Lutter, UmwG, 6. Aufl., § 122d Rdn. 1.

Gesellschafterversammlung vertretenen Anteile oder des in der Gesellschafterversammlung vertretenen gezeichneten Kapitals vorgibt.

2. Umsetzung

Bei der Umsetzung sollte eine Mehrheit von ¾ der vertretenen Anteile oder des vertretenen gezeichneten Kapitals angesetzt werden. Dies entspräche der bisherigen Regelung für die grenzüberscheitende Verschmelzung insbesondere in §§ 122a Abs. 2, 65 Abs. 1 UmwG und den auch sonst üblichen Mehrheitserfordernissen, die namentlich das Aktienrecht bei Strukturmaßnahmen vorsieht. Da der Referentenentwurf keine abweichenden Bestimmungen vorsieht, muss davon ausgegangen werden, dass es bei der bewährten Mehrheit von 75 % der vertretenen Anteile verbleibt.

IV. Zeitlich nachgelagerter Schutz

Mit Ausnahme der grenzüberschreitenden Spaltung sieht die Richtlinie darüber hinaus einen – aus zeitlicher Perspektive eher nachgelagerten – Mindestschutzstandard mit drei Kernelementen dar:

- Austrittsrecht gegen Barabfindung in Art. 86 j, 126a Abs. 1 bis 5 und Art. 160 l Abs. 6 bis 7 Gesellschaftsrechtsrichtlinie n.F.
- bei grenzüberschreitenden Verschmelzungen und Spaltungen zusätzlich Anspruch auf Verbesserung des Umtauschverhältnisses in Art. 126 a Abs. 6 bis 7 und Art. 160 l Abs. 6 bis 7 Gesellschaftsrechtsrichtlinie n.F.
- Ausschluss der Anfechtung wegen Bewertungsmängeln (Art. 86i Abs. 5, 126 Abs. 4 und Art. 160k Abs. 5.

1. Austrittsrecht

a) Regelungsgehalt der Richtlinie

Als Folge eines grenzüberschreitenden Vorhabens sehen sich die Gesellschafter mit einer Situation konfrontiert, in der sich das auf ihre Rechte anwendbare Recht ändert, nachdem sie Gesellschafter einer Gesellschaft würden, die dem Recht eines anderen Mitgliedstaates als desjenigen unterliegt, dessen Recht auf die Gesellschaft vor dem Vorhaben anwendbar war. Die Mitgliedstaaten sollten daher Gesellschaftern, die stimmberechtigte Anteile halten und gegen die Zustimmung zu dem Plan gestimmt habe, mindestens das Recht zukommen lassen, aus der Gesellschaft auszutreten und eine Barabfindung für ihre Anteile zu erhalten, die dem Wert dieser Anteile entspricht.[16] Dies beruht letztlich auf der Erwägung, dass sich das Austrittsrecht durch eine Änderung des Gesellschaftsstatus rechtfertigt.

b) Umsetzung

Der Referentenentwurf sieht in §§ 313, 327 und 340 UmwG das Angebot einer angemessenen Barabfindung für jeden Anteilsinhaber vor, der gegen den Zustimmungsbeschluss der Anteilsinhaber Widerspruch zur Niederschrift erklärt.

Bei der Barabfindung als Folge einer grenzüberschreitenden Strukturmaßnahme werden aber gerade in dem Falle, dass die in Deutschland ansässige Gesellschaft die Mittel zur Verfügung stellen muss, die Grundsätze des Kapitalaufbringungs-, zumindest aber Kapitalerhaltungsrechts zu beachten sein. Diese müssen als vorrangig eingestuft werden. Bei der Barabfindung geht es auch um die Zulässigkeit des Erwerbs eigener Aktien durch die Gesellschaft, die aufgrund von § 71 AktG limitiert ist, wenngleich die Vorgaben über den Umfang der Barabfindung der ausländischen Rechtsordnung entstammen. Eine entsprechende Problematik findet sich bereits in § 122i AktG, wobei in diesem Zusammenhang bei der Diskussion um die Einführung dieser Norm darauf hingewiesen wurde, dass eigentlich die Vorschriften des ausländischen Gesellschaftsrechts anwendbar sein müssten.[17]

c) Wahrnehmung des Optionsrechts

Die Richtlinie gewährt aber darüber hinausgehend in Art. 86i Abs. 1 2. Unterabs. den Mitgliedstaaten indes auch die Option, das Recht nach Unterabsatz 1 zum Austritt auch anderen Gesellschaftern der Gesellschaft einzuräumen. In dem maßgebenden Erwägungsgrund Nr. 18 werden Gesellschafter mit stimmrechtslosen Anteilen oder Gesellschafter genannt, die infolge einer grenzüberschreitenden Spaltung Anteile an der begünstigen Gesellschaft in einem Verhältnis erwerben würden, das sich von demjenigen unterscheidet, das vor dem Vorhaben bestand, oder Gesellschafter, bei denen es zwar keine Änderung des anwendbaren

16 So ausdrücklich Erwägungsgrund 18; hierzu auch J. Schmidt/Bayer, BB 2019, 1922, 1931.
17 Vgl. J. Vetter, AG 2006, 613, 623 f.

Rechts geben würde, für die sich aber bestimmte Rechte wegen des Vorhabens ändern würden.

Es spricht einiges dafür, dieses Recht auch den Inhabern insbesondere stimmrechtsloser Vorzugsaktien einzuräumen, denn auch diese werden in ihrem Eigentum nach Art. 14 Abs. 1 GG tangiert. Dementsprechend sind sie bereits jetzt nach innerstaatlichem Recht bei einer Strukturmaßnahme wie dem Squeeze out abfindungsberechtigt. Strittig ist hier nur, ob zwischen Stamm- und Vorzugsaktien bei der Abfindung zu differenzieren ist oder nicht.[18] Von dieser Möglichkeit macht der Referentenentwurf indes keinen Gebrauch.

In der Literatur[19] wird in diesem Zusammenhang wiederholt die Forderung erhoben, auch den Gesellschaftern der übernehmenden Gesellschaft bei einer grenzüberschreitenden Verschmelzung oder Spaltung ein Austrittsrecht einzuräumen. Zur Begründung wird darauf verweisen, dass diese beiden Strukturmaßnahmen auch eine tiefgreifende Veränderung für die Anteilsinhaber der übernehmenden Gesellschaft nach sich ziehen – ihre mitgliedschaftlichen Rechte werden ebenfalls tangiert; vor allem aber können sie infolge der Transaktion finanzielle Nachteile erleiden, weil durch die Barabfindung namentlich bei einer nachfolgenden Erhöhung wegen der Unangemessenheit des Umtauschverhältnisses Liquidität aus dem „neuen" Unternehmen abfließt. Daher wird gefordert, der deutsche Gesellschaft solle das Austrittsrecht entsprechend der Option allen gegen den Plan stimmenden Gesellschaftern aller beteiligten Gesellschaften einräumen Dies wäre indes ein Systembruch zum bisherigen Recht der Verschmelzung, wo ebenfalls nur den Anteilseignern der übertragenden Gesellschaft in §§ 15, 29 ff. UmwG ein Anspruch auf Barabfindung eingeräumt wird. Dies gilt auch für die bisherige Regelung in § 122i und 122 h UmwG für die grenzüberschreitende Verschmelzung, wo ebenfalls nur die Anteilsinhaber des übertragenden Unternehmens einen Anspruch auf bare Zuzahlung haben. Demgemäß sieht der Referentenentwurf keine entsprechende Regelung vor.

2. Verbesserung des Umtauschverhältnisses

Die Mobilitätsrichtlinie räumt im Zusammenhang mit der Kompensation bei der grenzüberschreitenden Verschmelzung wie auch der Spaltung in Art. 126a Abs. 6 bzw. Art. 160i Abs. 6 bis 7 den Gesellschaftern, die über kein Recht zur Veräu-

---

18 Eine Differenzierung lehnen beispielsweise ab OLG Karlsruhe NZG 2006, 670 f.; LG München I, Beschluss vom 28. 3. 2014, Az. 5HK O 18925/08; Beschluss vom 31. 7. 2015, Az. 5HK O 16371/13; a.A. OLG Düsseldorf WM 2009, 2220, 2227; Hachmeister/Ruthardt, BB 2014, 427 ff.

19 J. Schmidt/Bayer, BB 2019, 1922, 1931; Bayer, aaO (Fn. 14), § 122i Rdn. 5 und § 122 h Rdn. 4.

ßerung ihrer Anteile verfügten oder diese nicht ausgeübt haben, aber der Auffassung sind, dass das im gemeinsamen Plan für die grenzüberschreitende Verschmelzung festgelegte Umtauschverhältnis der Gesellschaftsanteile nicht angemessen sei, die Berechtigung ein, dieses Umtauschverhältnis anzufechten und eine bare Zuzahlung zu verlangen. Hier differenziert die Richtlinie gerade nicht zwischen den Anteilsinhabern der übertragenden und der übernehmenden Gesellschaft. Insoweit wird nach § 14 Abs. 2 RefE nachgebessert, nachdem im bisherigen Recht sowohl bei einer nationalen Verschmelzung wie auch bei der grenzüberschreitenden Verschmelzung in §§ 122a ff. UmwG nur den Anteilsinhabern der übertragenden Gesellschaft ein entsprechender Anspruch eingeräumt wurde.[20] Korrespondierend damit wird dem Anteilsinhaber der übernehmenden Gesellschaft aufgrund von § 15 Abs. 1 Satz 1 RefE gleichfalls eine Kompensation im Spruchverfahren durch Geltendmachung eines Ausgleichs in Gestalt einer baren Zuzahlung eröffnet; das Spruchverfahrensgesetz soll demgemäß entsprechend in seinem Anwendungsbereich erweitert werden.

Aufgrund von Art. 126a Abs. 7 und Art. 160i Abs. 7 wird den Mitgliedstaaten das Recht eingeräumt, dass die aus der grenzüberschreitenden Verschmelzung oder Spaltung hervorgehende Gesellschaft anstelle einer baren Zuzahlung Anteile oder eine andere Abfindung bereitstellen kann. Von dieser Option macht der Referentenentwurf in seinen §§ 72a, 72b UmwG Gebrauch, wonach im Verschmelzungsvertrag die beteiligten Rechtsträger erklären können, dass anstelle einer baren Zuzahlung (§ 15) zusätzliche Aktien der übernehmenden Gesellschaft gewährt werden, wobei diese aufgrund von § 72b UmwG auch mittels einer Kapitalerhöhung geschaffen werden können. Gerade wenn Aktien zur Verfügung gestellt werden, wird die Liquidität der neuen Gesellschaft deutlich geschont.[21]

Ausschluss der Anfechtung wegen Bewertungsmängeln

Im Interesse der raschen Umsetzung der Maßnahme müssen die Mitgliedstaaten sicherstellen, dass die Zustimmung der Gesellschafterversammlung zu der grenzüberschreitenden Strukturmaßnahme nicht deshalb angefochten werden kann, weil die angebotene Kompensation – also die Barabfindung bei der Umwandlung sowie das Umtauschverhältnis oder die Barabfindung bei der Verschmelzung wie auch der Spaltung – nicht angemessen ist oder die im Hinblick auf die Kompensationsleistung erteilten Informationen nicht die rechtlichen

---

20 Vgl. nur Drinhausen, aaO (Fn. 14), § 122 h Rdn. 4; J. Vetter, AG 2006, 613 ff.
21 So bereits J. Schmidt/Bayer, BB 2019, 1922, 1932.

Anforderungen erfüllen. Dahinter steht der Gedanke, dass auf diese Art und Weise gewährleistet wird, dass Bewertungsmängel nicht die Strukturmaßnahme blockieren, sondern ausschließlich im dafür vorgesehenen Spruchverfahren nach Maßgabe der Artt. 126a, Art. 160i und Art. 86i geltend gemacht werden können.[22]

Dieser Ansatz entspricht in seinem Grundgedanken der Regelungen vor allem in §§ 304 Abs. 3 Satz 2, 305 Abs. 5, 327 f Satz 1 und Satz 2 sowie in §§ 14 Abs. 2, 15 Abs. 1 UmwG. Bei der bereits geregelten grenzüberschreitenden Verschmelzung gem. § 122i Abs. 2 UmwG greift der Ausschluss der Anfechtungsklage im noch geltenden Recht nur dann, wenn beide Rechtsordnungen ein Verfahren wie das Spruchverfahren vorsehen oder wenn die Anteilsinhaber derjenigen an der grenzüberschreitenden Verschmelzung beteiligten Gesellschaften, die dem Recht eines anderen Mitgliedstaats oder Vertragsstaats unterliegen, dessen Rechtsvorschriften ein solches Verfahren nicht vorsehen, der Möglichkeit des Austritts widersprechender Gesellschafter gegen Gewährung einer Barabfindung im Verschmelzungsbeschluss ausdrücklich zustimmen. Wenn dies nicht der Fall ist, kann nach geltendem Recht ein solcher Mangel nur mit der Anfechtungsklage geltend gemacht werden.[23] Insoweit stellt sich der RefE mit seiner Novellierung von § 14 Abs. 2 UmwG als echte Verbesserung dar.

Der weitere Anfechtungsausschluss infolge eines Informationsdefizits ist so jedenfalls im geschriebenen Gesetz nicht geregelt. § 243 Abs. 4 Satz 2 AktG schließt nämlich die Anfechtung nur wegen Informationsmängeln im Zusammenhang mit der Ausübung des Rede- und Fragerechts nach § 131 Abs. 1 AktG aus. Fraglich ist, wie mit Mängeln des Bewertungsgutachtens und des Prüfungsberichts des Abfindungsprüfers umzugehen ist. Hier ist jedenfalls der Wortlaut der Richtlinie umfassender als der Gesetzeswortlaut von § 243 Abs. 4 Satz 1 AktG, weil sich die Richtlinie auf die Informationen über die Kompensation bezieht, die in dem vom Verwaltungs- oder Leitungsorgan der Gesellschaft erstellten Plan und dem Prüfungsbericht enthalten sind, und nicht auf Informationen während der Hauptversammlung. Allerdings ist damit dennoch kein Bruch der bisherigen Rechtsauffassung zum Umfang des Anfechtungsausschlusses verbunden, auch wenn sich die Regelung in § 243 Abs. 4 Satz 1 AktG bezieht sich nach ihrem Wortlaut nur auf die Informationsmängel während der Hauptversammlung bezieht. Berichtsmängel im Vorfeld der Hauptversammlung bleiben davon unberührt und könnten demgemäß auch die Anfechtung begründen, weil dies dem Wortlaut des § 243

22 Vgl. Stelmaszczyk, ZIP 2019, 2437, 2443; Bungert/Becker, DB 2019, 1609, 1615.

23 Vgl. Hörtnagl, in: Schmitt/Hörtnagl, UmwG, UmwStG, 9. Aufl., § 122 h Rdn. 9; Becker/Uxa, in: Maulbetsch/Klumpp/Rose, UmwG, 2. Aufl., § 122i Rdn. 16; Neye/Timm, DB 2006, 488, 492; Kiem, WM 2006, 1091, 1098.

Abs. 4 Satz 2 AktG und auch dem Willen des Gesetzgebers entspricht, der im Wortlaut „in der Hauptversammlung" hinreichend zum Ausdruck kommt.[24] Dies steht indes im Widerspruch zum Normzweck der Regelungen über die Berichtspflicht im Vorfeld der Hauptversammlung, wonach jeder Minderheitsaktionär soll durch die Berichts- und Prüfungspflichten in die Lage versetzt werden, vor allem auch die der Festlegung der Barabfindung zugrunde liegenden Überlegungen nachzuvollziehen,[25] und zu der Tatsache, dass Bewertungsfragen im Einzelnen die Anfechtung nicht zu begründen vermögen. Zur Vermeidung eines Wertungswiderspruchs sind diese Fragestellungen der Richtigkeit der Bewertung dem Anfechtungsprozess zu entziehen und dem Spruchverfahren zuzuweisen, solange nur der Bericht insgesamt dem vom Gesetzgeber mit ihm verfolgten Zweck genügt.[26] Insofern sollte der deutsche Gesetzgeber nicht nur punktgenau eine Regelung in Bezug auf die grenzüberschreitenden Strukturmaßnahmen treffen, sondern darüber hinaus das Gesetzgebungsverfahren auch im Sinne einer Klarstellung nutzen, dass damit letztlich auch Berichtsmängel, die sich auf die Begründung der Kompensation beziehen, die Anfechtung nicht begründen können – jedenfalls dann, wenn ein Bericht erstellt wurde. Dem Referentenentwurf ist beides nicht zu entnehmen.

3. Überprüfung der Kompensation

a) Regelungsgehalt der Richtlinie

Die Mitgliedstaaten stellen aufgrund von Artt. 86i Abs. 5, 126a Abs. 4 und Abs. 6, 7 sowie Art. 160i Abs. 4 , Abs. 6 und 7 sicher, dass die angebotene Kompensation in einem gerichtlichen Verfahren, das sich nach nationalem Recht richtet, überprüft werden kann.

Geregelt wird in der Richtlinie die internationale Zuständigkeit insofern, als bei der grenzüberschreitenden Umwandlung das Recht der Gesellschaft Anwendung findet, in dem die sich umwandelnde Gesellschaft ihren Sitz hatte.[27] Bei der

24 So ausdrücklich der RegE; vgl. BT-Drucks. 15/5092, S. 26.
25 vgl. BT-Drucks. 14/7034, S. 73; BGH NZG 2006, 905, 906 f.; LG München I AG 2008, 904, 907.
26 So ausdrücklich LG München I AG 2008, 904, 907; Drescher in: BeckOGK AktG, Stand 1.9.2021 § 243 Rdn. 151; Göz, in: Bürgers/Körber/Lieder, AktG, 5. Aufl., § 243 Rdn. 21; Schwichtenberg/Krenek, BB 2010, 1227, 1230; a.A. Weißhaupt, ZIP 2005, 1766, 1771 f.
27 In diesem Sinne auch J. Schmidt/Bayer, BB 2019, 1922, 1932; Noack/Habrich, AG 2009, 908, 910 f.

grenzüberschreitenden Verschmelzung und Spaltung ist die Behörde/Stelle des Mitgliedstaates zuständig, dem die verschmelzende bzw. sich spaltende Gesellschaft angehört. Aus der Systematik der Richtlinie wird sich dann allerdings ergeben, dass dann auch das Recht dieses Mitgliedstaates maßgeblich ist.[28]

b) Umsetzung

Für die Ausgestaltung im Einzelnen macht die Richtlinie wenig Vorgaben. Dem nationalen Recht vorbehalten bleibt insbesondere die Bestimmung der zuständigen Behörde ebenso wie die Regelung der Antragsfrist. Insoweit soll konsequent das Spruchverfahren angepasst werden.

Das Spruchverfahrensgesetz ist zweifelsohne der geeignete Standort, vor allem wenn man berücksichtigt, dass es sich aus Sicht eines mit einer Vielzahl von Spruchverfahren befassten Richters bei sachgerechter Anwendung insgesamt bewährt hat und insbesondere zu einer deutlichen Verkürzung der Verfahren beigetragen hat.[29] Dementsprechend sieht der Referentenentwurf auch eine Anpassung des Spruchverfahrens mit einem entsprechend erweiterten Anwendungsbereich vor. Die erga omnes-Wirkung einer Entscheidung ist in der Richtlinie optional vorgesehen. Hier bleibt es bei der bewährten Regelung des § 13 Satz 2 SpruchG vorschreibt.

Dabei wurde erfreulicherweise auch die Gelegenheit genutzt, jedenfalls zwei Schwächen des FGG-RG zu beheben. Zum einen soll nach § 2 Abs. 2 des Referentenentwurfs wieder die Regelung über die ausschließliche Zuständigkeit der Kammer für Handelssachen entsprechend der ursprünglichen Regelung im SpruchG a.F. hergestellt werden. Damit würde ein Zustand der Rechtsunsicherheit beseitigt, nachdem insbesondere umstritten ist, ob sich an der originären Zuständigkeit der Kammer für Handelssachen durch die Neuregelung im GVG etwas geändert hat – eine Unzuständigkeit der Zivilkammer lässt sich nicht bejahen,

---

28 Vgl. J. Schmidt/Bayer, BB 2019, 1922, 1932; Stelmaszczyk, ZIP 2019, 2437, 2441 jeweils auch unter Hinweis auf den Einklang mit der Rspr. des EuGH v. 7. 3. 2018 - C-560/16, AG 2018, 364 – E.ON Czech Holding.

29 Beim Landgericht München I gingen im Zeitraum vom 1. 1. 2009 bis zum 31. 12. 2021 insgesamt (nach Verbindungen) 75 Spruchverfahren ein, von denen aktuell je ein Verfahren aus den Jahren 2019 und 2020 (von 5 bzw. 4) und alle sieben Verfahren aus dem Jahr 2021 in erster Instanz noch nicht abgeschlossen sind. Die Durchschnittsdauer der 66 abgeschlossenen Verfahren belief sich auf etwas mehr 26,5 Monate.

wenn der Antrag sich nicht an die Kammer für Handelssachen richtet.[30] Zum anderen sieht die Neufassung von § 12 Abs. 1 SpruchG die Abschaffung des Abhilfeverfahrens bei der Beschwerde vor, das die Verfahren verzögert, aber regelmäßig keinen weiteren Erkenntnisgewinn bringt.[31] Überdacht werden sollte im weiteren Verlauf des Gesetzgebungsverfahrens indes die Regelung in § 5a des Entwurfs über den Anwaltszwang auch für das Verfahren erster Instanz; dies stellt einen Fremdkörper im Recht der freiwilligen Gerichtsbarkeit dar, der auch nicht zu einem signifikanten Rückgang der Zahl der Antragsteller führen dürfte.

Zusammenfassend lässt sich festhalten, dass der Schutz der Minderheitsgesellschafter durch die Mobilitätsrichtlinie angemessen gewährleistet wird und sich die Vorgaben durchaus in das System des deutschen Rechts der Kapitalgesellschaften einpassen lässt. Der Handlungsbedarf wird nach dem Referentenentwurf weitgehend sachgerecht ausgenutzt, soweit es um dem Minderheitenschutz geht. In der Praxis bleibt abzuwarten, ob die Vereinheitlichung des Rechtsrahmens für grenzüberschreitende Umwandlungen, Verschmelzungen und Spaltungen zu einer Zunahme entsprechender Vorhaben führen wird. Bislang war jedenfalls im Zuständigkeitsbereich des Landgerichts München I von den durch §§ 122a ff. UmwG eröffneten Möglichkeiten nur sehr sparsam Gebrauch gemacht worden.

30 So LG München I NZG 2010, 392, 520 Ls; *Wasmann, in:* Kölner Komm. z. AktG, 3. Aufl., § 2 SpruchG Rdn. 6*; Krenek, in: Mehrbrey, Handbuch Gesellschaftsrechtliche Streitigkeiten – Corporate Litigation,* 3. Aufl., § 144 Rdn. 17*; Simons,* NZG 2012, 609 (611); a.A.: Drescher, in: BeckOGK SpruchG, Stand: 1.9.2021, § 2 Rdn. 21; Theusinger/Deckers, in: Bürgers/Körber/Lieber, AktG, a.a.O., § 2 Rdn. 7; Kubis, in: Münchener Komm. z. AktG, 5. Aufl., § 2 SpruchG Rdn. 6.

31 So bereits Krenek, in: Heidel, Aktienrecht und Kapitalmarktrecht, 5. Aufl., § 12 SpruchG Rdn. 12 Fn. 27.

Christoph Thole*

Der Gläubigerschutz bei der Umsetzung der Mobilitätsrichtlinie 2019/2121 in das deutsche Umwandlungsrecht

Zusammenfassung: Die Richtlinie 2019/2121 sieht Änderungen des Gläubigerschutzsystems bei grenzüberschreitenden Umwandlungen vor. Dazu gehören insbesondere die zeitliche Vorverlagerung des Anspruchs auf Sicherheitsleistung, eine umfangsmäßige Beschränkung der gesamtschuldnerischen Haftung bei der Spaltung sowie die Einführung eines zusätzlichen Gerichtsstands im Wegzugsstaat beim Formwechsel. Mit dem Referentenentwurf eines Gesetzes zur Umsetzung der Umwandlungsrichtlinie vom 20.4.2022 zeichnet sich die künftige Rechtslage bereits ab. Der Beitrag versucht, kritische Punkte der Umsetzung der Richtlinie in das deutsche Recht zu identifizieren und mögliche Umsetzungsperspektiven zu skizzieren sowie den Referentenentwurf zu beleuchten.

Abstract: The Mobility Directive brings about amendments to the system of creditor protection for cross-border mergers, divisions and conversions. These changes include the right to obtain safeguards, restrictions on the joint liability in case of a division and the introduction of a new place of jurisdiction for creditors affected by a conversion. The draft of an Act for the Implementation of the Mobility Directive already shows the future design of the law. This article tries to identify neuralgic issues and to develop perspectives of the transposition of the directive in national law.

---

* Prof. Dr. Christoph Thole ist Universitätsprofessor und Direktor des Instituts für Verfahrensrecht und Insolvenzrecht, des Instituts für Internationales und Europäisches Insolvenzrecht und des Instituts für Anwaltsrecht der Universität zu Köln. Erweiterte Fassung des Vortrags bei dem ZGR-Sondersymposium am 8.10.2021. Die Vortragsform wurde teilweise beibehalten. Nach dem Vortrag wurde der Referentenentwurf eines Umsetzungsgesetzes am 20.4.2022 veröffentlicht, der hier noch, soweit möglich, nachträglich berücksichtigt wurde. Der Regierungsentwurf konnte nicht mehr eingearbeitet werden.

https://doi.org/10.1515/9783110780895-005

Inhaltsübersicht

I. Einführung

Wenn wir von Gläubigerschutz reden, ist damit in erster Linie der von der Mobilitätsrichtlinie (RL 2019/2121, im Folgenden: MobilRL[1]) vorgesehene Gläubigerschutz, also der umwandlungsrechtliche Gläubigerschutz gemeint. Ausdrücklich adressiert wird der Schutz der Gläubiger in Art. 86j MobilRL für den Formwechsel (in der Diktion der Richtlinie „Umwandlung“[2]), in Art. 126b MobilRL für die

1 Die geänderte GesR-RL wird im Folgenden als RL 2017/1132 bezeichnet.
2 Hier wird der im deutschen Recht gebräuchliche Begriff des Formwechsels verwendet.

Verschmelzung und in Art. 160j MobilRL für die Spaltung (genauer: für die Spaltung zur Neugründung). Dass andere Gläubigerschutzinstrumente daneben sowohl auf unionsrechtlicher als auch auf nationaler Grundlage Bedeutung erlangen können, steht außer Frage. Beispielhaft zu nennen ist ausweislich der jüngsten EuGH-Entscheidung vom 30.1.2020[3] etwa die actio pauliana, d.h. die Gläubigeranfechtung, ferner die Existenzvernichtungshaftung[4] oder das Kapitalschutzrecht, soweit es neben dem Umwandlungsrecht anwendbar ist.[5]

Das deutsche Umwandlungsrecht geht bekanntlich bisher von einem ex post-Gläubigerschutz bzw. einem nachgelagerten Schutzsystem aus. Gemeint ist dies in dem Sinne, dass § 22 UmwG, ggf. i.V.m. § 125 UmwG oder § 204 UmwG, einen Anspruch auf Sicherheitsleistung vorsieht, der aber erst nach der Eintragung der Umwandlungsmaßnahme im Register des übernehmenden Rechtsträgers geltend gemacht werden kann. Die gesamtschuldnerische Haftung des § 133 UmwG bei der Spaltung betrifft zwar die Altforderungen, wird aber naturgemäß erst in dem Zeitraum nach Wirksamwerden der Umwandlung bedeutsam. Das ist erst recht augenfällig bei der Nachhaftung für die erst nach dem Wirksamwerden der Spaltung fällig werdenden Verbindlichkeiten, bei denen die rechtspolitisch nicht unumstrittene Enthaftungsregel mit der Fünf-Jahres-Frist gilt. Bereits modifiziert ist demgegenüber das ex post-Modell durch die den § 22 UmwG verdrängende bisherige Regelung des § 122j UmwG, also im Fall der grenzüberschreitenden Hinausverschmelzung.[6] Nach der bisherigen Regelung des § 122j UmwG (zu § 314 UmwG-RefE unten II.) können die Gläubiger ihren Anspruch auf Sicherheitsleistung bereits vor der Eintragung bei der deutschen Gesellschaft, d.h. dem übertragenden Rechtsträger, geltend machen, indem sie binnen zwei Monaten nach dem Tag, an dem der Verschmelzungsplan oder sein Entwurf bekannt gemacht worden ist, ihren Anspruch nach Grund und Höhe schriftlich anmelden und glaubhaft machen, dass durch die Verschmelzung die Erfüllung ihrer Forderung gefährdet wird.

Die Mobilitätsrichtlinie macht nunmehr einen weiteren Wechsel zu einer ex ante-Lösung erforderlich, freilich in den Grenzen ihres Anwendungsbereichs, der

---

3 EuGH, Urt. v. 30.1.2020 – Rs. C-394/18 (NZG 2020, 550).

4 Exemplarisch mit der zumindest grundsätzlichen Einbeziehung auch von Umwandlungsvorgängen und der Erhöhung der Verbindlichkeiten BGH, DStR 2019, 340.

5 Verneinend für die Differenzhaftung BGH, DNotZ 2007, 854; DStR 2019, 340 Rn. 18 ff.

6 *Gutkès*, in: Sagasser/Bula/Brünger, Umwandlungen, 5. Aufl., 2017, § 13 Rn. 169 f.; *Drinhausen*, in: Semler/Stengel/Leonard, Umwandlungsgesetz, 5. Aufl., 2021, § 122j Rn. 4; kritisch zur nur partiellen Einbeziehung von Personenhandelsgesellschaften in den Anwendungsbereich der §§ 122a ff. UmwG nur im Fall einer Hineinverschmelzung *Bayer/J. Schmidt*, BB 2019, 2178, 2189; *J. Schmidt*, ZIP 2019, 1093, 1100.

sich auf grenzüberschreitende Umwandlungen von Kapitalgesellschaften beschränkt. Das System des Gläubigerschutzes gemäß den Regelungen der Richtlinie beruht auf vier Säulen:

- System der Sicherheitsleistung bzw. ein „angemessenes Schutzsystem“
- ggf. Solvenzerklärung
- gesamtschuldnerische Haftung bei der Spaltung
- Erhalt eines Gerichtsstands im Wegzugsstaat beim Formwechsel

Dabei knüpft der Anspruch auf Sicherheitsleistung schon an die Offenlegung des Umwandlungsplans an und nicht erst an das Wirksamwerden der Umwandlung (Art. 86j Abs. 1 Unterabs. 2, Art. 126b Abs. 1 Unterabs. 2, Art. 160j Abs. 1 Unterabs. 2 MobilRL). Die Frist beträgt drei Monate, aber knüpft an die Beantragung angemessener Sicherheiten bei der „Justiz- oder Verwaltungsbehörde“ an, was *möglicherweise* – dazu gleich unter II. – ein gerichtliches, klageweises Vorgehen meint und der Erteilung der Vorabbescheinigung vorangeht. Die angebotenen Sicherheiten sind in den Umwandlungsplan aufzunehmen (Art. 86d lit. f), Art. 122 lit. n), Art. 160d lit. q) MobilRL). Die Richtlinie wechselt also eher zu einem ex ante-Modell. Allerdings sind im Umwandlungs- bzw. Verschmelzungsbericht weitere Angaben zu den Auswirkungen auf die Gläubiger nicht ausdrücklich verlangt (anders als bisher nach Art. 124 S. 1 RL 2017/1132, § 122e UmwG). Es ist lediglich die Rede von den weiteren Auswirkungen auf die künftige Geschäftstätigkeit der Gesellschaft (so Art. 124 Abs. 1 Unterabs. 2 MobilRL), was aber – bei Lichte betrachtet – Auswirkungen auf Gläubiger einschließen muss.

Dieser Beitrag hat es zum Ziel, die Umsetzungsperspektiven für das deutsche Recht auszuloten und auch den vorgelegten Referentenentwurf vom 20.4.2022[7] zu bewerten.

7 https://www.bmj.de/SharedDocs/Gesetzgebungsverfahren/DE/Umsetzung_Umwandlungsrichtlinie.html.

II. Der Anspruch auf Sicherheitsleistung (Art. 86j Abs. 1, Art. 126b Abs. 1, Art. 160j Abs. 1 MobilRL)

1. Differenzierung zwischen Gläubigergruppen und zwischen grenzüberschreitenden und innerstaatlichen Verschmelzungen?

a) Vorgaben der Richtlinie

Nimmt man zunächst die Verschmelzung und Art. 126b MobilRL zum Ausgangspunkt und als pars pro toto, so soll der vorgelagerte Gläubigerschutz aufgrund von Art. 126b MobilRL den Interessen der Gläubiger dienen, deren Forderungen vor der Offenlegung des gemeinsamen Plans für die grenzüberschreitende Verschmelzung entstanden sind und zum Zeitpunkt dieser Offenlegung noch nicht fällig geworden sind. Hier ist schon die Grundfrage aufgeworfen, welche Gläubiger der Umsetzungsgesetzgeber zu schützen hat. Art. 99 RL 2017/1132 sah schon bisher (bei der nationalen Verschmelzung) den Schutz beider Gruppen vor, aber der Richtliniengeber ermöglicht eine unterschiedliche Ausgestaltung (Art. 99 Abs. 3 RL 2017/1132).

Es wird, soweit ersichtlich[8], angenommen, gemeint seien von Art. 126b MobilRL primär die Gläubiger des übertragenden Rechtsträgers. Das ergebe sich daraus, dass die Regelungen im systematischen Zusammenhang auf die Erteilung der Vorabbescheinigung abzielten, die dann im Zuzugsstaat als bindender Nachweis gelte, wie es Art. 128 Abs. 5 MobilRL vorsieht.[9] Richtig ist, dass das Schutzbedürfnis rein tatsächlich unterschiedlich ausgestaltet ist. Die Gläubiger des übertragenden Rechtsträgers verlieren den Schuldner in seiner bisherigen Gestalt und müssen sich künftig mit einer ausländischen Gesellschaft „herumschlagen" und dort Befriedigung suchen. Die Gläubiger des übernehmenden Rechtsträgers haben das Risiko, dass ihre Forderungen wirtschaftlich entwertet werden, weil sie nunmehr auch in Gläubigerkonkurrenz zu den bisherigen Gläubigern des übertragenden Rechtsträgers treten.

Das bedeutet allerdings nicht, dass Art. 126b MobilRL nur und ausschließlich die Gläubiger des übertragenden Rechtsträgers schützte; Art. 99 RL 2017/1132

---

8 *Schollmeyer*, ZGR 2020, 62, 79.

9 *Schollmeyer*, ZGR 2020, 62, 79.

bleibt im Übrigen ebenfalls unverändert. Obwohl die Richtlinie mit dem gebrauchten Passus von den „sich verschmelzenden Gesellschaften“ nicht vollständig stringent ist, so spricht die Verknüpfung der Gläubigerschutzregel mit der Offenlegung des Verschmelzungsplans gegen eine Differenzierung in der Schutzrichtung. Denn es geht um einen „gemeinsamen Plan“. In Art. 123 Abs. 1 lit. b) MobilRL wird vorgesehen, dass die Gläubiger „der sich verschmelzenden Gesellschaft“ Bemerkungen zu dem Plan machen können, und zwar gegenüber ihrer *jeweiligen* Gesellschaft. Erwägungsgrund Nr. 22 S. 2 spricht ebenfalls von den beteiligten Gesellschaften und ihren (also ihren jeweiligen) Gläubigern, die es zu schützen gilt.

b) Die Lösung des Referentenentwurfs

Im Schrifttum wurde bereits angenommen, der deutsche Gesetzgeber könne die Umsetzung des Art. 126b Abs. 1 Unterabs. 2 MobilRL auf den grenzüberschreitenden Fall reduzieren, es also bei rein innerstaatlichen Verschmelzungen bei § 22 UmwG und damit bei dem nachgelagerten Gläubigerschutz belassen.[10] Denn § 22 UmwG wird für die von § 122j UmwG nicht erfassten Gläubiger eines inländischen übernehmenden Rechtsträgers (Fall der Hineinverschmelzung) nicht durch § 122j UmwG verdrängt, vgl. § 122a Abs. 2 UmwG.[11]

Ein solches weiterhin gespaltenes Regime könnte in der Tat dem Umstand Rechnung tragen, dass für die Gläubiger der übertragenden Gesellschaft bei grenzüberschreitenden Verschmelzungen besondere Gefahren aufgrund des Wechsels des anwendbaren Gesellschaftsstatuts und der grenzüberschreitenden Dimension der künftigen Rechtsdurchsetzung drohen.

Ganz in diesem Sinne geht auch der Referentenentwurf vor. Die neue zentrale Gläubigerschutznorm, die § 122j UmwG ablösen soll und damit zugleich die unschöne Buchstabennummerierung bei den §§ 122a ff. UmwG beseitigt, wird künftig § 314 UmwG-RefE sein, der in einen eigenen Abschnitt über grenzüberschreitende Umwandlungen (§§ 305 – 347 UmwG-RefE) eingebettet wird.

§ 314 UmwG-RefE bezieht sich nur auf einen grenzüberschreitenden Fall im Sinne des § 305 UmwG-RefE (ex § 122a UmwG) und will auch nur die Gläubiger des übertragenden Rechtsträgers schützen. Demnach soll es – trotz der weiten Ziel-

---

10 *Schollmeyer*, ZGR 2020, 62, 79.

11 *Drinhausen*, aaO (Fn. 5), § 122j Rn. 4; *Polley*, in: Henssler/Strohn, Gesellschaftsrecht, 5. Aufl., 2021, § 122j Rn. 2.

richtung der Mobilitätsrichtlinie – für die Gläubiger des (deutschen) übernehmenden Rechtsträgers bei § 22 UmwG bleiben.

Dennoch sollte es trotz der mit dem RefE geschaffenen Vorprägung des künftigen Rechts auf den Prüfstand kommen, ob man bei der Umsetzung nicht zu einer Erweiterung kommt und – im Lichte der wohl alle Gläubiger umfassenden Vorgaben – kommen muss.

Einerseits könnte § 122j UmwG und mithin jetzt § 314 UmwG-RefE in Umsetzung des Art. 126b MobilRL auf alle Gläubiger im grenzüberschreitenden Fall erweitert werden; man müsste dann wohl auch § 122 l UmwG (§ 318 UmwG-RefE) und das Eintragungsverfahren bei der Hinein-Verschmelzung anpassen. Dann müsste man sich natürlich fragen, ob auch Altgläubiger ausländischer übertragender Gesellschaften zu schützen sind.[12] Ein Verstoß gegen die Niederlassungsfreiheit wäre darin nicht zu erkennen;[13] und kollisionsrechtlich sind Anforderungen auf der Seite des übernehmenden Rechtsträgers von der Kombinationslehre gedeckt. Dann hätte man für grenzüberschreitende Fälle die neue Umsetzungsnorm als einheitliche Norm und für nationale Fälle das bisher bekannte Regime des § 22 UmwG.

Eine überschießende Anwendung der Richtlinie auch auf rein nationale Fälle, also eine Abkehr des § 22 UmwG zum ex ante-Modell, ist gleichfalls weiter zu diskutieren. Das würde bedeuten, § 22 UmwG generell auf das ex ante-Modell zu überführen. Dies kann zu Schwierigkeiten führen, soweit der Antrag auf Sicherheiten oder die Klageerhebung die Umwandlung blockiert (dazu unten bei II. 2.). Auch der bisherige nachgelagerte Gläubigerschutz ist aber nicht fehlerfrei, weil zB der Anspruch auf Sicherheitsleistung nicht insolvenzgesichert ist und er die sensible Phase nach der Umwandlung belastet. Der nachgelagerte Gläubigerschutz verlagert also das Risiko einer Insolvenz des übernehmenden Rechtsträgers auf den Gläubiger, der im Nachgang zu der Eintragung der Umwandlung seinen Anspruch auf Sicherheiten zu realisieren versucht, denn der Anspruch auf Sicherheitenbestellung begründet gerade noch kein Absonderungsrecht.[14] Auch wäre ein einheitliches Regime für alle Arten der Umwandlung natürlich auch ein nicht unbeachtlicher Wert für sich.

Die Frage hängt allerdings davon ab, ob es gelingt, den in Art. 126b Abs. 1 Unterabs. 2 MobilRL vorgesehenen Anspruch auf Stellung (weiterer) angemessener Sicherheiten in eine praktisch handhabbare Form ohne größeres Blockadepotential zu gießen (dazu gleich 2.c)). Da dies keineswegs trivial ist, erscheint im

12 Dies wird bestritten bei Leydecker, S. 129 m. w. Nachw. zur Diskussion.

13 So aber *Leydecker*, Gläubigerschutz bei grenzüberschreitenden Umwandlungen, 2021, S. 130.

14 Zur Einordnung als Insolvenzforderung *Heckschen*, ZInsO 2008, 824, 827.

Ergebnis die tastende Vorsicht des Referentenentwurfs betreffend den beschränkten Anwendungsbereich des § 314 UmwG-RefE durchaus verständlich.

2. Einzelheiten der Sicherheitengewährung

Der weitere Ergänzungs- und Umsetzungsbedarf im deutschen Recht folgt den Einzelheiten der Richtlinienvorgabe aus Art. 126b Abs. 1 MobilRL.

a) Inhalt des Verschmelzungsplans

Die Aufnahme von „etwaigen Sicherheiten, die den Gläubigern angeboten werden, wie Garantien oder Zusagen" in den Verschmelzungsplan gemäß Art. 120 Abs. 1 lit. n) MobilRL ist ein integraler Bestandteil des Gläubigerschutzsystems. Der Vorgabe ist mindestens durch Ergänzung von § 122c Abs. 2 UmwG und – sinnvollerweise – durch Ergänzung des § 5 Abs. 1 UmwG Rechnung zu tragen. Wohlgemerkt geht es nicht um eine Pflicht zur Aufnahme von Sicherheiten, sondern von „etwaigen" Sicherheiten. Ob die Gesellschaft sie anbietet, bleibt ihre eigene Entscheidung; sie trägt also das Risiko, dass dann der entsprechende Sicherungsanspruch zum Tragen kommt und von den Gläubigern geltend gemacht wird.[15]

Der Referentenentwurf folgt diesem Petitum und fügt § 122c UmwG in den § 307 UmwG-RefE ein, wobei § 307 Abs. 2 Nr. 14 UmwG-RefE auch die Angaben über die Sicherheiten verlangt. Die Regelung über den Verschmelzungsvertrag (§ 5 UmwG) bleibt aber unangetastet.

b) Gewährung der Sicherheit als Voraussetzung für die Erteilung der Vorabbescheinigung?

aa) Rechtsfolgen der Aufnahme von Sicherheiten in den Plan

Eine dogmatische Frage ist es, welche konkreten Rechtsfolgen sich mit der Aufnahme von Sicherheiten in den Plan verbinden, insbesondere, ob daraus ein korrespondierender schuldrechtlicher Anspruch der Gläubiger folgt, der Verschmelzungsplan also selbst das entsprechende Angebot der Gesellschaft enthält und ob sich daraus vor Wirksamwerden der Verschmelzung etwas ableiten lässt.

15 *J. Schmidt*, ZEuP 2020, 565, 583.

Die Frage wird teilweise mit Hinweis auf die organisationsrechtliche Natur des Verschmelzungsplans verneint, der keine schuldrechtlichen Wirkungen zugunsten Dritter schaffen könne, erst recht nicht beim einseitigen Formwechselplan (Art. 86d MobilRL). Daher gehe es bei den Angeboten im Plan nicht um einen rechtlich bindenden und durchsetzbaren Anspruch, sondern um ein Element des auf Erteilung einer Vorabbescheinigung gerichteten Verfahrens.[16] Werden Sicherheiten aufgenommen, was freiwillig ist, aber der Abwendung des Anspruchs auf weitergehende angemessene Sicherheiten (Art. 126 Abs. 1 Unterabs. 2 MobilRL) dient, soll bei der Erteilung der Vorabbescheinigung geprüft werden, ob diese Sicherheiten tatsächlich gewährt wurden, und zwar auf der Grundlage einer entsprechenden Erklärung der Mitglieder des Vertretungsorgans. Das läuft mithin auf eine Erweiterung des § 122k Abs. 1 S. 3 UmwG hinaus.[17]

Tatsächlich ist es nicht erkennbar, warum die organisationsrechtliche Natur des Plans einer rechtlichen Bindungswirkung zwingend entgegenstehen müsste. Bei anderen Kollektivverträgen wie Insolvenzplänen (§§ 217 ff. InsO) oder Restrukturierungsplänen (§§ 2 ff. StaRUG), die organisationsrechtliche Maßnahmen beinhalten können, sind rechtlich bindende Angebote üblich und nicht lediglich ist die Aufnahme in den Plan nur Tatbestandsmerkmal einer gerichtlichen Bestätigung und Prüfung (vgl. auch § 17 StaRUG). Dessen ungeachtet dürfte doch auch das gedankliche Modell einer rein verfahrensrechtlichen Prüfung durch das Registergericht, dann gemeint als Verständnis des Planinhalts als bloße Ankündigung eines *künftigen*, außerhalb des Plans erfolgenden Angebots der Sicherheit[18], eine rechtliche Bindung verlangen. Wenn nämlich nach den Vertretern dieser Auffassung – was freilich noch der Überprüfung bedarf – unter § 122k Abs. 1 S. 2 UmwG zu ermitteln ist, ob die Sicherheiten „geleistet“ wurden, müssen sie oder zumindest der Anspruch darauf schon bindend geworden sein. *Schollmeyer* geht insoweit davon aus, das Registergericht müsse bei der Erteilung der Verschmelzungsbescheinigung prüfen, ob die versprochenen Sicherheiten tatsächlich gewährt wurden, „in erster Linie“ auf der Grundlage einer entsprechenden Erklärung der Mitglieder des Vertretungsorgans.[19]

Hier steckt der Teufel im Detail. M. E. ist es gerade die Frage, ob nicht bereits heute aus § 122k Abs. 2 S. 4 UmwG folgt, dass nur das Vorliegen der Versicherung geprüft wird. Verfahrensvoraussetzung ist die tatsächliche Gewährung unter dieser Prämisse nicht, sie ist nur mittelbar bei der Versicherung mitgedacht, weil

---

16 *Schollmeyer*. ZGR 2020, 62, 73.

17 *Schollmeyer*, ZGR 2020, 62, 74; in diesem Sinne auch *Bormann/Stelmaszycyk*, ZIP 2019, 300, 310; *Stelmaszycyk*, notar 2021, 147, 158; *J. Schmidt*, Der Konzern 2018, 229, 239.

18 *Schollmeyer*, ZGR 2020, 62, 73.

19 *Schollmeyer*, ZGR 2020, 62, 74.

die Abgabe einer Versicherung ohne tatsächliche Gewährung die Versicherung falsch macht. Das aber ist dann richtigerweise nur eine Haftungsfrage. Das Registergericht hat also – das ließe sich klarstellen – nicht zu prüfen, ob Sicherheitenverträge zustande gekommen sind und die dingliche Gewährung der Sicherheit zivilrechtlich wirksam erfolgt ist; sonst hätte die Versicherung auch wenig Sinn. Die Richtlinie setzt zwar voraus, dass ein angemessenes Schutzsystem eingehalten ist, aber Art. 127 MobilRL lässt bei der Vorabbescheinigung offen, ob die tatsächliche Gewährung der Sicherheit und deren Angemessenheit zu prüfen ist. Dass die Gläubiger keine angemessenen Sicherheiten erhalten haben, ist vielmehr tatbestandliche Voraussetzung für den individuellen Ergänzungsanspruch des Art. 126b Abs. 1 Unterabs. 2 MobilRL. Es dürfte aber von der Richtlinie nicht verlangt sein, dass das Registergericht per se prüft, ob die im Plan angebotenen Sicherheiten auch (dinglich-) wirksam *gewährt* wurden. Jedenfalls ließe sich die Prüfungspflicht des Registergerichts hier auf offensichtliche Fälle einer nicht wirksamen Bestellung der Sicherheit beschränken. Es spricht auch nichts dagegen, bereits in der Aufnahme in den Verschmelzungsplan ein bindendes Angebot an die Gläubiger zu erkennen, das dann angenommen wird, sobald sich der jeweilige Gläubiger darauf beruft. Lediglich bei Drittsicherheiten bedürfte es einer Mitwirkung des Dritten.

Sinn und Zweck des Konzepts der Richtlinie ist es gerade, es den beteiligten Gesellschaften zu ermöglichen, mit dem – freiwilligen – Angebot die Gläubiger erst einmal in „Schach halten" zu können.[20] Gläubiger, denen das nicht genügt, tragen die Initiativlast. Selbst wenn das Registergericht prüfen müsste, ob die Sicherheiten gewährt wurden, wäre damit wenig gewonnen, weil dies keinen Rückschluss auf die Angemessenheit der Besicherung erlaubte.

Vielmehr kann die Angemessenheit nur unter dem Gesichtspunkt des Art. 126b Abs. 1 Unterabs. 2 MobilRL bedeutsam werden, also in dem anschließenden gerichtlichen Verfahren. Dabei bleibt fraglich, ob die Klage die Erteilung der Vorabbescheinigung blockiert.[21] Im Schrifttum wird wohl angenommen, die Nichtanhängigkeit einer Klage bzw. die Gewährung erforderlicher Sicherheiten sei ein zur Rechtmäßigkeit gehörender Verfahrensschritt und folglich dürfe die Vor-

---

20 Vgl. *Bormann/Stelmaszycyk*, ZIP 2019, 300, 311.

21 Bejahend *Teichmann*, NZG 2019, 241, 246; *Stelmaszycyk*, notar 2021, 147, 158; wohl auch *Bormann/Stelmaszycyk*, ZIP 2019, 300, 311; anders aber *Leydecker*, Gläubigerschutz bei grenzüberschreitenden Umwandlungen, 2021, S. 194, der aber gleichwohl meint, eine Vorabbescheinigung dürfe nicht vor Erfüllung berechtigter Gläubigerbegehren erteilt werden. Für eine Klarstellung, nach der keine Blockade des Verfahrens möglich sei, *Bungert/Becker*, DB 2019, 1609, 1615.

abbescheinigung nicht ausgestellt werden, solange es daran fehle (dazu sogleich unter c).[22]

Aus allem folgt, dass es m. E. entscheidend auf die Ausgestaltung des individuellen Anspruchs auf zusätzliche Besicherung und die Blockadewirkung einer Klage des Gläubigers auf Sicherheitenbestellung und die Ausgestaltung dieses Verfahrens ankommt. Was demgegenüber die Gewährung der „etwaigen" Sicherheiten i.S.d Art. 120 lit. n) MobilRL angeht, kann man sich, wenn man nicht schon an das Angebot im Plan anknüpft, damit begnügen, dass sie gemäß der von den Organen abzugebenden Versicherung angeboten wurden, ohne dass das Registergericht eine weitere Prüfung anstellen müsste. Insofern kann es bei einer Regelung wie § 122k Abs. 1 S. 3 UmwG bleiben, aber man sollte dort präzisieren. Denn das Gericht hat das Vorliegen der Versicherung zu prüfen und nicht den „Vertragsschluss" im Sinne einer tatsächlichen Gewährung und auch nicht konkludente Vertragsannahmen.[23] Das Verfahren der Erteilung der Verschmelzungsbescheinigung und der Eintragung ist also von den damit aufgeworfenen Fragen der Rechtsgeschäftslehre zu befreien. Zudem ist zu präzisieren, dass sich die verlangte Versicherung der Leitungsorgane darauf bezieht, den Gläubigern die im Plan angebotenen Sicherheiten entweder bereits gestellt oder – was genügen sollte – verbindlich und „annahmefähig" angeboten zu haben.

bb) Die Lösung des Referentenentwurfs

Die angesprochene Erweiterung des § 122k Abs. 1 S. 3 UmwG soll künftig mit § 316 Abs. 2 UmwG-RefE bewerkstelligt werden. Danach ist die Leistung der Sicherheit dem Gericht in geeigneter Form nachzuweisen. Auf Verlangen des Gerichts haben die Mitglieder des Vertretungsorgans zu versichern, dass die in der Entscheidung des Registergerichts über den Sicherheitenanspruch festgelegte Sicherheit geleistet wurde. Diese Lösung verlagert die Last auf die übertragende Gesellschaft und entlastet das Gericht. M. E. hätte man sich auch mit der Versicherung begnügen können. Doch mag es praktikabel sein, eine solche Versicherung nur zu verlangen, wenn das Gericht dies für erforderlich erachtet. Unklar bleibt, ob ein bestimmtes, ggf. abgesenktes Beweismaß für die Überzeugung des Gerichts von der Leistung der Sicherheit gilt. Auch gilt wohl weiterhin, dass ein „Nachweis" im Zweifel auch die tatsächliche Gewährung und damit die Fragen dinglicher oder

---

22 *Stelmaszycyk*, notar 2021, 147, 158; *Schollmeyer*, ZGR 2020, 62, 74.

23 Hier herrschen m. E. gewisse Unklarheiten in der Literatur zu § 122k UmwG, siehe etwa *Drinhausen*, aaO (Fn. 5), § 122k Rn. 14 f.: „Prüfung der Einhaltung von Schutzvorschriften zugunsten von Gläubigern" unter Verweis auf § 122j UmwG und Prüfung des „Vorliegens der Versicherung über die Sicherheitsleistung".

rechtsgeschäftlicher Wirksamkeitshindernisse erfasst, was aus den genannten Gründen nicht ganz unproblematisch erscheint.

c) Ausgestaltung des (ergänzenden) Anspruchs auf Sicherheitengewährung und seiner Geltendmachung

Art. 126b Abs. 1 Unterabs. 2 MobilRL (ebenso Art. 160j Abs. 1 Unterabs. 2 und Art. 86j Abs. 1 Unterabs. 2 MobilRL) sieht einen (ergänzenden) Anspruch auf angemessene Sicherheiten vor für Gläubiger, die die ihnen angebotenen Sicherheiten für nicht ausreichend erachten, wenn sie glaubhaft darlegen können, dass die Befriedigung ihrer Forderungen durch die grenzüberschreitende Verschmelzung gefährdet und sie keine angemessenen Sicherheiten erhalten haben.

Wann Sicherheiten ausreichend sind, wird in Erwägungsgrund Nr. 23 S. 2 konkretisiert. Bei der Bewertung solcher Sicherheiten sollte danach die geeignete Behörde berücksichtigen, ob der Anspruch eines Gläubigers gegen die Gesellschaft oder einen Dritten mindestens in gleicher Höhe besteht und von entsprechender Bonität ist, wie er vor dem grenzüberschreitenden Vorhaben war, und ob der Anspruch vor demselben Gericht geltend gemacht werden kann.

Die Gefährdung der Befriedigung bildet ein weiteres tatbestandliches Erfordernis. *J. Schmidt* geht davon aus, jedenfalls beim Formwechsel, dort allerdings unter den besonderen Vorgaben des Art. 86j MobilRL, sei eine konkrete Gefährdung allein aufgrund des geänderten Gesellschaftsstatuts nur noch in „Extremfällen" denkbar,[24] während *Schollmeyer* im Lichte der Erwägungsgründe Nr. 22 bis 24 eher geringere Anforderungen an die Gefährdung der Befriedigungserwartungen stellen möchte.[25]

Tatsächlich dürfte man bei Umsetzung der Vorgaben aus Art. 126b MobilRL nicht hinter § 22 UmwG und erst recht nicht hinter § 122j UmwG zurückfallen. Anders formuliert: wenn eine Gefährdung im Sinne des zu § 22 UmwG vorherrschenden Verständnisses vorliegt, ist eine Gefährdung auch im Sinne der MobilRL gegeben, denn der grenzüberschreitende Bezug macht die Gefährdung eher stärker denn schwächer. Die Begründung des Gesetzentwurfs zu den Parallelvorschriften der §§ 8 und 13 SEAG sieht eine konkrete Gefährdung in der Verla-

24 *J. Schmidt*, ZEuP 2020, 565, 583. So auch (vor der MobilRL) *Bayer*, in: Lutter, UmwG, 6. Aufl. 2019, § 122j Rn. 14.

25 *Schollmeyer*, ZGR 2020, 62, 75. Überlegungen zur Umkehr der Darlegungslast in bestimmten Fällen *Bachmann*, FS Säcker, 2021, S. 193, 206.

gerung „bedeutender Vermögensmassen" der Gesellschaft ins Ausland.[26] Abweichungen im Kapitalschutzsystem des übertragenden und des übernehmenden Rechtsträgers oder nach Formwechsel liefern m. E. ebenfalls ein Argument für eine Gefährdung, ohne diese allerdings bereits voll zu erfüllen. Dagegen spricht die europäische Niederlassungsfreiheit nicht schon kategorisch,[27] denn die MobilRL will dieser gerade Rechnung tragen, schränkt dies aber mit der Möglichkeit der Missbrauchskontrolle doch gerade ein. Gleichwohl erkennt Erwägungsgrund Nr. 22 unterschiedliche Gläubigerschutzsysteme als möglichen „Gefahrenherd" für die Gläubiger an. Zwar werden solche Abweichungen für sich genommen nicht genügen, aber ausklammern darf man sie gleichfalls nicht.

d) Antrag auf angemessene Sicherheiten bei der Justiz- oder Verwaltungsbehörde

Es wird allseits angenommen, anders als unter dem bisherigen deutschen Recht der § 122j, § 22 UmwG lasse Art. 126b MobilRL nicht mehr die Anmeldung bei der Gesellschaft genügen, sondern verlange die Klageerhebung.[28] Wenn das stimmt, ist die daran geübte rechtspolitische Kritik berechtigt, weil die Gläubiger dann mit enger Frist zur Klage gezwungen werden, um ihre berechtigten Schutzinteressen zu wahren.[29] Mit diesem Problem ist nunmehr auch § 314 UmwG-RefE konfrontiert, der die Lösung aber immerhin nicht in einer Klage im ordentlichen Zivilprozess, sondern in einem registerrechtlichen Verfahren sucht, § 314 Abs. 2 UmwG-RefE.

aa) Klageerhebung erforderlich?

Bevor auf die Details eingegangen wird, stellt sich allerdings schon die viel grundsätzlichere Frage, ob von der Richtlinie wirklich eine Klageerhebung erforderlich ist, wie dies im Schrifttum angenommen wird.[30] Die Richtlinie selbst spricht gar nicht von Klage, sondern davon, dass angemessene Sicherheiten bei der bei der zuständigen Justiz- oder Verwaltungsbehörde beantragt werden kön-

---

26 BT-Drs. 15/3405, 35; *Marsch-Barner/Wilk*, in: Kallmeyer, UmwG, 7. Aufl. 2020, § 122j Rn. 7. Darauf hinweisend *Drinhausen*, aaO (Fn. 5), § 122j Rn. 9.

27 So aber tendenziell *J. Schmidt*, ZEuP 2020, 565, 583 f.; vor der MobilRL auch *Bayer*, aaO (Fn. 22), § 122j Rn. 14; auch eher anspruchsvoll *Marsch-Barner/Wilk*, aaO (Fn. 24), § 122j Rn. 7.

28 *Stelmaszycyk*, notar 2021, 147, 158; *Teichmann*, NZG 2019, 241, 246; *Schollmeyer*, ZGR 2020, 62, 75.

29 Vgl. *Teichmann*, NZG 2019, 241, 246.

30 Oben, Fn. 21 f.

nen. Auch Erwägungsgrund Nr. 23 spricht von dem Antrag bei der geeigneten Behörde und grenzt davon die Geltendmachung des Anspruchs aus der Sicherheit (also z. B. aus einem Bürgschaftsanspruch) vor einem Gericht ab. Man kann zwar daraus ableiten, dass es offenbar nicht ausreichen soll, die Sicherheit bei der Gesellschaft selbst zu beantragen, aber von einer echten Klage ist nirgends die Rede.

Der Wortlaut des Art. 126b Abs. 1 Unterabs. 2 MobilRL ist allerdings ohnehin ungenau, denn die Beantragung von Sicherheiten bei der Verwaltungs- oder Justizbehörde kann nicht dazu führen, dass die Behörde selbst angemessene Sicherheiten gewährt. Es kann allenfalls darum gehen, dass die Justizbehörde von der Gesellschaft verlangt, dass solche Sicherheiten gewährt werden, oder dass der Antrag die Erteilung der Vorabbescheinigung hindert.

bb) Vor dem Zivilgericht oder im Registerverfahren?

Die Frage ist nun: Verlagert man die Prüfung wie bei § 22 UmwG in das gewöhnliche Zivilverfahren oder integriert man das in das registerrechtliche Eintragungsverfahren?

Die Erkenntnis, dass ein gerichtliches Verfahren unausweichlich ist, bedeutet nicht zwingend ein Entweder-Oder und damit nicht ohne weiteres, dass das bisherige deutsche System des ex post-Gläubigerschutzes zwingend umzuwälzen wäre. Wenn nämlich der Antrag auf (weitere) Sicherheiten bei dem die Offenlegung des Umwandlungsplan bewirkenden Registergericht genügte, schlösse das m. E. eine Umsetzung nicht aus, die darin nur das Äquivalent zur bisherigen Anmeldung bei der Gesellschaft sieht, aber dennoch die weitere gerichtliche Klärung dem Verhältnis zwischen Gesellschaft und Gläubiger überlässt. Innerhalb dieses gerichtlichen Verfahrens könnte dann die vorherige Anmeldung bei dem Registergericht weiterhin als eine materiell-rechtliche Ausschlussfrist verstanden werden.

Sinnvoll wäre eine solche Kumulation von fristwahrendem Antrag beim Registergericht und Durchsetzung des Besicherungsanspruchs vor den Zivilgerichten nur, wenn man davon ausgehen wollte, dass dieser Antrag bei Gericht dann schon für sich genommen die Erteilung der Verschmelzungsbescheinigung hindert, was aber wiederum das Problem aufwirft, wie mit dem Glaubhaftmachungserfordernis umzugehen wäre. Das Erfordernis einer Glaubhaftmachung gegenüber dem Registergericht und erneut im ordentlichen Prozess gegen die Gesellschaft wäre fragwürdig und mit der Gefahr widersprüchlicher Entscheidungen belastet. Im Übrigen bliebe die Frage zu klären, wie sich Antrag und Klageprozess zueinander verhalten.

Deshalb erscheint es im Ergebnis zielführender, einspurig zu planen, also die Frage gänzlich auf die Klage gegen die Gesellschaft zu konzentrieren.

cc) Die Lösung des § 314 UmwG-RefE

Damit kommt es nun also in der Tat darauf an, ob das gerichtliche Vorgehen im ordentlichen Prozess oder im Registerverfahren zu erfolgen hat. Der Referentenentwurf sucht die Lösung im Registerverfahren. Nach § 314 Abs. 2 UmwG-RefE soll das ausschließlich zuständige Registergericht auf Antrag den jeweiligen Gläubiger der übertragenden Gesellschaft beteiligen und prüfen, ob die Voraussetzungen des § 314 Abs. 1 UmwG-RefE (Altforderung und Gefährdung der Erfüllung) vorliegen. Im Antrag des Gläubigers ist „die geforderte Sicherheitsleistung zu beziffern und glaubhaft zu machen, dass die Voraussetzungen des Anspruchs nach Absatz 1 vorliegen und der Anspruch durch die im Verschmelzungsplan gemäß § 307 Abs. 2 Nr. 14 angebotenen Sicherheiten nicht erfüllt wird".

Über den Antrag entscheidet das Registergericht, indem es im bejahenden Fall der Gesellschaft eine Frist setzt zur Leistung der Sicherheit in einer bestimmten Höhe (nicht die Art der Sicherheit) und außerdem eine Frist zum Nachweis nach § 316 Abs. 2 UmwG-RefE gesetzt wird.

Der RefE wechselt dabei zum ex ante-Modell, weil die Verschmelzungsbescheinigung nach diesem Antrag des Gläubigers temporär nicht erteilt werden darf, § 316 Abs. 2 S. 3 UmwG-RefE.[31]

Für den vorgesehenen Weg in das Registerverfahren spricht zwar, dass man dann Eintragung und Sicherheitenschutz in einer Hand hat und das Registergericht nicht vom Zivilgericht und der Länge des Zivilverfahrens abhängig ist; auch kann eine einheitliche Zuständigkeit begründet werden, wie dies mit § 314 Abs. 3 UmwG-RefE geschieht. Dennoch erschiene es eher sinnvoll, die Frage der ausreichenden Besicherung im gewöhnlichen Zivilverfahren zu klären. Dies entspricht am ehesten dem bisherigen Regime der §§ 22, 125, 204 UmwG, weil der Anspruch auf Sicherheitsleistung ein materieller Anspruch ist, der folglich nach allgemeinen Regeln, nach den Regeln der ZPO und nicht des FamFG, durchgesetzt werden sollte. In einer gewöhnlichen Beweisaufnahme kann dann auch geprüft werden, ob angemessene Sicherheiten angeboten worden sind und ob die Gefährdung des Hauptanspruchs, wie die Richtlinie formuliert, „glaubhaft dargelegt" worden ist. Auch dieser Satz der Richtlinie bedeutet freilich zivilprozessual eine Vermischung aus Beweismaß und Darlegung; der Umsetzungsgesetzgeber sollte daher eher beim Wortlaut des § 22 UmwG und damit beim „glaubhaft machen" bleiben. Die Richtlinie knüpft ebenso wie § 22 UmwG nur für die Gefähr-

31 Zur Begründung siehe Begründung RefE, S. 92.

dung des Anspruchs und den Nichterhalt angemessener Sicherheiten an die Glaubhaftmachung an, nicht für die weiteren Anspruchsvoraussetzungen und mithin nicht das Bestehen der Gläubigerstellung. Der gesicherte Anspruch muss voll bewiesen werden. Ob das Registerverfahren dafür – auch justizstrukturell – der richtige Ort ist, erscheint fraglich. Freilich ist einzuräumen, dass die mögliche Sachnähe des Registergerichts auch ein Vorteil der vom Referentenentwurf angestrebten Lösung ist.

Was weitere Details der alternativen, vom RefE nicht verfolgten Lösung über den ordentlichen Prozess angeht, so sei Folgendes angemerkt: Beziffert der Gläubiger seinen Hauptanspruch zu hoch und fällt dann entsprechend auch der Sicherungsanspruch geringer aus, hat dies keine Auswirkungen auf die Wahrung der Drei-Monats-Klage- bzw. Antragsfrist. Es kann nicht angenommen werden, dass die Klagefrist nur dann gewahrt ist, wenn der Gläubiger seinen Hauptanspruch auf den Cent genau richtig beziffert hat.

Zuständig für die Entscheidung über die Klage bliebe stets das Gericht der Hauptsache (dazu noch unten VI.). In Hinblick auf die sachliche und örtliche Zuständigkeit bedarf es insoweit keiner Sonderregeln (zum Problem beim Art. 86j Abs. 4 MobilRL unten VI.). Nicht eigens aufgreifen sollte man die Schwierigkeiten, die sich ergeben, wenn ein Kollektiv von Gläubiger oder eine große Zahl von Gläubigern Besicherungsansprüche geltend macht. Das dürfte ein allgemeines prozessuales Problem sein, das sich nicht umwandlungsrechtlich lösen lässt.

Für die Wahrung der Drei-Monats-Frist wäre in einem ordentlichen Zivilprozess der Zeitpunkt der Rechtshängigkeit maßgeblich. Dafür gilt übrigens § 167 ZPO bei einer Klage vor deutschen Gerichten, im grenzüberschreitenden Kontext ist aber auf den Zeitpunkt der Rechtshängigkeit i.S.d. Art. 32 EuGVVO abzustellen, der aber ohnehin dem § 167 ZPO weitgehend nachgebildet ist. Wenn sich der Umsetzungsgesetzgeber für den Weg in das Registerverfahren entscheidet, gilt freilich primär das Recht der freiwilligen Gerichtsbarkeit und damit das FamFG. Dort gilt § 23 FamFG, der trotz § 23 Abs. 2 FamFG die Rechtshängigkeit bereits mit der Befasstheit des Gerichts begründet.[32] Man erspart sich also Fragen der Zustellung an die Gesellschaft.

Selbst wenn daher hier der Weg über den Zivilprozess als dogmatisch naheliegender angesehen wird, so kann man den Ansatz des RefE, das Registergericht zu betrauen, aus praktischen Gründen also durchaus nachvollziehen, weil er manche Probleme erspart.

32 Ulrici, in: Münchener Kommentar zum FamFG, 3. Aufl. 2018, § 23 Rdnr. 43.

e) Blockadewirkung der Klageerhebung?

Zu erörtern sind dann allein die weiteren Konsequenzen der ggf. erforderlichen Klageerhebung bzw. genauer: Antragsstellung für die Erteilung der Vorabbescheinigung. Das ist das eigentliche Problem. Es wird, wie ausgeführt, verbreitet angenommen, wegen des ex-ante-Konzepts müsse – nach dem Willen der Richtlinie – die Vorabbescheinigung scheitern, solange die Klagen nicht aus der Welt geräumt sind.[33] Das erscheint in der Tat in der Systematik der Richtlinienvorgaben angelegt, ist aber bedenklich: Der beteiligte Gläubiger kann theoretisch das Verfahren in die Länge ziehen und damit mit jedem Tag zusätzliches „Leverage" erlangen,[34] auch wenn sich Befürchtungen bei § 122j UmwG wohl nicht befürchtet haben.[35] Immerhin gibt es eine vereinzelte Auffassung, nach der ein Antrag bei der Justizbehörde den Vollzug der Eintragung nicht ausschließe; die Mitgliedstaaten hätten ein Wahlrecht, ob sie das so vorsehen wollen.[36]

Im Folgenden wird für die weitere Prüfung unterstellt, dass nach den – insoweit nicht ganz klaren – unionsrechtlichen Vorgaben die Vorabbescheinigung nicht erteilt werden darf, bevor der Gläubigerantrag beschieden ist.

Dann stellt sich die Frage der konkreten Umsetzung. M.E. erscheint es, wie ausgeführt, jedenfalls problematisch, Klageverfahren und behördliches Erteilung dergestalt zu verquicken, dass das Handelsregister materiell-rechtlich den Anspruch auf angemessene Sicherheitsleistung prüft.[37] Dennoch geht auch der Referentenentwurf diesen Weg mit § 314 und § 316 UmwG-RefE. Er fügt ein temporäres Verbot der Erteilung der Verschmelzungsbescheinigung ein, sobald ein Antrag auf zusätzliche Besicherung gestellt ist, § 316 Abs. 2 S. 3 UmwG-RefE.

Eine ergänzende Lösung könnte ggf. darin bestehen, dass an die Einführung eines Freigabeverfahrens gedacht wird, was freilich natürlich auch Probleme eigener Art mit sich bringt. Der RefE verfolgt diesen Weg daher mit Recht nicht, ganz abgesehen von der Frage der unionsrechtlichen Zulässigkeit.

Denkbar erschiene es auch, dass – ähnlich wie bei bestrittenen oder aufschiebend bedingten Forderungen bei der Insolvenzverteilung (§§ 189 Abs. 2, 191 Abs. 1 S. 2 InsO) – Sicherheiten noch nicht gewährt, aber „zurückgehalten" wer-

---

33 Oben, Fn. 21 f.

34 Vgl. *Teichmann*, NZG 2019, 241, 245 f.

35 *Schollmeyer*, ZGR 2020, 62, 70. Vgl. generell zur Genese bei § 22 UmwG *Bachmann*, ZHR 185(2021), 52, 82f., wonach der Gläubigerschutz im historischen Verlauf betrachtet wenig Probleme bereitet hat.

36 *Winner*, ECFR 2019, 44, 56.

37 So letztlich auch *Schollmeyer*, ZGR 2020, 62, 78, der an eine Erklärung bei Antragstellung anknüpft unter Art. 127 Abs. 5 MobilRL.

den, so dass im Antragsprozess in Ruhe geprüft werden kann, ob die Forderung besteht, aber der Umwandlungsprozess und die Erteilung der Vorabbescheinigung nicht aufgehalten wird. Über Details der Ausgestaltung einer solchen „Rückstellung der Sicherheit" müsste man sich gesondert Gedanken machen. Der RefE geht diesen Weg vorerst nicht.

Zusammenfassend ergibt sich also, dass die Anforderungen der Richtlinie nicht ganz klar sind, offensichtlich die Vorabbescheinigung nach dem ex ante-Modell aber von der Erfüllung berechtigter Gläubigerbegehren abhängig ist und dass – nach dem im Schrifttum vorherrschenden Verständnis – die Klageerhebung die Vorabbescheinigung blockieren kann. Daher muss man einerseits versuchen, eine umfassende Blockadeposition der Gläubiger zu verhindern, die zu einem Geschäftsmodell werden könnte, muss aber andererseits auch dem effektiven Gläubigerschutz und damit den berechtigten Belangen der Gläubiger Rechnung tragen. Das ist keine leichte Aufgabe und wird nicht ohne Kompromisse zu haben sein.

f) Wirksamwerden der Sicherheit

Nach dem Willen des Richtliniengebers soll die Sicherheit davon abhängen, dass die grenzüberschreitende Verschmelzung gemäß Art. 129 RL 2017/1132 wirksam wird (Art. 126b Abs. 1 Unterabs. 3 MobilRL). Als Sicherheiten in diesem Sinne wird man bei der Umsetzung in das deutsche Recht solche i.S.d. §§ 232 ff. BGB bezeichnen können. Der Umsetzungsgesetzgeber steht vor der Frage, wie die Konnexität mit dem Wirksamwerden der Umwandlung rechtstechnisch bewirkt werden kann.

Schollmeyer hält es für problematisch, einen Anspruch auf bedingte Sicherheitsleistung zu schaffen. Denn die Anknüpfung an das gesetzliche Wirksamwerden der Umwandlung laufe auf eine Rechtsbedingung hinaus, auf die § 158 BGB nicht anwendbar sei (und, so wohl die Überlegung, damit auch nicht § 161 BGB). Es erscheine praktikabler, die Vorgabe der Richtlinie durch einen gesetzlichen Anspruch auf Rückgabe der gewährten Sicherheit für den Fall des späteren Scheiterns der grenzüberschreitenden Verschmelzung umzusetzen.[38]

Das wirft Fragen auf. Bei Lichte besehen dürfte schon der materielle Anspruch auf Sicherheitsleistung auch ungeachtet des Art. 126b Abs. 1 Unterabs. 3 MobilRL nur auf eine Sicherheit für den Fall des Wirksamwerdens der Verschmelzung gerichtet sein, der Gläubiger hat kein berechtigtes Schutzinteresse für

38 So *Schollmeyer*, ZGR 2020, 62, 77.

den Fall, dass alles so bleibt wie es ist. Eine Sicherheit wäre nicht unangemessen, weil die Gesellschaft sie nur aufschiebend bedingt gewährt. Ein Anspruch auf bedingte Sicherheit wäre auch nicht nur ein Anspruch auf künftige Leistung, sondern die Gewährung in der Gestalt der abzugebenden Willenserklärungen hätte vor dem Wirksamwerden zu erfolgen.

Es ließe sich auch durchaus gesetzlich regeln, dass eine etwaig erfolgte Sicherheitsleistung schwebend unwirksam ist und von dem Wirksamwerden der Umwandlung abhängt. Insofern stellte sich das Problem des § 158 BGB nicht. Ähnlich hat es der Gesetzgeber im Außenwirtschaftsrecht bei § 15 Abs. 3 AWG geregelt.

Wenn man dagegen einen Anspruch auf Rückgewähr der gewährten Sicherheit bei Scheitern der Umwandlung begründen will, bleibt die Frage, ob dies ein automatischer Rückfall im Sinne einer auflösenden Bedingung sein soll oder ein Anspruch auf Freigabe der Sicherheit. Insbesondere für ersteres muss klar definiert sein, wann die Verschmelzung gescheitert ist. Die zweite Variante erscheint deshalb fraglich, weil dann die Gesellschaft einen Freigabeanspruch gesondert verfolgen müsste.

Der RefE will in § 314 Abs. 5 UmwG-RefE einen Freigabeanspruch einführen, der im ordentlichen Zivilprozess durchzusetzen ist, § 314 Abs. 5 S. 3 UmwG-RefE. Dem Petitum, das Scheitern zu definieren, kommt § 314 Abs. 5 UmwG-RefE nach, indem darauf abgestellt wird, dass das Registerverfahren entweder rechtskräftig beschieden wurde (Fälle des § 314 Abs. 5 Nr. 1 und 2 UmwG-RefE) oder aber „auf andere Weise endgültig beendet" worden ist (§ 314 Abs. 5 Nr. 3 UmwG-RefE), und zwar bis zur Eintragung im Register der übernehmenden oder neuen Gesellschaft. Es hängt im Einzelfall dann von dem Verfahrensrecht des Registers des übernehmenden Rechtsträgers ab, wann von einem solchen endgültigen Beenden ausgegangen werden kann.

III. Optionale Möglichkeit einer Solvenzerklärung

Ob der deutsche Gesetzgeber die vom Richtliniengeber in Art. 86j Abs. 2, 126b Abs. 2, 160j Abs. 3 MobilRL eingeräumte Möglichkeit, eine Solvenz- und Bonitätserklärung der Organe vorzuschreiben, umsetzen sollte, ist eine weitere zu beantwortende Frage. Der RefE verneint sie.[39] Von manchen wird die Solvenzer-

39 Begründung RefE, S. 91.

klärung allerdings als eine interessante Option erkannt.[40] Gemäß Erwägungsgrund Nr. 25 kann die Einführung einer solchen Erklärungspflicht von einer Haftungsregelung flankiert werden.

Im deutschen Schrifttum überwiegt die Skepsis.[41] Das Argument, die drohende persönliche Haftung der Organmitglieder werde sie davor zurückschrecken lassen, ist zwar gewiss richtig, aber auch nicht zweifelsfrei, weil es schon unter dem geltenden Recht entsprechende Versicherungs- und Erklärungspflichten gibt, wie § 122k Abs. 1 S. 3, Abs. 2 S. 4 UmwG zeigt. Dennoch ist der Absage zu folgen, weil unklar ist, ob sich aus einer entsprechenden Solvenzerklärung ein Mehrwert für den Gläubigerschutz ergibt. Im Insolvenzfall bringt die Erklärung wenig. Geht es um einen bloß ergänzenden Schutz der Gläubiger, so ist er kaum erforderlich, wenn doch angemessene Sicherheiten zu gewähren sind. Sähe man sie als Surrogat für die Sicherheiten vor, bestünde die Gefahr, dass nur Hasardeure sie gebrauchen, während die vorsichtigen Geschäftsleiter die Bewertungsrisiken und das damit verbundene Haftungsrisiko scheuen.[42]

Angesichts der Skepsis in Deutschland ist daher von einer Umsetzung dieser Figur in das deutsche Recht weder auszugehen noch wäre dies zielführend.

IV. Gesamtschuldnerische Haftung bei Spaltung (Art. 160j Abs. 2)

Eine weitere Säule des Gläubigerschutzsystems bildet die für Spaltungen (auf neu gegründete Gesellschaften als begünstige Gesellschaft) vorgesehene gesamtschuldnerische Haftung.

1. Die Vorgaben der Richtlinie

Art. 160j Abs. 2 MobilRL sieht insoweit vor, dass die Haftung einer an der Spaltung beteiligten begünstigten Gesellschaft, und bei Abspaltung und Ausgliederung die Haftung der sich spaltenden übertragenden Gesellschaft gesamtschuldnerisch

40 *Bayer/Schmidt*, BB 2019, 1922, 1933; *J. Schmidt*, ZEuP 2020, 565, 584; kritisch *Bormann/Stelmaszycyk*, ZIP 2019, 300, 312; *Bungert/Becker*, DB 2019, 1609, 1615; *Luy* NJW 2019, 1905, 1909, *Schollmeyer* ZGR 2020, 62, 82.

41 *Bormann/Stelmaszycyk* ZIP 2019, 300, 312; *Bungert/Becker*, DB 2019, 1609, 1615; *Luy*, NJW 2019, 1905, 1909; *Schollmeyer*, ZGR 2020, 62, 82.

42 *Schollmeyer*, ZGR 2020, 62, 82; *Luy*, NJW 2019, 1905, 1909.

besteht. Die Haftung einer beteiligten Gesellschaft ist aber auf den Wert des der jeweiligen Gesellschaft zugeteilten Nettoaktivvermögens am Tag des Wirksamwerdens der Spaltung (zu diesem Zeitpunkt Art. 160q MobilRL: Recht des übertragenden Rechtsträgers maßgeblich) begrenzt. Gemeint ist dies – selbstverständlich – als Begrenzung der gesamtschuldnerischen Mithaftung, also nicht der originären Haftung der Gesellschaft, der die Verbindlichkeit zugewiesen wurde.

Die Lage ist anders als bisher bei dem umfangsmäßig nicht auf das Nettoaktivvermögen beschränkten § 133 UmwG, so dass sich hier die Frage der überschießenden Umsetzung auch für innerstaatliche Spaltungen stellt. Dafür spricht bereits der Umstand, dass nicht recht einzusehen ist, warum die (eben umfangsmäßig beschränkte) Haftung bei den potentiell gefährlicheren grenzüberschreitenden Umwandlungen geringer ausfallen sollte als bei den rein innerstaatlichen.

Es bleiben zwei Fragen. Die erste Frage lautet, ob in diesem Kontext die schon bisher wegen ihrer Unionsrechtskonformität angezweifelte Einschränkung der Nachhaftung nach § 133 Abs. 3 UmwG aufzugeben ist, wenn schon die Haftung umfänglich auf das Nettoaktivvermögen beschränkt wird.[43] Das erscheint nicht zwingend. Aus der Richtlinie lässt sich ableiten, dass nationale Verjährungsregeln – darum geht es nicht, wohl aber um eine Parallele – unberührt bleiben (Erw.-grund Nr. 24 a.E.). Das ist immerhin ein Indiz dafür, dass Haftungsansprüche nicht unbegrenzt bestehen müssen. Zudem geht es wie schon unter dem bisherigen Unionsrecht ausweislich Art.126b Abs. 1 und Art. 160j Abs. 1 MobilRL um ein angemessenes Schutzsystem. Gewisse Ausgestaltungen wird man den Mitgliedstaaten zubilligen können, solange der Schutz der Gläubiger insgesamt das Niveau der Angemessenheit erreicht. Ein Verstoß gegen den effet utile ist bei einer Haftungsbeschränkung, wie sie § 133 Abs. 3 UmwG enthält, nicht ernsthaft erkennbar.

Die zweite Frage ist, ob die Haftung „nachgelagert“ ist, obwohl doch Art. 126b Abs. 2 MobilRL von der gesamtschuldnerischen Haftung spricht, was – jedenfalls nach deutschem Verständnis – gerade die gleichrangige Haftung meint, aber insoweit möglicherweise nur das Verhältnis der Mithaftenden untereinander betrifft. Aber Art. 126b Abs. 2 MobilRL setzt dem Wortlaut nach auch voraus, dass ein Gläubiger der sich spaltenden Gesellschaft von der Gesellschaft, auf die das Vermögen zugeteilt wird, keine Befriedigung erlangt. Es scheint, als komme die Mithaftung nur zum Tragen, wenn der Primärschuldner ausfällt. Die damit ver-

43 Dies erwägend *Schollmeyer*, ZGR 2020, 62, 85.

bundene Frage nach der Art und Rechtsnatur der Haftung war schon bisher unklar unter Art. 146 Abs. 3 RL 2017/1132.[44]

Hier ist nicht der Raum, der Frage nachzugehen. Immerhin spricht manches dafür, dass die Mithaftung wegen der besonderen Natur der Spaltung eine eigene Haftung mit dem bisherigen Haftungssubstrat (oder genauer: einem Teil davon) ist und eher keine Haftung für fremde Schuld darstellt. Andererseits könnte für die akzessorische Lesart sprechen, dass die Verbindlichkeit selbst zugeordnet wird, also ein Hauptschuldner gegeben ist und die Schuld nicht verdoppelt wird.[45] Handelte es sich um eine Haftung für eigene Schuld, wäre unklar, warum das haftende Vermögen begrenzt wird. Das gilt erst recht seit der zwingenden Begrenzung auf das Netto-Aktivvermögen.

Es bleibt die Frage, ob der Wortlaut „keine Befriedigung erlangt" für eine nachgelagerte Haftung im Sinne einer Einrede der Vorausklage spricht. Das ist eher nicht anzunehmen. Dann nämlich hätte die ausdrückliche Anordnung der gesamtschuldnerischen Haftung keinen rechten Sinn. Der Hinweis auf die fehlende Befriedigung durch den übernehmenden Rechtsträger dürfte insoweit eher als eine Beschreibung der typischen Ausgangssituation gedacht denn als verbindliches Tatbestandsmerkmal der Mithaftung.

Der Umsetzungsbedarf ist jedenfalls schnell beschrieben. Der Gesetzgeber kann an § 133 UmwG anknüpfen. Klarzustellen ist die Haftungseinschränkung auf das Netto-Aktivvermögen und die Anwendbarkeit auch auf grenzüberschreitende Spaltungen.

2. Die Lösung des Referentenentwurfs

Für Spaltungen gilt nach dem UmwG-RefE über die Verweisung in § 328 UmwG-RefE Entsprechendes wie für Verschmelzungen, nämlich § 314 UmwG-RefE. Was § 133 UmwG angeht, wird in § 133 Abs. 3 S. 1 UmwG-RefE die Beschränkung auf das Nettoaktivvermögen vorgesehen. Die Besonderheit liegt darin, dass dies als allgemeine Regel beschrieben wird, so dass sich die Neufassung nicht nur auf grenzüberschreitende Spaltungen beschränkt. Im Interesse der Einheitlichkeit der

---

44 Grundlegend *Habersack*, FS Bezzenberger, 2000, S. 93, 96 ff.; *Schwab*, aaO (Fn. 22), § 133 Rn. 21 ff.; *Sickinger*, aaO (Fn. 24), § 133 Rn. 3; ebenso schon *Rieble*, ZIP 1997, 301, 312: Haftung für fremde Schuld.

45 *Habersack* FS Bezzenberger, 2000, S. 93, 96; für Gesamtschuld demgegenüber OLG Frankfurt a.M. NZG 2006, 914, 915; *Galla/Cé. Müller*, aaO (Fn. 10), § 133 Rn. 3; *Seulen*, aaO (Fn. 5), § 133 Rn. 31 ff.; *Hörtnagl*, in: Schmitt/Hörtnagl, Umwandlungsgesetz, Umwandlungssteuergesetz 9. Auflage 2020 § 133 Rn. 2.

Rechtsanwendung und zur Vermeidung von möglichen Umgehungskonstruktionen ist das sicher sinnvoll.

V. Gerichtsstand beim Formwechsel (Art. 86j Abs. 4 MobilRL)

Beim Formwechsel gilt ergänzend Art. 86j Abs. 4 S. 1. Zum Formwechsel kann nach Art. 86b Nr. 2 MobilRL – dem EuGH-Urteil in der Rs. Polbud folgend[46] – auch die isolierte Satzungssitzverlegung gehören.

1. Neuer Zuständigkeitsgrund

Er sieht vor, dass beim Formwechsel – seltsamerweise nur dort – „unbeschadet der Zuständigkeitsregeln" des Unionsrechts, nationalen Rechts oder aus Vereinbarungen, (Alt-)Gläubiger, deren Forderungen vor der Offenlegung entstanden sind, innerhalb von zwei Jahren nach dem Wirksamwerden der Offenlegung auch in dem Wegzugsmitgliedstaat ein Verfahren gegen die Gesellschaft einleiten können. Diese Möglichkeit sei zusätzlich zu anderen Vorschriften über die Wahl des Gerichtsstands, die nach Unionsrecht, also insbesondere nach der EuGVVO (Brüssel Ia-VO) anwendbar sind. Damit wird den tatsächlichen oder vermeintlichen Gefahren für die Gläubiger, die mit dem Formwechsel verbunden sind, Rechnung getragen.[47]

Art. 86j Abs. 4 MobilRL begründet eine Umsetzungsverpflichtung für die Mitgliedstaaten („stellen sicher"), ist also nicht selbst zuständigkeitsbegründend. Die „Einleitung" des Verfahrens wird man wie bei Art. 32 EuGVVO als Anrufung des Gerichts verstehen müssen, es geht also um die An- bzw. Rechtshängigkeit im unionsrechtlichen Sinne.

Mit Recht ist darauf hingewiesen worden, dass Erwägungsgrund Nr. 24 möglicherweise den Schluss nahelegt, der Richtliniengeber habe auch die Spaltung und Verschmelzung erfassen wollen, weil innerhalb des Erwägungsgrunds einmal vom Formwechsel (bzw. von der „Umwandlung"), einmal allgemein vom grenzüberschreitenden Vorhaben die Rede ist; andererseits war die Diskussion von „Polbud" und damit vom Formwechsel geprägt.

46 EuGH, Urt. v. 25.10.2017 – Rs. C-106/16.

47 Vgl. zu den durchaus teils erheblichen Auswirkungen auf die Rechtsdurchsetzung *Kindler*, NZG 2018, 1, 6.

Jedenfalls könnte man fragen, ob nicht der Umsetzungsgeber einen Gerichtsstand auch für Verschmelzung und Spaltung schaffen könnte. Wenn aber die Richtlinie nur den Formwechsel erfasst hat, könnte der nationale Gesetzgeber dann am Vorrang des Unionsrechts und der EuGVVO gerade nichts ändern. Eine solche überschießende Umsetzung hätte also keinen rechten Nutzen für grenzüberschreitende Sachverhalte, und innerhalb Deutschlands bedarf es einer Perpetuierung von Gerichtsständen kaum.

Es geht mithin allein um den Fall, dass die Gläubiger nach dem Formwechsel im Wegzugsstaat klagen können soll. Das ist der bisherige Registerstaat. Eine deutsche GmbH, die ihren Verwaltungssitz in Frankreich hat, und nunmehr einen Formwechsel in eine luxemburgische Gesellschaft vornimmt, bleibt auf dieser Grundlage in Deutschland gerichtspflichtig.

2. Praktische Bedeutung gegenüber den allgemeinen Regeln

Demgegenüber würde nach allgemeinen Regeln der EuGVVO Folgendes gelten:

Maßgeblich ist hier grundsätzlich der Zeitpunkt der Klageerhebung (i.S.d. Art. 32 EuGVVO), bei nachträglicher Herstellung der Voraussetzungen im angerufenen Forum sogar der Entscheidungszeitpunkt.[48]

Klagt der Gläubiger nach dem Formwechsel gegen die „neue“, nunmehr aus Sicht des Klägers ausländische Gesellschaft, kann er dies unter Art. 4 i.V.m. Art. 63 EuGVVO sowohl am neuen Satzungssitz als auch am Hauptverwaltungssitz und der Hauptniederlassung tun. Ist also der Verwaltungssitz gleichgeblieben, wie bei der isolierten Satzungssitzverlegung, hat sich nichts geändert. Auch die besonderen Gerichtsstände werden sich nicht geändert haben. Der Erfüllungsort in Sinne der unionsrechtlich-autonomen Bestimmung bei Kauf- und Dienstleistungsverträgen wird sich nicht ändern; freilich kommt es auf den tatsächlichen Erfüllungsort an.[49] Es mag sein, dass nunmehr in ein anderes Land geliefert wurde, wenn sich die Umstände durch den Formwechsel geändert haben. Aber dann ist der Gläubiger möglicherweise schon kein Altgläubiger. Freilich dürfte hier die Begründung des Kaufvertrags genügen.

---

48 Die perpetuatio fori bezieht sich auf den Wegfall der zuständigkeitsbegründenden Voraussetzungen vor dem angerufenen Forum nach Klageerhebung, was es unberührt lässt, wenn bis zur Entscheidung vor dem angerufenen Forum noch die zuständigkeitsbegründenden Voraussetzungen zu schaffen, zu letzterem BGH, NJW 1980, 520; ZIP 2001, 124; *Greger*, in: Zöller, ZPO, 33. Aufl. 2020, Vor § 253 Rn. 9; *Seiler*, in: Thomas/Putzo, ZPO, 42. Aufl. 2021, Vor § 253 Rn. 11.

49 *Stadler*, in: Musielak/Voit, ZPO, 18. Aufl. 2021, Art. 7 EuGVVO Rn. 13 m. Nachw.

Wenn der Gläubiger Verbraucher ist und es sich um einen Verbrauchervertrag handelt, ist ohnehin der spezielle Verbrauchergerichtsstand des Art. 18 Abs. 1 EuGVVO gegeben, so dass der zusätzliche neue Gerichtsstand keinen Zugewinn bringt. Auch Gerichtsstandsvereinbarungen ändern sich durch Formwechsel erst einmal nicht.

Der Deliktsgerichtsstand wird ebenfalls nicht per se durch den Formwechsel beeinflusst. Soweit die EuGVVO beim Handlungsort teils auf die Niederlassung des Täters abstellt (Produkthaftung, Pressehaftung),[50] ändert sich daran allenfalls etwas pro futuro.

Letztlich kann der Formwechsel sogar dazu führen, dass die besonderen Gerichtsstände des Art. 7 EuGVVO jetzt häufiger zum Tragen kommen. Denn Art. 7 EuGVVO gilt nur, wenn der Beklagte (also die formwechselnde Gesellschaft) in einem anderen Mitgliedstaat als dem Staat verklagt werden soll, in dem der Beklagte seinen Sitz im Sinne des Art. 63 EuGVVO hat. Mit der Verlegung des Sitzes einschließlich des Verwaltungssitzes in einen anderen Mitgliedstaat wird diese Situation des Art. 7 EuGVVO also ggf. erst hergestellt.

3. Vorrang ausschließlicher Zuständigkeiten?

Im Schrifttum wird diskutiert, wie sich Art. 86j Abs. 4 MobilRL konkret in das europäische Zuständigkeitsregime einfügt. Deutlich ist, dass dieser zusätzliche Gerichtsstand daneben treten soll, weil er nach Art. 86f Abs. 4 S. 2 MobilRL „zusätzlich“ sein soll. Das begründet mithin eine unberührt bleibende Zuständigkeit auf einem besonderen Rechtsgebiet des Unionsrechts gemäß Art. 67 EuGVVO.

Es ist eine langatmige Diskussion darüber ausgebrochen, ob dieser zusätzliche Gerichtsstand auch die ausschließlichen Zuständigkeiten des Art. 24 EuGVVO verdrängt bzw. erweitert. Insofern wird angenommen, der neue Gerichtsstand könne nicht greifen, wenn zuvor, also vor dem Formwechsel, am Satzungssitz deshalb kein Gerichtsstand gegeben war, weil in einem anderen Mitgliedstaat ein ausschließlicher Gerichtsstand begründet war. Denn dann falle kein Gerichtsstand weg, der durch den Erhalt des Gerichtsstands kompensiert werden müsste.[51] Gleiches gelte für ausschließliche Gerichtsstandsvereinbarungen, die einen vom Satzungssitz abweichenden Gerichtsstand vorsehen.

50 Exemplarisch EuGH, Urt. v. 16.1.2014, Rs C-45/13; EuGH, Urt. v. 19.4.2012, Rs C-523/10.
51 *Schollmeyer*, ZGR 2020, 62, 88, *Luy*, NJW 2019, 1905, 1907.

Dennoch dürfte der deutsche Umsetzungsgesetzgeber daran gehindert sein, einfach nur eine besondere Zuständigkeit zu normieren und dem Vorrang ausschließlicher Zuständigkeiten nach EuGVVO Rechnung zu tragen. Denn es ist nicht eindeutig, dass der Richtliniengeber wirklich nur eine zusätzliche *besondere* Zuständigkeit schaffen wollte. Art. 67 EuGVVO steht jedenfalls nicht einer Lösung entgegen, bei der auch Zuständigkeiten unberührt bleiben, die neben ausschließliche Zuständigkeiten treten. Im Übrigen sollte man sich wohl besser die Inzidenzprüfung sparen, ob vor dem Formwechsel, also zu einem früheren Zeitpunkt, eine Zuständigkeit in dem Satzungssitzstaat begründet war.[52]

Tatsächlich handelt es sich ohnehin zumindest in Teilen um ein bloßes Scheinproblem, das differenzierter Lösung bedarf.

Wenn im Schrifttum angenommen wird, es bestehe eine parallele Anwendbarkeit von Art. 24 Nr. 2 EuGVVO und Art. 86j Abs. 4 S. 1 MobilRL in bestimmten Fällen eines – laut EuGH von Art. 24 Nr. 2 EuGVVO erfassten[53] – Spruchverfahrens nach einem squeeze-out[54], sind diese „Kläger" richtigerweise schon nicht von Art. 86j Abs. 4 MobilRL erfasst, weil sie als Gesellschafter spezifisch über Art. 86i MobilRL und damit anderweitig geschützt werden. Auf einen besonderen Schutz von Gesellschaftern zielt Art. 86j Abs. 4 MobilRL nicht ab. Daher kommt es bei Art. 24 Nr. 2 EuGVVO auf den neuen Satzungssitz bei Klageerhebung an (unter der Gründungstheorie oder Geschöpftheorie[55]).

Daher hat die Frage nur Bedeutung für andere ausschließliche Zuständigkeiten, etwa bei dinglichen Eigentumsklagen betreffend Grundstücke unter Art. 24 Nr. 1 EuGVVO. Aber selbst Schadensersatzklagen wegen Verletzung von Immaterialgüterrechten fallen nicht unter Art. 24 Nr. 4 EuGVVO, freilich vorbehaltlich des sog. Einredentorpedos.[56] Insgesamt ist aber der Bereich von Art. 24 EuGVVO ohnehin eng.[57] Schon deshalb erscheint es, auch im Lichte der von Art. 86j Abs. 4 MobilRL vorgesehenen zweijährigen Begrenzung, wenig problematisch, die neu zu schaffende Zuständigkeitsregel neben Art. 24 EuGVVO zu stellen, solange Gesellschafterklagen davon ausgeklammert bleiben.

---

52 Mit Recht *J. Schmidt*, FS Hopt, 2021, S. 1097, 1107.

53 EuGH, Urt. v. 7.3.2018 – Rs. C-560/16.

54 *J. Schmidt*, FS Hopt, 2021, S. 1097, 1107.

55 Vgl. BGH NJW 2011, 3372; *Kindler*, NZG 2010, 576, 578; *Ego*, IWRZ 2019, 243, 244.

56 Vgl. Art. 24 Nr. 2 EuGVVO in Kodifizierung der Rechtsprechung des EuGH zu der zuständigkeitsbegründenden Einrede unter Art. 22 Nr. 4 EuGVVO a.F. EuGH, Urt. v. 13.07.2006, Rs. C-4/03; zu den Konsequenzen für den Schadensersatzprozess *Stadler*, aaO (Fn. 46), Art. 24 Rn. 9.

57 EuGH, Urt. v. 18.05.2006, Rs. C-343/04 = IPRax 2006, 591 mit Bespr. *Thole* 564; EuGH, Urt. v. 16.11.2016, Rs. C-417/15.

Eine andere Frage betrifft dann den Vorrang von Gerichtsstandsvereinbarungen. Solche Vereinbarungen bleiben als Ausdruck rechtsgeschäftlichen Handelns bindend, was deshalb richtig ist, weil die Parteien frei darin sind, sie zu ändern. In der Gerichtsstandsvereinbarung liegt zugleich die gewissermaßen antizipatorische Abbedingung des neuen nationalen Gerichtsstands.

Wieder anders ist das Verhältnis des neu zu schaffenden Gerichtsstands zu anderen ausschließlichen Zuständigkeiten des nationalen Rechts, soweit diese nicht ihrerseits von Art. 24 EuGVVO verdrängt werden. Letzteres ist aber schon deshalb nicht der Fall, weil Art. 24 EuGVVO durchgängig nur die internationale Zuständigkeit festlegt. Insoweit verlangt Art. 86j Abs. 4 MobilRL auch nur eine internationale Zuständigkeit im Wegzugsmitgliedstaat. Wenn also im Wegzugsstaat ein neuer Gerichtsstand geschaffen wird, schließt dies nicht aus, dass dieser Gerichtsstand innerstaatlich durch ausschließliche Zuständigkeiten verdrängt wird, solange eine Zuständigkeit im Wegzugsstaat erhalten bleibt. Art. 86j Abs. 4 MobilRL gewährt also keinen Anspruch auf Klage gerade im örtlichen Gerichtsbezirk des Satzungssitzorts, sondern nur in dem zugehörigen Mitgliedstaat. Dennoch erscheint es aus rein pragmatischen Gründen sinnvoll, die örtliche Zuständigkeit mit dem „perpetuierten“ Satzungssitz zu verzahnen.

4. Umsetzungsbedarf und Lösung des UmwG-RefE

Daraus folgt für den Umsetzungsbedarf, dass der Gesetzgeber eine entsprechende Zuständigkeitsregel für grenzüberschreitende Formwechsel aufzunehmen hat, wenn Deutschland Wegzugsstaat ist. Dies sollte dann hinsichtlich der örtlichen Zuständigkeit an den bisherigen Satzungssitz des formwechselnden Rechtsträgers anknüpfen. Es genügt eine spezielle Zuständigkeitsregel; der deutsche Gesetzgeber könnte dies durchaus explizit als Ergänzung zu den durch die Verordnung 1215/2012 begründeten Gerichtsständen anbieten. Genauso geht jetzt auch § 341 Abs. 2 UmwG-RefE vor. Es gilt, was die Perspektive des deutschen Prozessrechts angeht, entsprechend § 35 ZPO eine Wahlmöglichkeit im Verhältnis zwischen den EuGVVO-Gerichtsständen und dem neuen nationalen Zuständigkeitsgrund. Ob Art. 24 EuGVVO vor der neu geschaffenen Zuständigkeit Vorrang hat, kann der deutsche Gesetzgeber schon deshalb nicht verbindlich festlegen, weil es eine unionsrechtliche Frage betrifft. Nach der hier vertretenen Auffassung spricht vieles für eine freie Konkurrenz.

§ 341 Abs. 2 UmwG-RefE beschränkt entsprechend der Richtlinie den neuen Gerichtsstand auf Gläubigern, deren Forderung vor der Bekanntmachung des Formwechselplans oder seines Entwurfs entstanden ist und deren Klage innerhalb von zwei Jahren nach Wirksamwerden des grenzüberschreitenden Formwechsels erhoben (= rechtshängig, §§ 261, 253 Abs. 1 ZPO)[58] wird. Die Entstehung der Forderung zeitlich vor der Bekanntmachung ist hier streng genommen keine doppelrelevante Tatsache, sondern nur die Entstehung der Forderung an sich ist doppelrelevant. Da sich die Entstehung der Forderung und dessen zeitliche Bestimmung aber kaum trennen lassen, wird man für die Zuständigkeitsbegründung dennoch nach der Lehre von der Doppelrelevanz die schlüssige Behauptung der zugrundeliegenden Tatsachen genügen lassen.

VI. Flankierende Regelungen und Absicherungen des Gläubigerschutzes

Gläubigerschutz ist ein weites Thema, das über die bisher angesprochenen Fragen hinausreicht. Aus Gründen der notwendigen Beschränkung sind einige, wenngleich durchaus zentrale Aspekte noch anzureißen:

1. Missbrauchskontrolle

Die MobilRL sieht die Vorabbescheinigung als maßgeblichen Flaschenhals des Umwandlungsprozesses in der Sphäre des Wegzugsstaats vor. Nach Art. 86 m Abs. 8, 127 Abs. 8, 160o Abs. 8 MobilRL stellen die Mitgliedstaaten sicher, dass die zuständige Behörde keine Vorabbescheinigung ausstellt, wenn „im Einklang mit dem nationalen Recht" festgestellt wird, dass eine grenzüberschreitende Umwandlung zu missbräuchlichen Zwecken, insbesondere zur Entziehung von Unionsrecht oder nationalem Recht genutzt werden soll. Diese Missbrauchskontrolle ist sicher zielgerichteter als die noch im Kommissionsentwurf angesprochene Prüfung einer möglichen „künstlichen Gestaltung"[59]. Zugleich bleibt die unionsrechtliche Vorgabe eher im Ungefähren.

Die Missbrauchskontrolle wird in Erwägungsgrund Nr. 35 f. zwar näher beleuchtet, u. a. mit Blick auf „Scheingesellschaften", aber dennoch nicht wirklich konkret konturiert.[60] Schon die Nennung von Sozialversicherungspflichten und Steuerpflichten macht aber deutlich, dass mit dem Missbrauchsschutz auch ein Gläubigerschutz intendiert ist. Insbesondere kann es um die Verhinderung einer

---

58 Jedenfalls hier gilt § 167 ZPO.

59 Art. 86c Abs. 3 des Kommissionsvorschlags, dazu kritisch *Teichmann*, NZG 2019, 242, 248.

60 Kritisch auch *Schmidt/Bayer*, BB 2019, 1922, 1930; vgl. auch *Kraft*, BB 2019, 1864, 1867. Mit Betonung des Eingreifens nur im Einzelfall *Bungert/Becker*, DB 2019, 1609, 1613.

Firmenbestattung gehen.[61] Die zuständige Verwaltungs- und Justizbehörde muss entsprechende Anhaltspunkte und relevante Tatsachen im Verfahren des nationalen Rechts berücksichtigen, Art. 86 m Abs. 9 MobilRL.

Obwohl der Richtliniengeber beispielsweise den Bericht unabhängiger Sachverständiger gemäß Art. 86 f MobilRL und den Bericht der Verwaltungs- und Leitungsorgane nach Art. 124 MobilRL nicht mehr als gläubigerschützend ausgestaltet hat, weil er jeweils disponibel ist, beinhalten diese Berichte mittelbar eine gläubigerschützende Wirkung, denn soweit diese Berichte vorliegen, können sie auch der Prüfung dienen, ob Missbrauchsgefahren für Gläubiger bestehen. Vor allem kann sich das Gericht bzw. die Behörde auch eigener Sachverständiger bedienen, wie etwa in Art. 86 m Abs. 12 S. 2 MobilRL ausdrücklich festgehalten sind. Im deutschen Registerverfahren wäre es im Übrigen auch schon nach §§ 29 f. FamFG möglich, von Amts wegen einen Sachverständigen einzuschalten, um Anhaltspunkten für Missbrauch nachzuspüren.

Größerer Umsetzungsbedarf ergibt sich insoweit nicht. Es müssten aber die Fristen adressiert werden, weil Art. 86 m Abs. 10 MobilRL und Art. 160 m Abs. 10 MobilRL bei ernsten Bedenken an der Rechtmäßigkeit eine Fristverlängerung vorgesehenen und damit eine Erweiterung der grundsätzlich anzulegenden Drei-Monats-Frist. Dem will § 316 Abs. 3 UmwG-RefE Rechnung tragen.

Es könnte auch klargestellt werden, was unter einem Missbrauch zu verstehen ist. Das Problem liegt aber darin, dass dies letztlich das Unionsrecht betrifft und den allgemeinen Grundsatz des Unionsrechts, Missbräuche abzuwehren.[62] Zudem kann gerade der Versuch einer näheren Ausgestaltung erst Lücken schaffen, die man eigentlich schließen wollte. Daher empfiehlt sich eher ein allgemeiner Missbrauchsvorbehalt, der dann aber explizit auch einen Missbrauch zu Lasten von Gläubigern einschließen sollte. § 316 Abs. 3 UmwG-RefE knüpft einerseits an „missbräuchliche oder betrügerische Zwecke" mit dem Ziel, das Unionsrecht oder nationales Recht zu umgehen, an und andererseits an „kriminelle Zwecke". Die Begriffe sind nicht trennscharf abgrenzbar, aber das erscheint ohnehin kaum möglich.

---

61 Vgl. *Heckschen*, ZIP 2015, 2049, 2059 mit Hinweis u. a. auf EuGH, Urt. v. 12.09.2006 – Rs C-196/04.

62 Statt vieler EuGH, Urt. v. 12.3.1996, Rs. C-441/93; EuGH, Urt. v. 12.5.1998, Rs. C-367/96; EuGH, Urt. v. 23.2.2000, Rs. C-373/97; EuGH, Urt. v. 14.12.2000, Rs. C-110/99; EuGH, Urt. v. 12.09.2006 – Rs C-196/04.

2. Anwendungsbereich der neuen Regelungen

Eine weitere Baustelle des Gläubigerschutzes könnte der Anwendungsbereich der neuen Regelungen sein. Nach Art. 86a Abs. 4, 120 Abs. 5, 160a Abs. 5 MobilRL können die Mitgliedstaaten beschließen, ob die Regelungen auf Gesellschaften in Insolvenzverfahren oder in präventiven Restrukturierungsrahmen anzuwenden sind. Die Richtlinie 2019/1023 über den präventiven Restrukturierungsrahmen bleibt unberührt (Erwägungsgrund 9 a.E.). Sie ist in Deutschland mit dem StaRUG umgesetzt worden.

Tatsächlich sollte der Gesetzgeber die Gelegenheit zu der Klarstellung nutzen, dass das Regime der Insolvenzordnung, insbesondere Insolvenzplan und sodann auch der Restrukturierungsplan nach StaRUG Vorrang vor dem UmwG genießen. Das ist in § 225a Abs. 3 InsO und § 9 Abs. 4 StaRUG im Grunde auch so vorgesehen, weil danach jede gesellschaftsrechtlich zulässige Maßnahme und damit auch eine Umwandlungsmaßnahme Gegenstand des Plans sein kann. Es ist indessen nicht vollständig geklärt, ob „zulässig" lediglich meint, dass die Maßnahme abstrakt statthaft sein muss (was vorzugswürdig ist) oder ob dies erfordert, dass sämtliche umwandlungsrechtlichen bzw. gesellschaftsrechtlichen Vorgaben eingehalten werden müssen,[63] abgesehen von den Formerfordernissen, bei denen kraft § 254a Abs. 2 S. 1 InsO, § 68 Abs. 2 StaRUG auf jeden Fall ein Vorrang des Insolvenzplans bzw. Restrukturierungsplans besteht. Ob beispielsweise tatsächlich ein Umwandlungsbericht erforderlich ist, wo doch der Insolvenz- bzw. Restrukturierungsplan alle maßgeblichen Informationen liefert, erscheint fraglich. Es handelt sich bei der Abstimmung von Umwandlungsrecht und Insolvenzrecht allerdings um ein schwieriges Thema, das der Umsetzungsgesetzgeber mit Sorgfalt angehen müsste, wenn er sich daran wagen sollte.[64]

Selbst wenn daher der Umsetzungsgesetzgeber davor zurückschrecken mag, so wäre doch eine andere singuläre Klarstellung höchst wünschenswert. Wenn der Gesetzgeber die Gelegenheit nutzen könnte, die gesamtschuldnerische Mithaftung des übernehmenden Rechtsträgers gemäß § 133 UmwG in Fällen eines Insolvenzplans und Restrukturierungsplans auszuschließen, wäre damit der deutschen Sanierungslandschaft ein großer Dienst erwiesen. Denn bislang werden Investoren durch die Mithaftung für die nicht übernommenen Verbindlichkeiten abgeschreckt. Entsprechend hat die Rechtsprechung bei § 25 HGB eine Ausnahme

---

63 Dazu *Thole*, Gesellschaftsrechtliche Maßnahmen in der Insolvenz, 3. Aufl. 2020, Rn. 232 m. Nachw.

64 Umfassend Greif-Werner, Umwandlungen im Insolvenzplanverfahren, 2018.

für den Erwerb im Insolvenzverfahren eingezogen[65]. Zumindest sollte klargestellt werden, dass die gesamtschuldnerische Haftung plandispositiv, also ggf. im Plan „weggeplant" werden kann, ohne zuvor den übertragenden Rechtsträger entschulden zu müssen.[66] Im UmwG-RefE ist dazu, soweit ersichtlich, nichts zu finden, was bedauerlich ist.

3. Insolvenzanfechtung der Umwandlung

Art. 86 t, Art. 134 Abs. 1, Art. 160u MobilRL sehen die Bestandskraft der Eintragung vor: Eine wirksam gewordene grenzüberschreitende Umwandlung kann grundsätzlich nicht für nichtig erklärt werden. Die Richtlinie sieht nur bestimmte Nichtigkeitsgründe vor, siehe Art. 153 RL 2017/1132.

Das bedeutet jedoch nicht, dass andere Gläubigerschutzinstrumente vollständig gesperrt wären.

Der EuGH hat im Urteil I.G.I. vom 30.1.2020 klar erkannt, dass die Einzelgläubigeranfechtung der actio pauliana nicht durch den unionsrechtlichen Gläubigerschutz bei Umwandlungen verdrängt wird. Der EuGH meinte, „Nichtigkeit" im Sinne der Richtlinie meine nur das Zustandekommen der Spaltung und müsse deren Existenz als solche berühren.[67] Die Nichtigkeitsklage solle die Nichteinhaltung der für das Zustandekommen des Spaltungsakts erforderlichen Voraussetzungen sanktionieren, während die actio pauliana nur den Schutz der Gläubiger bezwecke, deren Ansprüche durch die Spaltung benachteiligt wurden. Die Anfechtungsklage berühre nicht die Gültigkeit der Spaltung, führe nicht zu deren Wegfall und habe keine Wirkungen gegenüber jedermann.

Dem ist im Ergebnis zuzustimmen.[68] Entsprechendes gilt für die Insolvenzanfechtung.[69] Details können hier aus Raumgründen nicht entfaltet werden. Jedenfalls besteht kein Grund, dass der Umsetzungsgesetzgeber hier aktiv wird. Typischerweise wird es ohnehin selten um die Anfechtung der Umwandlung als solcher gehe als vielmehr um die Anfechtung von Rechtshandlungen des übertragenden Rechtsträgers in der Insolvenz des übernehmenden Rechtsträgers, ohne also die Umwandlungsmaßnahme als solche in Frage zu stellen.[70]

---

65 BGHZ 104, 151, 153 f.
66 *Brünkmans*, in: Brünkmans/Thole, Handbuch Insolvenzplan, 2. Aufl. 2020, § 32 Rn. 518, 584 ff.
67 EuGH, Urt. v. 30.1.2020 – Rs. C-394/18 Rn. 80 ff.; kritisch *Heckschen*, GWR 2020, 175.
68 *Thole*, ZEuP 2021, 149, 156 ff.
69 *Thole*, ZEuP 2021, 149, 158.
70 So bei BGH, NZI 2019, 933.

VII. Fazit

Der Schutz der Gläubiger nach dem Regelungsmodell der MobilRL erzeugt einen gewissen Umsetzungsbedarf für den deutschen Gesetzgeber. Der Anspruch auf Sicherheitsleistung ist auf die Notwendigkeit eines klageweisen oder jedenfalls gerichtlichen Vorgehens anzupassen. Klarstellungen des Prüfungsmaßstabs und des Klageerfordernisses wären sinnvoll. Außerdem ist das Problem des Wirksamwerdens der Sicherheiten zu regeln, etwa über schwebende Unwirksamkeiten. Das Modell des § 122j UmwG kann Pate stehen. Der UmwG-RefE geht hier partiell einen anderen Weg, indem er an das Registerverfahren und damit an das Verfahren der freiwilligen Gerichtsbarkeit andockt; nicht benötigte Sicherheiten sind freizugeben vermittelt über einen Freigabeanspruch. Eine allseits befriedigende Lösung dürfte schwierig sein, so dass der Ansatz des RefE zumindest nachvollziehbar ist.

Ob man differenzieren will zwischen innerstaatlichen Sachverhalten (§ 22, § 125 UmwG) und grenzüberschreitenden Fällen, wie dies der UmwG-RefE vorsieht, ist überdenkenswert. Die von der Richtlinie vorgesehene gesamtschuldnerische Haftung kann weiter bei § 133 UmwG angedockt bleiben. Klarzustellen ist die Haftungseinschränkung auf das Netto-Aktivvermögen und deren Anwendbarkeit sowohl auf innerstaatliche als auch grenzüberschreitende Spaltungen (so auch in der Tat § 133 Abs. 1 S. 3 UmwG-RefE).

Der Gesetzgeber hat eine entsprechende Zuständigkeitsregel für grenzüberschreitende Formwechsel aufzunehmen für Fälle, in denen Deutschland Wegzugsstaat ist. Die so begründete internationale Zuständigkeit sollte dann bei der örtlichen Zuständigkeit an den bisherigen Satzungssitz anknüpfen. Dem trägt § 341 Abs. 2 UmwG-RefE Rechnung

Auch könnte der Vorrang des Insolvenzverfahrens und des StaRUG-Verfahrens klargestellt werden, jedenfalls aber die Gelegenheit genutzt werden, die aus teleologischen Gründen einzuschränkende Haftung nach § 133 UmwG bei Erwerb über einen Insolvenzplan auszuschließen oder zumindest plandisponibel zu gestalten. Auch könnte klargestellt werden, dass Insolvenz- und Einzelgläubigeranfechtungen zumindest nicht grundsätzlich ausgeschlossen sind. Der RefE traut sich daran aber bisher nicht heran.

Ralf Knaier*

Bericht über die Diskussion

Die Diskussion im Anschluss an die Vorträge von *Krenek* (S. 49) und *Thole* (S. 65) erstreckte sich im Wesentlichen auf drei Themengebiete: Beleuchtet wurde einerseits das Spruchverfahren und wie dieses effizient ausgestaltet werden könnte (I.). Andererseits erörterten die Teilnehmer Fragen der Mitgliedstaatsoptionen bei der Umsetzung der Umwandlungsrichtlinie, insbesondere hinsichtlich der Veröffentlichung des Verschmelzungs-, Spaltungs- oder Formwechselplans (II.), ebenso wie Fragen des Gläubigerschutzes und der möglichen Blockadewirkung verschiedener Gläubigerschutzsysteme (III.).

I.

Ein Teilnehmer aus der Justiz bezog sich auf den von *Krenek* angesprochenen Änderungsbedarf im Hinblick auf das Spruchverfahrensgesetz und gab zu bedenken, ob ein Beschleunigungspotential für das Verfahren in einer Instanzenverkürzung liegen könnte, die das OLG als Eingangsinstanz vorsehen würde. Dies werfe gleichzeitig die Folgefrage auf, welche Voraussetzungen dann für die Rechtsbeschwerde gelten sollten, insbesondere ob diese zulassungsfrei ausgestaltet werden müsste oder die Zulassung durch das Gericht vorzusehen wäre. Im Rahmen der effizienten Gestaltung der Umwandlungsverfahren wurde zugleich angesprochen, inwiefern Beschleunigungspotential darin liegen könne, dass der Umsetzungsgesetzgeber eine Bewertungsmethode verbindlich vorschreibt und das Verfahren evtl. gesetzlich weitergehend regelt.

Hinsichtlich des Spruchverfahrens und einer Instanzenverkürzung merkte *Krenek* an, dass dies grundsätzlich bereits seit Jahren diskutiert würde. Zu bedenken sei hierbei allerdings, dass trotz des Beschleunigungseffekts der Rechtschutz der Aktionäre durch das Freigabeverfahren bereits auf eine Instanz verkürzt sei. Zudem sei regelmäßig die Höhe der Barabfindung das primäre Rechtschutzziel, für das ein Verzicht auf eine Instanz wenig sinnvoll erscheine. In zeitlicher Hinsicht dauere das Spruchverfahren regelmäßig nicht länger als zwei Jahre und nach vier Jahren läge regelmäßig eine rechtskräftige Endentscheidung

---

* Ralf Knaier ist wissenschaftlicher Referent am Deutschen Notarinstitut in Würzburg und wissenschaftlicher Mitarbeiter am Lehrstuhl für Bürgerliches Recht, Deutsches und Europäisches Handels- und Gesellschaftsrecht von Prof. Dr. Christoph Teichmann an der Julius-Maximilians-Universität Würzburg.

https://doi.org/10.1515/9783110780895-006

vor. Hinsichtlich der Bewertungsmethodik sollte sich der Gesetzgeber nicht festlegen, sondern auf die Rechtsprechung setzen.

II.

Ein Teilnehmer aus der notariellen Praxis warf die Frage auf, inwiefern die seitens *Krenek* als für den Gesetzgeber erwägenswerte eingestufte Mitgliedstaatenoption,[1] den Plan der grenzüberschreitenden Verschmelzung bzw. Spaltung oder des grenzüberschreitenden Formwechsels über die Website der Gesellschaft anstelle – wie bisher zwingend[2] – über die Register der beteiligten Rechtsträger offenzulegen, mit dem deutschen Verständnis und System der Registerpublizität vereinbar wäre. Entscheidende Probleme werfe eine solche Veröffentlichung auf einer Unternehmenshomepage insbesondere dadurch auf, dass die Umwandlungsrichtlinie eine „ununterbrochene" Abrufbarkeit des Plans verlange, die nur schwer zu gewährleisten sei und bei tatsächlichen technischen Problemen zu Beweisproblemen und Rechtsunsicherheit führe.[3]

Hierzu führte *Krenek* an, dass eine Veröffentlichung ausschließlich auf der Unternehmenswebsite zwar im Sinne der Digitalisierung durchaus anzudenken wäre, jedoch insbesondere aufgrund der technischen Risiken, allen voran bei einem Websiteausfall, Vorsicht geboten sei. Zugleich stelle sich die Frage, wie Fälle kurzzeitigen Ausfalls zu behandeln wären.

III.

Ein Diskutant aus der Wissenschaft betonte das Verzögerungspotential, welches mit der Gläubigerschutzregelung des Art. 86j Abs. 1 UAbs. 2 Gesellschaftsrechts-RL bei grenzüberschreitenden Formwechselvorgängen einhergehe. Dies ergebe sich vor allem daraus, dass die Gesellschaft eine Sicherheit anbieten könne und der Gläubiger sich mit dieser nicht zufrieden zeigen könnte. Es stelle sich die Frage, ob es wirklich sinnvoll sei, wenn in derartigen Fällen jeder Gläubiger zu einem

---

1 Art. 86 g Abs. 2 Gesellschaftsrechts-RL (grenzüberschreitender Formwechsel), Art. 123 Abs. 2 Gesellschaftsrechts-RL (grenzüberschreitende Verschmelzung), Art. 160 g Abs. 2 Gesellschaftsrechts-RL (grenzüberschreitende Spaltung); Referentenentwurf und Regierungsentwurf zum UmRUG machen hiervon keinen Gebrauch, vgl. dazu Begr. UmRUG-RefE, S. 82 und Begr. UmRUG-RegE, S. 106.

2 Vgl. § 122d UmwG für die grenzüberschreitende Verschmelzung.

3 So auch Heckschen/Knaier, GmbHR 2022, 501, 513.

anderen zuständigen Zivilgericht Klage erheben könnte. Dies würde in der Folge die Umwandlungsmaßnahme vermutlich massiv verzögern oder sogar ganz verhindern. Als Alternative böte es sich an, diese Klagen bei dem für die Umwandlung zuständigen Registergericht zu bündeln. Aus Praxissicht stelle sich jedoch zugleich die Frage, ob das Problem überhaupt regelmäßig relevant würde.

Ein Teilnehmer aus der Anwaltschaft betonte, dass es in der Praxis tatsächlich in aller Regel nicht zu Problemen mit dem Gläubigerschutz bei Umwandlungsmaßnahmen komme. Zu bedenken sei daher das erhebliche Verzögerungspotential. Bereits die bei der Verschmelzung geltende gesamtschuldnerische Haftung sorge in diesem Zusammenhang für Erleichterung und im Ergebnis sollte jedenfalls nicht die Wirksamkeit der Umwandlungsmaßnahme vom Gläubigerschutz abhängig gemacht werden.

Zu diesen beiden Diskussionsbeiträgen merkte *Thole* an, dass die praktische Bedeutung tatsächlich schwer einzuschätzen sei, jedoch § 122j UmwG bei der grenzüberschreitenden Verschmelzung bisher zu wenigen erkennbaren Problemen geführt habe. Nach den Vorgaben der Umwandlungsrichtlinie müsse den Gläubigern jedenfalls eine Klagemöglichkeit eröffnet werden. Ob dies jedoch zwingend dazu führen müsse, dass die Vorabbescheinigung ggf. nicht erstellt werden darf, bliebe nach der Richtlinie offen. Im Zweifelsfall könnte sich dies durch eine Versicherung der Leitungsorgane lösen lassen. Justizstrukturell passe ein kontradiktorisches Verfahren über das Bestehen und die Höhe der Gläubigerschutzforderung allerdings nicht in das Registerverfahren. Denkbar wäre in diesen Fällen ein Freigabeverfahren.

Krenek stimmte *Thole* in dem Punkt zu, dass es nur sehr selten vor Gericht Verfahren zu dem nachgelagerten Gläubigerschutz gäbe. Das Blockadepotential bestehe in derartigen Gläubigerschutzfällen jedoch definitiv, wenngleich fraglich sei, ob dies in der Praxis tatsächlich vorkäme.

Ein weiterer Teilnehmer aus dem Notariat merkte an, dass aus Sicht der Praxis der nachgelagerte Gläubigerschutz kaum eine Rolle spiele. Ein effektiver Rechtschutz für Gläubiger sei zwingend vorgelagert, jedoch biete dies zugleich erhebliches Blockadepotential. Dies führe auch zu einer Art Missbrauchspotential dadurch, dass blockadewillige Gläubiger eine Forderung generieren könnten, mit der das Verfahren blockiert werden könnte. Die Richtlinie sehe dabei aber nicht vor, dass zwingend das Umwandlungsverfahren unterbrochen werden müsse.

Ein Teilnehmer aus der Wissenschaft merkte an, dass hinsichtlich des Gläubigerschutzes die Mitgliedstaaten wohl nicht verpflichtet seien die Richtlinie dergestalt umzusetzen, dass den Gläubigern tatsächlich eine Blockademöglichkeit zur Verfügung stünde. Die Umwandlungsrichtlinie stelle in dieser Hinsicht lediglich eine Mindestharmonisierung dar, die es jedoch ermögliche für den Gläubigerschutz eine Blockademöglichkeit einzurichten.

Ein weiterer Diskutant aus Reihen der Wissenschaft wies auf das Spannungsverhältnis zwischen Umwandlungsmaßnahmen und Insolvenzplanverfahren hin. Dieses Spannungsverhältnis fände sich auch im Zusammenhang mit anderen Strukturmaßnahmen. Hier sollte der Gesetzgeber nicht übermäßig regulierend tätig werden und es Wissenschaft und Praxis überlassen, die jeweils anwendbaren Regelungen in einen Ausgleich zu bringen. Dies gelte insbesondere hinsichtlich der Beschneidung des § 133 UmwG.

Thole merkte hierzu an, dass die Umwandlungsrichtlinie nicht ganz klar bzgl. der Frage Blockademöglichkeit sei. Jedenfalls drohe hier das Risiko einer Unionsrechtswidrigkeit. Im Schrifttum würde überwiegend davon ausgegangen, dass sich aus der Anhängigkeit von Klagen eine Blockadewirkung ergeben sollte. Hinsichtlich der Frage des Verhältnisses zwischen Umwandlungsmaßnahmen und Insolvenzplanverfahren gehe die Idee eher in die Richtung, dass der Gesetzgeber, nachdem er ohnehin regulatorisch tätig würde, bei dieser Gelegenheit den Prüfungsmaßstab für Insolvenzplanverfahren klarstellen könnte. Hierbei wäre insbesondre zu klären, ob es sich um einen Rechtsgrund- oder einen Rechtsfolgenverweis handeln soll und wie mit den prozessualen Fragen umzugehen wäre.

Heribert Heckschen*

Unternehmensmobilität im EU-Binnenmarkt – Grenzüberschreitendes Verfahren

Zusammenfassung: Mit dem UmRUG steht die größte Reform des Umwandlungsrechts seit 1995 an. Das Verfahren, das der Referenten- und Regierungsentwurf jetzt vorschlagen, folgt den Grundzügen, die seit langem bekannt sind. Es ist gegliedert in eine Vorbereitungs-, Beschluss- und Vollzugsphase. In allen Phasen ergeben sich Änderungen, und zwar nicht nur für grenzüberschreitende Umwandlungen, sondern auch für nationale Umwandlungsvorgänge. Der nachfolgende Beitrag gibt hier einen Überblick und zeigt auf, in welchen Bereichen weitere Diskussionen zu erwarten sind.

Abstract: The UmRUG is the biggest reform of transformation law since 1995. The procedure that the draft bill now proposes follows the basic features that have been known for a long time. It is divided into a preparatory, resolution and an execution phase. In all phases there are changes, not only for cross-border transformations but also for national transformation processes. The following article gives an overview and shows in which areas further discussions are to be expected.

Inhaltsübersicht

* Prof. Dr. Heribert Heckschen, Notar in Dresden, Honorarprofessor an der TU Dresden, Mitglied der Expertenkommission des BMJ zur Umsetzung der Umwandlungsrichtlinie, Mitglied des wissenschaftlichen Beirats des DNotI.

https://doi.org/10.1515/9783110780895-007

I. Einführung

Das Verfahren zur grenzüberschreitenden Umstrukturierung nach der Mobilitätsrichtlinie und ihre Umsetzung durch den deutschen Gesetzgeber orientiert sich vom Grundprinzip an dem dreistufigen Verfahren des deutschen Umwandlungsrechts, das auf den Vorgaben der seinerzeitigen Verschmelzungs- und Spaltungsrichtlinie (jetzt: Art. 86a ff. GesellschaftsrechtsRL) beruht. Es ist eingeteilt in ein Vorverfahren, eine Beschlussphase und eine Vollzugsphase.[1] Bei allen Schritten stellen sich allerdings aufgrund der Vorgaben der Richtlinie Herausforderungen für den deutschen Gesetzgeber, da im nationalen Umwandlungsrecht bekannte Verfahren modifiziert werden. Es bot sich darüber hinaus die Überprüfung an, inwieweit das nationale Umwandlungsrecht an das Verfahren bei grenzüberschreitenden Umstrukturierungen anzupassen ist. Es war jeweils zu überprüfen, inwieweit die für grenzüberschreitende Umwandlungen geltenden Regelungen auch für rein nationale Verfahren sinnvoll sind und somit das nationale Umwandlungsrecht anzupassen ist. Es ist insoweit auch zu berücksichtigen, dass es die Rechtsträger relativ einfach in der Hand haben, aus einem rein nationalen Vorgang durch Hinzunahme eines ausländischen Rechtsträgers einen grenzüberschreitenden Vorgang zu machen.[2] Auswirkungen wird dies vor allem im Bereich des Verschmelzungsberichts sowie im Bereich der Regelungen zum Verweis klagender Gesellschafter in das Spruchverfahren haben.

---

1 Vgl. zu grenzüberschreitenden Verschmelzungen: *Reimann*, ZEV 2009, 586, 587; vgl. zum UmwG: *Heckschen*, DNotZ 2007, 444, 454.

2 *Habersack*, ZHR 186 (2022), 1, 4; vgl. dazu z. B. auch das Verfahren im Vereinigten Königreich vor dem „Brexit"; siehe hierzu Court of Appeal (England and Wales) v. 18.1.2018 – [2018] EWCA Civ 10, EWiR 2018, 137 (m. Anm. *Stiegler*).

Bei den Regelungen zu den Erleichterungen im Konzern sind entsprechend Art. 132 GesellschaftsrechtsRL Vereinfachungen für Konzernverschmelzungen vorgesehen.[3]

Die nachstehenden Ausführungen (unter II.) stellen das Verfahren zur grenzüberschreitenden Umstrukturierung dar und gehen insbesondere auf die Abweichungen zur grenzüberschreitenden Verschmelzung nach den bisher geltenden §§ 122a ff. UmwG ein. Die Ausführungen beziehen sich im Wesentlichen auf den am 20.04.2022 vorgestellten Referentenentwurf.[4] An diesen hat sich nahezu deckungsgleich der Regierungsentwurf vom 06.07.2022 angeschlossen, der bereits vom Bundeskabinett verabschiedet worden ist.[5] Der Regierungsentwurf folgt in weiten Teilen dem auf der Basis der Tätigkeit einer Sachverständigenkommission erstellten Referentenentwurf.[6] Folgende Abweichungen sind jedoch hervorzuheben:

- Sowohl für die nationale- wie auch die grenzüberschreitende Verschmelzung wird in § 69 Abs. 3 UmwG-E festgelegt, dass der Kapitalerhöhungsbeschluss nur wegen Verfahrensfehlern, nicht aber wegen eines fehlerhaften Umtauschverhältnisses angefochten werden kann.
- Änderungen im Konzept des Gläubigerschutzes (§ 314 UmwG).[7]
- Einschränkungen bei der Missbrauchskontrolle durch das Handelsregister (nur noch bei konkreten Anhaltspunkten für einen Missbrauch).
- Anpassungen der sog. „Kenntnisnahmepflichten" bei Spaltung und Formwechsel auf das Niveau, das bei der Verschmelzung gilt.
- Ergänze Arbeitnehmerrechte bei Verschmelzung (Verschmelzungsplan + Bericht).

---

3 Vgl. dazu ausf. *J. Schmidt*, in: FS Grunewald, 1005 ff.

4 Referentenentwurf des Bundesministeriums der Justiz: Entwurf eines Gesetzes zur Umsetzung der Umwandlungsrichtlinie; hierzu: J. Schmidt, NZG 2022, 579 ff.; dies., NZG 2022, 635 ff.; Heckschen/Knaier, GmbHR 2022, 501 ff.; dies., GmbHR 2022, 613 ff.; dies., GmbHR-Blog v. 03.05.2022; abrufbar unter: https://blog.otto-schmidt.de/gesellschaftsrecht/2022/05/03/new-kid-in-town-was-bringt-die-groesste-reform-des-umwandlungsrechts/; Bungert/Reidt, DB 2022, 1369 ff.; Bungert/Strothotte, BB 2022, 1411 ff.; Wollin, ZIP 2022, 989 ff.; Drinhausen/Keinath, BB 2022, 1346 ff.; Luy/Redler, notar 2022, 163 ff.

5 Gesetzentwurf der Bundesregierung: Entwurf eines Gesetzes zur Umsetzung der Umwandlungsrichtlinie; , abrufbar unter: https://www.bmj.de/SharedDocs/Gesetzgebungsverfahren/Dokumente/RegE_UmRUG.pdf?__blob=publicationFile&v=2; hierzu: Schollmeyer, NZG 2022, 937; Bungert/Strothotte, DB 2022, 1818 ff.

6 Vgl. ausführlich dazu: Bungert/Strothotte, DB 2022, 1818 ff.; Heckschen/Knaier, GmbHR 2022, R261.

7 Zu Recht sehr kritisch hierzu: Bungert/Strothotte, DB 2022, 1818, 1819 ff.; siehe ausführlich hierzu auch: Baschnagel/Hilser, NZG 2022 (im Erscheinen).

– Anpassungen bei mitbestimmungsrechtlichen Regelungen.

II. Das Verfahren zur grenzüberschreitenden Umstrukturierung im Wege der Verschmelzung, Spaltung, Formwechsel im Einzelnen

1. Vorbereitungsphase[8]

Wie bei jedem Umwandlungsvorgang ist in der Vorbereitungsphase zunächst der für die grenzüberschreitende Unternehmensumwandlung relevante Plan aufzustellen.[9] Dies gilt für Verschmelzung, Spaltung und den missverständlich[10] als Umwandlung bezeichneten Formwechsel (rechtsformwechselnde Sitzverlegung) in gleicher Weise.[11] Auch wenn es nahe liegen könnte, den Verschmelzungsplan bzw. den Spaltungsplan, der nach deutscher Dogmatik einen Vertrag darstellt, wenn ihn zumindest zwei Rechtsträger gemeinsam aufstellen, als solchen zu bezeichnen, empfiehlt es sich, angesichts der unterschiedlichen Sichtweisen in Europa auf dieses Institut und der Vorgaben der Richtlinie von einer derartigen Bezeichnung abzusehen.

---

8 Hierzu: Heckschen/Knaier, GmbHR 2022, 501, 512 ff.; Heckschen/Knaier, GmbHR 2022, 613, 614.

9 §§ 307 (grenzüberschreitende Verschmelzung), 322 (grenzüberschreitende Spaltung), 335 (grenzüberschreitender Formwechsel) UmwG-E; vgl. hierzu ausführlich: *Schollmeyer*, AG 2019, 541 ff.

10 Im Folgenden fungiert die „Umwandlung" als Oberbegriff für den grenzüberschreitenden Formwechsel, die grenzüberschreitende Verschmelzung und die grenzüberschreitende Spaltung, vgl. die Terminologie in § 1 Abs. 1 UmwG.

11 Vgl. Art. 86d GesellschaftsrechtsRL für grenzüberschreitende Formwechsel; vgl. Art 122 GesellschaftsrechtsRL für grenzüberschreitende Verschmelzungen; vgl. Art. 160d GesellschaftsrechtsRL für grenzüberschreitende Spaltungen.

a) Neues zum Plan[12]

Wie schon bisher im nationalen Umwandlungsrecht und auch bei der grenzüberschreitenden Verschmelzung nach §§ 122a ff. UmwG stellen diesen Plan die Vertretungsorgane bzw. das Vertretungsorgan des betreffenden Rechtsträgers auf. Allerdings fordert die Richtlinie hier zusätzliche Angaben, die sich jedoch wiederum nach den verschiedenen Umwandlungsarten unterscheiden. Diese Differenzierungen sind ein gutes Beispiel dafür, dass aufgrund des Zeitdrucks zur Verabschiedung der Mobilitätsrichtlinie, der im Wesentlichen auf den seinerzeit anstehenden Wahlen zum EU-Parlament beruhte, keine stringenten Lösungen gefunden wurden.

Bei allen Umwandlungsarten ist jetzt zusätzlich der Errichtungsakt des Zielrechtsträgers, sofern ein solcher bereits existiert, anzugeben.[13] Es besteht Unklarheit, um welche Dokumente oder welche Angaben es sich hier handeln soll. Es wäre zu überlegen, Klarheit zu schaffen und bspw. darzulegen, dass es sich um die Gründungsurkunde der Gesellschaft handelt. Hier, wie bei vielen anderen unklaren Formulierungen des Richtliniengebers, ist der deutsche Gesetzgeber aber wohl gut beraten, die Formulierung der Richtlinie aufzugreifen, um sich nicht dem Vorwurf auszusetzen, er habe nicht richtlinienkonform gehandelt. Somit spricht der Entwurf bei der Umsetzung auch vom Errichtungsakt. In dem entsprechenden Plan ist dann die Gründungsurkunde wohl einschließlich der Gründungssatzung mit anzugeben.

Weiterhin sind über das bisher für die grenzüberschreitende Verschmelzung Geltende hinaus Angaben zu den Modalitäten der Barabfindung zu machen.[14] Dies sieht der Entwurf in §§ 307 Abs. 2 Nr. 13 (grenzüberschreitende Verschmelzung), 322 Abs. 2 i. V. m. § 307 Abs. 2 Nr. 13 (grenzüberschreitende Spaltung) und 335 Abs. 2 Nr. 11 (grenzüberschreitender Formwechsel) UmwG-E vor. Gem. Art. 86d S. 2 lit. f, 122 S. 2 lit. 2, 160d S. 2 lit. q GesellschaftsrechtsRL sind die Rechtsträger zusätzlich bei grenzüberschreitenden Verschmelzungen, Spaltungen und Formwechseln verpflichtet, Angaben zu den Sicherheiten, die den Gläubigern angeboten werden, zu machen. Diese beinhalten die Regelungen in §§ 307 Abs. 2 Nr. 14 (grenzüberschreitende Verschmelzung), 322 Abs. 2 i. V. m. 307 Abs. 2 Nr. 14

12 Hierzu: Heckschen/Knaier, GmbHR 2022, 501, 512; Heckschen/Knaier, GmbHR 2022, 613, J. Schmidt, NZG 2022, 635; Luy/Redler, notar 2022, 163, 165; Bungert/Strothotte, BB 2022, 1411, 1412 f.; Drinhausen/Keinath, BB 2022, 1346, 1347 ff.; Bungert/Reidt, DB 2022, 1369, 1378.

13 §§ 307 Abs. 2 Nr. 9 (grenzüberschreitende Verschmelzung), 322 Abs. 2 i. V. m. 307 Abs. 2 Nr. 9 (grenzüberschreitende Spaltung), 335 Abs. 2 Nr. 4 (grenzüberschreitender Formwechsel) UmwG-E.

14 Vgl. Art. 86d lit. i GesellschaftsrechtsRL für den grenzüberschreitenden Formwechsel; vgl. Art. 122 m lit. i GesellschaftsrechtsRL für die grenzüberschreitende Verschmelzung.

(grenzüberschreitende Spaltung) und 335 Abs. 2 Nr. 8 (grenzüberschreitender Formwechsel) UmwG-E. Letztlich sieht der Entwurf angesichts von diesbezüglichen Forderungen der Gewerkschaften/Arbeitnehmerseite auch vor, dass bei grenzüberschreitenden Verschmelzungen, Spaltungen und Formwechseln Angaben zu Auswirkungen auf die Betriebsrentenanwartschaften zu machen sind.[15]

Bei der grenzüberschreitenden Spaltung und dem grenzüberschreitenden Formwechsel (rechtsformwechselnde Sitzverlegung) ist überdies in dem entsprechenden Plan ein sog. indikativer Zeitplan mit aufzunehmen.[16] Sinn und Zweck dieser Angabe sind unklar. Mittlerweile herrscht allerdings die Auffassung vor, dass selbst, wenn sich die spätere Umstrukturierung außerhalb dieses indikativen Zeitplans bewegt, dies keine Folgen für den Vorgang als solchen hat.[17] Diese Auffassung ist zu begrüßen, da im Verfahren von der Gesellschaft unverschuldete Verzögerungen nicht ausgeschlossen werden können.[18] Durch den indikativen Charakter des Zeitplans ist auch klargestellt, dass eine Verzögerung des Zeitplans keine Anfechtung des Beschlusses der Anteilseigner begründen kann.[19] Warum ein solcher indikativer Zeitplan nur bei der Spaltung und dem Formwechsel (rechtsformwechselnde Sitzverlegung), nicht aber bei der Verschmelzung mit anzugeben ist, ist ohnehin nicht nachvollziehbar, da die Vorschriften im Übrigen zum Großteil parallel ausgestaltet sind, um Umgehungskonstellationen zu vermeiden.[20]

Ausschließlich bei der Spaltung müssen im Spaltungsplan Angaben gemacht werden, ob die Satzung beim Ausgangsrechtsträger geändert wird.[21] Zudem muss der Spaltungsplan Angaben zur Bewertung des Vermögens des Ausgangsrechts-

---

15 §§ 307 Nr. 16 (grenzüberschreitende Verschmelzung), 322 Abs. 2 i. V. m. 307 Nr. 16 (grenzüberschreitende Spaltung), 335 Nr. 14 (grenzüberschreitender Formwechsel) UmwG-E.

16 §§ 322 Abs. 2 Nr. 1 (grenzüberschreitende Spaltung), 335 Abs. 2 Nr. 5 (grenzüberschreitender Formwechsel) UmwG-E; vgl. Art. 86d lit. d GesellschaftsrechtsRL für den grenzüberschreitenden Formwechsel; vgl. Art. 160d lit. d GesellschaftsrechtsRL für die grenzüberschreitende Spaltung. Mit Recht kritisch dazu *Heckschen*, NotBZ 2020, 241, 245; *Stelmaszczyk*, notar 2021, 107, 116; für eine Streichung des Zeitplans plädierten auch: *Stelmasczyk*, in: Wachter, Praxis des Handels- und Gesellschaftsrechts, 5. Aufl. 2020, § 14 Rn. 407; *Bungert/Becker*, DB 2019, 1609, 1610; *DAV*, NZG 2018, 857, 858; *Vossius*, DNotV, Stellungnahme v. 04.07.2018, S. 32; *Wicke*, DStR 2018, 2642, 2644; a.A.: *Bayer/J. Schmidt*, BB 2018, 1922, 1927; *J. Schmidt*, ZEuP 2020, 565, 570.

17 *Stelmasczyk*, in: Wachter, Praxis des Handels- und Gesellschaftsrechts, 5. Aufl. 2020, § 14 Rn. 407.

18 *Wicke*, DStR 2018, 2642, 2644.

19 So auch bzgl. des Kommissionsentwurfs: *Bungert/Becker*, DB 2019, 1609, 1610; vgl. auch *Bungert/Wansleben*, DB 2018, 2094, 2096.

20 Ausführlich dazu: Habersack, ZHR 186 (2022), 1, 4 ff.

21 Vgl. Art. 160d lit. j) GesellschaftsrechtsRL, jetzt § 322 Abs. 2 Nr. 2 UmwG-E.

trägers enthalten.[22] Dies setzt § 322 Abs. 2 Nr. 4 UmwG-E um. Der Inhalt eines Formwechselplans muss im Gesetz vollständig ausformuliert werden. Er muss nach § 335 Abs. 2 UmwG-E folgende Angaben umfassen:

a) Rechtsform und Firma der Gesellschaft im Wegzugsmitgliedstaat und ihren satzungsmäßigen Sitz in jenem Mitgliedstaat (§ 335 Abs. 2 Nr. 1 UmwG-E);
b) Rechtsform und Firma, die für die umgewandelte Gesellschaft im Zuzugsmitgliedstaat vorgesehen sind, und ihren vorgesehenen satzungsmäßigen Sitz in jenem Mitgliedstaat (§ 335 Abs. 2 Nr. 2 u. 3 UmwG-E);
c) soweit einschlägig den Errichtungsakt der Gesellschaft im Zuzugsmitgliedstaat und, falls sie Gegenstand eines gesonderten Aktes ist, die Satzung (§ 335 Abs. 2 Nr. 4 UmwG-E);
d) den vorgesehenen indikativen Zeitplan für die grenzüberschreitende Umwandlung (§ 335 Abs. 2 Nr. 5 UmwG-E);
e) die Beteiligung der bisherigen Anteilsinhaber an dem Rechtsträger nach den für die neue Rechtsform geltenden Vorschriften sowie Zahl, Art und Umfang der Anteile, welche die Anteilsinhaber durch den Formwechsel erlangen sollen (§ 335 Abs. 2 Nr. 6 UmwG-E);
f) die Rechte, welche die umgewandelte Gesellschaft den mit Sonderrechten ausgestatteten Gesellschaftern und den Inhabern von anderen Wertpapieren als Gesellschaftsanteilen gewährt, oder die für diese Personen vorgeschlagenen Maßnahmen (§ 335 Abs. 2 Nr. 7 UmwG-E);
g) etwaige Sicherheiten, die den Gläubigern angeboten werden, wie Garantien oder Zusagen (§ 335 Abs. 2 Nr. 8 UmwG-E);
h) etwaige besondere Vorteile, die den Mitgliedern der Verwaltungs-, Leitungs-, Aufsichts- oder Kontrollorgane der Gesellschaft gewährt werden (§ 335 Abs. 2 Nr. 9 UmwG-E);
i) ob die Gesellschaft in den letzten fünf Jahren im Wegzugsmitgliedstaat irgendwelche Förderungen oder Beihilfen erhalten hat (§ 335 Abs. 2 Nr. 10 UmwG-E);
j) die Einzelheiten zum Angebot einer Barabfindung für Gesellschafter nach Artikel 86i (§ 335 Abs. 2 Nr. 11 UmwG-E);
k) die voraussichtlichen Auswirkungen der grenzüberschreitenden Umwandlung auf die Beschäftigung (§ 335 Abs. 2 Nr. 12 UmwG-E);
l) gegebenenfalls Angaben zu dem Verfahren, nach dem gem. Artikel 86 l GesellschaftsrechtsRL die Einzelheiten für die Beteiligung von Arbeitnehmern an der Festlegung ihrer Mitbestimmungsrechte in der umgewandelten Gesellschaft geregelt werden (§ 335 Abs. 2 Nr. 13 UmwG-E).

22 Vgl. Art. 160d lit. m) GesellschaftsrechtsRL.

In der Vorbereitungsphase wird sich außerhalb konzerninterner Vorgänge, bei denen entweder auf eine Anteilsgewährung zwingend verzichtet werden muss oder verzichtet werden kann,[23] eine Unternehmensbewertung anschließen.

In dieser Phase muss darüber hinaus das Verhandlungsgremium der Arbeitnehmer gebildet werden, wenn die grenzüberschreitende Umstrukturierung mitbestimmungsrelevant ist. Auch hierzu finden sich in der Richtlinie neue Vorgaben, insbesondere die sog. 4/5tel-Regelung.[24]

b) Verschmelzungs-, Spaltungs-, Formwechselbericht[25]

Die Richtlinie reformiert das Recht des in der Vorbereitungsphase anzufertigenden Verschmelzungs-/Spaltungs-/Umwandlungsberichts in vielen Details.[26] Die Art. 86e, 124, 160e GesellschaftsrechtsRL sehen zunächst vor, dass ein Bericht für die Arbeitnehmer und für die Anteilseigner zu machen ist.[27] Die Umsetzung soll in §§ 309 Abs. 3 (grenzüberschreitende Verschmelzung), 324 Abs. 1 i. V. m. § 309 Abs. 3 (grenzüberschreitende Spaltung), 337 Abs. 1 i. V. m. § 309 Abs. 3 (grenzüberschreitender Formwechsel) UmwG-E erfolgen. Insofern steht es den Unternehmen frei, einen gemeinsamen Bericht zu erstatten, der dann bspw. so aufgebaut ist, dass er einen allgemeinen Teil enthält, der sich an Anteilseigner und Arbeitnehmer richtet, und dann einen Teil, der sich nur an die Anteilseigner sowie einen Teil, der sich ausschließlich an die Arbeitnehmer richtet.[28]

---

23 *J. Schmidt*, in: FS Grunewald, 1005, 1012, 1021.

24 Vgl. Art. 86 l Abs. 2 GesellschaftsrechtsRL für grenzüberschreitende Formwechsel; vgl. Art. 133 Abs. 2 GesellschaftsrechtsRL für grenzüberschreitende Verschmelzungen; vgl. Art. 160 l Abs. 2 GesellschaftsrechtsRL für grenzüberschreitende Spaltungen; ausf. dazu: *Hilser*, Grenzüberschreitende Rechtsformwechsel in der Europäischen Union, 2022, S. 237 ff.; *Stelmaszczyk*, ZIP 2019, 2337, 2447; *Teichmann*, in: FS Grunewald, 1267 f.

25 Hierzu: Heckschen/Knaier, GmbHR 2022, 501, 512; Heckschen/Knaier, GmbHR 2022, 613, 615; Bungert/Strothotte, BB 2022, 1413 f.

26 Siehe hierzu: Luy/Redler, notar 2022, 163 f.

27 Ausführlich hierzu: *Hilser*, Grenzüberschreitende Rechtsformwechsel in der Europäischen Union, 2022, S. 117 ff.; *Schollmeyer*, AG 2019, 541 ff.

28 §§ 309 Abs. 3 (grenzüberschreitende Verschmelzung), 322 (grenzüberschreitende Spaltung), 335 (grenzüberschreitender Formwechsel) UmwG-E; vgl. Art. 86e Abs. 2 UAbs. 2 GesellschaftsrechtsRL für grenzüberschreitende Formwechsel; vgl. Art. 124 Abs. 2 UAbs. 2 GesellschaftsrechtsRL für grenzüberschreitende Verschmelzungen; vgl. Art. 160e Abs. 2 UAbs. 2 GesellschaftsrechtsRL für grenzüberschreitende Spaltungen; zur Frage der Struktur des Berichts ausführlich: *Hilser*, Grenzüberschreitende Rechtsformwechsel in der Europäischen Union, 2022, S. 118 ff.; *Schollmeyer*, AG 2019, 541, 543 ff.

Der Bericht an die Anteilseigner (nicht aber für die Arbeitnehmer) ist erlässlich, wenn es sich um Konzernkonstellationen handelt, vgl. Art. 132 Abs.1 GesellschaftsrechtsRL.[29] Die Umsetzung soll in §§ 309 Abs. 6 S. 2 i.V. m. 307 Abd. 2 Nr. 2 UmwG-E erfolgen.

Die Richtlinie sieht darüber hinaus vor, dass bei der sog. Einpersonengesellschaft der Bericht insgesamt erlässlich sein soll, Art. 86e Abs. 4 GesellschaftsrechtsRL (grenzüberschreitende Formwechsel), Art. 124 Abs. 4 GesellschaftsrechtsRL (grenzüberschreitende Verschmelzung), Art. 160e Abs. 4 GesellschaftsrechtsRL (grenzüberschreitende Spaltung). Der weite Wortlaut („von den Bestimmungen dieses Artikels") dieser Vorschrift spricht zwar für eine Befreiung von der gesamten Berichtspflicht.[30] Dies scheint aber in sich unschlüssig, da auch bei einer Einpersonengesellschaft natürlich ein Interesse der Arbeitnehmer daran besteht, entsprechend informiert zu werden. Die Vorschrift muss daher einschränkend interpretiert werden, vgl. § 309 Abs. 6 UmwG-E.[31] Möglich ist allein ein Verzicht auf den Bericht bzw. den Berichtsabschnitt für die Anteilseigner.[32] Der Referentenentwurf folgt den Vorschlägen, dass die Arbeitnehmer bzw. ihre Vertretungen auf einen entsprechenden Bericht verzichten können, nicht.[33]

Die Richtlinie schreibt vor, dass zusätzlich zu den bisher schon für den Verschmelzungsbericht geltenden Anforderungen weitergehende Angaben zur Bewertungsmethodik zu machen sind.[34] Diese zusätzlichen Informationen sollte man nicht nur den Anteilseignern und Arbeitnehmern im Bereich von grenzüberschreitenden Umstrukturierungen geben, sondern auch bei rein nationalen Vorgängen, und zwar bei Verschmelzung, Spaltung und auch beim Formwechsel. Es ist schwer einzusehen, warum hier ein Informationsdefizit für nationale Umstrukturierungsverfahren geboten sein sollte. Dementsprechend sehen der Referentenentwurf und der Regierungsentwurf in §§ 8 Abs. 1 S. 2 Nr. 2 a) u. b), 127 S. 1, 192 Abs. 1 S. 1 UmwG-E derartige Informationen vor.

Im Besonderen Teil für die Arbeitnehmer sind auch die Auswirkungen auf die Arbeitsverhältnisse anzugeben, § 309 Abs. 5 Nr. 1 (grenzüberschreitende Ver-

---

29 Ausführlich hierzu: *J. Schmidt*, in: FS für Klaus J. Hopt zum 80. Geburtstag, 1097, 1102 f.

30 *Hilser*, Grenzüberschreitende Rechtsformwechsel in der Europäischen Union, 2022, S. 123.

31 *Heckschen*, NotBZ 2020, 241, 245.

32 *Stelmaszczyk*, in: Wachter, Praxis des Handels- und Gesellschaftsrechts, 5. Aufl. 2020, § 14 Rn. 428; *ders.*, GmbHR 2020, 61, 67 f.; *J. Schmidt*, in: FS für Klaus J. Hopt zum 80. Geburtstag, 1097, 1103; *dies.*, ZEuP 2020, 565, 571.

33 Vgl. Begr. UmRUG-E, S. 85; Kritisch zur fehlenden Verzichtbarkeit: *J. Schmidt*, ECFR 2019, 222, 245; *dies.*, in: FS für Klaus J. Hopt zum 80. Geburtstag, 1097, 1101 f.; *dies.*, ZEuP 2020, 565, 570 f.; *dies.*, DK 2018, 229, 242.

34 Siehe hierzu auch Begr. UmRUG-E, S. 56, 58 f.

schmelzung) UmwG-E.[35] Im Detail ist auf Sicherungsmaßnahmen für die Arbeitsplätze, auf die Änderungen der Beschäftigungsbedingungen und den Beschäftigungsstandort sowie auf die Auswirkungen für die Tochtergesellschaften einzugehen, § 309 Abs. 5 Nr. 2 (grenzüberschreitende Verschmelzung) UmwG-E.[36]

Neu sind auch geänderte Verzichts- und Entbehrlichkeitsregelungen, insbesondere die Verzichtsoption für den *side step merger* (Verschmelzung von Schwestergesellschaften) und die Entbehrlichkeit bei Konzernverschmelzungen ohne Anteilsgewährung, § 307 Abs. 3 Nr. 2 UmwG-E. Es bietet sich an, diese Regelungen auch durch die § 8 Abs. 3 S. 2 UmwG-E in das nationale Recht zu übertragen. Bei einer Ausgliederung zur Neugründung ist ein derartiger Bericht nicht erforderlich, § 125 Abs. 1 Nr. 4 i. V. m. § 307 Abs. 3 Nr. 2 UmwG-E.

Der Bericht ist sodann den Anteilseignern und dem Betriebsrat – soweit nicht vorhanden den Arbeitnehmern – spätestens *sechs* Wochen vor dem Zustimmungsbeschluss elektronisch zuzuleiten, Art. 124 Abs. 6 GesellschaftsrechtsRL. Die Umsetzung soll in § 310 Abs. 1 S. 1 UmwG-E erfolgen. Dies bedeutet eine Verlängerung der Zuleitungsfrist um zwei Wochen und soll den Anteilseignern und Arbeitnehmern bzw. deren Vertretung eine sorgfältigere Vorbereitung ihrer Beschlussfassung bzw. Stellungnahme ermöglichen. Eine Neuregelung liegt auch darin, dass die Stellungnahme der Arbeitnehmer bzw. ihrer Vertreter an die Anteilseigner weiterzuleiten ist, § 310 Abs. 3 UmwG-E.[37] Weiterhin ist es neu, dass der Plan – soweit er bereits vorliegt – ebenfalls gemeinsam mit dem Bericht dem Betriebsrat/den Arbeitnehmern zuzuleiten ist.[38]

c) Prüfung[39]

Eine Prüfung durch Sachverständige ist dann entbehrlich, wenn sämtliche Gesellschafter hierauf verzichten.[40] Die Mitgliedstaaten können und sollten Ein-

---

35 Vgl. Art. Art. 86e Abs. 5 lit. a-c) GesellschaftsrechtsRL (grenzüberschreitender Formwechsel), vgl. Art. 124 Abs. 5 lit. a-c) GesellschaftsrechtsRL (grenzüberschreitende Verschmelzungen); vgl. Art. 160e Abs. 5 lit. a-c) GesellschaftsrechtsRL (grenzüberschreitende Spaltungen).

36 Art. Art. 86e Abs. 5 lit. a-c) GesellschaftsrechtsRL (grenzüberschreitender Formwechsel), Art. 124 Abs. 5 lit. a-c) GesellschaftsrechtsRL (grenzüberschreitende Verschmelzungen); vgl. Art. 160e Abs. 5 lit. a-c) GesellschaftsrechtsRL (grenzüberschreitende Spaltungen).

37 Art. Art. 86e Abs. 7 GesellschaftsrechtsRL (grenzüberschreitender Formwechsel), Art. 124 Abs. 7 lit. GesellschaftsrechtsRL (grenzüberschreitende Verschmelzung); vgl. Art. 160e Abs. 7 GesellschaftsrechtsRL (grenzüberschreitende Spaltung).

38 Vgl. § 310 Abs. 1 S. 3 UmwG-E.

39 Hierzu: Heckschen/Knaier, GmbHR 2022, 501, 513.

personengesellschaften von der Pflicht zur Prüfung durch einen Sachverständigen befreien.[41] Der Referenten- und Regierungsentwurf sehen diese Regelung für grenzüberschreitende Verschmelzungen in § 311 Abs. 2 S. 1 UmwG-E vor. Unerklärlich ist es jedoch, wieso für grenzüberschreitende Spaltungen (§ 325 UmwG-E) und für grenzüberschreitende Formwechsel (§ 338 UmwG-E) solche Regelungen nicht vorgesehen sind. Hier fehlt ein Verweis auf § 311 Abs. 2 S. 1 UmwG-E.

Hinsichtlich der Bestellung der Prüfer gelten die bisherigen Grundsätze. Neu ist, dass der Bericht über die Prüfung zwingend den Anteilseignern spätestens einen Monat vor der Anteilseignerversammlung zuzuleiten ist, §§ 311 Abs. 1 S. 2 (grenzüberschreitende Verschmelzung), § 325 S. 2 (grenzüberschreitende Spaltung), 338 Abs. 1 S. 3 (grenzüberschreitender Formwechsel) UmRUG-R. Dies gilt jedenfalls für grenzüberschreitende Umstrukturierungen.

Der Entwurf beseitigt im nationalen Umwandlungsrecht bestehende Unklarheiten[42] anlässlich der Umsetzung der Richtlinie. Derzeit geht die überwiegende Meinung davon aus, dass, wenn zum Zeitpunkt der Einladung zur Anteilseignerversammlung der Bericht bereits erstellt ist, dieser auch den Anteilseignern zuzuleiten ist. Sei dies nicht der Fall, müsse der Bericht nicht zugeleitet werden.[43] Dies provozierte geradezu, dass man den Bericht der Prüfer erst nach der Einladung erstellt. Der Referenten- und Regierungsentwurf sehen in § 48 S. 2 UmwG-E für Personenhandelsgesellschaften vor, dass mit der Einladung auch bei nationalen Umwandlungsvorgängen der Bericht der Prüfer, so er denn erforderlich ist, zugeleitet wird.

40 Vgl. Art. 86f Abs. 3 UAbs. 1 GesellschaftsrechtsRL für grenzüberschreitende Formwechsel; vgl. Art. 125 GesellschaftsrechtsRL für grenzüberschreitende Verschmelzungen; vgl. Art. 160f Abs. 3 UAbs. 1 GesellschaftsrechtsRL für grenzüberschreitende Spaltungen; hierzu: *Hilser*, Grenzüberschreitende Rechtsformwechsel in der Europäischen Union, 2022, S. 122f.

41 Vgl. Art. 86f Abs. 3 UAbs. 2 GesellschaftsrechtsRL für grenzüberschreitende Formwechsel; vgl. Art. 125 GesellschaftsrechtsRL für grenzüberschreitende Verschmelzungen; vgl. Art. 160f Abs. 3 UAbs. 2 GesellschaftsrechtsRL für grenzüberschreitende Spaltungen; hierzu: *Hilser*, Grenzüberschreitende Rechtsformwechsel in der Europäischen Union, 2022, S. 125f.; *Luy*, NJW 2019, 1905, 1909.

42 Beispielsweise wird die Übersendung des Prüfungsberichts an die Gesellschafter nicht im Gesetz erwähnt. Nach der allgemeinen Ansicht besteht aber aus Schutzzweckerwägungen eine ungeschriebene Übersendungspflicht, solange nicht auf den Bericht verzichtet worden ist; vgl. hierzu: *H. Schmidt*, in: Lutter, UmwG, 6. Aufl. 2019, § 44 UmwG Rn. 11; *H. Schmidt*, in: Lutter, UmwG, 6. Aufl. 2019, § 42 UmwG Rn. 5; *Decker*, in: Henssler/Strohn, Gesellschaftsrecht, 5. Aufl. 2021, § 42 UmwG Rn. 2; *Ihrig*, in: Semler/Stengel/Leonard, UmwG, 5. Aufl. 2021, § 42 UmwG Rn. 6; *Kocher*, in: Kallmeyer, UmwG, 7. Aufl. 2020, § 42 UmwG Rn. 3.

43 Vgl. hierzu: *Vossius*, in: Widmann/Mayer, Umwandlungsrecht, 195. Lieferung 2021, § 44 UmwG Rn. 29; *H. Schmidt*, in: Lutter, UmwG, 6. Aufl. 2019, § 44 UmwG Rn. 11.

Für grenzüberschreitende Umstrukturierungsvorgänge im Rahmen der Mobilitätsrichtlinie und ihrer Umsetzung in der Gesellschaftsrechtsrichtlinie sieht die Richtlinie zwingend vor, dass Angaben zu unterschiedlichen Bewertungsmethoden[44] und Angaben zu Schwierigkeiten bei der Bewertung[45] zu machen sind. Auch hier lag es nahe, dass derartige Vorgaben auch für nationale Umwandlungsvorgänge in das nationale Umwandlungsrecht integriert werden. Dies geschieht durch § 12 Abs. 3 Nr. 3, 4 UmwG-E. Darüber hinaus schreibt die Richtlinie zwingend vor, dass den Prüfern ein Auskunftsrecht zusteht.[46] Dies dürfte aber schon der bisherigen Rechtslage entsprechen, ohne dass es dort ausdrücklich geregelt ist.

d) Bekanntmachung[47]

Auch im Rahmen der Bekanntmachung finden sich umfangreichere Regelungen, als dies bisher bei nationalen oder grenzüberschreitenden Umwandlungsmaßnahmen vorgesehen war. Auf die Möglichkeit der Anteilseigner, Gläubiger und Arbeitnehmer bzw. deren Vertretungen bis 5 Tage vor dem Tag der Beschlussfassung Bemerkungen zum Plan zu machen, ist ausdrücklich hinzuweisen, § 308 Abs. 1 Nr. 4 UmwG-E.[48]

Die Mobilitätsrichtlinie sieht für den nationalen Gesetzgeber die Option vor, den Bericht des Sachverständigen ebenfalls offenzulegen.[49] Der Entwurf greift dies völlig zu Recht weder für das nationale Recht noch für die internationale Umstrukturierung auf.[50] Der Bericht richtet sich ausschließlich an die Anteils-

44 Vgl. Art. 86 f Abs. 2 S. 3 lit. a) GesellschaftsrechtsRL für grenzüberschreitende Formwechsel; vgl. Art. 125 Abs. 2 S. 3 lit. a) GesellschaftsrechtsRL für grenzüberschreitende Verschmelzungen; vgl. Art. 160 f Abs. 2 S. 3 lit. a) GesellschaftsrechtsRL für grenzüberschreitende Spaltungen.
45 Vgl. Art. 86 f Abs. 2 S. 3 lit. c) GesellschaftsrechtsRL für grenzüberschreitende Formwechsel; vgl. Art. 125 Abs. 2 S. 3 lit. c) GesellschaftsrechtsRL für grenzüberschreitende Verschmelzungen; vgl. Art. 160 f Abs. 2 S. 3 lit. c) GesellschaftsrechtsRL für grenzüberschreitende Spaltungen.
46 Vgl. Art. 86 f Abs. 2 S. 4 GesellschaftsrechtsRL für grenzüberschreitende Formwechsel; vgl. Art. 125 Abs. 2 S. 4 GesellschaftsrechtsRL für grenzüberschreitende Verschmelzungen; vgl. Art. 160 f Abs. 2 S. 4 GesellschaftsrechtsRL für grenzüberschreitende Spaltungen.
47 Hierzu: Heckschen/Knaier, GmbHR 2022, 501, 513.
48 Siehe hierzu Begr. UmRUG-E, S. 82.
49 Vgl. Art. 86 g Abs. 1 UAbs. 2 GesellschaftsrechtsRL für grenzüberschreitende Formwechsel; vgl. Art. 123 Abs. 1 UAbs. 2 GesellschaftsrechtsRL für grenzüberschreitende Verschmelzungen; vgl. Art. 160 g Abs. 1 UAbs. 2 GesellschaftsrechtsRL für grenzüberschreitende Spaltungen.
50 Siehe hierzu Begr. UmRUG-E, S. 82.

eigner und diesen ist der Bericht ohnehin bei der Einladung zuzuleiten.[51] Weiterhin sieht die Richtlinie in Art. 123 Abs. 1 die Option vor, dass die Bekanntmachungspflicht alternativ auch dadurch erfüllt werden kann, dass die entsprechenden Angaben auf der Internetseite der Gesellschaft publiziert werden. Der Entwurf macht richtigerweise auch von dieser Option, die das nationale Handelsregister als zentrales Veröffentlichungsorgan ablösen würde, keinen Gebrauch.[52] Technische Schwierigkeiten und die Frage, wie die Veröffentlichung nachgewiesen wird, sprechen ebenfalls gegen die Nutzung dieser Option.

Die Vorbereitungsphase endet mit der Einberufung der Anteilseignerversammlung. Sieht man davon ab, dass bei der Einberufung – wie oben dargelegt – nunmehr der Bericht der Prüfer mit zu überreichen ist und darüber hinaus die Stellungnahme der Arbeitnehmer bzw. ihrer Vertretungen den Anteilseignern zugänglich zu machen ist, ergeben sich keine Abweichungen vom bisher geltenden Recht.

2. Beschlussphase[53]

a) Mehrheiten

Im Vorfeld der Verabschiedung der Richtlinie, aber auch bei der wissenschaftlichen Auseinandersetzung mit der Richtlinie ist bisher wenig beachtet worden, dass aus schwer nachvollziehbaren Gründen der Richtliniengeber für den grenzüberschreitenden Formwechsel (rechtsformwechselnde Sitzverlegung) in Art. 86 h Abs. 3 GesellschaftsrechtsRL und für die Spaltung zur Neugründung in Art. 160 h Abs. 3 GesellschaftsrechtsRL vorgibt, dass der nationale Gesetzgeber für den Beschluss der Anteilseigner eine Mehrheit von mindestens zwei Dritteln, aber nicht mehr als 90 % vorsehen darf.[54] Welche Bedeutung diese darüber hinaus mit dem Rest der Richtlinie nicht konsistenten Festlegungen haben, ist völlig unklar. Die Erwägungsgründe schweigen hierzu. Es ist schon vom Ansatz her nicht erklärbar, warum für Spaltung und den Formwechsel (rechtsformwechselnde Sitzverlegung) im Vergleich zur Verschmelzung unterschiedliche Regelungen gelten sollen und aus welchen Gründen im Gegensatz zu den Festlegungen in der sei-

51 Vgl. *Gehling*, in: Semler/Stengel, UmwG, 5. Aufl. 2021, § 8 UmwG Rn. 10; siehe hierzu auch § 47 UmwG.

52 Siehe hierzu Begr. UmRUG-E, S. 82.

53 Hierzu: Heckschen/Knaier, GmbHR 2022, 501, 513 ff.

54 Vgl. auch *Heckschen*, NotBZ 2020, 241, 247 f.; *Heckschen/Stelmaszczyk*, BB 2020, 1734, 1740 f.

nerzeitigen Verschmelzungs-[55] und Spaltungsrichtlinie[56] hier andere Beschlussmehrheiten und eine Obergrenze festgelegt sind. Es kann nur vermutet werden, dass hier der nationale Gesetzgeber daran gehindert werden sollte, für die Umwandlung eine 100-prozentige Mehrheit zu verlangen. Dies könnte den Sinn haben, die Anforderungen an eine grenzüberschreitende Umwandlung nicht zu hoch anzusetzen und „räuberische Aktionäre", die ihr Vetorecht zum Zwecke einer überhöhten Kompensation missbrauchen, zu vermeiden. Es könnte dem auch die Überlegung zugrunde liegen, dass der jeweilige Nationalstaat sich nicht durch die Festlegung einer hundertprozentigen Mehrheit selbst mit Rücksicht auf einzelne Anteile im Staatsbesitz eine Blockademöglichkeit einräumen darf.

Welche Auswirkungen hat dies aber einerseits für das Umsetzungsgesetz und andererseits für die Praxis in Deutschland?

Für das Umsetzungsgesetz hätte man daran denken können, dass der nationale Gesetzgeber den Wortlaut der Richtlinie übernimmt. Dies bot sich aber aus verschiedenen Gründen nicht an:

Der nationale Gesetzgeber sieht grundsätzlich in § 13 UmwG eine Dreiviertelmehrheit vor und trifft Sonderregelungen für einzelne Rechtsträger (vgl. z. B. das in § 43 Abs. 1 enthaltene Einstimmigkeitserfordernis für grenzüberschreitende Verschmelzungen von Personengesellschaften). Es wäre völlig inkonsistent, wenn er nun für zwei Arten der Umwandlung, völlig ohne sachlichen Grund und nur bezogen auf grenzüberschreitende Vorgänge, die Mindestmehrheit absenken (dies wird von niemandem ernsthaft in Erwägung gezogen) oder aber die Mehrheit auf nicht mehr als 90 % für den Zustimmungsbeschluss erhöhen würde.

Zurecht übt der Entwurf hier Enthaltsamkeit: Nach dem Verständnis des Verfassers bedeuten die Neuregelungen der Richtlinie nur, dass gesetzlich keine Festlegungen für die beiden vorgenannten Umwandlungsarten getroffen werden dürfen, die eine geringere oder höhere Mehrheit vorsehen. Dies bedeutet aber nicht gleichzeitig, dass der Gesetzgeber den Gesellschaften vorzuschreiben hat, welche Mindest- oder Höchstmehrheiten für derartige Umwandlungsvorgänge in der Satzung festzulegen sind.[57] Berücksichtigt man, dass die Festlegungen der Richtlinie und die Erwägungsgründe keine tiefere Auseinandersetzung mit der gesellschaftsvertraglichen Praxis beinhalten, so spricht dies eindeutig dafür, dass ein derartig massiver Einschnitt in die Gestaltungsfreiheit der Gesellschaften nicht

---

55 Dritte Richtlinie 78/855/EWG des Rates v. 9. Oktober 1978 (sog. dritte Richtlinie); Richtlinie 2005/56/EG des Europäischen Parlaments und des Rates v. 26. Oktober 2005 über die Verschmelzung von Kapitalgesellschaften aus verschiedenen Mitgliedstaaten (sog. zehnte Richtlinie).

56 Sechste Richtlinie 82/891/EWG des Rates v. 17. Dezember 1982 (sog. sechste Richtlinie).

57 Vgl. dazu *Heckschen*, NotBZ 2020, 241, 246.

gewünscht war. Insbesondere kleine und mittelständische Unternehmen in Deutschland sind dadurch gekennzeichnet, dass in ihren Gesellschaftsverträgen für verschiedene Gegenstände ganz unterschiedliche Beschlussmehrheiten vorgesehen werden und nicht selten gerade für eine derartige Strukturmaßnahme wie eine (grenzüberschreitende) Umwandlung sogar eine 100-prozentige Zustimmung verlangt wird. Darüber hinaus haben in vielen Gesellschaften einzelne Gesellschafter Vetorechte. Diese, den Minderheitsgesellschaftern eingeräumte Rechtsposition, gerade für eine derartige Strukturmaßnahme wie einen grenzüberschreitenden Formwechsel (rechtsformwechselnde Sitzverlegung) oder auch eine Spaltung, z. B. eine solche, mit der das ganz wesentliche Vermögen auf einen ausländischen Rechtsträger abgespalten wird, nicht zur Anwendung kommen zu lassen, erscheint ausgeschlossen. Allein der Verweis auf ein Austritts- und Barabfindungsrecht kann hier kein ausreichender Minderheitsschutz sein.

Die Angst davor, dass der deutsche Gesetzgeber, wenn er hier keine Regelung gem. Art. 86 h Abs. 3, 160 h Abs. 3 GesellschaftsrechtsRL trifft, vor den EuGH „gezerrt" wird, rechtfertigt keine andere Entscheidung:

Stellt man sich auf den Standpunkt, dass der nationale Gesetzgeber durch die Richtlinie lediglich daran gehindert ist, eine geringere als die 2/3-Mehrheit oder eine größere Mehrheit als 90 % vorzuschlagen, hat man nichts verkehrt gemacht, wenn man beim Grundsatz des § 13 UmwG bleibt. Legt man hingegen ausdrücklich fest, dass bei grenzüberschreitenden Spaltungen und Sitzverlegungen keine größere Mehrheit als 90 % für die Beschlussfassung erforderlich ist, so lädt man gerade dazu ein, anstatt einer Verschmelzung auf die Spaltung zur Neugründung mit anschließender Verschmelzung im nationalen Bereich auszuweichen, um Minderheitsgesellschafter zu übergehen. Bei nicht verhältniswahrenden Spaltungen/Formwechseln ist vorzusehen, dass die benachteiligten Anteilseigner der Maßnahme zustimmen.[58]

b) Klage gegen den Beschluss / Spruchverfahren[59]

Für die Beschlussphase ergeben sich für grenzüberschreitende Umstrukturierungen wesentliche Neuerungen, die letztendlich nahelegen, dass auch das nationale Umwandlungsrecht anzupassen ist.

58 Bungert/Strothotte, BB 2022, 1411, 1415; J. Schmidt, NZG 2022, 635, 639.

59 Hierzu: Heckschen/Knaier, GmbHR 2022, 501, 514; Wollin, AG 2022, 474 ff.; Bungert/Reidt, DB 2022, 1369, 1372 f.

Die Mobilitätsrichtlinie schreibt zwingend vor, dass ein Angriff gegen die Umwandlungsmaßnahme mit Rücksicht darauf, dass das Umtauschverhältnis oder die dazu erteilten Informationen unrichtig seien, weder den Anteilseignern des übertragenden noch des übernehmenden Rechtsträgers offensteht, Artt. 86 h Abs. 5, 126 Abs. 4, Artt. 160 h Abs. 5 GesellschaftsrechtsRL.[60]

Im nationalen Recht war schon bisher vielfach kritisiert worden, dass die §§ 14, 15 UmwG nur die Anteilseigner des übertragenden Rechtsträgers von einer Klage gegen die Verschmelzung/Spaltung ausschließen, wenn sie das Umtauschverhältnis als zu niedrig bemessen empfinden.[61] Mit Recht war eingeräumt worden, dass mit dem gegenteiligen Argument auch die Anteilseigner des aufnehmenden Rechtsträgers von einer Klage ausgeschlossen sein sollten. Umgekehrt müsse auch diesen der Weg ins Spruchverfahren eröffnet sein, wenn sie grundsätzlich mit der Umwandlungsmaßnahme einverstanden sind, aber das Umtauschverhältnis zugunsten der Anteilseigner des übertragenden Rechtsträgers als zu günstig empfinden.[62] Allerdings weist die Richtlinie hier eine große Schwäche auf: Die Anteilseigner werden auf das Spruchverfahren verwiesen, es fehlt aber an Regelungen, die abweichende Entscheidungen in verschiedenen Staaten verhindern. So mögen die Anteilseigner des Ausgangsrechtsträgers in Deutschland der Auffassung sein, das Umtauschverhältnis sei für sie zu niedrig bemessen. Die Anteilseigner des Zielrechtsträgers in Frankreich könnten hingegen die Ansicht vertreten, dass das Umtauschverhältnis zu ihren Lasten und zugunsten der Anteilseigner des Ausgangsrechtsträgers viel zu hoch bemessen sei. Einen einheitlichen Gerichtsstand für einen derartigen Streit, z. B. beim Gericht des Zielrechtsträgers, sieht die Richtlinie nicht vor. Kein Mitgliedstaat der EU/des EWR kann einseitig einen solchen Gerichtsstand außerhalb rein nationaler Umwandlungsvorgänge für sich festlegen. Für nationale Umwandlungsvorgänge schreibt dies der deutsche Gesetzgeber in § 2 Abs. 2 SpruchG-UmwG-E vor.[63]

Wenn nun die Mobilitätsrichtlinie in ihrer Umsetzung vorsieht, dass bei grenzüberschreitenden Umstrukturierungen die Anteilseigner aller beteiligten Rechtsträger nicht mit einem derartigen Argument gegen die Umstrukturierung

---

60 Vgl. dazu *Bayer/J. Schmidt*, BB 2019, 1922, 1933; *J. Schmidt*, ZEuP 2020, 565, 581; *Stelmaszczyk*, ZIP 2019, 2337, 2443; *Noack*, AG 2019, 665 ff.

61 *Winter*, in: Schmitt/Hörtnagl, UmwG/UmwStG, 9. Aufl. 2020, § 14 UmwG Rn. 31; *Hoffmann-Becking*, ZGR 1990, 482, 485; *Heckschen*, Verschmelzung von Kapitalgesellschaften, 1989, S. 46; *Hommelhoff*, ZGR 1993, 452, 470; *Zöllner*, AG 2000, 145, 151; zurückhaltend aber: *Decher*, in: Lutter, UmwG, 6. Aufl. 2019, § 14 UmwG Rn. 25.

62 Vgl. *DAV*, NZG 2007, 497, 499, 503.

63 Hierzu Begr. UmRUG-E, S. 127 f.

vorgehen können,[64] so lag es sehr nahe, die ohnehin im nationalen Recht umstrittene Frage gleichartig auch für nationale Umwandlungsvorgänge nicht anders zu beantworten. Es wäre sonst den Unternehmen ohne weiteres möglich, sich von den Beschränkungen des nationalen Rechts dadurch zu befreien, dass sie in einen eigentlich nationalen Umwandlungsvorgang einen ausländischen Rechtsträger mit einbeziehen.[65] Die Neuregelungen, die nun der deutsche Gesetzgeber insoweit für nationale und grenzüberschreitende Gesellschaftsumwandlungen trifft,[66] können sich natürlich nur auf die Anteilseigner der Rechtsträger mit Sitz in Deutschland beziehen.

Allerdings löst diese Problematik Folgefragen aus: Die Richtlinie räumt den Nationalstaaten die Möglichkeit ein, bei einem als zu ungünstig kritisierten Umtauschverhältnis anstatt einer baren Zuzahlung auch eine Leistung in Anteilen oder anderen Vermögenswerten vorzusehen.[67] Im Rahmen des Dritten Gesetzes zur Änderung des Umwandlungsgesetzes[68] hatte es im nationalen Bereich dazu bereits ausführliche Diskussionen gegeben.[69] Aktionärsschützer hatten sich massiv gegen eine Ersetzungsbefugnis ausgesprochen und geltend gemacht, dass diese zulasten der Anteilseigner gehe.[70] Ein wichtiges Argument war, dass es nicht eine einseitige Ersetzungsbefugnis für das Unternehmen geben dürfe, da dies zur „Waffenungleichheit" führen würde.[71] Es war darüber hinaus darauf hingewiesen

64 Vgl. Art. 126 Abs. 4 GesellschaftsrechtsRL für grenzüberschreitende Verschmelzungen; vgl. Art. 160 h Abs. 5 GesellschaftsrechtsRL für grenzüberschreitende Spaltungen.

65 Vgl. dazu z. B. das Verfahren im Vereinigten Königreich vor dem „Brexit"; siehe hierzu Court of Appeal (England and Wales) v. 18.1.2018 – [2018] EWCA Civ 10, EWiR 2018, 137 (m. Anm. *Stiegler*)

66 Zur Neuregelung hinsichtlich der Gesellschafter der übernehmenden Gesellschaft; Begr. UmRUG-E, S. 59 f.

67 Vgl. Art. 126a Abs. 7 GesellschaftsrechtsRL für grenzüberschreitende Verschmelzungen; vgl. Art. 160 h Abs. 7 GesellschaftsrechtsRL für grenzüberschreitende Spaltungen.

68 Drittes Gesetz zur Änderung des Umwandlungsgesetzes v. 11. Juli 2011, BGBl. I, 1338.

69 S. hierzu die Stellungnahme der BNotK zu den vorgesehenen Änderungen im Umwandlungsrecht und Folgeänderungen anlässlich der Aktienrechtsnovelle 2012 v. 15.01. 2013, S. 1 ff. (online nicht mehr abrufbar), die Stellungnahme des DSW zu Änderungen im Umwandlungsrecht und Folgeänderungen anlässlich der Aktienrechtsnovelle 2012 v. 14.01.2013, S. 2 ff. (online nicht mehr abrufbar) sowie die Stellungnahme der SdK: Aktienrechtsnovelle 2012 mit Änderungen zum Umwandlungsgesetz v. 18.01.2013, S. 3 ff. (online nicht mehr abrufbar).

70 Stellungnahme des DSW zu Änderungen im Umwandlungsrecht und Folgeänderungen anlässlich der Aktienrechtsnovelle 2012 v. 14.01.2013, S. 2 ff. (online nicht mehr abrufbar); Stellungnahme der SdK: Aktienrechtsnovelle 2012 mit Änderungen zum Umwandlungsgesetz v. 18.01. 2013, S. 3 ff. (online nicht mehr abrufbar).

71 Stellungnahme der BNotK zu den vorgesehenen Änderungen im Umwandlungsrecht und Folgeänderungen anlässlich der Aktienrechtsnovelle 2012 v. 15.01. 2013, S. 2 (online nicht mehr

worden, dass mit einer baren Zuzahlung der Anteilseigner in die Lage versetzt werde, selber mit dem entsprechenden Vermögen zu arbeiten.[72] Erhalte er erst am Ende eines regelmäßig Jahre dauernden Spruchverfahrens eine höhere Beteiligung als von ihm gewünscht, habe er in der Zwischenzeit die Dispositionsbefugnis über den Vermögenswert seinerseits nicht erhalten, das Unternehmen könne aber im Nachhinein nach dem Umstrukturierungsvorgang z. B. weniger wert sein.[73] Die Unternehmen haben darauf gedrängt und werden im Rahmen der weiteren Diskussion weiter darauf drängen, umfassende Ersetzungsbefugnisse zu erhalten.[74] Aus ihrer Sicht wäre es natürlich am günstigsten, wenn sie am Ende eines Spruchstellenverfahrens die Option erhielten, anstatt einer liquiden Geldleistung Anteile zu gewähren oder auch andere Vermögenswerte. Andererseits sind die Argumente der Aktionärsschützer nicht von vornherein von der Hand zu weisen.[75] Es handelt sich um eine politisch äußerst heikle Frage, die im Verlauf des Gesetzgebungsverfahrens umstritten ist.[76]

Es erscheint richtig, hier einen Mittelweg zu gehen.[77] Dieser besteht nach der Entscheidung des Referentenentwurfs und des Regierungsentwurfs darin, zunächst einmal keine anderen Ersetzungsbefugnisse als die Gewährung von Anteilen vorzusehen. Ansonsten hätte bspw. das zum Ausgleich verpflichtete Unternehmen die Möglichkeit, Vermögensgüter zur Verfügung zu stellen (z. B. nicht abgesetzte Ware), die für die Aktionäre kaum von Interesse sind. Darüber hinaus sieht der Entwurf in § 72a Abs. 1 S. 1 UmwG-E vor, dass im (Verschmelzungs-)Plan festgelegt werden muss, dass sich der Rechtsträger für eine Ersetzung der Zuzahlung durch Gewährung zusätzlicher Anteile entscheidet.[78] Die weiteren Einzelheiten sind in §§ 72a ff. UmwG-E vorgesehen, auf die für die Spaltung in § 142a UmwG-E verwiesen wird. Dort findet sich auch eine Norm, die eine Kapitalerhö-

---

abrufbar); Stellungnahme der SdK: Aktienrechtsnovelle 2012 mit Änderungen zum Umwandlungsgesetz v. 18.01.2013, S. 3 f. (online nicht mehr abrufbar).

72 Stellungnahme der SdK: Aktienrechtsnovelle 2012 mit Änderungen zum Umwandlungsgesetz v. 18.01.2013, S. 3 (online nicht mehr abrufbar).

73 Stellungnahme der BNotK zu den vorgesehenen Änderungen im Umwandlungsrecht und Folgeänderungen anlässlich der Aktienrechtsnovelle 2012 v. 15.01. 2013, S. 2 (online nicht mehr abrufbar).

74 Ausführlich zur Diskussion: Bungert/Reidt, DB 2022, 1369, 1374 ff.; Habrich, AG 2022, 567 ff.

75 S. hierzu auch die Stellungnahme der BNotK zu den vorgesehenen Änderungen im Umwandlungsrecht und Folgeänderungen anlässlich der Aktienrechtsnovelle 2012 v. 15.01. 2013, S. 1 ff. (online nicht mehr abrufbar).

76 Bungert/Reidt, DB 2022, 1369, 1374 ff.

77 Hierzu: Luy/Redler, notar 2022, 163, 164; Bungert/Reidt, DB 2022, 1369, 1374.

78 Vgl. hierzu auch Begr. UmRUG-E, S. 64.

hung zur Schaffung solcher zusätzlichen Anteile unter Ausschluss des Bezugsrechts der übrigen Anteilsinhaber ermöglicht.

Selbst wenn man unterstellt, dass der deutsche Gesetzgeber bei der Umsetzung der Mobilitätsrichtlinie entsprechend dem Referentenentwurf weder für grenzüberschreitende Sachverhalte noch für nationale Sachverhalte eine Ersetzungsbefugnis mit Vermögenswerten anderer Art vorsieht, wird auch die Frage, ob die Ersetzungsbefugnis darin bestehen kann, dass anstatt einer liquiden Barabfindung die Abfindung mit Anteilen des Zielrechtsträgers erfolgen kann, kontroverse Diskussionen auslösen, die sich in etwa in dem Rahmen bewegen werden, wie dies schon bei den Überlegungen zum Dritten Gesetz zur Änderung des Umwandlungsgesetzes[79] der Fall war.[80] Die Unternehmen werden darauf dringen, dass zumindest eine Abfindung mit Anteilen des Zielrechtsträgers ermöglicht wird. Das zunächst überzeugende Argument lautet, dass den Anteilseignern genau das gegeben werde, was sie seinerzeit zu Unrecht nicht erhalten haben. Insoweit bleibt aber unberücksichtigt, dass natürlich zwischen dem Zeitpunkt, zu dem seinerzeit eigentlich die „richtige" Relation herzustellen war und somit mehr bzw. – aus Sicht des aufnehmenden Rechtsträgers – weniger Anteile zu gewähren waren und dem Zeitpunkt, zu dem letztlich die Entscheidung im Spruchverfahren fällt, mehrere Jahre – nicht selten fünf bis zehn Jahre – vergehen und damit eine große Zeitspanne zu dem Zeitpunkt besteht, zu dem die Anteile eigentlich hätten gewährt werden müssen. Der Entwurf sieht in § 72a Abs. 5 UmwG-E vor, dass insoweit zwischenzeitlich erfolgte Gewinnausschüttungen kompensiert werden müssen. Hat die Zielgesellschaft in der Zwischenzeit das Stammkapital erhöht, muss man den seinerzeit zu gering bedachten Aktionären weitere Anteile gewähren, § 72a Abs. 2 UmwG-E. Fragen der Verzinsung regelt § 72a Abs. 6 UmwG-E. Rechtstechnisch würde die AG dadurch in die Lage versetzt, über Kapitalmaßnahmen unter Ausschluss der anderen Aktionäre zusätzliche Aktien zu schaffen, § 72b Abs. 5 UmwG-E.

Der Gesetzgeber beschränkt die Ersetzungsbefugnis zu Recht auf Aktiengesellschaften. Ohnehin sind Spruchverfahren bei GmbHs äußerst selten und die Probleme, die rund um die Ersetzungsbefugnis entstehen, sollten am Beispiel der Aktiengesellschaft in der Praxis der Spruchverfahren erprobt werden.[81]

Die Einführung der Ersetzungsbefugnis bringt die Notwendigkeit mit sich, dass der zu dem Zweck der Aktiengewährung durchgeführte Kapitalerhöhungsbeschluss nicht mit dem Argument eines fehlerhaften Umtauschverhältnisses

---

79 Drittes Gesetz zur Änderung des Umwandlungsgesetzes v. 11. Juli 2011, BGBl. I, 1338.

80 Siehe hierzu die Nachweise in Fn. 61.

81 Vgl. Begr. UmRUG-E, S. 64.

angefochten werden kann. Im Referentenentwurf war eine solche Vorschrift nicht vorhanden. Der Regierungsentwurf hat hier richtigerweise nachgebessert und implementiert in § 69 Abs. 3 UmwG-E, der auf § 14 Abs. 2 UmwG-E verweist, einen solchen Anfechtungsausschluss, der jetzt ganz generell gilt.[82]

c) Sonderregelungen bei Erhöhung der Verpflichtungen

Für die Beschlussphase sind weitere Neuerungen zu beachten. Die Richtlinie sieht vor, dass die Mitgliedstaaten Sonderregelungen festlegen können, wenn sich die Verpflichtungen der Anteilseigner durch die Umstrukturierung erhöhen, §§ 86 h Abs. 4, 160 h Abs. 4 GesR-RL. Von dieser Option macht der Gesetzgeber keinen Gebrauch. Es wurde bereits bei der Abfassung des Umwandlungsgesetzes 1995 lange über die Thematik der Erhöhung der Pflichten diskutiert und ein Kompromiss im Rahmen des § 13 UmwG und einzelne Sonderregelungen für einzelne Rechtsträger (vgl. z. B. §§ 50, 51 UmwG für die GmbH) gefunden.

d) Barabfindungsansprüche[83]

Noch der Beschlussphase und nicht der Vollzugsphase ist die Thematik der Barabfindung für die Anteilseigner zuzuordnen. Richtigerweise richtet sich dieser Anspruch – das ist neu – gegen den Ausgangsrechtsträger. Grundsätzlich sieht die Richtlinie[84] stets einen Anspruch auf Barabfindung vor. Unklar sind die Regelungen der Richtlinie hinsichtlich des Verfahrens zur Barabfindung.[85] Richtigerweise sind diese so zu verstehen, dass der Anteilsinhaber, der eine Annahme des Barabfindungsangebotes beabsichtigt, diese Absicht zunächst dem Unternehmen binnen einer Frist von einem Monat nach der Anteilseignerversammlung kundtun muss.[86] So regelt dies auch der Entwurf in §§ 313 Abs. 2 (grenzüberschreitende Ver-

---

82 Hierzu: Bungert/Strothotte, DB 2022, 1818 f.

83 Hierzu: Heckschen/Knaier, GmbHR 2022, 501, 508; Bungert/Reidt, DB 2022, 1369, 1370 f.

84 Artt. 86i Abs. 1, Art. 126a Abs. 1, 160i Abs. 1 GesellschaftsrechtsRL; ausführlich hierzu: *Hilser*, Grenzüberschreitende Rechtsformwechsel in der Europäischen Union, 2022, S. 155 ff.; *Noack*, ZGR 2020, 90 ff.; *Stelmaszczyk*, ZIP 2019, 2337, 2439 f.

85 *Hilser*, Grenzüberschreitende Rechtsformwechsel in der Europäischen Union, 2022, S. 167 ff.; *Noack*, ZGR 2020, 90, 99 ff.

86 Vgl. Art. 86i Abs. 2 S. 2 GesellschaftsrechtsRL für grenzüberschreitende Formwechsel; vgl. Art. 126a Abs. 2 S. 2 GesellschaftsrechtsRL für grenzüberschreitende Verschmelzungen; vgl. Art. 160i Abs. 2 S. 2 GesellschaftsrechtsRL für grenzüberschreitende Spaltungen.

schmelzung und über Verweis in § 327 auch für grenzüberschreitende Spaltung), 340 Abs. 2 (grenzüberschreitender Formwechsel) UmwG-E. Dies bedeutet noch keine Annahme des Angebots. Diese Erklärung ist auch elektronisch möglich und bedarf selbst dann, wenn es sich beim betroffenen Unternehmen um eine GmbH handelt, nicht der notariellen Beurkundung.[87] In einem zweiten Schritt allerdings muss dann das Angebot binnen weiterer zwei Monate förmlich angenommen werden. Während die Kundgabe der Absicht, das Angebot anzunehmen, das Unternehmen in die Lage versetzen soll, sich auf Barabfindungsansprüche einzustellen, wird dann die förmliche Annahme des Angebots die Übertragung der Anteile zur Folge haben. Es sprechen gute Gründe dafür, dass man dieses Verfahren vor Wirksamkeit der Umstrukturierungsmaßnahme im Ausgangsstaat beendet. Handelt es sich bei dem übertragenden Rechtsträger um eine GmbH, gelten für die Annahme des Angebots die allgemeinen Grundsätze, d. h. die Annahme ist gem. § 15 Abs. 3 GmbHG zu beurkunden.

3. Vollzugsphase

Grundsätzliche Neuerungen bringen auch die Regelungen für den Vollzug der Umstrukturierung durch Verschmelzung, Spaltung und Umwandlung mit sich.

a) Registeranmeldung beim Ausgangsrechtsträger

Beim Ausgangsrechtsträger ist die Registeranmeldung mit Antrag auf Erteilung der Rechtmäßigkeitsbescheinigung (ggf. online) einzureichen.[88] Angesichts der Vorschriften zum Gläubigerschutz (vgl. nachstehend 2.), zur Missbrauchskontrolle (vgl. nachstehend 3.) sowie zur Einhaltung der Rechte der Arbeitnehmer und zur Wahrung der Vorschiften des MgVG sind zahlreiche weitere Versicherungen und Erklärungen abzugeben.[89]

---

87 Vgl. Begr. UmRUG-E, S. 90.

88 Vgl. §§ 315 Abs. 1 (grenzüberschreitende Verschmelzung, über den Verweis in § 329 auch für die grenzüberschreitende Spaltung), 342 Abs. 1 (grenzüberschreitender Formwechsel) UmwG-E.

89 Vgl. §§ 315 Abs. 2–4 (grenzüberschreitende Verschmelzung), 318 Abs. 2–4 (grenzüberschreitende Spaltung), 342 Abs. 2–4 (grenzüberschreitender Formwechsel) UmwG-E.

b) Gläubigerschutz

Der Gläubigerschutz soll auf der Basis verschiedener Maßnahmen des Richtliniengebers deutlich ausgebaut werden. Wie bisher, können Gläubiger Sicherheit verlangen, wenn sie Forderungen haben, die vor Offenlegung der Verschmelzung bestanden, aber nicht fällig waren, Art. 86j Abs. 1 UAbs. 2, Art. 126b Abs. 1 UAbs. 2, Art. 160j Abs. 1 UAbs. 2 GesellschaftsrechtsRL.[90] Schon bisher war für grenzüberschreitende Verschmelzungen vorgesehen, dass hier der Gläubigerschutz vor die Eintragung verlagert wird[91] (vgl. § 122j Abs. 1 UmwG) und nicht – wie bisher im nationalen Umwandlungsrecht (§ 22 UmwG) –[92] der Eintragung nachgelagert wird.

Man muss klar erkennen, dass der nachgelagerte Gläubigerschutz erstens in der Praxis kaum eine Rolle spielt und zweitens häufig leerläuft, weil sich nach der Verschmelzung herausstellt, dass der Zielrechtsträger gar nicht in der Lage ist, eine entsprechende Sicherheit zu leisten.[93]

Neu ist es, dass die Richtlinie in Art. 126b vorsieht, dass Gläubiger der übertragenden Gesellschaft einen etwaigen Anspruch auf Sicherheitsleistung vor dem für die Ausstellung der Verschmelzungsbescheinigung zuständigen Registergericht/Behörde prozessual durchsetzen können. Daraus folgt wohl, dass der nationale Gesetzgeber effektiven Rechtsschutz für den Fall zur Verfügung zu stellen hat, dass der Gläubiger der Auffassung ist, die ihm angebotene Sicherheit sei nicht ausreichend.

Welches Gericht soll nun über diese Frage entscheiden? Darf das Handelsregister eine Verschmelzung eintragen, wenn noch ein Rechtsstreit über die Frage der angemessenen Sicherheitsleistung anhängig ist, weil der Rechtsträger – entgegen der Auffassung der Gläubiger – lediglich vorträgt oder versichert, er habe eine angemessene Sicherheit zur Verfügung gestellt? Droht hier durch sog. „räuberische" Gläubiger eine neue Möglichkeit, grenzüberschreitende Umstrukturierungen auf Basis einer Registersperre infolge des Streits über die angemessene Sicherheitsleistung zu blockieren?

---

90 Vgl. monographisch zum Gläubigerschutz bei grenzüberschreitenden Umwandlungen: *Leydecker*, Gläubigerschutz bei grenzüberschreitenden Umwandlungen, 2021; siehe im Hinblick auf grenzüberschreitende Formwechsel auch: *Hilser*, Grenzüberschreitende Rechtsformwechsel in der Europäischen Union, 2022, S. 192 ff.

91 Vgl. zu dieser nicht ganz unumstrittenen Frage: *Hilser*, Grenzüberschreitende Rechtsformwechsel in der Europäischen Union, 2022, S. 206 ff.

92 Vgl. § 22 Abs. 1 UmwG.

93 *Heckschen*, in: Heul/Heckschen/Wienberg, Insolvenzrecht in der Gestaltungspraxis, 2. Aufl. 2018, § 4 Rn. 526.

Es fällt nicht schwer zu prognostizieren, dass sich hier eine weitere, heftige Diskussion bei der Umsetzung der Richtlinie in nationales Recht entwickeln wird. Der nationale Gesetzgeber hat nur eine eingeschränkte Handlungsmöglichkeit: Der Streit über die Angemessenheit der Abfindung könnte entweder durch das Handelsregister selbst oder aber z. B. durch das Landgericht auf Basis einer gesondert festgelegten Zuständigkeit entschieden werden. Es ist natürlich zu berücksichtigen, dass der Registerrichter streitige Verfahren selten zu entscheiden hat. Sachnäher ist der Handelsregisterrichter, zumal er dann auch in der Folge die Rechtmäßigkeitsbescheinigung zu erstellen hat. In dieser Frage unterscheiden sich die Lösungsvorschläge von Referentenentwurf und Regierungsentwurf. Der Referentenentwurf hatte vorgesehen, dem Handelsregisterrichter die Zuständigkeit zu übertragen, § 314 Abs. 3 S. 1 (grenzüberschreitende Verschmelzung über den Verweis der §§ 328, 341 Abs. 1 auch für die grenzüberschreitende Spaltung und den grenzüberschreitenden Formwechsel) UmwG-E.[94]

Der nationale Gesetzgeber wird dann allerdings auch ein Rechtsmittel zulassen müssen, wenn der Handelsregisterrichter entweder der Auffassung des Gläubigers folgt, dass die Sicherheit nicht angemessen ist, oder aber der Auffassung des Unternehmens folgt und entgegen der Ansicht des Gläubigers die Eintragung vornehmen will, weil er die Sicherheit für ausreichend erachtet. Ein solches wird in Form der Beschwer in § 314 Abs. 3 S. 2 UmwG-E vorgesehen. An diesem Regelungsvorschlag wurde kritisiert, dass die Registergerichte für die drohende Vielzahl an streitigen Verfahren nicht gewappnet seien.[95] Der Regierungsentwurf schlägt daher einen anderen Weg ein. Gem. § 314 Abs. 2 UmwG-E müssen die Anspruchsvoraussetzungen nunmehr gegenüber „dem zuständigen Gericht“ glaubhaft gemacht werden.[96] An dem Eintritt einer Registersperre durch einen Antrag auf zusätzliche Sicherheiten wird jedoch nichts geändert. Diese Regelung ist völlig unklar: Welches Gericht ist zuständig? Wie erfährt das Registergericht von bei dem „zuständigen Gericht“ anhängigen Klagen? Es dauert teilweise bis zur drei Monate bis das Unternehmen Kenntnis von derartigen – irgendwo gerichtlich geltend gemachten Ansprüchen – erhält. Die Lösung kann alternativ zum Vorschlag des Referentenentwurfs nur darin bestehen, eine besondere Zuständigkeit, z.B. bei dem für den Rechtsträger zuständigen Landgericht

94 Hierzu ausführlich: Heckschen/Knaier, GmbHR 2022, R261 sowie Baschnagel/Hilser, NZG 2022 (im Erscheinen).

95 Stellungnahme des DNotV vom 17.05.2022 zum Referentenentwurf eines Gesetzes zur Umsetzung der Umwandlungsrichtlinie, S. 6; Stellungnahme der BNotK vom 17.05.2022 zum Referentenentwurf eines Gesetzes zur Umsetzung der Umwandlungsrichtlinie, S. 8.

96 Hierzu: Bungert/Strothotte, DB 2022, 1818, 1820; Baschnagel/Hilser, NZG 2022 (im Erscheinen).

oder einem zuständigen Landgericht des jeweiligen Bundeslands zu schaffen. Bei Diskussionen wurde die Ansicht vertreten, dass eine Registersperre nicht zwingend sei.[97] Inwieweit dies wirklich mit dem Wortlaut und dem Sinn der entsprechenden Vorschrift der Richtlinie in Einklang zu bringen ist, erscheint indes zweifelhaft, da die Richtlinie fordert, dass dem Gläubiger Rechtsschutz einzuräumen ist, wenn ihm keine angemessene Sicherheit geboten wird. Würde dann trotzdem die Verschmelzung zur Eintragung gelangen können, wäre dieser Rechtsschutz verkürzt. Es stellt sich die weitergehende Frage, ob man den Unternehmen eine Möglichkeit einräumen muss, derartige, die Eintragung blockierende Einwendungen der Gläubiger zu überwinden. Insoweit sollte über ein Verfahren analog § 16 Nr. 3 UmwG nachgedacht werden.[98] Der einfache Verweis darauf, dass das Unternehmen die Möglichkeit habe, die vom Gläubiger geforderte Sicherheit schlichtweg zur Verfügung zu stellen, mag als nicht ausreichend empfunden werden, da mit der Stellung einer derartigen Sicherheit natürlich gravierende Liquiditätsprobleme für das Unternehmen entstehen können, zumal wenn es der Auffassung ist, dass die Forderung nicht besteht oder aber die gebotene Sicherheit ausreichend ist. Eine überzeugende Lösung für die Problematik ist in der Literatur bisher noch nicht gefunden worden und findet auch der Entwurf nicht.

Wird durch gerichtliche Entscheidung festgelegt, dass eine (höhere) Sicherheit zu leisten ist, legt der Entwurf fest, dass die Eintragung/Erteilung der Rechtmäßigkeitsbescheinigung nur erfolgen kann, wenn die Vertretungsorgane versichern, dass die Sicherheit geleistet worden ist.[99]

Letztlich regelt der Entwurf, wann den Gläubigern gestellte Sicherheiten zurückzugewähren sind.[100] Dies muss u. a. dann erfolgen, wenn der Antrag auf Eintragung rechtskräftig zurückgewiesen worden ist.[101] Wird die Sicherheit nicht zurückgewährt, ist der ordentliche Rechtsweg gem. § 23 GVG eröffnet.

---

97 Vgl. ZGR-Symposium am 08.10.2021.

98 Heckschen/Knaier, GmbHR 2022, 501, 508; Stellungnahme des DNotV vom 17.05.2022 zum Referentenentwurf eines Gesetzes zur Umsetzung der Umwandlungsrichtlinie, S. 6; Stellungnahme der BNotK vom 17.05.2022 zum Referentenentwurf eines Gesetzes zur Umsetzung der Umwandlungsrichtlinie, S. 9; Bungert/Reidt, DB 2022, 1369, 1377; Baschnagel/Hilser, NZG 2022 (im Erscheinen).

99 Vgl. §§ 315 Abs. 3 Nr. 1 (grenzüberschreitende Verschmelzung, über den Verweis in § 329 auch für die grenzüberschreitende Spaltung), 342 Abs. 3 Nr. 1 (grenzüberschreitender Formwechsel) UmwG-E.

100 Kritisch hierzu: Baschnagel/Hilser, NZG 2022 (im Erscheinen).

101 Vgl. , § 314 Abs. 5 Nr. 1 (grenzüberschreitende Verschmelzung, über die Verweisungen in §§ 328, 341 auch für die grenzüberschreitende Spaltung und den grenzüberschreitenden Formwechsel) UmwG-E.

c) Missbrauchskontrolle[102]

Neu ist auch eine durch die Richtlinie ausdrücklich vorgesehene Missbrauchskontrolle.[103] Schon bisher war die überwiegende Meinung der Auffassung, dass ein Registergericht eine Eintragung eines grenzüberschreitenden Vorgangs ablehnen könne (aber nicht müsse), wenn es der Auffassung ist, dass die Umstrukturierung rechtsmissbräuchlich ist.[104] Zuletzt hatte das JMerc Madrid[105] dies ausdrücklich festgestellt und eine grenzüberschreitende Verschmelzung von Spanien in die Niederlande mit dem Einwand des Rechtsmissbrauchs unterbunden.

Die Richtlinie geht nun weiter und legt vor der Erteilung der Rechtsmäßigkeitsbescheinigung beim Ausgangsrechtsträger eine sog. Missbrauchskontrolle fest, Art. 86 m Abs. 8–12, Art. 127 Abs. 8–12, Art. 160 m Abs. 8–12 GesellschaftsrechtsRL. Die Ausgestaltung dieser Missbrauchskontrolle durch den nationalen Gesetzgeber wirft Fragen auf, da die Richtlinie recht konturlos[106] bleibt. Wann und unter welchen Umständen eine derartige grenzüberschreitende Umstrukturierung als rechtsmissbräuchlich einzustufen ist, wird weder aus den Erwägungsgründen[107] hinreichend klar noch aus der Formulierung der Richtlinie.[108] Nach § 316 Abs. 3 S. 1 UmwG-E müssen Anhaltspunkte für eine Missbrauchsprüfung vorliegen. Der Referentenentwurf hatte eine solche Voraussetzung nicht vorgesehen und ging damit zu weit.

Man hätte darüber nachdenken können, sog. Positiv- und Negativkriterien aufzustellen, um dem Handelsregister die Prüfung zu erleichtern. Auf dieser Basis hätte man z. B. festlegen können, dass es gegen einen Rechtsmissbrauch spricht,

---

102 Vgl. zu den unionsrechtlichen Grundlagen ausführlich: Teichmann, ZGR 2022, 376 ff.

103 Art. 86 m Abs. 8–12 GesellschaftsrechtsRL für grenzüberschreitende Formwechsel, Art. 127 Abs. 8–12 GesellschaftsrechtsRL für grenzüberschreitende Verschmelzungen, Art. 160 m Abs. 8–12 GesellschaftsrechtsRL für grenzüberschreitende Spaltungen.

104 *Bayer/J. Schmidt*, BB 2019, 1922, 1930; *J. Schmidt*, ZEuP 2020, 565, 576.

105 JMerc Madrid v. 10.9.2019, nº 461/2019; AAP Madrid v. 14.2.2020, nº 32/2020; hierzu ausführlich: *Deck*, NZG 2021, 629 ff.; *Recalde-Castells/Roncero-Sánchez*, ECFR 2021, 773 ff.

106 *Stelmaszczyk*, in: Wachter, Praxis des Handels- und Gesellschaftsrechts, 5. Aufl. 2020, § 14 Rn. 454; *Schollmeyer*, ZGR 2018, 186, 195 f.

107 Vgl. hierzu ErwG. 35–36 Mobilitäts-RL.

108 Vgl. z. B. Art. 86 m Abs. 8 Gesellschaftsrechts-RL: „Die Mitgliedstaaten stellen sicher, dass die zuständige Behörde keine Vorabbescheinigung ausstellt, wenn im Einklang mit dem nationalen Recht festgestellt wird, dass eine grenzüberschreitende Umwandlung zu missbräuchlichen oder betrügerischen Zwecken, die dazu führen oder führen sollen, sich Unionsrecht oder nationalem Recht zu entziehen oder es zu umgehen, oder zu kriminellen Zwecken vorgenommen werden soll."

wenn das Umstrukturierungsverfahren auf einen Rechtsträger erfolgt, der bisher schon unternehmerisch im Zielstaat tätig war. Negative Kriterien hätte man für den Fall „wirtschaftlicher Schwierigkeiten" bei einem der beteiligten Unternehmen festlegen können. Der Entwurf übernimmt die Formulierungen der Richtlinie und räumt insoweit für die (seltenen) Fälle eines Missbrauchs dem Handelsregister ein entsprechendes Ermessen ein.[109] Der Entwurf legt fest, dass das Handelsregister den Antrag auf Erteilung der Rechtmäßigkeitsbescheinigung zurückweisen kann, wenn nach Überzeugung des Gerichts die Umwandlungsmaßnahme missbräuchlichen oder betrügerischen oder kriminellen Zwecken dient.[110] Betrügerische oder missbräuchliche Zwecke liegen entsprechend Erwägungsgrund 34 S. 5 der Mobilitätsrichtlinie vor, wenn das Ziel der Umwandlung insbesondere in einer Umgehung des nationalen oder europäischen Rechts liegt. Insoweit wird den Handelsregistern ein umfassendes Auskunftsrecht zugebilligt.[111] Dieses dürfte nicht nur gegenüber nationalen Behörden des Ausgangs- sondern auch des Zielrechtsträgers bestehen.[112] Allerdings verbleibt es dabei, dass dort, wo bspw. erkennbar ist, dass der übertragende Rechtsträger überschuldet ist, Erklärungspflichten seitens des betroffenen Rechtsträgers bestehen.[113] Es muss dargelegt werden, warum die grenzüberschreitende Umstrukturierungsmaßnahme dazu geeignet ist, die Sanierung zu ermöglichen.[114] Gleiches dürfte gelten, wenn offene Forderungen der öffentlichen Hand bestehen. Den Handelsregistern wird auch die Option eröffnet, Sachverständige hinzuzuziehen, um z. B. zu prüfen, ob die Umstrukturierung geeignet ist, die Verschuldung zu beseitigen.[115] Das Handelsregister soll grundsätzlich binnen drei Monaten ent-

109 Vgl. §§ 316 Abs. 3 (grenzüberschreitende Verschmelzung, über die Verweisung in § 329 auch für die grenzüberschreitende Spaltung), 343 Abs. 3 (grenzüberschreitender Formwechsel) UmwG-E.

110 Vgl. §§ 316 Abs. 3 (grenzüberschreitende Verschmelzung, über die Verweisung in § 329 auch für die grenzüberschreitende Spaltung), 343 Abs. 3 (grenzüberschreitender Formwechsel) UmwG-E; vgl. ErwG. 34–36 der Mobilitätsrichtlinie.

111 Vgl. §§ 317 (grenzüberschreitende Verschmelzung, über die Verweisung in § 329 auch für die grenzüberschreitende Spaltung), 344 (grenzüberschreitender Formwechsel) UmwG-E.

112 Vgl. ErwG. 37 S. 1 der Mobilitätsrichtlinie; siehe auch Begr. UmRUG-E, S. 102.

113 Vgl. §§ 315 Abs. 3 Nr. 4 (grenzüberschreitende Verschmelzung, über die Verweisung in § 329 auch für die grenzüberschreitende Spaltung), 342 Abs. 3 Nr. 4 (grenzüberschreitender Formwechsel) UmwG-E.

114 Vgl. Begr. UmRUG-E, S. 97.

115 Vgl. §§ 317 Nr. 4 (grenzüberschreitende Verschmelzung, über die Verweisung in § 329 auch für die grenzüberschreitende Spaltung), 344 Nr. 4 (grenzüberschreitender Formwechsel) UmwG-E.

scheiden, erhält aber die Möglichkeit, bei komplexen Sachverhalten die Frist zu verlängern.[116]

Um die Missbrauchskontrolle zu erleichtern, sieht der Entwurf vor, dass in der Registeranmeldung zusätzliche Angaben zu machen sind:

- Zur Absicherung der Rechte der Gläubiger ist zu versichern, dass entweder kein Verlangen auf Stellung von Sicherheiten an die Gesellschaft gerichtet wurde oder aber die von den Gläubigern geforderten Sicherheiten zur Verfügung gestellt worden sind.[117]
- Es ist zu versichern, dass die Rechte der Arbeitnehmer eingehalten wurden und das Verfahren zur Beteiligung der Arbeitnehmer durchgeführt wurde.[118]
- Es ist zu erklären, dass sich die Gesellschaften nicht in wirtschaftlichen Schwierigkeiten befinden (vgl. oben) bzw. – soweit solche vorliegen – ist zu erklären, dass und wie die grenzüberschreitende Verschmelzung/Spaltung/der Formwechsel (rechtsformwechselnde Sitzverlegung) dazu führt, dass diese Maßnahme zur Sanierung führt.[119] Es müssen Angaben zur Zahl der Arbeitnehmer und zur Zahl der Tochtergesellschaften sowie zu etwaigen Standorten von Tochtergesellschaften und Forderungen der öffentlichen Hand gemacht werden.[120]

Die Richtlinie sieht im Übrigen vor, dass dem Handelsregister zum einen Informationsansprüche gegenüber Behörden im Rahmen der Missbrauchskontrolle zustehen und das Handelsregister auch die Möglichkeit hat, die Frist für die Eintragung zu verlängern (s. o.). Die Registeranmeldung kann auf Basis der Digitalisierungsrichtlinie, die durch das DiRuG[121] umgesetzt und durch das DiREG[122]

---

116 §§ 316 Abs. 3 S. 2 (grenzüberschreitende Verschmelzung, über die Verweisung in § 329 auch für die grenzüberschreitende Spaltung), 343 Abs. 3 S. 2 (grenzüberschreitender Formwechsel) UmwG-E.

117 Vgl. §§ 315 Abs. 3 Nr. 1 (grenzüberschreitende Verschmelzung, über die Verweisung in § 329 auch für die grenzüberschreitende Spaltung), 342 Abs. 3 Nr. 1 (grenzüberschreitender Formwechsel) UmwG-E.

118 Vgl. §§ 315 Abs. 3 Nr. 2 (grenzüberschreitende Verschmelzung, über die Verweisung in § 329 auch für die grenzüberschreitende Spaltung), 342 Abs. 3 Nr. 2 (grenzüberschreitender Formwechsel) UmwG-E.

119 Vgl. §§ 315 Abs. 3 Nr. 3 (grenzüberschreitende Verschmelzung, über die Verweisung in § 329 auch für die grenzüberschreitende Spaltung), 342 Abs. 3 Nr. 3 (grenzüberschreitender Formwechsel) UmwG-E.

120 Vgl. §§ 315 Abs. 4 Nr. 1–3 (grenzüberschreitende Verschmelzung, über die Verweisung in § 329 auch für die grenzüberschreitende Spaltung), 342 Abs. 4 Nr. 1–3 (grenzüberschreitender Formwechsel) UmwG-E.

121 Hierzu ausführlich: *Heckschen/Knaier*, NZG 2021, 1093 ff.

fortentwickelt worden ist, online beglaubigt und elektronisch eingereicht werden. Für eine Anmeldung durch den Notar gem. § 378 FamFG bleibt angesichts zahlreicher Versicherungen wenig Raum.

d) Rechtmäßigkeitsbescheinigung

Bei der Umsetzung der seinerzeitigen Zehnten Richtlinie zu grenzüberschreitenden Verschmelzungen hatte der Richtliniengeber bereits vorgeschrieben, dass in der Vollzugsphase der jeweilige Ausgangsstaat eine Rechtmäßigkeitsbescheinigung zu erstellen hat, aus der ersichtlich ist, dass die für den Umwandlungsvorgang/die Verschmelzung nach nationalem Recht geltenden Vorschriften eingehalten worden sind, um so dem Registerrichter/der zuständigen Behörde im Zielstaat von einer Prüfung der Vorschriften des Ausgangsrechtsstaats zu befreien.[123] Deutschland hat sich seinerzeit die Sache einfach gemacht und lediglich festgelegt, dass eine Registereintragung mit Vorläufigkeitsvermerk zu erfolgen habe. Kritisiert wurde, dass dies nicht den Anforderungen einer Rechtmäßigkeitsbescheinigung entspricht. Die jetzige Umsetzung der Mobilitätsrichtlinie bietet die Gelegenheit, hier nachzubessern und der berechtigten Kritik nachzukommen. Wenn die Richtlinie von einer Bescheinigung spricht, geht der Zielrechtsstaat zu Recht davon aus, dass bescheinigt wird, dass eine Prüfung stattgefunden hat und die entsprechenden Voraussetzungen, die durch die Richtlinie und das nationale Recht vorgegeben sind, auch tatsächlich eingehalten wurden. Genau dies soll jetzt für alle grenzüberschreitenden Umwandlungsvorgänge, also sowohl den Formwechsel (rechtsformwechselnde Sitzverlegung), die Spaltung und die Verschmelzung in das Umsetzungsgesetz aufgenommen werden. Neben der Eintragung mit entsprechendem Vermerk wird das Registergericht auch verpflichtet, eine entsprechende Bescheinigung zu erstellen, die sicherlich dann Erklärungen im Zielstaat unnötig macht und den Verschmelzungsvorgang, der ja aufgrund der Vorgaben der Richtlinie sicherlich nicht unkomplizierter und schneller als in der Vergangenheit ablaufen wird, erleichtert.

---

122 Gesetz zur Ergänzung der Regelungen zur Umsetzung der Digitalisierungsrichtlinie v. 15.07. 2022, BGBl. I 2022, 1146; ausführlich dazu: Heckschen/Knaier, NZG 2022, 885 ff.; Lieder, ZRP 2022, 102 ff.; Wicke, GmbHR 2022, 516 ff.; Stelmaszczyk/Strauß, ZIP 2022, 1077 ff.

123 Vgl. Art. 10 Abs. 2 der Richtlinie 2005/56/EG des Europäischen Parlaments und des Rates vom 26. Oktober 2005 über die Verschmelzung von Kapitalgesellschaften aus verschiedenen Mitgliedstaaten in ihrer Grundfassung.

Die Rechtmäßigkeitsbescheinigung lautet gem. §§ 316 Abs. 1 S. 2 (grenzüberschreitende Verschmelzung, über die Verweisung in § 329 auch für die grenzüberschreitende Spaltung), 343 Abs. 1 S. 2 (grenzüberschreitender Formwechsel) UmwG-E:

Alle einschlägigen Voraussetzungen für die Verschmelzung/Spaltung/den Formwechsel sind erfüllt und alle Verfahren und Formalitäten in Deutschland sind ordnungsgemäß erledigt.

e) Datenübermittlung

Neu ist es, dass nun das Registergericht des Ausgangsstaats nicht über die beteiligten Rechtsträger, sondern unmittelbar über das sog. BRIS-System[124] die Rechtmäßigkeitsbescheinigung an das Gericht des Zielstaates übermittelt.[125]

Beim Zielrechtsträger geht dann die Mitteilung nach BRIS ein. Ausdrücklich sieht zwar insoweit das Gesetz keine weitere Missbrauchsprüfung vor, diese bleibt aber nach allgemeinen Grundsätzen dem Gericht am Sitz des Zielrechtsträgers trotzdem überlassen. Es erfolgt dann dort die Eintragung und die Eintragungsmitteilung wird wieder über BRIS an das Gericht am Sitz des Ausgangsrechtsträgers übermittelt.

f) Haftungsbegrenzung bei Spaltungsmaßnahmen

Art. 160j Abs. 2 S. 2 GesellschaftsrechtsRL sieht nun für grenzüberschreitende Spaltungen eine Haftungsbegrenzung für die gesamtschuldnerische Haftung vor: Der Rechtsträger, dem die Verbindlichkeit nicht zugeordnet wird, haftet nur noch bis zur Höhe seines zum Zeitpunkt des Wirksamwerdens der Spaltung vorhandenen Nettoaktivvermögens. Es bietet sich an, diese Haftungsbegrenzung, die sinnvoll ist und verhindert, dass die Gläubiger überkompensiert werden, auch für nationale Spaltungsvorschriften vorzusehen. Dies ist im Referentenentwurf- und Regierungsentwurf in § 133 Abs. 3 S. 2 UmwG-E geschehen.[126]

---

124 Ausführlich dazu: *Bock*, GmbHR 2018, 281 ff.

125 Vgl. §§ 318 Abs. 2 S. 1 (grenzüberschreitende Verschmelzung), 331 Abs. 2 S. 1 (grenzüberschreitende Spaltung), 345 Abs. 2 S. 1 (grenzüberschreitender Formwechsel) UmwG-E.

126 Hierzu: Bungert/Strothotte, BB 2022, 1411, 1418; Baschnagel/Hilser, NZG 2022 (im Erscheinen).

III. Fazit

Der Entwurf überzeugt sowohl mit seiner präzisen als auch mit seiner ausführlichen Begründung zur vorgeschlagenen Umsetzung der Mobilitätsrichtlinie. Zu Recht wurde für das Verfahren nicht von allen Optionen, die die Richtlinie vorsieht, Gebrauch gemacht. Dort, wo es sinnvoll ist, wird auch das Verfahren zu rein nationalen Umwandlungsmaßnahmen angepasst. Grundsätzlich wird die Entscheidung des Entwurfs, auch den Anteilsinhabern des Zielrechtsträgers den Weg in das Spruchverfahren zu öffnen und sie von einer Klage durch Rüge des Umtauschverhältnisses oder wegen der darin enthaltenen Informationen auszuschließen, Zustimmung erfahren. Intensive Diskussionen werden die Regelungen zur Ersetzungsbefugnis auslösen. Die Praxis wird sich schwer mit der Regelung zum Gläubigerschutz anfreunden können. Die Richtlinie ist hier aber eindeutig.

Auch wenn das Verfahren zur grenzüberschreitenden Verschmelzung, Spaltung und Formwechsel nochmals anspruchsvoller wird, dürfte der dann detaillierte und sichere Rechtsrahmen die Zahl der grenzüberschreitenden Umstrukturierungen durch grenzüberschreitende Verschmelzungen, Spaltungen und Formwechsel ansteigen lassen.

Elke Heinrich-Pendl*

Bericht über die Diskussion

Die von *Hartmut Wicke* geleitete Diskussion zum Referat „Grenzüberschreitendes Verfahren" von *Heribert Heckschen* drehte sich vor allem um das Erfordernis sowie die konkrete Ausgestaltung einer Übergangsvorschrift (**I.**). Daneben wurde auch über die von der Richtlinie vorgesehene Zustimmungsschwelle von nicht mehr als 90 % (**II.**) sowie über die Frage der Gesamtrechtsnachfolge (**III.**) diskutiert.

I.

Zunächst erkundigte sich ein Mitherausgeber der ZGR in Hinblick auf das Erfordernis einer Übergangsvorschrift, ob man nicht davon ausgehen könne, dass die Richtlinie ein geschlossenes Verfahren regle, dem man nach dem Stichtag (31.1. 2023) eben folgen müsse, dass aber alle Verfahren, die bereits davor begonnen hätten, keine Verfahren im Sinne der Richtlinie mehr werden könnten. Es gebe ja schließlich keine Rückwirkung, weshalb der Gesetzgeber sich dazu möglicherweise auch gar nicht verhalten müsse bzw. könne.

Dem entgegnete der Vortragende, dass man einen Punkt finden müsse, ab dem davon auszugehen ist, dass das Verfahren begonnen hat. Dass zwei Personen sich im Keller darüber unterhalten, dass es doch schön wäre, wenn eine noch nicht bestehende GmbH einmal grenzüberschreitend den Sitz verlegen würde, könne noch nicht ausreichen. Die große Frage sei daher, ab welchem Punkt man vom Beginn des Verfahrens sprechen könnte. Aus Sicht eines Notars sei es naheliegend, hierfür auf den ersten Akt, der notariell beurkundet wird, abzustellen. Als weitere Überlegung fügte der Vortragende in Hinblick auf die Vorschriften zum Brexit hinzu, dass man zusätzlich fordern könnte, dass das Verfahren danach zeitnah vorangetrieben werde. So könne verhindert werden, dass sich nicht alle noch das alte Recht sicherten, bevor das schlimme neue komme.

Ein deutscher Notar richtete sodann die Frage an Herrn *Heckschen*, ob das Thema Übergangsvorschrift in seiner Beratungspraxis besonders relevant sei. Er selbst könne aus seiner Praxis berichten, dass er seinen Mandanten im Falle eines grenzüberschreitenden Formwechsels ohnehin raten würde, sämtliche Vorschriften – die alten als auch die neuen – einzuhalten. In diesem Zusammenhang

---

* Dr. Elke Heinrich-Pendl ist Mitarbeiterin am Max-Planck-Institut für ausländisches und internationales Privatrecht Hamburg (Arbeitsgruppe Prof. Dr. Holger Fleischer).

https://doi.org/10.1515/9783110780895-008

wies der Diskussionsteilnehmer auch auf die Entscheidung des OLG Saarbrücken 5 W 79/19 hin, in der dies anklinge. Zwar sei die Entscheidung sehr kritisiert worden, aber sie sei nun einmal in der Welt und die Einhaltung der meisten Vorschriften der neuen Richtlinie sei auch unproblematisch möglich.

Der Vortragende hielt dieser Wortmeldung entgegen, dass es nicht ganz so einfach sei. Es sei zwar kein Problem, bereits jetzt eine Offenlegung, einen Bericht und eine Prüfung zu fordern. Problematisch sei aber etwa die Frage des Gläubigerschutzes. Hier gebe es kein entsprechendes Verfahren vor dem Handelsregister oder anderswo. Man brauche daher auf jeden Fall Übergangsvorschriften.

Zudem fügte *Heckschen* hinzu, dass er eine ganze Reihe von Sitzverlegungen nach Deutschland und aus Deutschland hinaus betreuen würde. Er hätte entsprechende Verfahren mit Frankreich, Luxemburg und dem Niederlanden gehabt. Auf die Frage, ob es dort auch Gerichte geben würde, die eine Vorwirkung annehmen würden, hätten sie ihn für verrückt erklärt. Alle waren sich einig, dass es völlig klar sei, dass dies nicht der Fall sein könne. Auch in der Slowakei und Österreich würde das so gesehen, so viel könne er aus der Praxis berichten.

Ein Teilnehmer aus Österreich wies schließlich auf den Gesichtspunkt hin, dass das wichtige Thema Übergangsvorschriften auch deswegen schwierig sei, weil es ja nicht genüge, dass ein Land Übergangsvorschriften habe. Vielmehr müssten zwei Mitgliedstaaten entsprechende Vorschriften vorsehen und dann sei insbesondere die Frage des Zusammenspiels dieser Vorschriften ohne eine entsprechende Richtlinienvorgabe schwierig zu lösen. Als gangbaren Weg schlug der Diskussionsteilnehmer vor, es ausreichen zu lassen, dass national eine Unbedenklichkeitsbestätigung vorliege. Gleichzeitig zweifelte er allerdings daran, ob das in allen Mitgliedstaaten auch so akzeptiert werden würde.

Der Vortragende führte dazu aus, dass er der Meinung sei, dass wenn Deutschland der Ausgangsstaat sei, aus dem heraus umstrukturiert werde und das deutsche Handelsregister die Rechtmäßigkeit festgestellt habe, dass in diesem Fall in Frankreich niemand einwenden könne, die neue Richtlinie sei nicht berücksichtigt worden. Es müsse so sein, dass die deutsche Prüfung abschließend sei und wenn die Rechtmäßigkeitsbescheinigung aus Deutschland vorliege, dann müsse das ausreichen.

II.

Betreffend die 90%-Schwelle, welche die Richtlinie als maximales Zustimmungserfordernis festlegt, wandte ein Mitherausgeber der ZGR ein, dass er diese Regelung ein bisschen verteidigen müsse. Er könne sich gut an einen Moment in der Europäischen Expertengruppe erinnern, in dem *Pierre-Henri Conac* gebeten hatte, dem französischen Gesetzgeber auf die Finger zu schlagen. In Frankreich habe es schon immer eine Regelung zur grenzüberschreitenden Sitzverlegung gegeben, wobei eine 100 %-ige Zustimmung gesetzlich vorgeschrieben gewesen sei. Damit, so der Diskussionsteilnehmer, hätte jeder einzelne Gesellschafter mit einem noch so kleinen Anteil die Sitzverlegung verhindern können. Das sei ein Angebot, das auch aus Sicht der Niederlassungsfreiheit nicht wirklich brauchbar sei. Ausgehend von dieser Überlegung hätte das Regelungsverfahren vermutlich seinen Gang genommen. Problematisch sei, dass man die Regelung dann auch in die anderen Verfahren, wie die Spaltung, übernommen hätte und sich keiner darüber Gedanken gemacht hätte, dass dies anders zu beurteilen sei. All das würde aber sehr für die Interpretation des Vortragenden sprechen, dass die 90 %-Schwelle lediglich so zu verstehen sei, dass der Gesetzgeber kein höheres Erfordernis vorsehen könne; privatautonom könne man aber natürlich ein höheres Zustimmungserfordernis vorsehen.

Der Vortragende konnte dem nur zustimmen. Es müsse darum gehen, dass lediglich das Gesetz keine 100 %-ige Zustimmung vorsehen dürfe. Möglicherweise sei in diesem Punkt auch einfach die Übersetzung schlecht.

Ein Diskussionsteilnehmer aus Deutschland ergänzte sodann, dass die vom Vortragenden vorgeschlagene Auslegung auch bereits aus systematischen Gesichtspunkten folgen würde. Würde man nämlich Satz 2 dazu nehmen, mithin die Bezugnahme auf den Schwellenwert, scheine es eindeutig, dass es sich dabei um eine Bezugnahme auf eine gesetzlich vorgesehene Mindestquote handle. Es lasse sich daher aus seiner Sicht sehr gut vertreten, dass das eben für eine privatautonom vereinbarte Quote nicht gelte.

III.

Zum Thema Gesamtrechtsnachfolge führte schließlich eine deutsche Praktikerin aus, dass sie schon mehrfach mit Unternehmen aus dem Medizintechnikbereich zu tun gehabt habe. Dort würden öffentliche medizintechnische Genehmigungen eben speziell für einen Rechtsträger erteilt werden, die den entsprechenden Umwandlungen, auch wenn es nur ein Formwechsel sei, nicht folgen und dann erlöschen würden. Es wäre wünschenswert, dass gerade bei Formwechseln, die sich auf die Struktur der Gesellschaft, die Vertragsverhältnisse etc. nicht auswirkten, eine Genehmigung unberührt bleibe. Sie räumte aber freilich ein, dass die praktische Umsetzung, und vor allem auch die Zusammenarbeit zwischen den Ministerien, in diesem Punkt wohl schwierig sei. In der Praxis wäre der Umstand, dass derartige Genehmigung erlöschen aber tatsächlich oft ein Hindernis für die

Transaktion, weil der Vorteil der Genehmigung die Vorteile der geplanten Transaktion überwiegen würde.

Der Vortragende stimmte der Diskutantin zu, dass es sich dabei um ein großes Problem handle. Jeder würde sagen, dass die Gesamtrechtsnachfolge wunderbar sei, dass sie aber für seinen speziellen Bereich nicht gelten würde. Im öffentlichen Recht könne die Lösung auch darin liegen, dass die Behörde, welche die Genehmigung erteilt, sie im Bedarfsfall, wenn der Zielrechtsträger nicht zuverlässig sei, auch widerrufen könne. Dagegen würde das öffentlich-rechtliche Schrifttum jedoch einwende, dass sie das ja gar nicht prüfen könnten. Tatsächlich gebe es aber ohnehin Veröffentlichungen, weshalb eine Prüfung für die Behörden leicht möglich sein müsste.

Max Foerster*

Die Rechtsmissbrauchsprüfung bei der grenzüberschreitenden Umwandlung, Verschmelzung und Spaltung nach der Mobilitätsrichtlinie

Zusammenfassung: Die Mobilitätsrichtlinie gibt für grenzüberschreitende Umwandlungen, Verschmelzungen und Spaltungen eine Rechtsmissbrauchsprüfung durch die Mitgliedstaaten vor, die die bisherige Rechtsprechung des EuGH lediglich marginal verschärft. Solche Gestaltungen sind, wie bisher, prinzipiell zulässig und nur im Einzelfall aufgrund zusätzlichen Faktoren rechtsmissbräuchlich, die regelmäßig nicht spezifisch gesellschaftsrechtlich konnotiert sind. Diese Rechtsmissbrauchsprüfung ergänzt die übrigen Schutzmechanismen der Mobilitätsrichtlinie. Der Einwand des Rechtsmissbrauchs gegen die Anwendung einer günstigeren Rechtsordnung im Anschluss an solche Gestaltungen richtet sich, wie auch ohne solche Gestaltungen, weiterhin nach der Rechtsprechung des EuGH namentlich zu künstlichen Gestaltungen.

Abstract: Directive (EU) 2019/2121 lays down for member states to provide for the scrutiny of the legality of cross-border conversions, mergers and divisions on abusive or fraudulent purposes only marginally tightening previous ECJ case law. As before, such arrangements are, in principle, allowed and are only considered abusive in individual cases on account of additional parameters that do not regularly have any specific associations with company law. This scrutiny regarding abusive or fraudulent purposes complements the further protective mechanisms of Directive (EU) 2019/2121. The objection of abuse of law against the application of a more favourable legal system subsequent to such arrangements, as well as without such arrangements, continues to be governed by the case law of the ECJ, in particular on artificial arrangements.

* PD Dr. Max Foerster, LL.M.eur. ist Vertreter des Lehrstuhls für Bürgerliches Recht, Zivilprozessrecht, Internationales Privat- und Prozessrecht, Europäisches Privatrecht und Rechtsvergleichung an der Friedrich-Schiller-Universität Jena.

https://doi.org/10.1515/9783110780895-009

Inhaltsübersicht

I. Einleitung

Nach intensiver Diskussion sieht die Mobilitätsrichtlinie[1] für die grenzüberschreitende Umwandlung (auch: Formwechsel), Verschmelzung und Spaltung, im Folgenden auch grenzüberschreitende Gestaltungen, jeweils eine mitgliedstaatliche Rechtsmissbrauchsprüfung durch den Wegzugsstaat, nicht aber durch den

1 Richtlinie (EU) 2019/2121 des Europäischen Parlaments und des Rates vom 27. November 2019 zur Änderung der Richtlinie (EU) 2017/1132 in Bezug auf grenzüberschreitende Umwandlungen, Verschmelzungen und Spaltungen, ABl. 2019 L 321/1 (Mobilitätsrichtlinie), nunmehr auch Umwandlungsrichtlinie genannt, vgl. Regierungsentwurf eines Gesetzes zur Umsetzung der Umwandlungsrichtlinie, https://www.bmj.de/SharedDocs/Gesetzgebungsverfahren/Dokumente/RegE_UmRUG.pdf (zuletzt abgerufen am 13.9.2022).

Zuzugsstaat vor. Die Prüfung erfolgt im Zuge der im Wegzugsstaat im Interesse der Rechtssicherheit eingeführten Ex-ante-Kontrolle für die Vorabbescheinigung.[2] Bei der Rechtsmissbrauchsprüfung ist – in der Mobilitätsrichtlinie wenig eingänglich formuliert – zu untersuchen, ob die gesellschaftsrechtliche Gestaltung nach nationalem Recht zu missbräuchlichen oder betrügerischen Zwecken vorgenommen werden soll, die dazu führen oder führen sollen, sich Unionsrecht oder nationalem Recht zu entziehen oder es zu umgehen, oder ob die Gestaltung zu kriminellen Zwecken durchgeführt wird (Art. 86m Abs. 8, Art. 127 Abs. 8, Art. 160m Abs. 8). Bei entsprechenden Bedenken der zuständigen Behörde kann der für die Entscheidung über die Erteilung der Vorabbescheinigung vorgesehene Zeitraum zur Berücksichtigung aller relevanten Tatsachen und Umstände um höchstens drei Monate verlängert werden (Art. 86m Abs. 9, 10, Art. 127 Abs. 9, 10; Art. 160m Abs. 9, 10 Mobilitätsrichtlinie).

Die allgemeine Pflicht der Mitgliedstaaten aus der Richtlinie, gegen Rechtsmissbrauch, Betrug und überhaupt kriminelle Zwecke vorzugehen, veranlasst zunächst die Auseinandersetzung mit dem Zustandekommen und der Zielsetzung der Pflicht in der Mobilitätsrichtlinie (II.). Es folgen der Gehalt der Rechtsmissbrauchsprüfung (III.), ihre Einordnung in den Ablauf einer grenzüberschreitenden Gestaltung, insbesondere ihr Verhältnis zur materiellen Beschlusskontrolle der Zustimmung der Gesellschafterversammlung (IV.), der Maßstab für die Rechtsmissbrauchsprüfung nach der Mobilitätsrichtlinie (V.) sowie die Umsetzung der unionsrechtlichen Vorgabe in nationales Recht (VI.).

II. Zustandekommen und Zielsetzung der Rechtsmissbrauchsprüfung in der Mobilitätsrichtlinie

1. Ausgestaltung der Rechtsmissbrauchsprüfung im Vorschlag der Europäischen Kommission

Die nun normierte Rechtsmissbrauchsprüfung bei grenzüberschreitender Mobilität von Gesellschaften tauchte erstmals 2018 im Vorschlag der Europäischen Kommission für die heutige Mobilitätsrichtlinie für grenzüberschreitende Umwandlungen und Spaltungen auf, damit die Behörden wirksam gegen Betrug und

2 Erwägungsgründe 10, 33 ff. Mobilitätsrichtlinie.

Missbrauch vorgehen können.[3] Dem Vorentwurf zu einer Sitzverlegungsrichtlinie[4] und auch der Verschmelzungsrichtlinie[5] war eine gesonderte Rechtsmissbrauchsprüfung noch unbekannt. In loser, aber verschärfender Orientierung an der Rechtsprechung des EuGH (dazu III. 2.) sah der Vorschlag vor, dass künstliche Gestaltungen rechtsmissbräuchlich sind, mit denen nach umfassender Prüfung aller denkbaren Gesichtspunkte ungerechtfertigte Steuervorteile erlangt oder die gesetzlichen oder vertraglichen Rechte von Arbeitnehmern, Gläubigern oder Minderheitsgesellschaftern in ungerechtfertigter Weise beeinträchtigt werden.[6]

2. Europäisches Parlament und Europäischer Wirtschafts- und Sozialausschuss (EWSA)

Das Europäische Parlament legte ebenfalls großen Wert darauf, mit der Regulierung der Mobilität von Gesellschaften den Missbrauch der Niederlassungsfreiheit zu verhindern, und machte das weitreichende Recht auf grenzüberschreitende Umwandlungen in der Rechtsprechung des EuGH für antieuropäische Stimmungen verantwortlich.[7] Eine grenzüberschreitende Umwandlung sollte von der tatsächlichen Ausübung einer wirklichen wirtschaftlichen Tätigkeit mit einer auf unbegrenzte Zeit angelegten festen Niederlassung im Zuzugsmitgliedstaat (genuine link) abhängig sein.[8] Der Europäische Wirtschafts- und Sozialausschuss (EWSA) schloss sich dem an und schlug vor, über den vom EuGH entwickelten Begriff „künstliche Gestaltung“ hinaus zur Präzisierung „Kriterien bzw. Indika-

---

3 Vorschlag für eine Richtlinie des Europäischen Parlaments und des Rates zur Änderung der Richtlinie (EU) 2017/1132 in Bezug auf grenzüberschreitende Umwandlungen, Verschmelzungen und Spaltungen, COM(2018) 241 final, S. 1; auch Erwägungsgrund 7, S. 39 f.

4 Richtlinienvorentwurf zur Verlegung des Gesellschaftssitzes innerhalb der EU, ZIP 1997, 1721.

5 Richtlinie 2005/56/EG des Europäischen Parlaments und des Rates vom 26. Oktober 2005 über die Verschmelzung von Kapitalgesellschaften aus verschiedenen Mitgliedstaaten, ABl. 2005 L 310/1, aufgegangen in den Art. 87 ff. Richtlinie (EU) 2017/1132 des Europäischen Parlaments und des Rates vom 14. Juni 2017 über bestimmte Aspekte des Gesellschaftsrechts, ABl. 2017 L 169/46 (Gesellschaftsrechtsrichtlinie).

6 Art. 86c Abs. 3, Art. 86g Abs. 3 lit. b), 86n Abs. 1, Art. 160d Abs. 3, 160i Abs. 3 lit. f), 160p Abs. 1 Richtlinienvorschlag (Fn. 3), S. 3 ff., 10, 27, 33, 55, 58, 66, 81 f., 87, 96.

7 Bericht über den Vorschlag für eine Richtlinie des Europäischen Parlaments und des Rates zur Änderung der Richtlinie (EU) 2017/1132 im Hinblick auf grenzüberschreitende Umwandlungen, Verschmelzungen und Spaltungen (COM(2018)0241 – C8–0167/2018–2018/0114(COD)), A8–0002/2019, S. 8 f., 39 f., 59 f.

8 Bericht (Fn. 7), S. 15 f.

toren für betrügerische Praktiken oder ungerechtfertigte Steuervorteile aufzustellen".[9]

3. Rat (der Europäischen Union)

Der Rat hatte weniger Sorge vor dem Missbrauch durch grenzüberschreitende Gestaltungen. Er sah die Missbrauchskontrolle im Zuge der Ausstellung der Vorabbescheinigung lediglich als Option für die Mitgliedstaaten vor.[10]

4. Normierung der Rechtsmissbrauchsprüfung in der Mobilitätsrichtlinie

Im informellen Trilog[11] hat sich dann weder die verschärfende Position der Kommission (oben 1.) noch der demgegenüber liberale Ansatz des Rats (der Europäischen Union) mit der Rechtsmissbrauchsprüfung lediglich als Option für die Mitgliedstaaten (oben 3.) noch die restriktive Vorstellung des Europäischen Parlaments und des EWSA mit der Forderung nach einen genuine link (oben 2.) durchgesetzt.[12] Vielmehr ist die Vorgabe zur Rechtsmissbrauchsprüfung in der Mobilitätsrichtlinie in ihrer Formulierung namentlich verschlankt, verallgemeinert und stärker an der Rechtsprechung des EuGH zu Beschränkungen der Niederlassungsfreiheit aufgrund des Einwands des Rechtsmissbrauchs (dazu III. 2.) orientiert. In den Erwägungsgründen wird exemplarisch im Besonderen Umgehungsschutz für die Rechte der Arbeitnehmer, für Sozialversicherungszahlungen oder für Steuerpflichten angeführt[13] und darauf hingewiesen, dass die Existenz eines genuine links gegen einen Rechtsmissbrauch sprechen kann.[14] Die Erstreckung der Rechtsmissbrauchsprüfung auf sämtliche in der Mobilitätsrichtlinie

9 Stellungnahme des Europäischen Wirtschafts- und Sozialausschusses, ABl. 2019, C 62/24 (24 f., 26 f., 29).

10 ST 15678/18; ST 5380/19 und ST 5401/19 (Art. 86m Abs. 8, Art. 127 Abs. 8; Art. 160o Abs. 8; Erwägungsgründe 34, 35).

11 ST 6909/19 ADD 1; ST 7426/19, S. 4.

12 ST 8499/19 (Art. 86m Abs. 8, Art. 127 Abs. 8; Art. 160o Abs. 8; Erwägungsgründe 34, 35); ST 8561/18 ADD 1, S. 5 ff.; *Stelmaszczyk*, GmbHR 2020, 61 (71 f.); *Luy*, NJW 2019, 1905 (1907).

13 Erwägungsgrund 35 S. 1 Mobilitätsrichtlinie.

14 Erwägungsgrund 36 UAbs. 2 S. 3 Mobilitätsrichtlinie.

geregelte grenzüberschreitende Gestaltungen gleichermaßen[15] war, wenn eine Rechtsmissbrauchsprüfung gewollt ist, zwingend.

III. Gehalt der Rechtsmissbrauchsprüfung für grenzüberschreitende Gestaltungen nach der Mobilitätsrichtlinie

1. Rechtsmissbrauchsprüfung anhand von Generalklauseln

Die im Normtext unbestimmten Vorgaben des Unionsgesetzgebers für die Rechtsmissbrauchsprüfung bei grenzüberschreitenden Gestaltungen bedürfen der Ausfüllung durch zusätzliche Wertungen und sind damit Generalklauseln. Trotz des Nachteils einer Generalklausel für die Rechtssicherheit sind Generalklauseln aufgrund ihrer Flexibilität zur Anpassung an neue Entwicklungen bekanntlich unverzichtbar. Die unübersehbare Vielfalt der Erscheinungsformen lässt einen abschließenden Katalog des Gesetzgebers jedenfalls nicht immer zu und der mit einer abstrakten Generalklausel verbundene Verlust an Rechtssicherheit durch großen richterlichen Entscheidungsspielraum wird in der Folge durch Richterrecht und ggf. Kodifizierung einzelner Fragestellungen vermindert.[16] Für eine Rechtsmissbrauchsprüfung gilt dies in besonderem Maße. Denn die Unredlichkeit flüchtet sich in tausend Formen und meidet gerade die bereits gesetzlich oder durch Richterrecht desavouierten Gestaltungen. So soll dem missbräuchlichen Handeln zum Erfolg verholfen werden, weshalb ohne Generalklauseln als geläufiger Erscheinungsform immer Lücken bleiben.[17]

Die Entscheidung für Generalklauseln bringt es mit sich, dass der Unionsgesetzgeber die Befugnis zur Rechtsfortbildung und Ausgestaltung der Rechtsmissbrauchsklausel planvoll an die Gerichte delegiert hat.[18] Insoweit bleibt der

---

15 Art. 86m Abs. 8, Art. 127 Abs. 8, Art. 160m Abs. 8 Mobilitätsrichtlinie; *Bayer/J. Schmidt*, BB 2019, 1922 (1926, 1930); *Bormann/Stelmaszczyk*, ZIP 2019, 353 (360).

16 Vgl. BVerfGE 32, 311 (317); Erman/*Böttcher*, BGB, 16. Aufl. 2020, § 242 Rn. 5; Staudinger/*Fischinger*, BGB, 2021, § 138 Rn. 2f.

17 Vgl. etwa *Kohler*, Das Recht des Markenschutzes, 1884, S. 60; s. auch MüKoBGB/*Schubert*, 8. Aufl., 2019, § 242 Rn. 2; MüKoUWG/*Sosnitza*, 3. Aufl., 2020, § 3 Rn. 16.

18 Zur Delegationsfunktion etwa *Mugdan*, Die gesammten Materialien zum Bürgerlichen Gesetzbuch für das Deutsche Reich, I. Band. Einführungsgesetz und Allgemeiner Theil, Berlin 1899, S. 469; MüKoUWG/*Sosnitza*, 3. Aufl., 2020, § 3 Rn. 17; *Ohly*, Richterrecht und Generalklausel im Recht des unlauteren Wettbewerbs, 1997, S. 247 ff.

Gesetzgeber punktuell hinter seinem selbst gesteckten Ziel zurück, mit der Mobilitätsrichtlinie „Rechtszersplitterung und Rechtsunsicherheit" entgegenzuwirken.[19] Vorzuwerfen ist ihm dies freilich aus den soeben angeführten Gesichtspunkten nicht. Diese machen eine Generalklausel in Zusammenhang mit der Frage des Rechtsmissbrauchs geradezu unabweisbar.[20] Zudem ermöglichen es die Generalklauseln, im Zuge der Rechtsmissbrauchsprüfung das gesamte Unionsrecht sowie das gesamte nationale Recht zu berücksichtigen, wie es die Generalklauseln der Mobilitätsrichtlinie auch ausdrücklich ansprechen (Art. 86m Abs. 8, Art. 127 Abs. 8, Art. 160m Abs. 8).

2. Rechtsprechung des EuGH zum Rechtsmissbrauch bei der Niederlassungsfreiheit und Rechtsmissbrauchsprüfung in der Mobilitätsrichtlinie

a) Grundsatz vom prinzipiell zulässigen Gebrauch der Niederlassungsfreiheit bei grenzüberschreitenden Gestaltungen als Grundlage

Der EuGH, der die Generalklauseln auszufüllen hat, hat in seiner ständigen Rechtsprechung einen liberalen Ausgangspunkt zum Rechtsmissbrauch durch Gesellschaften bei der Niederlassungsfreiheit: So stellt es keinen Rechtsmissbrauch dar, „wenn eine Gesellschaft ihren – satzungsmäßigen oder tatsächlichen – Sitz nach dem Recht eines Mitgliedstaats begründet, um in den Genuss günstigerer Rechtsvorschriften zu kommen", wenn der Zuzugsstaat dies zulässt.[21] Der Unionsgesetzgeber legt dieses Konzept, das in Einklang mit der Niederlassungsfreiheit steht, der Mobilitätsrichtlinie zugrunde. Die Kommission hatte den Grundsatz noch in die Begründung für ihren Vorschlag aufgenommen.[22] Aber auch die Mobilitätsrichtlinie geht, wenn auch weniger deutlich, von einem Recht der Gesellschaften auf grenzüberschreitende Gestaltung[23] aus und übernimmt zur Umwandlung die Rechtsprechung des EuGH: „[D]ie Niederlassungsfreiheit [umfasst] den Anspruch einer nach dem Recht eines Mitgliedstaats gegründeten Ge-

---

19 Erwägungsgrund 5 Mobilitätsrichtlinie.

20 Vgl. auch *Noack/Kraft*, DB 2018, 1577 (1580).

21 Etwa EuGH Rs C-106/16, ZIP 2017, 2145 Rn. 40 – Polbud; ständige Rechtsprechung seit EuGH Rs 79/85, Slg. 1986, 2375 Rn. 16 – Segers; EuGH Rs C-212/97, Slg. 1999, I-1459 Rn. 27, 29 – Centros; ferner etwa EuGH Rs C-167/01, Slg. 2003, I-10155 Rn. 96 – Inspire Art; EuGH Rs 196/04, Slg. 2006, I-7995 Rn. 36 f. – Cadbury Schweppes; *Schön*, FS Krieger, 2020, S. 879 (885 ff.).

22 Richtlinienvorschlag (Fn. 3), S. 3.

23 Erwägungsgrund 4 S. 3 Mobilitätsrichtlinie.

sellschaft auf Umwandlung in eine dem Recht eines anderen Mitgliedstaats unterliegende Gesellschaft“[24] und dies ist nur „[u]nter bestimmten Bedingungen rechtsmissbräuchlich“.[25]

b) Teilweise Übernahme der Rechtsmissbrauchsprüfung des EuGH zur Niederlassungsfreiheit in die Mobilitätsrichtlinie

aa) Grundlagen der Rechtsmissbrauchsprüfung des EuGH zur Niederlassungsfreiheit

Allerdings ist trotz – oder gerade wegen – des Grundsatzes von der prinzipiell zulässigen grenzüberschreitenden Gestaltung zur Regulierungsarbitrage die mitgliedstaatliche Rechtsmissbrauchsprüfung in der Rechtsprechung des EuGH (oben a)) auch für die Niederlassungsfreiheit anerkannt. Die missbräuchliche oder betrügerische Berufung auf Unionsrecht zur Umgehung nationalen Rechts ist nicht gestattet.[26] Die Rechtsmissbrauchsprüfung des EuGH hat bei der Niederlassungsfreiheit zwei unterschiedliche Stoßrichtungen:

Zum einen kann die grenzüberschreitende Gestaltung – die Umwandlung, die Verschmelzung oder die Spaltung – selbst rechtsmissbräuchlich sein.[27] In diesem Fall sind die Mitgliedstaaten nach dem EuGH zu Maßnahmen berechtigt, die verhindern sollen, dass sich Staatsangehörige, was auf alle im konkreten Fall Rechtsunterworfene zu erstrecken ist, unter Missbrauch des Unionsrechts der Anwendung des nationalen Rechts entziehen (dazu bb)).

Zum anderen können die Mitgliedstaaten den Einwand des Rechtsmissbrauchs gegen das Berufen auf eine günstigere Rechtsordnung führen und die Anwendung einer anderen Rechtsordnung als Rechtsfolge des Gebrauchs der Niederlassungsfreiheit als missbräuchlich verweigern. Hier geht es um mitgliedstaatliche Maßnahmen, die die von Art. 49, 54 AEUV garantierte Niederlassungsfreiheit, regelmäßig mittelbar nach Auswahl einer bestimmten gesellschaftsrechtlichen Struktur, beschränken. Zu solchen mitgliedstaatlichen

24 Erwägungsgrund 2 S. 3 Mobilitätsrichtlinie.

25 Erwägungsgrund 35 S. 1 Mobilitätsrichtlinie; auch *Schön*, FS Krieger, 2020, S. 879 (897, 903 f.).

26 EuGH Rs C-212/97, Slg. 1999, I-1459 Rn. 24 – Centros mit zahlreichen weiteren Nachweisen, etwa EuGH Rs C-206/94, Slg. 1996, I-2357 Rn. 24 – Paletta; ferner EuGH Rs C-106/16, ZIP 2017, 2145 Rn. 39 – Polbud.

27 EuGH Rs C-167/01, Slg. 2003, I-10155 Rn. 96 – Inspire Art; EuGH Rs C-106/16, ZIP 2017, 2145 Rn. 40 f. – Polbud; *Forsthoff*, in: Grabitz/Hilf/Nettesheim, Das Recht der Europäischen Union, 74. EL, September 2021, AEUV, Art. 54 Rn. 45; wohl auch Pechstein/Nowak/Häde/*Kainer*, EUV/GRC/AEUV, 2017, Art. 49 Rn. 91; aA *Schön*, FS Krieger, 2020, S. 879 (882).

Maßnahmen kann es im Anschluss an grenzüberschreitende Gestaltungen oder auch ohne solche Gestaltungen kommen (dazu cc)).[28]

Exemplifiziert man die unterschiedlichen Stoßrichtungen der Rechtsmissbrauchsprüfung in der Rechtsprechung des EuGH, geht es um folgende Unterscheidung: Zum einen ist es möglicherweise rechtsmissbräuchlich, wenn sich eine deutsche GmbH in eine österreichische GmbH umwandelt. Zum anderen ist es möglicherweise rechtsmissbräuchlich, wenn eine österreichische GmbH in Deutschland verlangt, dass österreichisches Recht, etwa österreichisches Steuerrecht, auf sie angewendet wird.

In beiden Fällen müssen bei der Würdigung des Verhaltens des Bürgers – wie auch bei der Prüfung der Grundfreiheiten im Übrigen – die Ziele der Grundfreiheit Niederlassungsfreiheit berücksichtigt werden. Nur wenn dies geschieht, ist die Beschränkung einer Grundfreiheit, die mit der Feststellung von Umgehungsabsicht auf der Grundlage objektiver Kriterien verbunden ist, im Einzelfall auch gerechtfertigt.[29]

bb) Rechtsmissbräuchliche grenzüberschreitende Gestaltungen

Die Berücksichtigung des Ziels der Niederlassungsfreiheit[30] bei der Prüfung, ob ein Rechtsunterworfener versucht, sich unter Missbrauch des Unionsrechts der Anwendung des nationalen Rechts zu entziehen, ist für grenzüberschreitende Gestaltungen mit der Schwierigkeit verbunden, dass der EuGH das Ziel der Niederlassungsfreiheit aus diesem Blickwinkel noch nicht ganz klar konturiert hat.[31] Der EuGH hat in der Rechtssache Polbud insoweit, ohne Erörterung des Ziels der Niederlassungsfreiheit, allein den bekannten Grundsatz dargestellt, dass es nicht rechtsmissbräuchlich ist, den satzungsmäßigen oder tatsächlichen Sitz zu verle-

---

28 Ständige Rechtsprechung seit EuGH Rs C-264/96, Slg. 1998, I-4695 Rn. 26 – ICI sowie EuGH Rs C-436/00, Slg. 2002, I-10829 Rn. 61 – X und Y; EuGH Rs C-324/00, Slg. 2002, I-11779 Rn. 37 – Lankhorst-Hohorst; EuGH Rs 9/02, Slg. 2004, I-2409 Rn. 50 – De Lasteyrie du Saillant; EuGH Rs 446/03, Slg. 2005, I-10837 Rn. 57 – Marks & Spencer; EuGH Rs 196/04, Slg. 2006, I-7995 Rn. 51 ff. – Cadbury Schweppes; EuGH Rs C-347/04, Slg. 2007, I-2647 – Rewe Zentralfinanz; EuGH Rs C-106/16, ZIP 2017, 2145 Rn. 39 – Polbud; EuGH Rs C-116/16 und C-117/16, IStR 2019, 266 Rn. 81 – T Danmark und Y Denmark; EuGH Rs C-484/19, WM 2021, 244 Rn. 49 – Lexel; auch BGHZ 172, 200 Rn. 15.

29 EuGH Rs C-212/97, Slg. 1999, I-1459 Rn. 25 – Centros; ursprünglich EuGH Rs C-206/94, Slg. 1996, I-2357 Rn. 25 – Paletta; s. auch EuGH Rs C-436/00, Slg. 2002, I-10829 Rn. 42 – X und Y; EuGH Rs C-196/04, Slg. 2006, I-7995 Rn. 52 – Cadbury Schweppes.

30 Nachweise Fn. 29.

31 Zu den Zielen der Niederlassungsfreiheit in Zusammenhang mit Agenturen, Zweig-/Zweitniederlassungen oder Tochtergesellschaften EuGH Rs 79/85, Slg. 1986, 2375 Rn. 16 – Segers; EuGH Rs C-212/97, Slg. 1999, I-1459 Rn. 26 – Centros; EuGH Rs C-196/04, Slg. 2006, I-7995 Rn. 53 – Cadbury Schweppes.

gen, um in den Genuss günstigerer Rechtsvorschriften zu kommen.[32] Damit gilt dieser Grundsatz für grenzüberschreitende Gestaltungen vorbehaltlich des Missbrauchs im Einzelfall allerdings uneingeschränkt. Daraus folgt dann, dass es das Ziel der Niederlassungsfreiheit im Verständnis des EuGH auch ist, den nach dem Recht eines Mitgliedstaats errichteten Gesellschaften die Wahl des auf sie anwendbaren Gesellschaftsrechts durch Begründung ihres satzungsmäßigen oder tatsächlichen Sitzes zum Zwecke der Regulierungsarbitrage zu ermöglichen.

Eine grenzüberschreitende Gestaltung ist nach dem EuGH also nicht allein deshalb rechtsmissbräuchlich, weil sie vorgenommen wird, um in den Genuss günstigerer Rechtsvorschriften zu kommen. Dessen ungeachtet kann allerdings bei Berücksichtigung des Ziels der Niederlassungsfreiheit eine grenzüberschreitende Gestaltung, also beispielsweise die Umwandlung einer deutschen GmbH in eine österreichische GmbH, im Einzelfall gleichwohl rechtsmissbräuchlich sein, wenn zum Ziel der zulässigen Regulierungsarbitrage weitere Faktoren, etwa Umgehungshandlungen (dazu V.) hinzutreten.

cc) Rechtsmissbräuchliches Berufen auf die Anwendung einer günstigeren Rechtsordnung

Den Mitgliedstaaten steht der Einwand des Rechtsmissbrauchs nach dem EuGH, wie bereits gesehen, nicht nur gegen grenzüberschreitende Gestaltungen an sich (oben bb)) zur Verfügung, sondern auch gegen ein Berufen auf eine günstigere, „an sich" – also ohne den Einwand des Rechtsmissbrauchs – aufgrund des erfolgten Gebrauchs der Niederlassungsfreiheit anwendbare Rechtsordnung. Die Möglichkeit besteht beispielsweise sowohl, wenn sich eine Gesellschaft, die sich von einer deutschen GmbH in eine österreichische GmbH umgewandelt hat, auf die Anwendbarkeit österreichischen Rechts beruft, als auch, wenn sich eine originäre österreichische GmbH in Deutschland auf die Anwendbarkeit österreichischen Rechts beruft.

Hier können über den Rechtsmissbrauchseinwand nach dem EuGH namentlich rein künstliche Konstruktionen bzw. Gestaltungen, im englischen artificial arrangements, die auf eine Umgehung des mitgliedstaatlichen Rechts im Allgemeinen gerichtet sind, von der Anwendung der günstigeren Rechtsordnung über die Niederlassungsfreiheit ausgeschlossen werden. Es wird nicht die rechtliche Wirksamkeit der Gestaltungen angezweifelt, sondern die diesen fehlende

32 EuGH Rs C-106/16, ZIP 2017, 2145 Rn. 40 – Polbud; s. zu Gründen für das Gebrauchen der Niederlassungsfreiheit *J. Schmidt*, Cross-border mergers and divisions, transfers of seat; Is there a need to legislate?, study for the JURI committee of the European Parliament, Juni 2016, PE 559.960, S. 26, 32; *Paefgen*, WM 2018, 981 (992); krit. *Kindler*, NZG 2018, 1 (2).

ökonomische Substanz im Einzelfall als milderes Mittel bei der Rechtsanwendung in Abrede gestellt. Diese Rechtfertigung für eine Beschränkung der Niederlassungsfreiheit hat der EuGH ursprünglich für die Beschränkung der Niederlassungsfreiheit gegen die Gefahr einer Steuerumgehung eingeführt, sodann aber auf das Verbot der Umgehung mitgliedstaatlichen Rechts im Allgemeinen erstreckt.[33]

In Zusammenhang mit dem Berufen auf eine günstigere Rechtsordnung ist es das Ziel der Niederlassungsfreiheit, „den Staatsangehörigen eines Mitgliedstaats zu erlauben, in einem anderen Mitgliedstaat eine Zweitniederlassung zu gründen, um dort ihren Tätigkeiten nachzugehen".[34] Aufgrund dieses Ziels steht fest, dass „die tatsächliche Ausübung einer wirtschaftlichen Tätigkeit mittels einer festen Einrichtung in diesem Staat auf unbestimmte Zeit" mit einer tatsächlichen Ansiedelung im Aufnahmemitgliedstaat nicht rechtsmissbräuchlich ist.[35] Folglich können mit dem Einwand des Rechtsmissbrauchs nur Beschränkungen der Niederlassungsfreiheit beim Berufen auf eine günstigere Rechtsordnung gerechtfertigt werden, die „rein künstliche[n], jeder wirtschaftlichen Realität bare[n] Gestaltungen" entgegentreten.[36]

dd) Übernahme allein der Rechtsprechung des EuGH zu grenzüberschreitenden Gestaltungen in die Mobilitätsrichtlinie

Da die Mobilitätsrichtlinie nur die grenzüberschreitenden Gestaltungen regelt,[37] scheint sie in Art. 86m Abs. 8, Art. 127 Abs. 8, Art. 160m Abs. 8 auch allein die diesbezügliche Rechtsprechung des EuGH (oben bb)) zu übernehmen. Folgt man dem, können im Einzelfall auch Gestaltungen, die keine künstlichen Gestaltungen sind, als rechtsmissbräuchlich untersagt werden. Das Zusammenfallen von satzungsmäßigem und tatsächlichem Sitz ist dabei ausweislich der Erwägungs-

33 Nachweise Fn. 28; *Schön*, FS Reiß, 2008, S. 571 (585 ff.). In deutschen Sprachfassungen der Urteile wird teilweise ohne direkte Übersetzung des Begriffs „artificial arrangements" und ohne Bedeutung in der Sache allgemein von Umgehungsschutz für nationales Recht gesprochen, vgl. EuGH Rs C-9/02, Slg. 2004, I-2409 Rn. 50 – De Lasteyrie du Saillant; EuGH Rs C-446/03, Slg. 2005, I-10837 Rn. 57 – Marks & Spencer; ferner zur Terminologie GA Bobek Schlussanträge Rs C-251/16, BeckRS 2017, 132357 Rn. 23 ff. – Cussens.

34 EuGH Rs C-196/04, Slg. 2006, I-7995 Rn. 53 – Cadbury Schweppes; auch EuGH Rs C-212/97, Slg. 1999, I-1459 Rn. 26 – Centros.

35 EuGH Rs C-196/04, Slg. 2006, I-7995 Rn. 53 f. – Cadbury Schweppes; zuvor auch EuGH Rs C-55/94, Slg. 1995, I-4165, Rn. 25 – Gebhard.

36 EuGH Rs C-196/04, Slg. 2006, I-7995 Rn. 55 – Cadbury Schweppes.

37 Erwägungsgrund 4 S. 3 Mobilitätsrichtlinie.

gründe lediglich ein Indiz gegen Missbrauch oder Betrug, schließt diese aber nicht aus.[38]

Da die gesetzgewordene Fassung dem Richtlinienvorschlag der Kommission noch am nächsten kommt (oben II. 4.), ist zu erwägen, mit dem Vorschlag[39] und über den EuGH hinaus künstliche Gestaltungen per se als rechtsmissbräuchliche grenzüberschreitende Gestaltungen einzuordnen. Bei künstlichen Gestaltungen ginge es dann, sofern nicht aus anderen Gründen ein Rechtsmissbrauch gegeben ist, nicht erst im zweiten Schritt darum, gegebenenfalls die Anwendung der günstigeren Rechtsordnung nach einer grenzüberschreitenden Gestaltung als rechtsmissbräuchlich zu verweigern (oben bb) und cc)).

Ein solches teilweise engeres Verständnis des Unionsgesetzgebers von der Niederlassungsfreiheit wäre zwar aufgrund des Ermessensspielraums bei der Harmonisierung wohl möglich, da auch auf diese Weise ein level playing field im Binnenmarkt geschaffen würde.[40] Gegen ein solches Verständnis in der Mobilitätsrichtlinie spricht aber, dass die Anknüpfung an die künstliche Gestaltung aus dem Kommissionsvorschlag in der Mobilitätsrichtlinie nicht mehr existiert. Zusätzlich würde die Anknüpfung der Mobilitätsrichtlinie an den Grundsatz des EuGH, dass es nicht rechtsmissbräuchlich ist, den satzungsmäßigen oder tatsächlichen Sitz zu verlegen, um in den Genuss günstigerer Rechtsvorschriften zu kommen,[41] durch den generellen Ausschluss künstlicher Gestaltungen von grenzüberschreitenden Gestaltungen konterkariert. Schließlich ist es für isolierte Verlegungen des satzungsmäßigen oder tatsächlichen Sitzes, die nach dem Grundsatz zulässig sind, bestimmend, dass es sich zu einem nicht unerheblichen Grad um künstliche Gestaltungen handelt. Dafür, dass rein künstliche Gestaltungen nicht bereits auf der Ebene der grenzüberschreitenden Gestaltung ohne Wenn und Aber rechtsmissbräuchlich sind, spricht auch, dass der Einwand des Rechtsmissbrauchs gegen das Berufen auf eine günstigere Rechtsordnung zwar

---

38 Erwägungsgrund 36 UAbs. 2 S. 3 Mobilitätsrichtlinie; *Kraft*, BB 2019, 1864 (1867); *Schön*, FS Krieger, 2020, S. 879 (896 f.).

39 Richtlinienvorschlag (Fn. 3), S. 5, 10 f., 14, 24, 27 ff., 33 f., 36, 40 f., 44, 48 ff., 55, 58, 66, 82, 87, 95 f.

40 Vgl. EuGH Rs 37/83, Slg. 1984, 1229 Rn. 20 – Rewe-Zentrale; EuGH Rs C-51/93, Slg. 1994, I-3879 Rn. 21 – Meyhui; EuGH Rs C-114/96, Slg. 1997, I-3629 Rn. 37 – Kieffer und Thill; s. ferner beim gegenwärtigen Stand des Unionsrechts zum Spielraum der Mitgliedstaaten, EuGH Rs C-106/16, ZIP 2017, 2145 Rn. 43 – Polbud; *Teichmann*, NZG 2019, 241 (247 f.); *Wicke*, DStR 2018, 2703 (2705); aA *Kraft*, BB 2019, 1864 (1867); *Schön*, FS Windbichler, 2020, S. 1039 (1053 ff.); *Bayer/J. Schmidt*, ZIP 2017, 2225 (2233).

41 Nachweise Fn. 21.

die Anwendung der günstigeren Rechtsnorm hindert, die dahinterstehende gesellschaftsrechtliche Struktur aber nicht automatisch insgesamt zu Fall bringt.[42]

Es ist daher in die Rechtsmissbrauchsprüfung gem. Art. 86m Abs. 8, Art. 127 Abs. 8, Art. 160m Abs. 8 Mobilitätsrichtlinie allein die Rechtsprechung des EuGH zu grenzüberschreitenden Gestaltungen übernommen (oben bb)). Grenzüberschreitende Gestaltungen, auch künstliche, sind nicht allein aufgrund des Ziels der Regulierungsarbitrage rechtsmissbräuchlich. Gegebenenfalls rechtsmissbräuchlich sind sie erst im Zusammentreffen mit weiteren Faktoren, beispielsweise berechtigten Vertrauens- oder Umgehungstatbeständen, etwa der Umgehung der Insolvenz- oder Gewerbeordnung (dazu V.). Da das Ziel der Regulierungsarbitrage „für sich allein keinen Missbrauch darstellt",[43] dürfte es für einen Rechtsmissbrauch nicht erforderlich sein, dass die anderen Faktoren wesentlich überwiegen. Rechtsmissbräuchlich ist es auch, wenn der weit überwiegende oder gar der einzige Zweck einer grenzüberschreitenden Gestaltung das nachfolgende rechtsmissbräuchliche Berufen auf eine günstigere Rechtsordnung ist, was freilich kaum einmal nachzuweisen sein dürfte.

3. Weitgehend Klarstellungsfunktion der Rechtsmissbrauchsprüfung

Zur Funktion der Generalklauseln ist zunächst zu berücksichtigen, dass die Bekämpfung von Betrug und Missbrauch im Unionsrecht auch ohne gesonderte einzelstaatliche oder vertragliche Rechtsgrundlage erfolgt. Insoweit handelt es sich um einen zwingenden allgemeinen Grundsatz des Unionsrechts: Ein Mitgliedstaat muss – den Anwendungsbereich der Grundfreiheit beschränkend oder einen Rechtfertigungsgrund liefernd[44] – die Anwendung von Unionsrecht verweigern, wenn es rechtsmissbräuchlich geltend gemacht wird.[45] Dies stellt die Mobilitätsrichtlinie klar.

Gegen die Umgehung nationalen Rechts durch grenzüberschreitende Gestaltungen sind die Mitgliedstaaten nach der Rechtsprechung des EuGH bisher allerdings lediglich berechtigt, nicht aber verpflichtet, Maßnahmen zum Schutz

42 Nachweise Fn. 28; *Schön*, FS Krieger, 2020, S. 879 (888); *Bungert/Becker*, DB 2019, 1609 (1613).

43 EuGH Rs C-106/16, ZIP 2017, 2145 Rn. 40 – Polbud; auch EuGH Rs C-212/97, Slg. 1999, I-1459 Rn. 27 – Centros.

44 Dazu etwa *Forsthoff*, Niederlassungsfreiheit für Gesellschaften, 2006, S. 133 ff.

45 EuGH Rs C-116/16 und C-117/16, IStR 2019, 266 Rn. 68 ff., 72, 82 – T Danmark und Y Denmark; EuGH, Rs C-115/16 u. a., IStR 2019, 308 Rn. 95 ff., 98, 110 – N Luxembourg 1 u. a.; krit. *Schön*, EuZW 2020, 637 (641 ff.); *Schön*, EuZW 2020, 685.

des nationalen Rechts gegen den Rechtsmissbrauch durch solche Gestaltungen zu ergreifen.[46] Indem die Mobilitätsrichtlinie die Mitgliedstaaten auch dann verpflichtet, grenzüberschreitende Gestaltungen zu verhindern, wenn diese der Umgehung nationalen Rechts dienen, verschärft sie die Rechtsmissbrauchsprüfung etwas. Allerdings kann zugrunde gelegt werden, dass die Mitgliedstaaten auch bisher von der Berechtigung, ihr nationales Recht gegen Rechtsmissbrauch durch grenzüberschreitende Gestaltungen zu schützen, Gebrauch gemacht haben. Auch ist regelhaft nur diese Herangehensweise der Mitgliedstaaten ermessenfehlerfrei. Dies bedeutet, dass der mit der Kodifizierung über die Klarstellungsfunktion hinaus verbundene Gehalt der Rechtsmissbrauchsprüfung marginal ist[47] und die Rechtsmissbrauchsprüfung in Art. 86m Abs. 8, Art. 127 Abs. 8, Art. 160m Abs. 8 Mobilitätsrichtlinie weitgehend Klarstellungsfunktion hat.

Aus der Klarstellung durch den Unionsgesetzgeber folgt, dass die Rechtsprechung des EuGH zu den Grenzen der Niederlassungsfreiheit bei grenzüberschreitenden Gestaltungen aufgrund des Rechtsmissbrauchseinwands im Umfang der Klarstellungsfunktion der Mobilitätsrichtlinie weiterhin Geltung beansprucht.[48] Für die Auslegung der Generalklauseln hat dies den Vorteil, dass bereits die geschilderte umfassende, wenn auch noch entwicklungsfähige Rechtsprechung des EuGH zum Missbrauch der Niederlassungsfreiheit im Besonderen (dazu 2.) und zur Beschränkung der Grundfreiheiten aufgrund des Einwands des Rechtsmissbrauchs im Allgemeinen existiert.[49]

---

46 S. die Nachweise in EuGH Rs C-212/97, Slg. 1999, I-1459 Rn. 24 – Centros sowie etwa EuGH Rs C-367/96, Slg. 1998, I-2843, Rn. 20 – Kefalas; zur Entwicklung *Vogenauer*, in: de la Feria/Vogenauer, Prohibition of Abuse of Law: A New General Principle of EU Law?, 2011, S. 521 ff.; *Fleischer*, JZ 2003, 865 (868 ff.); *Guski*, Rechtsmissbrauch als Paradoxie, 2019, S. 327 ff.

47 AA *Bayer/J. Schmidt*, BB 2019, 1922 (1930); *Schön*, FS Krieger, 2020, S. 879 (881 f.); *Brandi*, BB 2018, 2626 (2632 f.).

48 Vgl. auch *Schön*, FS Krieger, 2020, S. 879 (883).

49 Nachweise Fn. 46.

IV. Die Rechtsmissbrauchsprüfung im Ablauf grenzüberschreitender Gestaltungen nach der Mobilitätsrichtlinie

1. Die Rechtsmissbrauchsprüfung im Konzept der Mobilitätsrichtlinie

Die Mobilitätsrichtlinie gewährleistet den angestrebten Schutz der Arbeitnehmer, Gläubiger und Gesellschafter[50] bei grenzüberschreitenden Gestaltungen in erster Linie durch die Beschränkung des Anwendungsbereichs der Mobilitätsrichtlinie (Art. 86a Abs. 3, Art. 120 Abs. 3, 4, Art. 160a Abs. 3, 4) und die detaillierte Regulierung der Verfahren (Art. 86c ff., Art. 121 ff., Art. 160c ff. Mobilitätsrichtlinie). Da eine grenzüberschreitende Gestaltung nur ausnahmsweise rechtsmissbräuchlich ist, ergänzt die Rechtsmissbrauchsprüfung die genannten Schutzmechanismen der Mobilitätsrichtlinie wie bisher in der Rechtsprechung des EuGH[51] und die Beachtung der übrigen Schutzmaßnahmen der Mobilitätsrichtlinie steht dem Einwand des Rechtsmissbrauchs im Einzelfall nicht entgegen. Da rechtsmissbräuchliche Gestaltungen nicht durchgeführt werden dürfen, ist eine Erklärung, nicht rechtsmissbräuchlich zu handeln, nicht vorgesehen.

2. Das Verhältnis der Rechtsmissbrauchsprüfung zur materiellen Beschlusskontrolle der Zustimmung der Gesellschafterversammlung

Zur Zustimmung der Gesellschafterversammlung zur grenzüberschreitenden Gestaltung gibt die Mobilitätsrichtlinie den Mitgliedstaaten vor, dass diese „nicht allein" deshalb angefochten werden können darf, weil das Umtauschverhältnis oder die Barabfindung im Falle des Ausscheidens nicht angemessen festgelegt sind oder weil dazu erteilte Informationen den rechtlichen Anforderungen nicht genügen (Art. 86h Abs. 5, 126 Abs. 4, 160h Abs. 5). Daraus folgt im Umkehrschluss, dass die Zustimmung der Gesellschafterversammlung zur Sicherstellung der Richtigkeitsgewähr bei Legitimationsdefiziten von Mehrheitsherrschaft und Lei-

50 Erwägungsgründe 5 f. Mobilitätsrichtlinie.

51 Vgl. Erwägungsgrund 35 S. 1 Mobilitätsrichtlinie („Unter bestimmten Bedingungen ...").

tungsmacht[52] im Übrigen der materiellen Beschlusskontrolle unterliegt.[53] Dafür spricht auch, dass die Kontrolle bei der Vorabbescheinigung und bei der materiellen Beschlusskontrolle hinsichtlich der grenzüberschreitenden Gestaltung gleichermaßen ex ante erfolgt,[54] wenn auch der konkrete Beschluss ex post kontrolliert wird. Ebenfalls geboten ist die materielle Beschlusskontrolle, da eine grenzüberschreitende Gestaltung, die in Einklang mit der Mobilitätsrichtlinie wirksam geworden ist, nicht mehr für nichtig erklärt werden kann (Art. 86t, Art. 134, Art. 160u).[55] Materielle Beschlusskontrolle und Rechtsmissbrauchsprüfung schließen sich zudem konzeptionell nicht aus.

Soweit die materielle Beschlusskontrolle, ggf. im einstweiligen Rechtsschutz, die Zustimmung der Gesellschafterversammlung zu Fall gebracht hat, scheidet eine Vorabbescheinigung aus. In umgekehrter Richtung besteht eine solche Abhängigkeit allerdings nicht. Gesichtspunkte, die in einer materiellen Beschlusskontrolle geltend gemacht werden können, sind dessen ungeachtet bei der Rechtsmissbrauchsprüfung zu berücksichtigen, soweit der Tatbestand des Rechtsmissbrauchs erfüllt ist (dazu V.). Dies gilt aufgrund des Maßstabs Rechtsmissbrauch – ungeachtet von Fristerfordernissen für die materielle Beschlusskontrolle – auch dann, wenn die Zustimmung der Gesellschafterversammlung der materiellen Beschlusskontrolle standgehalten hat oder eine solche nicht durchgeführt worden ist, ohne dass der Grund dafür (etwa Desinteresse oder einverständliche Gläubigerbenachteiligung) eine Rolle spielt.

Für die Möglichkeit der materiellen Beschlusskontrolle ist mit Blick auf die Vorlagepflicht an den EuGH (Art. 267 Abs. 1 lit. b, Abs. 3 AEUV) davon auszugehen, dass die acte-clair-Doktrin eingreift. Die richtige Anwendung des Unionsrechts ist derart offenkundig, dass keinerlei Raum für einen vernünftigen Zweifel an der Entscheidung der gestellten Frage bleibt und das Gericht kann überzeugt sein, dass für die Gerichte der übrigen Mitgliedstaaten – so bereits in Spanien mit Blick auf eine Vorwirkung der Mobilitätsrichtlinie – und für den EuGH dieselbe Gewissheit besteht.[56]

---

52 Vgl. *Foerster*, Die Zuordnung der Mitgliedschaft, 2018, S. 5 f.

53 AAP Madrid de 14 de febrero de 2020, núm. 32 (JUR\2019\295113), 10; *Díaz Martínez*, RDM 316 (2020) 1 (13 ff.) (elektronische Version); vgl. auch Erwägungsgründe 17 f. Mobilitätsrichtlinie

54 Erwägungsgrund 33 Mobilitätsrichtlinie.

55 AAP Madrid de 14 de febrero de 2020, núm. 32 (JUR\2019\295113), 9 f.; *Díaz Martínez*, RDM 316 (2020) 1, 11 ff. (elektronische Version).

56 Vgl. AAP Madrid de 14 de febrero de 2020, núm. 32 (JUR\2019\295113), 10; zu den Kriterien EuGH Rs 283/81, Slg. 1982, 3415 Rn. 16 – C.I.L.F.I.T.; *Karpenstein*, in: Grabitz/Hilf/Nettesheim (Fn. 27) Art. 267 Rn. 58; *Gaitanides*, in: von der Groeben/Schwarze/Hatje, Europäisches Unionsrecht, 7. Aufl. (2015), Art. 267 Rn. 66.

V. Der Maßstab für die Rechtsmissbrauchsprüfung nach der Mobilitätsrichtlinie

1. Der Tatbestand des Rechtsmissbrauchs im Unionsrecht

Da die Rechtsmissbrauchsprüfung der Mobilitätsrichtlinie der Rechtsprechung des EuGH zum Verbot des Rechtsmissbrauchs folgt (oben III. 2.), gilt dies auch für ihren objektiven und subjektiven Tatbestand. Der EuGH stellt auf objektive Umstände ab, aus denen sich ergibt, dass trotz formaler Einhaltung der Bedingungen das Ziel der Regelung nicht erreicht wird. Dazu muss die subjektive Absicht kommen, sich durch Pro-forma-Handlungen ohne wirtschaftliche und geschäftliche Rechtfertigung einen ungerechtfertigten Vorteil zu verschaffen. Auf einen Missbrauch schließt das nationale Gericht durch die Würdigung von Indizien, die von den Mitgliedstaaten zu beweisen sind und für die die Möglichkeit zur Widerlegung bestehen muss. Die konkreten Indizien sind naturgemäß einzelfallabhängig.[57] Allerdings zeigt der Gerichtshof, wie beispielsweise zu sog. Durchleitungsgesellschaften, gegebenenfalls auf, „welche Indizien für die Beurteilung der Fälle, über die das nationale Gericht zu entscheiden hat, bedeutsam sein könnten".[58] Trotz des Schlusses auf die Absicht aus den Indizien gewinnt das subjektive Element seine Berechtigung aus der damit namentlich bei abgebrochenen Gestaltungen verbundenen Möglichkeit, nachzuweisen, dass die anfängliche Intention in Einklang mit dem Ziel der Regelung stand.[59]

2. Die Feststellung des Rechtsmissbrauchs bei der Niederlassungsfreiheit

Für die indizielle Feststellung des Rechtsmissbrauchs bei der Niederlassungsfreiheit ist zu berücksichtigen, dass diese und die Mobilitätsrichtlinie die Regulierungsarbitrage bei der grenzüberschreitenden Gestaltung gestatten (oben III. 2. b) bb)). Auch ist die Auswahl des auf eine Gesellschaft anwendbaren Gesell-

57 Vgl. auch Regierungsentwurf eines Gesetzes zur Umsetzung der Umwandlungsrichtlinie (Fn. 1), S. 55, 123 ff., 134, 144.

58 EuGH Rs C-116/16 und C-117/16, IStR 2019, 266 Rn. 97 ff. (99) – T Danmark und Y Denmark; auch EuGH, Rs C-115/16 u. a., IStR 2019, 308 Rn. 124 ff. (126) – N Luxembourg 1 u. a.

59 *Schön*, FS Reiß, 2008, S. 571 (590 f.); s. auch *Fleischer*, JZ 2003, 865 (872 ff.).

schaftsrechts im Binnenmarkt zum einen Teil des Regulierungswettbewerbs und zum anderen weithin reguliert. Daher ist der Einwand des Rechtsmissbrauchs bei grenzüberschreitenden Gestaltungen regelmäßig nicht spezifisch gesellschaftsrechtlich konnotiert, wenn dies freilich auch, allerdings nicht durch bloße Regulierungsarbitrage, möglich ist.[60] Entsprechend führt Erwägungsgrund 35 in erster Linie außergesellschaftsrechtlichen Missbrauch, namentlich bei Arbeitnehmerrechten, im Sozialversicherungs- oder im Steuerrecht oder zu kriminellen Zwecken, durch in Anführungszeichen gesetzte Scheingesellschaften oder Strohfirmen an.[61] Daher sind die Faktoren, die trotz zulässiger Regulierungsarbitrage zu einem Rechtsmissbrauch führen können (oben III. 2. b) dd)), im Besonderen in anderen Rechtsgebieten verortet. Es kommen die Verweisungs- und die Flexibilitätsfunktion[62] der notwendigen (oben III. 1.) Generalklauseln zum Tragen. Diese Annahme wird dadurch gestützt, dass mit Scheingesellschaften und Strohfirmen ausweislich anderer Sprachfassungen nicht Scheingesellschaften, die nur vermeintlich existieren,[63] sondern Briefkasten- und Tarngesellschaften gemeint sind.[64]

Auf dieser Grundlage wird der EuGH seine Rechtsprechung zum Rechtsmissbrauch der Niederlassungsfreiheit durch grenzüberschreitende Gestaltungen in Auslegung der Rechtsmissbrauchsklausel mit ausschließlicher Zuständigkeit harmonisierend fortentwickeln (Art. 267 Abs. 1 lit. b, Abs. 3 AEUV).[65] Daher steht die Sorge vor einem Missbrauch der Rechtsmissbrauchsprüfung nicht im Vordergrund.[66]

---

60 Vgl. auch *Noack/Kraft*, DB 2018, 1577 (1580); *Schön*, FS Krieger, 2020, S. 879 (898 f.); ferner *Forsthoff*, in: Grabitz/Hilf/Nettesheim (Fn. 27), Art. 54 Rn. 45; *ders.*, Grenzüberschreitende Gesellschaften, 2005, § 2 Rn. 46 ff.

61 Erwägungsgrund 35 S. 1, 2 Mobilitätsrichtlinie.

62 *Ohly*, Richterrecht und Generalklausel im Recht des unlauteren Wettbewerbs, 1997, S. 241 ff.; *Schricker*, ZHR 139 (1975), 208 (217 f.); vgl. auch Soergel/*Hefermehl*, BGB, 13. Aufl., 1999, § 138 Rn. 5.

63 Zu solchen *Foerster*, Die Zuordnung der Mitgliedschaft, 2018, S. 421 ff.

64 Erwägungsgrund 35 S. 1, 2 Mobilitätsrichtlinie („'shell' or 'front' companies"; „sociétés-écrans ou boîtes aux lettres"; „sociedades „fantasma" o „pantalla""; „società „di comodo" o „di copertura""); *Schön*, FS Krieger, 2020, S. 879 (900 f., 906 f.); *Noack/Kraft*, DB 2018, 1577 (1580).

65 Von der letztinstanzlichen Vorlage kann nur abgesehen werden, wenn die Rechtsfrage ausnahmsweise entschieden oder völlig offenkundig ist, EuGH Rs 283/81, Slg. 1982, 3415 Rdnr. 13 ff. – C.I.L.F.I.T., dazu auch *Foerster*, EuZW 2011, 901.

66 Diese Sorge haben trotz der weitgehenden Klarstellungsfunktion der Rechtsmissbrauchsprüfung (oben III. 3.) *Bayer/J. Schmidt*, BB 2018, 2562 (2571); *dies.*, BB 2019, 1922 (1931); *Bormann/Stelmaszczyk*, ZIP 2019, 353 (360); *Wicke*, DStR 2018, 2703 (2704); *Mörsdorf*, EuZW 2019, 141 (147 f.); *J. Schmidt*, ECFR 2019, 222 (238); *dies.*, Der Konzern 2018, 273 (276, 282); ferner kritisch etwa *Schollmeyer*, NZG 2018, 977.

Ob ein Berufen auf die Anwendung einer günstigeren Rechtsordnung über die ausgeübte Niederlassungsfreiheit rechtsmissbräuchlich ist, richtet sich ungeachtet der Mobilitätsrichtlinie weiterhin nach der entsprechenden Rechtsprechung des EuGH (oben III. 2. b) cc)).

VI. Umsetzung der Rechtsmissbrauchsprüfung in nationales Recht

Für die Umsetzung der Rechtsmissbrauchsprüfung der Mobilitätsrichtlinie in nationales Recht folgt aus den bisherigen Erkenntnissen ein klares Postulat. Die Generalklauseln, die die aus der Rechtsprechung des EuGH bekannte Rechtsmissbrauchsprüfung für grenzüberschreitende Gestaltungen überwiegend normieren (oben III. 2. b) dd)) und nur unwesentlich verstetigen, sind als entsprechende Generalklauseln in nationales Recht zu übernehmen.[67] Es ist sicherzustellen, dass bei missbräuchlichen, betrügerischen oder kriminellen Zwecken keine Vorabbescheinigung ausgestellt wird.

Entsprechend war im Referentenentwurf eines Gesetzes zur Umsetzung der Umwandlungsrichtlinie in §§ 316 Abs. 3, 4, 318 Abs. 1 S. 3 (Verschmelzung), § 329 S. 1 (Spaltung), § 343 Abs. 3, 4 (Formwechsel) UmwG-RefE eine gerichtliche Rechtsmissbrauchsprüfung ohne weitere Voraussetzungen aufgenommen.[68] Davon abweichend sieht der nachfolgende Regierungsentwurf die Rechtsmissbrauchsprüfung durch das Gericht nun in § 316 Abs. 3 S. 1 UmwG-E und damit durch die Verweisungen einheitlich für die grenzüberschreitenden Gestaltungen (§§ 318 Abs. 1 S. 3, 329 S. 1, 343 Abs. 3, 4 UmwG-E) nur „[b]eim Vorliegen von Anhaltpunkten" vor. Der Regierungsentwurf erläutert weder, um was für Anhaltspunkte es sich handeln soll, noch, warum er vom Referentenentwurf abweicht.[69] Widersprüchlich heißt es in den allgemeinen Erläuterungen des Gesetzentwurfs zur Rechtsmissbrauchsprüfung aber weiterhin, dass das Gericht eine entsprechende Prüfung vornehmen muss.[70] Im Ausgangspunkt ist zu berück-

67 AA *Stelmazsczyk*, GmbHR 2020, 61 (73), obwohl die Generalklauseln in der Mobilitätsrichtlinie nicht im Sinne von *Bormann/Stelmaszczyk*, ZIP 2019, 353 (361) geändert wurden.

68 Referentenentwurf eines Gesetzes zur Umsetzung der Umwandlungsrichtlinie, https://www.bmj.de/scharedDocs/Gesetzgebungsverfahren/Dokumente/RefE_UmRVG.pdf (zuletzt abgerufen am 13.09.2022), S. 2, 25 f., 30, 37, 53, 95, 98 ff., 103, 109, 119.

69 Regierungsentwurf eines Gesetzes zur Umwandlungsrichtlinie (Fn. 1), S. 26 f., 30 f., 38, 123 ff., 127 f., 134, 144; *Brandi/M. K. Schmidt*, DB 2022, 1880 (1888 f.).

70 Regierungsentwurf eines Gesetzes zur Umwandlungsrichtlinie (Fn. 1), S. 2, 55 sowie Referentenentwurf eines Gesetzes zur Umwandlungsrichtlinie (Fn. 68), S. 2, 53.

sichtigen, dass Art. 86m Abs. 8, Art. 127 Abs. 8, Art. 160m Abs. 8 Mobilitätsrichtlinie verlangen, dass die Mitgliedstaaten sicherstellen, dass bei rechtsmissbräuchlichem Handeln keine Vorabbescheinigung ausgestellt wird. Ein Sicherstellen, wie von der Mobilitätsrichtlinie vorgegeben, erfordert aber, soweit es überhaupt möglich ist, dass das Gericht nicht nur bei Anhaltspunkten tätig wird, die bei ihm eigenständig vorhanden sind, wie es der Regierungsentwurf nun vorsieht. Vielmehr ist für ein Sicherstellen darüber hinaus notwendig, dass das Gericht die grenzüberschreitende Gestaltung aktiv auf Anhaltspunkte für einen Rechtsmissbrauch kontrolliert. Damit steht fest, dass eine Rechtsmissbrauchsprüfung bei jeder grenzüberschreitenden Gestaltung durchzuführen ist. Der Gesetzgeber sollte in § 316 Abs. 3 S. 1 UmwG-E wieder zum allein richtlinienkonformen § 316 Abs. 3 S. 1 UmwG-RefE zurückkehren. Von dem Gesichtspunkt, dass eine Rechtsmissbrauchsprüfung in jedem Fall durchzuführen ist, ist die Intensität dieser Prüfung zu unterscheiden. Die Prüfungsintensität ist naturgemäß einzelfallabhängig. Sie wird maßgeblich von den Anhaltspunkten bestimmt, die sich bei der Rechtsmissbrauchsprüfung ergeben, nicht aber von den Anhaltspunkten, die bereits ohne Rechtsmissbrauchsprüfung eigenständig bei Gericht vorhanden sind.

Weiterhin stellt sich die Frage einer weiter ausdifferenzierten Normierung im nationalen Recht zunächst für den Grundsatz in der Rechtsprechung des EuGH zu grenzüberschreitenden Gestaltungen, nach dem es nicht missbräuchlich ist, den satzungsmäßigen oder tatsächlichen Sitz nach dem Recht eines Mitgliedstaats zu begründen, um in den Genuss günstigerer Rechtsvorschriften zu kommen (oben III. 2. a)).[71] Einer solchen Normierung steht allerdings entgegen, dass es nach dem Gerichtshof unzulässig ist, unmittelbar anwendbares Unionsrecht national zu normieren, da dadurch Unsicherheit hinsichtlich der Rechtsnatur der Vorschrift und des Zeitpunkts ihres Inkrafttretens hervorgerufen wird.[72] Da der Grundsatz der zulässigen Regulierungsarbitrage, den die Mobilitätsrichtlinie lediglich zugrunde legt, angesichts der unverändert maßgeblichen Rechtsprechung des EuGH weiterhin unmittelbar aus dem Primärrecht (Art. 49, 54 AEUV) folgt, sollte er nicht normiert werden. Gleiches gilt dafür, dass künstliche grenzüberschreitende Gestaltungen nicht per se, sondern nur bei Hinzutreten weiterer Faktoren rechtsmissbräuchlich sind. Ohnehin nicht in der Mobilitätsrichtlinie geregelt ist, dass auch bei jedem Gebrauch der Niederlassungsfreiheit, was wirksame grenzüberschreitende Gestaltungen einschließt, ein nachfolgendes Berufen auf die An-

71 Nachweise Fn. 21.

72 EuGH Rs 39/72, Slg. 1973, 101 Rn. 17 – Kommission/Italien; EuGH Rs 34/73, Slg. 1973, 981 Rn. 9 ff. – Variola.

wendung einer günstigeren Rechtsordnung rechtsmissbräuchlich sein kann (oben III. 2. b) dd)).

Schließlich stellt sich die Frage des Umfangs der mitgliedstaatlichen Regulierung für die Rechtsmissbrauchsprüfung im Zuzugsstaat. Die Mobilitätsrichtlinie gibt eine solche weder vor noch schließt sie eine solche explizit aus (Art. 86o, 128, 160o). Für die grenzüberschreitende Verschmelzung kommt dem nur geringe Bedeutung zu, da jeder beteiligte Mitgliedstaat eine Vorabbescheinigung ausstellt und deshalb auch jeder Mitgliedstaat die Rechtsmissbrauchsprüfung vornimmt (Art. 127 Mobilitätsrichtlinie). Für die grenzüberschreitende Umwandlung und die grenzüberschreitende Spaltung wurde allerdings wohl übersehen, dass die Mobilitätsrichtlinie im Zuzugsstaat eine Rechtsmissbrauchsprüfung nicht vorsieht. Dies steht einer Rechtsmissbrauchsprüfung im Zuzugsstaat allerdings nicht entgegen. Es bleibt insoweit vielmehr primärrechtlich dabei, dass der Zuzugsstaat nicht nur bei der Anwendung einer günstigeren Rechtsordnung, sondern auch in Bezug auf grenzüberschreitende Gestaltungen selbst die Anwendung von Unionsrecht verweigern muss, wenn es rechtsmissbräuchlich geltend gemacht wird, und berechtigt ist, Maßnahmen zum Schutz seines nationalen Rechts gegen Missbrauch, namentlich durch missbräuchliche grenzüberschreitende Gestaltungen oder das missbräuchliche Berufen auf die Anwendung einer günstigeren Rechtsordnung, zu ergreifen (oben III. 3.). Da die Pflicht und das Recht des Zuzugsmitgliedstaats unmittelbar aus dem Primärrecht folgen, kann auch auf diese lediglich in der Gesetzesbegründung erläuternd hingewiesen werden. Diese weiteren zur Umsetzung angeführten Aspekte berücksichtigt der Regierungsentwurf zur Umsetzung der Mobilitätsrichtlinie in der Sache.[73]

VII. Ergebnisse

1. Die Generalklauseln in Art. 86m Abs. 8, Art. 127 Abs. 8, Art. 160m Abs. 8 Mobilitätsrichtlinie sind aufgrund ihrer Flexibilität das zutreffende Instrument, um Rechtsmissbrauch bei grenzüberschreitenden Gestaltungen (Umwandlung, Verschmelzung, Spaltung) vor Ausstellung einer Vorabbescheinigung zu bekämpfen.
2. Die Mobilitätsrichtlinie legt die Rechtsprechung des EuGH zu grenzüberschreitenden Gestaltungen zugrunde. Diese gilt daher auch für die Auslegung der Mobilitätsrichtlinie.

73 Vgl. Regierungsentwurf (Fn. 1), S. 2, 26 f., 30 f., 38, 55, 123 ff., 127 ff., 134, 144.

3. Grenzüberschreitende Gestaltungen sind zur Regulierungsarbitrage – einem der Ziele der Niederlassungsfreiheit – prinzipiell zulässig, im Einzelfall aber aufgrund weiterer Faktoren rechtsmissbräuchlich, ohne dass es darauf ankommt, ob es sich um künstliche Gestaltungen handelt.
4. Der Einwand des Rechtsmissbrauchs gegen grenzüberschreitende Gestaltungen ist regelmäßig nicht spezifisch gesellschaftsrechtlich konnotiert. Er beruht typischerweise vielmehr auf der Umgehung sonstigen Rechts (etwa Arbeits-, Sozial- oder Steuerrecht) und ist daher in anderen Rechtsgebieten verortet und auch dort zu klären.
5. Der Einwand des Rechtsmissbrauchs gegen das Berufen auf eine günstigere Rechtsordnung im Anschluss an grenzüberschreitende Gestaltungen oder auch ohne solche Gestaltungen richtet sich weiterhin nach der Rechtsprechung des EuGH. Nach dieser, die die Mobilitätsrichtlinie nicht normiert, sind namentlich rein künstliche Gestaltungen von der Anwendung der günstigeren Rechtsordnung ausgeschlossen.
6. Die Mitgliedstaaten müssen künftig nicht nur, wie bisher, Unionsrecht, sondern auch nationales Recht gegen Umgehung schützen. Die darin gegenüber der bisherigen Berechtigung zum Schutz nationalen Rechts liegende Verschärfung ist marginal, da auch bisher nur der Schutz des nationalen Rechts ermessensfehlerfrei gewesen ist.
7. Die Rechtsmissbrauchsprüfung ergänzt unverändert die weiteren Schutzmechanismen der Mobilitätsrichtlinie. Insbesondere die Zustimmung der Gesellschafterversammlung unterliegt gleichbleibend der materiellen Beschlusskontrolle (acte clair), die die Rechtsmissbrauchsprüfung thematisch nicht einschränkt.
8. Die Rechtsmissbrauchsprüfung folgt mit objektivem und subjektivem Tatbestand der Rechtsprechung des EuGH, der ggf. Indizien aufzeigt, die für einen Rechtsmissbrauch bedeutsam sein könnten.
9. Die normierenden Generalklauseln der Mobilitätsrichtlinie sollten als Generalklauseln in das nationale Recht übernommen werden. Eine Rechtsmissbrauchsprüfung ist bei jeder grenzüberschreitenden Gestaltung durchzuführen.
10. Weiterhin unmittelbar aus dem Primärrecht folgende Aspekte der Niederlassungsfreiheit sollten nicht normiert werden, um deren primärrechtliche Rechtsnatur nicht zu verschleiern. Dies gilt auch für die Pflicht des Zuzugsmitgliedstaats, die Anwendung von Unionsrecht zu verweigern, wenn es rechtsmissbräuchlich geltend gemacht wird, sowie für sein Recht, Maßnahmen zum Schutz seines nationalen Rechts gegen Missbrauch, namentlich durch missbräuchliche grenzüberschreitende Gestaltungen oder das miss-

bräuchliche Berufen auf die Anwendung einer günstigeren Rechtsordnung, zu ergreifen.

Philipp Maximilian Holle*

Bericht über die Diskussion

Die Diskussion im Anschluss an das Referat von *Max Foerster* umfasste mehrere Wortmeldungen und einige Einwürfe des Diskussionsleiters *Hartmut Wicke*. Schwerpunkte waren die Reichweite und sachgerechte Handhabung der Rechtsmissbrauchsprüfung, deren Verhältnis zur materiellen Beschlusskontrolle sowie die Erkenntnismöglichkeiten der zuständigen Behörde. Ferner wurde auf die Möglichkeit sowie das Erfordernis einer Rechtsmissbrauchsprüfung im Zuzugsstaat eingegangen. Zugunsten einer besseren Übersichtlichkeit sind die Wortmeldungen und die Einlassungen des Referenten hierzu im Folgenden nicht chronologisch, sondern thematisch geordnet und zusammengefasst.

I.

Mit Blick auf die Reichweite und sachgerechte Handhabung der Rechtsmissbrauchsprüfung äußerte zunächst ein Rechtsanwalt seine Besorgnis: Man habe in den bisherigen Referaten sowie den sich an diese anschließenden Diskussionen gelernt, dass die Mobilitätsrichtlinie Verbesserungen im Hinblick auf Blockaden durch Aktionäre der übertragenden Gesellschaft bringe. Dann gebe es den Gläubigerschutz und seine starke Hoffnung, dass dieser nicht zu neuen Blockademöglichkeiten führe. Beim Thema Rechtsmissbrauchsprüfung habe er angesichts der Entstehungsgeschichte angenommen, es sei einzig bezweckt, die „ganz speziellen Fälle" zu erfassen, die in schrägen Kreisen vorkämen, aber nicht den Normalfall bildeten. Nach dem Vortrag habe man nun aber das Gefühl, die Rechtsmissbrauchsprüfung drohe doch etwas ausufernder zu werden. In seinen Augen wäre es daher sinnvoll, wenn der Gesetzgeber sehr behutsam vorgehen würde, jener also lediglich die in der Richtlinie vorhandenen Textbausteine übernehme und diese nicht noch erweitere.

Foerster sowie die übrigen Diskussionsteilnehmer pflichteten dem im Grundsatz bei. Die Rechtsmissbrauchsprüfung betreffe einen marginalen Bereich, der nicht sehr häufig eine Rolle spiele. *Foerster* betonte, dass der EuGH in seiner Rechtsprechung sehr deutlich mache, dass es darum gehe, die „schrägen Fälle" auszufiltern, und dass diese Rechtsprechung weiterhin maßgeblich sei. Ein Dis-

* Dr. Philipp Maximilian Holle ist Mitarbeiter am Institut für Handels- und Wirtschaftsrecht der Universität Bonn (Lehrstuhl Prof. Dr. Jens Koch).

https://doi.org/10.1515/9783110780895-010

kussionsteilnehmer aus der Wissenschaft gab allerdings zu bedenken, dass im Wesentlichen Fälle des Arbeits-, Mitbestimmungs-, Steuer- und Sozialversicherungsrechts in Rede stünden und es deswegen gegebenenfalls doch ratsam sein könnte, die Missbrauchssachverhalte zumindest in der Gesetzesbegründung etwas näher zu konturieren. Seine Frage sei auch vor dem Hintergrund zu sehen, dass in § 43 SEBG ein Missbrauchsverbot geregelt sei und dieses nach seiner Erfahrung zu Unrecht strapaziert werde, um missliebige SE-Gründungen zu torpedieren. Dies sei ein Beispiel dafür, wie mit einem Missbrauchsverbot seinerseits Missbrauch betrieben werden könne. *Foerster* stimmte dem insoweit zu, als eine Konturierung für die Rechtspraxis immer attraktiv sei. Denn eine solche präzisiere den Anwendungsbereich und ermögliche damit auch, bestimmte Konstellationen leichter vom Rechtsmissbrauch auszunehmen. Von der Möglichkeit einer entsprechenden Konturierung riet er am Ende aber dennoch ab. Die Richtlinie gebe die genannte Begrenzung auf Fälle des Arbeits-, Mitbestimmungs-, Steuer- und Sozialversicherungsrechts im Groben jedenfalls vor. Sie mache deutlich, dass Fälle anvisiert seien, in denen Briefkasten- und Tarngesellschaften eingesetzt werden. Auch sei die Rechtsprechung des EuGH mit Blick auf die Zulässigkeit grenzüberschreitender Gestaltungen sehr klar und habe bestimmte Konstellationen bereits ausdrücklich als nicht rechtsmissbräuchlich deklariert. Vor diesem Hintergrund transportiere eine abstrakte und an der bisherigen Rechtsprechung des EuGH ausgerichtete Missbrauchsverbotsnorm nicht in allzu großem Maße das Risiko, dass sie ihrerseits missbraucht werde. Ein Missbrauch der Rechtsmissbrauchsprüfung dürfte bei der grenzüberschreitenden Gestaltung jedenfalls weniger im Vordergrund stehen als im Rahmen des § 43 SEBG.

Ein weiterer Teilnehmer aus der Wissenschaft griff die von *Foerster* in seiner 4. These vorgenommene Unterscheidung zwischen dem Missbrauch, der in der grenzüberschreitenden Gestaltung selbst liege, und dem rechtsmissbräuchlichen Berufen auf eine günstigere Rechtsordnung auf. Diese habe ihm weitere Facetten eröffnet: Während die zuerst genannten Fälle den primären Anwendungsfall der Rechtsmissbrauchsprüfung bilden könnten, ließe sich dem Missbrauch in dem zuletzt genannten Fall auch dadurch vorbeugen, dass man die ungünstigere Norm dennoch anwende. Das wiederum würde bedeuten, dass die Vorabbescheinigung in diesen Fällen zu erteilen sei. Es gebe keinen Grund, den Formwechsel zu untersagen, da man im Nachhinein das ungünstigere Recht anwenden könne. Denke man etwa an einen Formwechsel, um Gewinne zu verlagern, so könnte man diese in dem Fall, dass der nationale Fiskus einen Rechtsmissbrauch bejahe, weiterhin nach nationalem Recht besteuern. *Foerster* stimmte dem Diskutanten zu und bekräftigte in der Folge seine These: Die Rechtssache Cadbury Schweppes (C-196/04) bilde insofern die grundlegende Entscheidung. Liege der Zweck der Gestaltung allein darin, Recht zu umgehen, handele es sich um eine rechtsmissbräuchliche Gestaltung und die Vorabbescheinigung sei auch dann zu verweigern, wenn die Gestaltung ansonsten unproblematisch wäre. Verfolge der Antragssteller indes möglicherweise doch noch irgendwelche anderen geschäftlichen Motive, sei der Missbrauch nicht das einzige Ziel und die Vorabbescheinigung sei zu erteilen. Gegebenenfalls seien im Nachgang dann ungünstigere Normen dennoch anzuwenden.

II.

In Bezug auf das Verhältnis der Rechtsmissbrauchsprüfung zur materiellen Beschlusskontrolle stellte ein Rechtsanwalt zunächst die Eigenständigkeit der materiellen Beschlusskontrolle insgesamt in Frage. Jedenfalls sei zwischen den Gründen zu unterscheiden, welche die jeweiligen „Missbrauchsprüfungen" trügen. Es sei zu vermeiden, dass zwei unterschiedliche Instanzen über ein und denselben Anknüpfungspunkt für einen Missbrauch urteilen. *Foerster* und andere Diskussionsteilnehmer hielten dem entgegen, dass die materielle Beschlusskontrolle essentiell bleibe. *Foerster* gab dem Rechtsanwalt allerdings insoweit Recht, als die materielle Beschlusskontrolle mit dem Konflikt zwischen Mehrheit und Minderheit im Ausgangspunkt andere Fragen betreffe als die Rechtsmissbrauchsprüfung. Das veranschauliche insbesondere der von ihm zitierte spanische Fall (AAP Madrid de 14 de febrero de 2020, núm. 32 [JUR\2019\295113]), in dem die Verschmelzung die Mitgliedschaftsrechte des erfolgreichen Klägers im weiteren Sinne verwässert habe. Ein Diskutant aus der Wissenschaft führte aus, er habe das Referat so verstanden, dass die materielle Beschlusskontrolle isoliert neben dem Missbrauchsverbot angesiedelt sei und daher weniger beziehungsweise gar nicht unionsrechtlich determiniert sei, sondern sich primär als eine Frage des nationalen Rechts darstelle. *Foerster* bestätigte diese Einschätzung. Er betonte, in den Vorgaben der Mobilitätsrichtlinie klinge durchaus an, dass eine materielle Beschlusskontrolle in ihrer jeweiligen Ausgestaltung durch das nationale Recht vorzunehmen sei.

Ein Teilnehmer aus der notariellen Praxis merkte an, er denke bei Missbrauchsfällen vornehmlich an die Umgehung von Insolvenz- und Gläubigerschutzvorschriften durch grenzüberschreitende Firmenbestattungen. Von diesen außergesellschaftsrechtlich gelagerten Fällen sei die Konstellation BGHZ 220, 179 zu unterscheiden, die die Verschmelzung einer überschuldeten Gesellschaft auf eine gesunde Gesellschaft zum Gegenstand hatte und bei der sich die Frage nach einer Haftung wegen eines existenzvernichtenden Eingriffs gestellt habe. *Foerster* teilte die Einschätzung, dass die insolvenzrechtliche Firmenbestattung nicht primär gesellschaftsrechtlich einzuordnen sei. Inwieweit es zulässig ist, die Insolvenzordnung zu umgehen, sei eine insolvenzrechtliche Problematik, da sie die Auslegung der Insolvenzordnung betreffe. Die Frage nach einer Haftung für einen existenzvernichtenden Eingriff durch die Verschmelzung der überschuldeten auf die gesunde Gesellschaft sei auch ein Fall der materiellen Beschlusskontrolle, da es um ein Vorhaben zum Nachteil Einzelner gehe. Für den Fall, dass eine Beschlusskontrolle nicht durchgeführt werde, sei typischerweise auch ein sonstiger Rechtsmissbrauch anzunehmen. Der Diskutant ergänzte, dass man mit der materiellen Beschlusskontrolle wohl in der Tat nicht weiterkomme, da die Verschmelzung von den Gesellschaftern einvernehmlich beschlossen werde und die Gläubigerinteressen bei der materiellen Beschlusskontrolle außen vor blieben.

Ein Teilnehmer aus der Wissenschaft warf die Frage auf, ob ein Gesellschafter, der die Frist zur Beschlussanfechtung versäumt habe, seine Einwände noch gegenüber dem Registergericht anbringen könne. Dafür spreche seines Erachtens, dass die Verortung der materiellen Beschlusskontrolle in das Verfahren der Beschlussanfechtung nichts daran ändere, dass es sich der Sache nach immer noch um Rechtsmissbrauch handele. *Foerster* teilte diese Einschätzung. Die Rechtsmissbrauchsprüfung sehe einstweilen keine Frist vor und die Tatsache, dass der Gesellschafter Anfechtungsklage erheben könne, bedeute nicht, dass er anfechten müsse. Wenn es eine Rechtsmissbrauchsprüfung gebe, könne sich ein Gesellschafter, der die materielle Beschlusskontrolle nicht durchführen wolle, mit Blick auf rechtsmissbräuchliches Verhalten darauf zurückziehen, dass das mit der Prüfung beschäftigte mitgliedstaatliche Gericht einen Rechtsmissbrauch verhindere.

III.

Zu den Erkenntnismöglichkeiten der für die Prüfung des Rechtsmissbrauchstatbestands zuständigen Behörde ergriff ein Vertreter der notariellen Praxis das Wort. Er habe insoweit das Registerverfahren vor Augen. Dieses beruhe darauf, dass der Antragssteller dem Registergericht bestimmte Unterlagen zuleite und das Gericht infolge dessen die Prüfung vornehme und nur einschreite, wenn es begründete Zweifel daran habe, dass die begehrte Maßnahme ordnungsgemäß sei. Hiervon ausgehend stelle sich die Frage, ob es mit Blick auf die Rechtsmissbrauchsprüfung zweckmäßig sei, eine zusätzliche Erklärung zu verlangen, nicht rechtsmissbräuchlich gehandelt zu haben. *Heribert Heckschen* habe in seinem Referat und der anschließenden Diskussion durchaus vorgesehen, dass zu bestimmten Punkten eine Erklärung abzugeben sei, damit das Registergericht die jeweilige Thematik „abhaken“ könne. Dabei könne man auch andenken, falsche Erklärungen mit Strafe zu bewehren. Abgesehen davon frage er sich, inwiefern das Gericht sonstige Umstände berücksichtigen könne, von denen es Kenntnis habe.

Foerster wollte der Überlegung, dass der Antragssteller eigens zu erklären habe, dass sein Vorhaben nicht missbräuchlich sei, nicht folgen. Dies laufe in seinen Augen dem Umstand, dass es sich um einen Ausnahmetatbestand handele sowie auch insgesamt dem Konzept des Rechtsmissbrauchs zuwider. Eine explizite Erklärung sei schlussendlich überflüssig, da die Aussage, nicht rechtsmissbräuchlich zu handeln, jedem Antrag konkludent innewohne. Zugleich könne das Gericht aber alles, wovon es Kenntnis erlange, in seine Prüfung einbeziehen. Vermutlich seien interessierte Kreise regelmäßig über das Verfahren informiert und würden das Registergericht eigeninitiativ in Kenntnis setzen. *Foerster* betonte zudem, dass die praktische Umsetzung des Rechtsmissbrauchsverfahrens für den Maßstab der vorzunehmenden Prüfung in Anbetracht der insoweit unverändert maßgeblichen Rechtsprechung des EuGH nicht von entscheidender Bedeutung sei.

IV.

Ein Teilnehmer aus der Wissenschaft lenkte die Diskussion darüber hinaus zu dem Thema „Rechtsmissbrauchsprüfung im Zuzugsstaat“. Er sehe keine große Notwendigkeit für eine solche Prüfung. Der Sache nach könne es sich insoweit nur um Fragestellungen handeln, die außerhalb des Gesellschaftsrechts angesiedelt seien. Insoweit gelte Art. 49 Abs. 2 AEUV, das heiße, die jeweilige nationale Rechtsordnung des Zuzugsstaats sei einzuhalten. *Foerster* teilte diese Einschätzung insofern, als eine Rechtsmissbrauchsprüfung im Zuzugsstaat in Bezug auf grenzüberschreitende Gestaltungen nach der Rechtsprechung des EuGH zwar geboten sei, diese aber jedenfalls nicht in allzu vielen Konstellationen relevant werde.

Claudia Schubert*

Unternehmensmobilität im EU-Binnenmarkt – Mitbestimmung der Arbeitnehmer nach der Umwandlungsrichtlinie

Zusammenfassung: Die Mitbestimmung der Arbeitnehmer nach der Umwandlungsrichtlinie ist nach dem für die SE erprobten Modell der verhandelten Mitbestimmung unter Anwendung des sog. Vorher-Nachher-Prinzips gestaltet. Dennoch ist der nationale Gesetzgeber vor erhebliche Herausforderungen gestellt. Zu korrigieren sind nicht nur die Ungenauigkeiten des Richtlinientextes, viel gravierender ist die inkonsistente Ausgestaltung der grenzüberschreitenden Umwandlung, Spaltung zur Neugründung und Verschmelzung. Die Regelungen für die Umwandlung werden auf die Spaltung ungeachtet ihrer Eigenarten übertragen. Auch die abweichende Ausgestaltung der grenzüberschreitenden Verschmelzung ist nicht in allen Punkten sachlich gerechtfertigt. Zudem darf die Umsetzung nicht zu einer Besserstellung der inländischen Umwandlung i. w. S. führen, was mit der Niederlassungs- und Kapitalverkehrsfreiheit unvereinbar wäre.

Abstract: The participation of workers on the board-level under the Directive (EU) 2019/2121 follows the well-tested concept of negotiated co-determination for the SE and the 'before and after' principle. The transformation of the directive, however, is a challenge for the national legislator. Adjustments for the imprecise text of the directive are necessary, though more demanding is the inconsistent configuration of cross-border conversions, mergers and divisions. Firstly, the identical regulation of conversion and division ignores the particular nature of the latter. Secondly, the transformation must not treat domestic conversions, mergers and divisions better than the cross-border equivalents, which is a violation of the freedom of establishment and the free movement of capital.

* Prof. Dr. Claudia Schubert ist Professorin für Bürgerliches Recht, Arbeitsrecht, Gesellschaftsrecht und Rechtsvergleichung an der Fakultät für Rechtswissenschaft an der Universität Hamburg.

https://doi.org/10.1515/9783110780895-011

Inhaltsübersicht

I. Einleitung

Der EuGH hatte durch seine Entscheidung in der Rs. Polbud[1] die Weiterentwicklung des EU-Binnenmarktes für Gesellschaften gefördert und damit eine Harmonisierung des Rechts für grenzüberschreitende Umwandlungen angestoßen. Die Umwandlungsrichtlinie (Richtlinie [EU] 2019/2121) schafft nunmehr einen Rechtsrahmen für die grenzüberschreitende Umwandlung, die einem Formwechsel entspricht, und für die grenzüberschreitende Auf- und Abspaltung zur Neugründung. Für dessen Ausgestaltung ist sowohl der Schutz der Arbeitnehmer als auch der Minderheitsgesellschafter und der Gläubiger von wesentlicher Bedeutung.[2] Die Umwandlungsrichtlinie erkennt die Arbeitnehmerinteressen in den

1 EuGH 25.10.2017 – C-106/16 – Polbud, NJW 2017, 3639.
2 Erwägungsgrund 32 Richtlinie (EU) 2019/2121.

Erwägungsgründen explizit als Stakeholderinteressen an und erklärt deren Absicherung zum Ziel.[3]

Ein besonderer Regelungsbedarf bestand für die Mitbestimmung der Arbeitnehmer in den Organen der Gesellschaft, für die es bisher an einer Harmonisierung in der EU fehlt, so dass die grenzüberschreitende Umwandlung eine Flucht aus der Mitbestimmung ermöglichte. Die Umwandlungsrichtlinie enthält – trotz der Vorschläge des Europäischen Parlaments[4] – keine genuin europäische Unternehmensmitbestimmung. Der Richtliniengeber greift auf das für die SE entwickelte Modell einer verhandelten Mitbestimmung mit gesetzlicher Auffangregelung zurück.[5] Diese Mitbestimmungssicherung wurde bereits für die grenzüberschreitende Verschmelzung herangezogen und weiterentwickelt.[6]

Dennoch verweist die Umwandlungsrichtlinie auf die SE-Richtlinie von 2001. Das scheint im Ausgangspunkt nachvollziehbar, weil bei der Umwandlung und der Spaltung zur Neugründung im Gegensatz zur Verschmelzung gerade nicht bestehende Gesellschaften aus mindestens zwei Mitgliedstaaten aufeinander treffen. Insofern besteht eine Ähnlichkeit zur Gründung einer SE durch Formwechsel oder durch die Gründung einer SE-Tochter.[7] Die Regelungen der SE-Richtlinie sind in der Umwandlungsrichtlinie um zusätzliche Regelungen ergänzt worden, um die Flucht vor der Mitbestimmung zu erschweren[8]. Diese wurden zum Teil auf die grenzüberschreitende Verschmelzung übertragen. Dennoch sind die Umwandlung, Verschmelzung und Spaltung zur Neugründung (Umwandlung i. w. S.) nicht einheitlich geregelt, ohne dass hierfür in jedem Fall sachliche Gründe bestehen.

---

3 Erwägungsgrund 32 Richtlinie (EU) 2019/2121.

4 Siehe Europäisches Parlament, Bericht v. 9.1.2019, A8–0002/2019, 119, 212, 277; vgl. auch die Vorschläge des EGB, Towards a new framework for more democracy at work: ETUC resolution, 3.11.2014, https://www.etuc.org/en/document/towards-new-framework-more-democracy-work-etuc-resolution (zuletzt am 9.9.2022).

5 Siehe Richtlinie 2001/86/EG.

6 Vgl. z. B. *Brandes*, ZIP 2008, 2193 ff.; *Habersack*, ZHR 171 (2007), 613 ff.; Habersack/Drinhausen/Thüsing/Forst, SE-Recht, 2. Aufl. 2016, Einleitung Rn. 39; Habersack/Henssler/*Habersack*, Mitbestimmungsrecht, 4. Aufl. 2018, Einleitung Rn. 21 ff.; *Kisker*, RdA 2006, 206, 209 ff.; MüKoAktG/*Jacobs*, 5. Aufl. 2021, SEBG Vor § 1 Rn. 57 ff.; *Müller-Bonanni/Müntefering*, BB 2009, 1699 ff.; *Nagel*, NZG 2006, 97 ff.; Nagel/Freis/Kleinsorge/*Kleinsorge*, SEBG/SCEBG/MgVG, 3. Aufl. 2018, MgVG Rn. 18 ff.; *Schubert*, RdA 2007, 9 ff.; *Teichmann*, Der Konzern 2007, 89 ff.

7 *Titze*, NZA 2021, 752, 754.

8 Siehe Art. 86k Abs. 2 HS 1, Abs. 7 und Art. 160k Abs. 2 HS 1, Abs. 7 Richtlinie (EU) 2019/2121.

Die Bundesregierung hat jüngst den Gesetzentwurf zur Umsetzung der Richtlinie hinsichtlich der Arbeitnehmermitbestimmung vorgelegt.[9] Dieser Entwurf sieht kein einheitliches Gesetz für die unterschiedlichen Formen der Umwandlung i. w. S. vor. Vielmehr passt der Regierungsentwurf das bestehende MgVG an und regelt die Mitbestimmung im Falle einer grenzüberschreitenden formwechselnden Umwandlung oder Spaltung eigens in einem weiteren Gesetz, dem MgFSG. Dessen Regelungen sind vielfach parallel zu jenen des MgVG gestaltet, den Besonderheiten des Formwechsels bzw. der Spaltung wird aber Rechnung getragen und Gestaltungsspielräume werden genutzt. Dies wäre auch in einem einheitlichen Gesetz zur Mitbestimmung bei Umwandlungen möglich gewesen. Für alle Formen der Umwandlung neu geregelt ist die Mitbestimmungssicherung, die über die Richtlinienvorgaben hinausgeht.

Der folgende Beitrag konzentriert sich auf die neu geregelte Umwandlung und Spaltung und nimmt auf die Verschmelzung nur Bezug, soweit dies mit Rücksicht auf die vorgenommenen Änderungen des Art. 133 Richtlinie (EU) 2017/1132 von Bedeutung ist. Dabei findet der Regierungsentwurf Berücksichtigung.

II. Mindestsicherung der Arbeitnehmermitbestimmung nach dem Modell der SE

Mitbestimmung ist nach der Umwandlungsrichtlinie die Einflussnahme des Organs der Arbeitnehmer bzw. der Arbeitnehmervertreter auf die Angelegenheiten der Gesellschaft durch die Wahl oder die Bestellung eines Anteils der Mitglieder des Aufsichts- oder Verwaltungsrates oder durch die Empfehlung oder Ablehnung von deren Bestellung (Art. 86l Abs. 2 und Art. 160l Abs. 2 Einl. Richtlinie [EU] 2019/2121). Insoweit stimmt sie mit der SE-Richtlinie überein (Art. 2 lit. k Richtlinie 2001/86/EG). Die betriebliche Mitbestimmung außerhalb der Gesellschaftsorgane richtet sich hingegen nach dem anwendbaren nationalen Recht. Zudem schützt das Betriebsübergangsrecht die Arbeitnehmervertretungen (Richtlinie 2001/23/EG).

9 Regierungsentwurf des Gesetzes zur Umsetzung der Bestimmungen der Umwandlungsrichtlinie über die Mitbestimmung der Arbeitnehmer bei grenzüberschreitenden Umwandlungen, Verschmelzungen und Spaltungen, 6.7.2022, https://www.bmas.de/SharedDocs/Downloads/DE/Gesetze/Regierungsentwuerfe/reg-umsetzung-mitbestimmungsrechtliche-regelungen-umwandlungsrichtlinie.pdf;jsessionid=82C98E8FE9467261EF6F6777E8A81F8B.delivery2-replication?__blob=publicationFile&v=1 (zuletzt am 9.9.2022).

Bei grenzüberschreitenden Umwandlungen i. w. S. gilt für die Arbeitnehmermitbestimmung im Grundsatz das Recht des Sitzstaates der umgewandelten bzw. begünstigten Gesellschaft. Bei einer Umwandlung oder Spaltung nach Deutschland findet auf die beteiligte bzw. die hervorgehende Gesellschaft deutsches Recht, vor allem das DrittelbG und das MitbestG, Anwendung. Sofern dies – vereinfacht ausgedrückt – eine Verschlechterung der Mitbestimmung bewirkt bzw. bewirken kann, sind, wie bei der Gründung einer SE, Verhandlungen über die Mitbestimmung zu führen. Die Umwandlungsrichtlinie erlaubt bei der grenzüberschreitenden Umwandlung und Spaltung – im Gegensatz zur grenzüberschreitenden Verschmelzung – keine Verschlechterung der Mitbestimmung durch die Mitbestimmungsvereinbarung. Die Auffangregelung, die beim Scheitern der Verhandlungen zur Anwendung kommt, verfolgt dasselbe Ziel. Es gilt das sog. Vorher-Nachher-Prinzip. Die unterschiedliche Ausgestaltung lässt sich darauf zurückführen, dass nur an der Verschmelzung mehrere Gesellschaften beteiligt sind und es daher der Kompromissfindung bei den Verhandlungen ggf. auch einer Verschlechterung gegenüber dem höchsten Mitbestimmungsstandard bedarf.

Das Verhandlungsmodell wird in der Umwandlungsrichtlinie ergänzt um einen dreifachen Schutz vor dem Missbrauch grenzüberschreitender Umwandlungen i. w. S., insbesondere vor der Entziehung oder Vorenthaltung von Mitbestimmungsrechten. Erstens ist über die Mitbestimmung bereits zu verhandeln, wenn die Umwandlung i. w. S. kurz vor dem Erreichen des Schwellenwertes für die Mitbestimmung im Wegzugsstaat stattfindet (Art. 86l Abs. 2 Einl., 133 Abs. 2 Einl., 160l Abs. 2 Einl. Richtlinie [EU] 2019/2121). Diese Fallgruppe wirkt der Flucht vor der Mitbestimmung entgegen[10], auch wenn nicht jeder Einzelfall als Missbrauch einzuordnen ist.[11] Zweitens muss die Gesellschaft bei allen Umwandlungen i. w. S. bis zum Ablauf von vier Jahren nach der fristauslösenden grenzüberschreitenden Umwandlung i. w. S. die Mitbestimmung sichern und ggf. erneut verhandeln (Art. 86l Abs. 7, 133 Abs. 2, 160l Abs. 2 Richtlinie [EU] 2019/2121). Drittens verweist die Richtlinie auf das allgemeine Missbrauchsverbot der SE-Richtlinie, dessen Wahrung nun das Registergericht prüfen muss (Art. 86l Abs. 3 lit. f, 160l Abs. 3 lit. f Richtlinie [EU] 2019/2121). Für die grenzüberschreitende Verschmelzung fehlt

10 Zum Normzweck Erwägungsgrund 31 Richtlinie (EU) 2019/2121.

11 Vgl. zum Streit über die Einordnung dieser Fallgruppe als Missbrauch nach § 43 SEBG *Drinhausen/Keinath*, BB 2011, 2699, 2701 f.; Habersack/Drinhausen/*Hohenstatt/Müller-Bonanni* (Fn. 6), SEBG § 43 Rn. 3; Habersack/Henssler/*Henssler* (Fn. 6), SEBG § 43 Rn. 8; Lutter/Hommelhoff/Teichmann/*Oetker*, SE-Kommentar, 2. Aufl. 2015, SEBG § 43 Rn. 7; Nagel/Freis/Kleinsorge/*Nagel* (Fn. 6), SEBG § 43 Rn. 3; Wißmann/Kleinsorge/Schubert/*Kleinsorge*, Mitbestimmungsrecht, 5. Aufl. 2018, EU-Recht Rn. 139.

eine entsprechende Regelung. Allerdings gilt zumindest das allgemeine Rechtsmissbrauchsverbot des Unionsrechts auch in diesem Fall.

Für die verhandelte Mitbestimmung ist vorab festzuhalten, dass die Mitbestimmungssicherung in der Umwandlungsrichtlinie vor allem anhand der grenzüberschreitenden Umwandlung ausgearbeitet und eher schematisch auf die Spaltung zur Neugründung übertragen wurde, ohne deren Eigenarten im Einzelnen zu würdigen. Es bestehen jedoch Unterschiede einerseits zur SE-Gründung, andererseits zu den bestehenden Regelungen für die grenzüberschreitende Verschmelzung, die nur teilweise geglättet wurden. Die folgende Darstellung konzentriert sich daher zunächst auf die grenzüberschreitende Umwandlung und behandelt für die Spaltung nur deren Besonderheiten.

Insgesamt ist der nationale Gesetzgeber bei der Transformation der Umwandlungsrichtlinie vor allem mit drei Problemfeldern konfrontiert: (1) mit Ungenauigkeiten des Richtlinientextes, (2) mit Abweichungen zwischen den Regelungen der grenzüberschreitenden Umwandlung bzw. Spaltung und Verschmelzung, obwohl ein vergleichbarer Sachverhalt vorliegt, und (3) mit einheitlichen Regelungen für grenzüberschreitende Umwandlung und Spaltung, obwohl strukturelle Unterschiede bestehen, so dass zur Verwirklichung des Regelungsziels differenzierte, zumindest präzisere Regelungen erforderlich sind.

III. Verhandelte Mitbestimmung bei grenzüberschreitender Umwandlung

1. Verhandlungspflicht

a) Überblick

Eine Verhandlungspflicht besteht bei der grenzüberschreitenden Umwandlung, wenn die beteiligte Gesellschaft im Wegzugsstaat alsbald den Schwellenwert für die Mitbestimmung erreichen würde oder wenn sich die Mitbestimmung im Zuzugsstaat hinsichtlich ihres Umfangs verringerte oder sich die Beteiligung ausländischer Arbeitnehmer an der Mitbestimmung verschlechterte (Art. 86l Abs. 2 Richtlinie [EU] 2019/2121). Während der erste Tatbestand ein Novum ist, waren die beiden letzten bereits in der Richtlinie über grenzüberschreitende Verschmelzungen enthalten.[12] Vergleichbare Tatbestände waren für die SE-Gründung entbehrlich, weil das nationale Recht insoweit nicht für die SE gilt.

Die Umwandlungsrichtlinie führt regelmäßig zu einer Verhandlungspflicht bei einer Hereinumwandlung nach Deutschland. Trotz des hohen nationalen Mitbestimmungsstandards sind die genannten Verschlechterungen der Mitbestimmung vielfach zu erwarten: Erstens haben eine Reihe von Mitgliedstaaten einen niedrigeren Schwellenwert für die Drittelbeteiligung der Arbeitnehmer im Aufsichtsrat[13], zweitens kennt das deutsche Mitbestimmungsrecht weiterhin kein Wahlrecht für ausländische Arbeitnehmer[14].

b) Sog. Vier-Fünftel-Regelung

Verhandlungen sind bei mitbestimmungsfreien Gesellschaften erforderlich, wenn sie in den sechs Monaten vor der Offenlegung des Umwandlungsplans durchschnittlich vier Fünftel des Schwellenwertes für die Mitbestimmung im Wegzugsstaat erreicht haben. Auch wenn der Richtlinienwortlaut dies nicht explizit ausdrückt, wird man die Bestimmung dahingehend verstehen müssen, dass die beteiligte Gesellschaft Arbeitnehmer im Umfang von *mindestens* (nicht genau) vier Fünfteln des geltenden Schwellenwertes haben muss.[15] Dies ergibt sich aus dem Normzweck. Es soll die Flucht vor der demnächst eingreifenden Arbeitnehmermitbestimmung verhindert werden.[16] Das hat der Regierungsentwurf in § 5 Nr. 1 MgFSG-RegE bzw. § 5 Nr. 1 MgVG-RegE bereits berücksichtigt.

---

12 Art. 16 Abs. 2 lit. a, b Richtlinie 2005/56/EG a.F., später Art. 133 Abs. 2 lit. a, b Richtlinie (EU) 2017/1132.

13 Z. B. Dänemark (mehr als 35 Arbeitnehmer), Finnland (mehr als 150 Arbeitnehmer), Niederlande (mehr als 100 Arbeitnehmer) , Österreich (mehr als 300 Arbeitnehmer), Schweden (mehr als 25 Arbeitnehmer), Slowakei (mehr als 50 Arbeitnehmer), Ungarn (mehr als 200 Arbeitnehmer); vgl. dazu *Conchon/Kluge/Stollt*, ETUI – Worker board-level participation in the 31 European Economic Area countries (Table), 31.7.2015, https://www.etui.org/publications/reports/the-european-company-prospects-for-worker-board-level-participation-in-the-enlarged-eu (zuletzt 9.9.2022).

14 Vgl. zur Europarechtskonformität des deutschen Rechts EuGH 18.7.2017 – C-566/15 – Erzberger, NJW 2017, 2603.

15 *Mückl/Götte*, BB 2018, 2036, 2038; *Pütz*, AG 2020, 117, 119.

16 Ablehnend *Junker*, EuZA 2019, 141, 142; *Noack/Kraft*, DB 2018, 1577, 1581; anders *Habersack*, ZHR 182 (2018), 495, 502, der eine einheitliche Regelung fordert, wie sie nun in der Richtlinie enthalten ist.

Maßgebend für die Mitbestimmung i. S. der Norm ist dabei das Recht des Wegzugsstaates, da die Regelung eine Mitbestimmungssicherung bezweckt.[17] Das regelt § 5 Nr. 1 MgFSG-RegE sogar explizit. Diese Vorgabe gilt zum einen für den Schwellenwert, zum anderen für die Zahl der Arbeitnehmer. Daher ist der Arbeitnehmerbegriff des Wegzugsstaates maßgebend.[18] Auch ausländische Arbeitnehmer sind nur nach dessen Maßgabe zu berücksichtigen.[19] Sofern für die Mitbestimmung bei der beteiligten Gesellschaft im Wegzugsstaat eine Konzernzurechnung besteht, ist diese zu berücksichtigen[20], damit die Regelung einen effektiven Schutz vor der Flucht aus der Mitbestimmung bewirkt. Etwas anderes galt noch für die grenzüberschreitende Verschmelzung nach Art. 133 Richtlinie (EU) 2017/1132 a.F., der einen Schwellenwert von 500 Arbeitnehmern unabhängig von der Mitbestimmung im Wegzugsstaat bestimmte.[21]

Die Sechsmonatsfrist der Vier-Fünftel-Regelung knüpft an die Offenlegung des Umwandlungsplans im Register bzw. auf der Webseite nach Art. 86g Umwandlungsrichtlinie an. Sie beginnt für Gesellschaften mit Sitz in Deutschland nach §§ 187 Abs. 1, 188 Abs. 2, 3 BGB am Tag der Offenlegung vor sechs Monaten. Bezogen auf diesen Zeitraum ist die durchschnittliche (nicht die regelmäßige) Arbeitnehmerzahl zu ermitteln.[22]

Eine Verhandlungspflicht besteht zweifellos, wenn es um das erstmalige Erreichen des Schwellenwertes im Wegzugsstaat geht. Sofern ein weiterer Schwellenwert, wie in § 1 MitbestG, zu einer Intensivierung der Mitbestimmung führt, greift die Verhandlungspflicht ebenfalls ein.[23] Der Wortlaut des Art. 86l Abs. 2 Umwandlungsrichtlinie ist nicht eindeutig, weil er auf Schwellenwerte Bezug nimmt, die „die Mitbestimmung auslösen". Zweck der Norm ist es aber, der Flucht vor der Mitbestimmung durch Umwandlung entgegenzuwirken. Dieses Ziel ist bei einer nach der Unternehmensgröße abgestuften Mitbestimmung auch dann einschlägig, wenn sich die Mitbestimmung ab einem Schwellenwert intensiviert.[24]

---

17 Erwägungsgrund 31 Richtlinie (EU) 2019/2121; zu den Hindernissen für deren Einführung *Schubert*, AG 2017, 369 ff.; *Wißmann*, FS Wank, 2014, 695 ff.

18 Vgl. dazu Begründung des Regierungsentwurfs zu § 5 Nr. 1 (Fn. 9), S. 45.

19 *Mückl/Götte*, BB 2018, 2036, 2038.

20 Begründung des Regierungsentwurfs zu § 5 Nr. 1 (Fn. 9), S. 45.

21 Vgl. dazu Annuß/Kühn/Rudolph/Rupp/*Annuß*, EBRG, 2014, MgVG § 5 Rn. 5; Franzen/Gallner/Oetker/*Oetker*, Kommentar zum Europäischen Arbeitsrecht, 4. Aufl. 2022, RL (EU) 2017/1132 Art. 133 Rn. 12, 19; *Mückl/Götte*, BB 2018, 2036, 2038.

22 Habersack/Drinhausen/*Thüsing/Forst* (Fn. 6), MgVG § 5 Rn. 9; *Mückl/Götte*, BB 2018, 2036, 2038.

23 Anders *Pütz*, AG 2020, 117, 119; *Titze*, NZA 2021, 752, 754.

24 Vgl. auch *Selent*, NZG 2018, 1171, 1173, der für die Relevanz des zweiten Schwellenwertes auch auf die Unterschiede hins. der Konzernzurechnung verweist.

Dies stellt der Regierungsentwurf nicht klar, was aber daran liegen mag, dass § 5 Nr. 1 MgFSG-RegE nur die Hineinumwandlung nach Deutschland betrifft und die abgestufte Mitbestimmung derzeit eine deutsche Besonderheit ist.

Punktuell geht der Wortlaut des Art. 86l Abs. 2 Umwandlungsrichtlinie über den Zweck der Verhandlungspflicht hinaus. Sofern die Mitbestimmung im Zuzugsstaat nicht hinter der Mitbestimmung im Wegzugsstaat zurückbleibt, ist die Umwandlung keine Flucht vor der Mitbestimmung. Eine Verhandlungspflicht verstieße in diesem Fall gegen Art. 49 und Art. 63 AEUV, weil sie nicht zur Mitbestimmungssicherung als legitimen Ziel erforderlich ist. Insofern ist eine primärrechtskonforme Einschränkung der Richtlinie erforderlich. Für den Vergleich der Mitbestimmung im Zuzugsstaat ist sowohl auf deren Umfang als auch auf die Beteiligung der ausländischen Arbeitnehmer abzustellen.

Insgesamt steht die sog. Vier-Fünftel-Regelung vor allem wegen ihrer Konsequenzlosigkeit in der Kritik.[25] In der Tat erfolgen Verhandlungen über die Mitbestimmung immer unter dem Eindruck der gesetzlichen Auffangregelung, die lediglich eine Mitbestimmungssicherung bewirkt. Folglich gilt in diesem Fall: Wo keine Mitbestimmung ist, kann auch nichts gesichert werden. Die Mitbestimmung ist nach der Auffangregelung Null. Entgegen dem Vorschlag des Europäischen Parlaments[26] enthält die Umwandlungsrichtlinie zudem keine Nachverhandlungspflicht. Bei der Bewertung sind jedoch zwei Dinge zu berücksichtigen: Nach dem Richtlinienwortlaut kann die Leitung der Gesellschaft nicht einseitig auf Verhandlungen verzichten und die Auffangregelung anwenden. Folglich muss sechs Monate verhandelt werden, bis die Auffangregelung greift. Das erzeugt indirekt einen Verhandlungsdruck. Dieses Konzept hat die Umwandlungsrichtlinie auf die grenzüberschreitende Verschmelzung übertragen und Art. 133 Abs. 4 lit. a Richtlinie (EU) 2017/1132 dementsprechend angepasst. Eine einseitige Entscheidung der Leitungen für eine Anwendung der Auffangregelung ist daher nur noch möglich, wenn mindestens eine der beteiligten Gesellschaften mitbestimmt ist. Dies ist in § 15 Abs. 3 MgVG-RegE geregelt. Die Regelung über die Anwendung der Auffangregelung in § 23 Abs. 1 S. 1 Nr. 3, S. 2 MgVG ist unberührt geblieben, so dass die Mitbestimmung weiterhin mindestens ein Drittel der Gesamtzahl der Arbeitnehmer aller beteiligten Gesellschaften und betroffenen Tochtergesellschaften erfassen muss. Dies widersprach bereits der ursprünglichen Fassung der

---

25 *Bormann/Stelmaszczyk*, ZIP 2019, 353, 364; *Brandi*, BB 2018, 2626, 2632; *Habersack*, ZHR 182 (2018), 495, 501 f.; *Mückl/Götte*, BB 2018, 2036, 2039, 2040 f.; *Noack/Kraft*, DB 2018, 1577, 1581; *Pütz*, AG 2020, 117, 119; *Teichmann*, NZG 2019, 241, 247; vgl. auch *Bayer/Schmidt*, BB 2019, 1922, 1934, die auf die Unverhältnismäßigkeit der Belastung mit dem Verhandlungsverfahren verweisen.

26 Europäisches Parlament, Bericht v. 9.1.2019, A8 – 0002/2019, 123, 177, 216, 280, 305, 324.

Richtlinie (EU) 2017/1132 und bedarf ebenfalls nach der Neufassung des Art. 133 Abs. 4 lit. a einer teleologischen Reduktion.[27]

c) Verminderung des Mitbestimmungsumfangs

Im Übrigen besteht eine Verhandlungspflicht nur bei mitbestimmten Gesellschaften, wenn das Recht des Zuzugsstaates nicht mindestens den gleichen Umfang an Mitbestimmung vorsieht. Hierfür bezieht sich die Richtlinie und in deren Umsetzung § 5 Nr. 2 MgFSG-RegE auf den „Anteil der Arbeitnehmervertreter a) im Aufsichts- oder Verwaltungsorgan, b) in Ausschüssen, in denen die Mitbestimmung der Arbeitnehmer erfolgt oder c) im Leitungsgremium, das für die Ergebniseinheit zuständig ist". Begrifflich ist der Anteil an Mitbestimmung nicht identisch mit der Anzahl der Arbeitnehmervertreter, sondern erfasst eine proportional gleiche Beteiligung.[28]

Anders als bei der gesetzlichen Auffangregelung kommt es nicht darauf an, dass die Mitbestimmung in allen Komponenten gleichbleibt.[29] Der Vergleich berücksichtigt nicht, ob es sich um eine monistische oder dualistische Gesellschaft handelt.[30] Auch das Bestehen eines Zweitstimmrechts des Aufsichtsratsvorsitzenden[31] oder der Sitz in Ausschüssen ist irrelevant[32]. Beide Aspekte beeinflussen die Mitbestimmungsintensität zwar grundsätzlich, sind aber nicht quantifizierbar und somit keinem Vergleich des Mitbestimmungsumfangs zugänglich.[33]

---

27 So zur Richtlinie (EU) 2017/1132 Gaul/Ludwig/Forst/*Kienast*, Europäisches Mitbestimmungsrecht, 2015, § 5 Rn. 146; *Roßmann*, Unternehmensmitbestimmung und grenzüberschreitende Verschmelzung in der Europäischen Union, 2012, 196; *Trost*, Ausgewählte Fragen der Mitbestimmungsgestaltung bei grenzüberschreitenden Verschmelzungen, 2016, 149 f.; methodisch zweifelnd Franzen/Gallner/Oetker/*Oetker* (Fn. 21), RL (EU) 2017/1132 Art. 133 Rn. 60.

28 So zu Art. 133 Abs. 2 lit. a Richtlinie (EU) 2017/1132 Franzen/Gallner/Oetker/*Oetker* (Fn. 21), RL (EU) 2017/1132 Art. 133 Rn. 21.

29 Anders der Änderungsvorschlag des Europäischen Parlaments, Bericht v. 9.1.2019, A8 – 0002/2019, 117, 177, 216, 275, 296, 320.

30 So zu § 5 Nr. 2 MgVG *Brandes*, ZIP 2008, 2193, 2195; Habersack/Henssler/*Habersack* (Fn. 6), MgVG § 5 Rn. 4; *Schubert*, RdA 2007, 9, 10.

31 So zu § 5 Nr. 2 MgVG *Schubert*, RdA 2007, 9, 10.

32 Zur Alternativität der Beteiligung am Aufsichtsrat und den Ausschüssen nach § 5 Nr. 2 MgVG *Schubert*, RdA 2007, 9, 10 f.

33 Ebenso *Selent*, NZG 2018, 1171, 1173.

Auch der Arbeitsdirektor i. S. v. § 33 MitbestG ist für den Anteil der Mitbestimmung nicht relevant.[34] Er ist Vorstandsmitglied mit der gesetzlich geregelten Zuständigkeit für die personellen und sozialen Angelegenheiten. Insofern ist er zwar mit Angelegenheiten der Arbeitnehmer befasst, er ist aber Teil der Geschäftsleitung. Außerdem wird er nicht von den Arbeitnehmern gewählt oder bestellt und kann daher nicht als Arbeitnehmervertreter gelten. Seine Bestellung erfolgt nach § 31 Abs. 2–4 MitbestG durch den Aufsichtsrat. Das gilt ebenfalls für den Arbeitsdirektor nach der Montanmitbestimmung, auch wenn die Arbeitnehmervertreter bei seiner Bestellung ein Vetorecht haben. Etwas anderes ergibt sich nicht daraus, dass die Richtlinie die „Leitung der Ergebniseinheit" erfasst. Dieser Terminus nimmt nicht auf die Geschäftsleitung, sondern auf die Art der Mitbestimmung in Finnland Bezug und war bereits in der Richtlinie 2005/56/EG enthalten.[35] Insoweit besteht Einigkeit, dass weder die Richtlinie noch das Transformationsgesetz in § 5 Nr. 2 MgVG den Arbeitsdirektor erfasst.[36] Daher kann für die Umwandlungsrichtlinie und § 5 Nr. 2 MgFSG-RegE nichts anderes gelten.

d) Wegfall der Beteiligung der ausländischen Arbeitnehmer

Schließlich besteht eine Verhandlungspflicht, wenn die ausländischen Arbeitnehmer der umgewandelten Gesellschaft nach dem Recht des Zuzugsstaates nicht den gleichen Anspruch auf Ausübung von Mitbestimmungsrechten haben wie die inländischen Arbeitnehmer. Nach seinem Wortlaut setzt Art. 86l Abs. 2 lit. b Umwandlungsrichtlinie nicht voraus, dass die ausländischen Arbeitnehmer vorher bereits Mitbestimmungsrechte hatten. Zweck der Regelung ist jedoch die Mitbestimmungssicherung, die auch den Schutz vor dem individuellen Verlust von Beteiligungsrechten umfasst. Insofern ist der Tatbestand einzuschränken auf Fälle, in denen die Arbeitnehmer vor der Umwandlung bereits Beteiligungsrechte hatten.[37] Das stellt zugleich die Primärrechtskonformität der Richtlinie sicher. Eine solche Einschränkung sieht der Regierungsentwurf indes nicht vor.

---

34 So zu § 5 Nr. 2 MgVG *Brandes*, ZIP 2008, 2193, 2195; Habersack/Drinhausen/*Thüsing/Forst* (Fn. 6), MgVG § 5 Rn. 15; Habersack/Henssler/*Habersack* (Fn. 6), MgVG § 5 Rn. 4; *Schubert*, RdA 2007, 9, 11.

35 Vgl. *Toiviainen*, in: Baums/Ulmer, Unternehmens-Mitbestimmung der Arbeitnehmer im Recht der EU-Mitgliedstaaten, 2004, 25, 28; *Ulmer*, in: Baums/Ulmer (Fn. 35), 159, 163.

36 Siehe Fn. 34.

37 Zur parallelen Diskussion zu Art. 133 Abs. 2 lit. b Richtlinie (EU) 2017/1132, aber ohne Bezug auf das Primärrecht s. *Drinhausen/Keinath*, AG 2010, 398, 400 ff.; Gaul/Ludwig/Forst/*Forst* (Fn. 27), § 5 Rn. 38; Habersack/Henssler/*Habersack* (Fn. 6), MgVG § 5 Rn. 6; Henssler/Willemsen/Kalb/

Diese Verhandlungspflicht ließe sich für die Mitgliedstaaten vermeiden, indem das nationale Recht dahin geändert wird, dass ausländische Arbeitnehmer an der Mitbestimmung beteiligt werden. Das ist allerdings nicht vom Unionsrecht vorgegeben.[38] Die Richtlinie erlaubt den Mitgliedstaaten dies für den Fall der grenzüberschreitenden Umwandlung, aber nur für die Arbeitnehmer in der Europäischen Union. Eine pauschale Erweiterung des Wahlrechts auf ausländische Arbeitnehmer ginge darüber hinaus und konfrontierte andere Staaten mit einer Unternehmensmitbestimmung, so dass der Rechtsdurchsetzung ggf. deren ordre public entgegensteht.[39] Insofern lässt der Regierungsentwurf die bestehenden Regelungen der Unternehmensmitbestimmung unangetastet, weshalb die mangelnde Beteiligung ausländischer Arbeitnehmer an der Mitbestimmung nach dem DrittelbG oder dem MitbestG oder der Montanmitbestimmung in der Regel eine Verhandlungspflicht auslöst.[40]

2. Verhandlungsverfahren

Das Verhandlungsverfahren regelt die Umwandlungsrichtlinie im Wesentlichen nicht selbst, sondern verweist auf die SE-Richtlinie. Für die Verhandlung bedarf es daher der Bildung eines besonderen Verhandlungsgremiums, das nach dem Grundsatz der Repräsentativität aus Arbeitnehmervertretern der beteiligten Gesellschaft, der betroffenen Tochtergesellschaften und Betriebe bestehen muss. Die Zahl der Sitze ist proportional zur Zahl der Arbeitnehmer in den einzelnen Mitgliedstaaten.

Da sich die Verhandlungen auf die Mitbestimmung beschränken und im Gegensatz zur SE nicht auf die Unterrichtung und Anhörung der Arbeitnehmer erstrecken, stellt sich die Frage, ob das besondere Verhandlungsgremium nur mit Vertretern solcher Arbeitnehmer zu besetzen ist, die an der Mitbestimmung partizipieren. Hiergegen spricht einerseits, dass bei der Anwendung der Vier-Fünftel-Regelung ein solches Vorgehen schon formal nicht trägt. Andererseits sind die Verhandlungen nicht auf eine Mitbestimmungssicherung beschränkt, so dass

---

Hohenstatt/Dzida, Arbeitsrecht-Kommentar, 9. Aufl. 2020, MgVG Rn. 8; *Kolb/Rothenfußer*, GmbHR 2014, 130, 135; *Trost* (Fn. 27), 122 ff.; a. A. Annuß/Kühn/Rudolph/Rupp/*Annuß* (Fn. 21), MgVG § 5 Rn. 12; *Brandes*, ZIP 2008, 2193, 2196; Franzen/Gallner/Oetker/*Oetker* (Fn. 21), RL (EU) 2017/1132 Art. 133 Rn. 25; Wißmann/Kleinsorge/Schubert/*Kleinsorge*, Mitbestimmungsrecht, 5. Aufl. 2018, EU-Recht Rn. 177.

38 Vgl. EuGH 18.6.2017 – C-566/15 – Erzberger, NJW 2017, 2603.

39 Zu den Vorgaben des IPR und IZVR siehe *Rödl*, JZ 2016, 980 ff.; *Schubert*, AG 2017, 369 ff.

40 Vgl. Begründung des Regierungsentwurfs zu § 5 Nr. 3 (Fn. 9), S. 46.

eine solche Limitierung des besonderen Verhandlungsgremiums auch teleologisch nicht gerechtfertigt ist. Insofern kann für die Transformation der Richtlinie auf die §§ 4 ff. SEBG als Vorlage zurückgegriffen werden.

Der Regierungsentwurf vereinfacht das Verhandlungsverfahren für die grenzüberschreitende formwechselnde Umwandlung im MgFSG-RegE, ohne dies auf die grenzüberschreitende Verschmelzung nach dem MgVG zu übertragen. Das ist zum einen möglich, weil nur eine Auslandsgesellschaft betroffen ist. Zum anderen werden die Gestaltungsspielräume für den nationalen Gesetzgeber ausgeschöpft. Daher wurden die Anforderungen an eine repräsentative Zusammensetzung des besonderen Verhandlungsgremiums reduziert (§ 10 MgFSG-RegE), indem nur eine Zielstellung formuliert wird.[41] Die Ergebnisse der Besetzung des besonderen Verhandlungsgremiums werden aber nur unwesentlich von denen des MgVG abweichen, weil die geregelte Zielstellung Ausdruck der Detailregelungen im MgVG sind. Die Zusammensetzung des Wahlgremiums für die inländischen Arbeitnehmer ist im MgFSG-RegE knapper als im MgVG, aber ohne inhaltliche Abweichung normiert. In jedem Fall bilden die Arbeitnehmervertreter auf der höchsten Ebene im Inland das Wahlgremium. Die gravierendste Abweichung besteht darin, dass die Mitglieder des Wahlgremiums nur noch je eine Stimme haben, während Arbeitnehmervertreter in Gremien, die mehr als einen Betrieb vertreten, sonst stets ponderierte Stimmen nach der Zahl der repräsentierten Arbeitnehmer haben (vgl. § 12 MgVG, §§ 47 Abs. 7, 55 Abs. 3 BetrVG). Lediglich bei der Direktwahl bzw. Delegiertenwahl für die Mitglieder des besonderen Verhandlungsgremiums wird die Regelung des MgVg übernommen. Der Referentenentwurf wich in § 13 noch von der bisherigen Konzeption der Wahl von Arbeitnehmervertretern nach dem MgVG ab, dies hat der Regierungsentwurf korrigiert.

Zusätzlich ist das Verhandlungsverfahren prozedural abgesichert. Analog Art. 12 Abs. 2 SE-VO (i. V. m. Art. 86 Abs. 3 Umwandlungsrichtlinie) ist dem Registergericht der Abschluss des Verfahrens nachzuweisen. Über das SE-Recht hinaus gibt Art. 86l Abs. 8 Umwandlungsrichtlinie der Leitung auf, die Arbeitnehmer bzw. deren Vertreter über den Abschluss des Verhandlungsverfahrens ohne unangemessene Verzögerung zu informieren. Die Neuregelung verstärkt hier die Verantwortung der Leitung der Gesellschaft. Das ist positiv zu bewerten, zumal der Veränderungsprozess durch die Leitung der Gesellschaft angestoßen wird.

---

41 § 10 Abs. 2 MgFSG-RegE „Die auf das Inland entfallenden Sitze des besonderen Verhandlungsgremiums sollen auf die formwechselnde und die sich spaltende Gesellschaft mit Sitz im Inland sowie auf möglichst viele Tochtergesellschaften und Betriebe, die im Inland betroffen sind, verteilt werden."

3. (Vorzeitige) Verfahrensbeendigung

Das Verhandlungsverfahren endet mit dem Abschluss der Mitbestimmungsvereinbarung oder durch Ablauf der Verhandlungsfrist mit der Folge, dass die gesetzliche Auffangregelung eingreift. Darüber hinaus können die Mitgliedstaaten dem besonderen Verhandlungsgremium gestatten, einseitig mit Zweidrittelmehrheit zu beschließen, dass keine Verhandlungen eröffnet oder laufende Verhandlungen beendet werden. Anders als bei der grenzüberschreitenden Verschmelzung ist es für den Beschluss mit Zweidrittelmehrheit nicht erforderlich, dass Arbeitnehmer aus zwei Mitgliedstaaten dafür stimmen, weil die Umwandlung nur durch eine beteiligte Gesellschaft erfolgt.[42] Kommt ein solcher Beschluss zustande, gilt das Recht des Zuzugsstaates, nicht die gesetzliche Auffangregelung. Erneute Verhandlungen finden nicht statt. Ein solcher Beschluss war auch bei einer SE-Gründung möglich, aber nicht im Fall einer Gründung durch Umwandlung.

Gewichtig ist eine zweite Besonderheit: Im Gegensatz zur grenzüberschreitenden Verschmelzung kann die Leitung im Fall einer grenzüberschreitenden Umwandlung nicht einseitig die zeit- und kostenintensiven Verhandlungen dadurch vermeiden, dass sie beschließt, die gesetzliche Auffangregelung anzuwenden. Diese Modifikation des SE-Rechts galt bei Inkrafttreten der Richtlinie über grenzüberschreitende Verschmelzungen als Verbesserung des Mitbestimmungsmodells.[43] Dieser Vorteil bleibt für die Verschmelzungen erhalten, wird bei Verhandlungen nach § 5 Nr. 1 MgVG-RegE aber auf die Fälle beschränkt, in denen mindestens eine beteiligte Gesellschaft mitbestimmt ist (Art. 133 Abs. 4 lit. a Umwandlungsrichtlinie, § 15 Abs. 3 MgFSG-RegE).[44] Diese Anpassung vermeidet ein Leerlaufen der Vier-Fünftel-Regelung, die allein vom Verhandlungsdruck lebt (siehe III.1.a). Deren Zielsetzung, Missbrauch durch Verhandlungen zu vermeiden, würde konterkariert, wenn die Leitung einseitig für die mitbestimmungsfreie Auffangregelung optieren könnte.

Eine Ausdehnung dieser Verfahrensvereinfachung auf die grenzüberschreitende Umwandlung (und Spaltung) scheiterte an den Gewerkschaften, die in den Verhandlungen über die Mitbestimmung eine Möglichkeit sehen, die Arbeitnehmer frühzeitig grenzüberschreitend zu organisieren, vor allem wenn es noch keinen Europäischen Betriebsrat gibt. Auf die Unterrichtung und Anhörung der

---

42 Kritisch zu dieser Abweichung aber *Bormann/Stelmaszczyk*, ZIP 2019, 353, 364.

43 Vgl. dazu Habersack/Henssler/*Habersack* (Fn. 6), MgVG § 23 Rn. 3; *Müller-Bonanni/Müntefering*, NJW 2009, 2347, 2351 ff.

44 Für die Streichung der Verhandlungsvermeidung auch bei der grenzüberschreitenden Verschmelzung *Bormann/Stelmaszczyk*, ZIP 2019, 353, 364.

Arbeitnehmer ist dieses Verhandlungsverfahren indes nicht ausgerichtet, zumal ein Europäischer Betriebsrat kein obligatorisches Gremium ist. Dieses rechtspolitische Ziel sollte daher im Rahmen des Rechts der Europäischen Betriebsräte verfolgt werden.

Die uneinheitliche Ausgestaltung der Umwandlungsrichtlinie ist sogar ein Verstoß gegen den allgemeinen Gleichheitssatz aus Art. 20 GRC, wenn gleiche Sachverhalte ungleich behandelt werden und es keinen legitimen Grund für die Abweichung gibt, der verhältnismäßig ist.[45] Die Verschmelzung erfolgt zwar unter Beteiligung mehrerer Gesellschaften. Das ist aber nur ein formaler, kein sachlich tragender Unterschied. Immerhin ist eine einseitige Entscheidung der Leitungen auch zulässig, wenn nur eine der beteiligten Gesellschaften mitbestimmt ist. Insofern bestehen keine anderen Rahmenbedingungen als bei der Umwandlung oder der Spaltung. Für die Ungleichbehandlung fehlt es zudem an einer Rechtfertigung durch einen legitimen Zweck und eine verhältnismäßige Umsetzung, so dass ein Verstoß gegen Art. 20 GRC vorliegt. Die Schlechterstellung lässt sich auch nicht dadurch relativieren, dass das besondere Verhandlungsgremium die Verhandlungen ablehnen oder abbrechen kann, denn es bleibt dabei, dass die Leitung keine vergleichbare alleinige Entscheidungsmacht hat.

Ein Grundrechtsverstoß führt an sich zur Nichtigkeit der Richtlinienbestimmung.[46] Bei Ungleichbehandlungen bedarf es aber vor allem der Beseitigung des gleichheitswidrigen Zustands, was Sache der zuständigen Organe ist. Der EuGH beschränkt sich allerdings nicht auf die Feststellung der ungerechtfertigten Ungleichbehandlung und das Setzen einer Frist zu deren Beseitigung.[47] Sofern eine Begünstigung gleichheitswidrig nicht gewährt wird, wendet der Gerichtshof die begünstigende Regelung bis zum Eingreifen des Gesetzgebers auf die benachteiligte Personengruppe an – notfalls auch gegen ihren Wortlaut.[48] Wann eine

---

45 Gegen die uneinheitliche Ausgestaltung, aber ohne Bezug zu Art. 20 GRC *Bayer/Schmidt*, BB 2019, 1922, 1934; *Schmidt*, ECFR 2019, 222, 267 f.

46 Vgl. z. B. EuGH 1. 3. 2011 – C-236/09 Rn. 32 f. – Test Achats; 8. 4. 2014 – C-293/12 Rn. 71 – Digital Rights; Franzen/Gallner/Oetker/*Schubert* (Fn. 21), EUV Art. 6 Rn. 32; *Jarass*, GRCh, 4. Aufl. 2021, Grdl. Rn. 60.

47 Vgl. z. B. EuGH 7. 2. 1991 – C-184/89 Rn. 18 ff. – Nimz; 28. 9. 1994 – C-408/92 Rn. 16 f. – Avdel Systems.

48 Vgl. so zur Mehrwertsteuerrichtlinie: EuGH 10. 4. 2008 – C-309/06 Rn. 63 – Marks & Spencer; so zum Abgabenrecht EuGH 29.6.1988 – C-300/86 Rn. 24 – Van Landschoot; 11. 7. 1989 – C-265/87 Rn. 26 –Schräder; zur Gleichbehandlung bei der sozialen Sicherheit EuGH 4. 12. 1986 – C-71/85 Rn. 22 – Federatie Nederlandse Vakbeweging; 24. 3. 1987 – 286/85, Rn. 19 – McDermott und Cotter; 13. 12. 1989 – C-102/88 Rn. 20 – Ruzius-Wilbrink; 20. 3. 2003 – C-187/00 Rn. 75 – Kutz-Bauer; 21. 6. 2007 – C-231/06 Rn. 39 – Jonkmann; s. auch EuGH 8. 4. 1976 – 43/75 Rn. 40 – Defrenne, NJW 1976, 2068; so zu Art. 157 AEUV EuGH 27. 6. 1990 – C-33/89 Rn. 18, 19 – Kowalska; 7. 2. 1991 – C-184/89

Regelung begünstigend ist, hat der EuGH bisher nicht definiert. Die einschlägigen Entscheidungen orientieren sich aber stets an dem Ziel der Norm. Daher kommt es bei Verstößen gegen das Diskriminierungsverbot zur Gleichbehandlung nach oben oder bei der Ausnahme von Vergünstigungen zu deren Ausdehnung auf den (noch) nicht begünstigten Personenkreis.[49]

Eine solche Begünstigung liegt nicht nur vor, wenn Ansprüche oder Rechte bzw. Gegenrechte verliehen werden, sondern auch, wenn Belastungen erspart werden.[50] Das muss insbesondere dann gelten, wenn die Richtlinie der Verwirklichung einer Grundfreiheit und dem Erreichen eines einheitlichen Binnenmarktes dient. Im Rahmen der Umwandlungsrichtlinie hat die einseitige Entscheidungsmacht der Leitung zur Folge, dass ohne Verhandlungen eine grenzüberschreitende Umwandlung vorgenommen und die Niederlassungsfreiheit schneller verwirklicht werden kann. Das stellt eine Begünstigung dar, was für eine Ausdehnung der Regelung auf die grenzüberschreitende Umwandlung und Spaltung spricht.

Das weitere Vorgehen für den Transformationsgesetzgeber ist dadurch erschwert, dass die unionsrechtlichen Normen grundsätzlich die Vermutung der Rechtmäßigkeit für sich haben, sofern der Grundrechtsverstoß nicht offenkundig oder besonders schwerwiegend ist.[51] Für einen offenkundigen Verstoß spricht hier die im Übrigen recht einheitliche Gestaltung der Arbeitnehmermitbestimmung, so dass der Gesetzgeber direkt eine einheitliche Regelung für Umwandlung, Verschmelzung und Spaltung vornehmen kann. Alternativ kann die deutsche Regierung ein Nichtigkeitsverfahren wegen des Grundrechtsverstoßes anstrengen.

Der vorliegende Regierungsentwurf nimmt trotz des Primärrechtsverstoßes eine 1:1-Umsetzung der Richtlinie vor. Daher bleibt der beteiligten Gesellschaft nur ein steiniger Weg. Sie kann die Eintragung der Umwandlung nach einem Beschluss über die Anwendung der Auffangregelung betreiben und, sofern die

---

Rn. 18-20 – Nimz; 28.9.1994 – C-408/92 Rn. 16f. – Avdel Systems; zum Insolvenzgeld EuGH 7.9.2005 – C-81/05 Rn. 42, 45 – Alonso; 12.12.2005 – C-442/10 Rn. 42 – Caballero; 17.1.2008 – C-246/06 Rn. 38 – Navarro; s. auch Heselhaus/Nowak/*van der Decken*, Handbuch der Europäischen Grundrechte, 2. Aufl. 2020, § 47 Rn. 39; Stern/*Sachs*, GRC, 2016, Art. 20 Rn. 28; Streinz/*Streinz*, EUV/AEUV, 3. Aufl. 2018, GRC Art. 20 Rn. 12; a. A. Meyer/Hölscheidt/*Hölscheidt*, GRC, 5. Aufl. 2019, Art. 20 Rn. 34; Calliess/Ruffert/*Rossi*, EUV/AEUV, 5. Aufl. 2016, GRC Art. 20 Rn. 30.

49 Vgl. EuGH 27.6.1990 – C-33/89 Rn. 18, 19 – Kowalska; 7.2.1991 – C-184/89 Rn. 18 – Nimz; 28.9.1994 – C-408/92 Rn. 16f. – Avdel Systems; s. auch EuGH 20.3.2003 – C-187/00 Rn. 75 – Kutz-Bauer; 21.6.2007 – C-231/06 Rn. 39 – Jonkmann.

50 Vgl. EuGH 10.4.2008 – C-309/06 Rn. 63 – Marks & Spencer; so zum Abgabenrecht EuGH 29.6.1988 – C-300/86 Rn. 24 – Van Landschoot; 11.7.1989 – C-265/87 Rn. 26 –Schräder.

51 EuGH 5.10.2002 – C-475/01 Rn. 18 – Kommission/Griechenland; 12.2.2008 – C-199/06 Rn. 60 – CELF; 14.6.2012 – C-533/10 Rn. 39 – CIVAD, EuZW 2012, 704.

Eintragung abgelehnt wird, im Registerverfahren Rechtsschutz suchen und dabei die Vorlage an den EuGH anregen. Umgekehrt können die Arbeitnehmervertreter im Falle einer grenzüberschreitenden Verschmelzung gegen die Eintragung vorgehen, wenn diese ohne Verhandlung zustande gekommen ist und insoweit eine Vorlage anregen. Wahrscheinlich sind solche Verfahren jedoch nicht. Für die Gesellschaften ist das lange Warten auf den EuGH in der Regel zu teuer und ein Ausweichen auf eine vorgeschaltete grenzüberschreitende Verschmelzung einfacher. Für die Arbeitnehmervertreter ist die Entscheidung des EuGH unattraktiv, weil sie den Leitungen voraussichtlich generell eine einseitige Entscheidung ermöglicht.

4. Mitbestimmungsvereinbarung und gesetzliche Auffanglösung

Die Mitbestimmungsvereinbarung ist ebenso wie bei der SE ein Kollektivvertrag sui generis, der mit normativer Wirkung die Organisationsverfassung der Gesellschaft punktuell verbindlich regelt.[52] Inhaltlich ist sie bei der grenzüberschreitenden Umwandlung im Gegensatz zur SE auf eine Regelung zur Arbeitnehmermitbestimmung beschränkt. Sie wird regelmäßig Bestimmungen über die Bestellung und die Abberufung der Arbeitnehmervertreter und deren Rechtsstellung enthalten. Auch die innere Ordnung des mitbestimmten Aufsichts- oder Verwaltungsrates kann in den Grenzen des zwingenden Gesellschaftsrechts Ausgestaltung finden. Hinsichtlich der einzelnen oder aller Regelungsgegenstände kann die Vereinbarung vollständig oder teilweise auf die gesetzliche Auffangregelung verweisen.

Grenzen für die Ausgestaltung der Mitbestimmungsvereinbarung ziehen die allgemeinen Außenschranken des Privatrechts (§§ 134, 138 BGB) sowie die Innenschranken des nationalen Gesetzesrechts, das für die umgewandelte Gesell-

52 Zu § 21 SEBG BAG AP SEBG § 21 Nr. 1 Rn. 19; Habersack/Drinhausen/*Hohenstatt/Müller-Bonanni* (Fn. 6) SEBG § 21 Rn. 4; Habersack/Henssler/*Henssler* (Fn. 6), SEBG § 21 Rn. 12; KK-AktG/*Feuerborn*, 3. Aufl. 2010, SEBG § 21 Rn. 16; Lutter/Hommelhoff/Teichmann/*Oetker* (Fn. 11), SEBG § 21 Rn. 25 f.; Nagel/Freis/Kleinsorge/*Freis* (Fn. 6), § 21 Rn. 4; MHdB ArbR/*Naber/Sittard*, 4. Aufl. 2019, § 384 Rn. 71; MüKoAktG/*Jacobs* (Fn. 6), SEBG § 21 Rn. 13; *Scheibe*, Die Mitbestimmung der Arbeitnehmer in der SE unter besonderer Berücksichtigung des monistischen Systems, 2007, 98; ähnlich *Forst*, Die Beteiligungsvereinbarung nach § 21 SEBG, 2010, 86 f., 87 ff.; a. A. Henssler/Willemsen/Kalb/*Hohenstatt/Dzida*, Arbeitsrecht-Kommentar, 9. Aufl. 2020, SEBG Rn. 39.

schaft gilt.[53] Soweit das nationale Gesellschaftsrecht für die umgewandelte Gesellschaft zwingend ist, kann sich die Vereinbarung darüber nicht hinwegsetzen (z. B. Geschlechterquote nach § 96 Abs. 2, 3 AktG).

Darüber hinaus macht die Umwandlungsrichtlinie zwei wesentliche Vorgaben: Bereits im Vorfeld der Mitbestimmungsvereinbarung gilt, dass keine Rechtsform gewählt werden darf, die die Verwirklichung der Arbeitnehmermitbestimmung ausschließt (Art. 86l Abs. 5 Richtlinie [EU] 2019/2121).[54] Zudem müssen in der Mitbestimmungsvereinbarung alle Komponenten der Arbeitnehmerbeteiligung zumindest im gleichen Ausmaß gewährt werden wie bisher (Art. 4 Abs. 1 Richtlinie 2001/86/EG, Art. 86l Abs. 3 lit. b Richtlinie [EU] 2019/2121). Das weicht nicht von der gesetzlichen Auffangregelung ab, wonach zu gewährleisten ist, dass „alle Komponenten der Mitbestimmung der Arbeitnehmer" weiterhin Anwendung finden.

Der Begriff „Komponenten der Mitbestimmung" ist in der Umwandlungsrichtlinie ebenso wenig definiert wie in der SE-Richtlinie. Dazu gehört in jedem Fall der Anteil der Arbeitnehmervertreter am Aufsichtsrat bzw. Verwaltungsrat. Ob damit nur der proportionale Anteil von Arbeitnehmervertretern am Gremium erfasst ist oder auf die konkrete Kopfzahl verwiesen wird, ergibt sich aus der Richtlinie nicht eindeutig. Eine Beschränkung auf die Sicherung des bloßen Anteils ist jedoch notwendig, wenn die umgewandelte Gesellschaft einen kleineren Aufsichtsrat hat. Ansonsten führte das Anknüpfen an die Zahl der Arbeitnehmervertreter zu einer Intensivierung der Mitbestimmung, was die Richtlinie ausweislich der Erwägungsgründe nicht anstrebt.[55] Im Fall der Umwandlung ergibt sich die Größe des Verwaltungs- oder Aufsichtsrates aus dem nationalen Gesellschaftsrecht, so dass nicht in jedem Fall eine Anpassung der Aufsichtsratsgröße an die Mitbestimmung möglich sein wird. Das spricht dafür, auf den proportionalen Anteil an Arbeitnehmervertretern abzustellen. Zudem dürfen die Mitgliedstaaten bei einem Wechsel von der dualistischen zu einer monistischen Gesellschaft den Anteil der Arbeitnehmervertreter begrenzen, solange er nicht unter ein Drittel sinkt (Art. 86l Abs. 4 lit. b Richtlinie [EU] 2019/2121).

---

53 Vgl. zur SE *Forst*, AG 2010, 350, 351; Habersack/Henssler/*Henssler* (Fn. 6), SEBG § 21 Rn. 32 ff.; KK-AktG/*Feuerborn* (Fn. 52), SEBG § 21 Rn. 46; Lutter/Hommelhoff/Teichmann/*Oetker* (Fn. 11), SEBG § 21 Rn. 54; MüKoAktG/*Jacobs* (Fn. 6), SEBG § 21 Rn. 25; a. A. bzgl. des nationalen Aktienrechts *Teichmann*, AG 2008, 797, 802 f.

54 Krit. zur Rechtsformvorgabe wegen der Diskriminierung der grenzüberschreitenden Umwandlung *Mückl/Götte*, BB 2018, 2036, 2040; *Paefgen*, WM 2018, 1029, 1038; s. auch *Noack/Kraft*, DB 2018, 1577, 1581, die dies für eine Überregulierung halten.

55 Erwägungsgrund 30 Richtlinie (EU) 2019/2121.

Darüber hinaus könnte der Begriff „Komponenten der Mitbestimmung" auch die konkrete Zusammensetzung des Aufsichtsrats bzw. Verwaltungsrates festlegen und somit Sitze für Gewerkschaftsvertreter und leitende Angestellte garantieren. Für die Vorgängerregelung in der SE-Richtlinie liegt diese Frage aufgrund einer Vorlage des BAG derzeit dem EuGH zur Entscheidung vor.[56] Die Meinungen in der Literatur gehen für die SE auseinander.[57] Die Beteiligung der Gewerkschaftsvertreter war bei der Ausgestaltung des MitbestG durchaus eine bewusste qualitative Änderung der Unternehmensmitbestimmung[58], was für deren Aufrechterhaltung spricht[59].

Letztlich hängt das Ergebnis aber (auch) davon ab, ob der Aufsichtsrat bzw. der Verwaltungsrat verkleinert werden darf. Dem schiebt die Umwandlungsrichtlinie keinen Riegel vor, was gegen eine Garantie der konkreten Zusammensetzung der Arbeitnehmervertreter (nach Art und Zahl) spricht. Eine proportionale Fortschreibung der Mitbestimmung ist ausreichend. Damit sind Gewerkschaftssitze zwar garantiert, aber nicht ihre Anzahl. Letztlich wird der Umsetzungsgesetzgeber die alsbald zu erwartende Entscheidung des EuGH zur SE in Bedacht nehmen müssen, wenn der Gerichtshof nicht nur das Ob, sondern auch die Anzahl der Gewerkschaftssitze für garantiert erachtet. Derzeit sieht der Regierungsentwurf in § 24 Abs. 2 MgFSG vor, dass die Vereinbarung für alle Komponenten der Mitbestimmung zumindest das gleiche Ausmaß wie bei der beteiligten Gesellschaft gewährleisten muss.

---

56 BAG 18. 8. 2020 – 1 ABR 43/18 (A), ZIP 2020, 2396.

57 Für eine Sitzgarantie *Grüneberg/Hay/Jerchel/Sick*, AuR 2020, 297 ff.; *Güntzel*, Richtlinie über die Arbeitnehmerbeteiligung in der SE, 2006, 233; KK-AktG/*Feuerborn* (Fn. 52), § 21 SEBG Rn. 76; *Lörcher*, AuR 2020, 329 ff.; *Nagel*, AuR 2007, 329, 332; Nagel/Freis/Kleinsorge/*Freis* (Fn. 6), SEBG § 21 Rn. 4; Schaub/*Koch*, Arbeitsrechts-Handbuch, 19. Aufl. 2021, § 261 Rn. 5; *Teichmann*, ZIP 2014, 1049, 1055; *ders.*, ZIP 2021, 105, 106 ff.; *Thüsing*, ZIP 2020, 2500, 2501; *Velten*, Gewerkschaftsvertreter im Aufsichtsrat, 2010, 38; Wißmann/Kleinsorge/Schubert/*Kleinsorge* (Fn. 10), EU-Recht, Rn. 110, 123; *Scheibe* (Fn. 52), 149; dagegen *Deilmann/Häferer*, NZA 2017, 607, 613; *Forst* (Fn. 52), 203 f.; Habersack/Drinhausen/*Hohenstatt/Müller-Bonanni* (Fn. 6), § 21 SEBG Rn. 32; Habersack/Henssler/*Henssler* (Fn. 6), § 21 SEBG Rn. 58; *Jacobs/Modi*, FS Windbichler, 2020, 249 ff.; Kallmeyer/*Marsch-Barner/Wilk*, UmwG, 7. Aufl. 2020, III Gründung einer SE durch Formwechsel, Rn. 111; MüKoAktG/*Jacobs* (Fn. 6), § 21 SEBG Rn. 64 ff.; *Oetker*, FS Birk, 2008, 557, 570 f.; *Otte-Gräbner*, GWR 2018, 448; *Schubert*, EWiR 2019, 107 f.; *Uffmann* AG 2020, 567 ff.; *dies.*, ZfA 2021, 257, 261 ff.; s. auch LAG Baden-Württemberg ZIP 2018, 2414 ff.

58 Vgl. Bericht des Ausschusses für Arbeit und Sozialordnung, BT-Drs. 7/4845, 5 unter Verweis auf den Bericht der sog. Biedenkopf-Kommission, BT-Drs. 6/334, 107; s. auch BVerfGE 50, 290, C.III.2.b.cc.

59 Dazu *Teichmann*, ZIP 2014, 1049, 1055; *ders.*, ZIP 2021, 105, 110 f.; *Thüsing*, ZIP 2020, 2500, 2501.

IV. Verhandelte Mitbestimmung bei grenzüberschreitender Auf- und Abspaltung zur Neugründung

Die bloße Übertragung der Regelungen zur Arbeitnehmermitbestimmung bei der grenzüberschreitenden Umwandlung auf die grenzüberschreitende Spaltung zur Neugründung übergeht dogmatische und tatsächliche Unterschiede. Die mangelnde Sorgfalt bei der Abfassung der Richtlinie dokumentiert bereits die uneinheitliche Terminologie.[60] Während Art. 160l Abs. 1 und Art. 160b Nr. 3 Umwandlungsrichtlinie von den begünstigen Gesellschaften sprechen, um die durch die Spaltung neu gegründeten Gesellschaften zu bezeichnen, verweist Art. 160l Abs. 2 auf die „aus der grenzüberschreitenden Spaltung resultierende Gesellschaft". Diese Unstimmigkeit lässt sich durch Auslegung überwinden, doch es gibt auch gravierendere Rechtsfragen. Der Regierungsentwurf zum MgFSG verwendet einheitlich den Begriff „hervorgehende Gesellschaft" (§ 2 Abs. 2 MgFSG-RegE) und passt die Terminologie insoweit dem UmwG an.

1. Verhandlungspflicht

Grundsätzlich besteht die Verhandlungspflicht nur für die begünstigte Gesellschaft, nicht für die Gesellschaft, welche die Spaltung vornimmt.[61] Diese Gesellschaft ist zwar auch von den Folgen der Spaltung betroffen. Insoweit ergibt sich aber kein grenzüberschreitender Bezug, so dass es bei der Anwendung des jeweiligen nationalen Rechts bleibt. Für die Arbeitnehmer besteht nicht die spezifische Gefährdung, die die Umwandlungsrichtlinie erfasst. Allerdings sollte § 325 UmwG auf solche Fälle ausgedehnt werden.[62] Diesen Schritt ist der Regierungsentwurf nicht gegangen, sondern verschiebt die Regelung des § 325 UmwG lediglich aus systematischen Gründen in § 132a Absatz 1 und 2 UmwG-E.

Die Tatbestände für eine Verhandlungspflicht bei der Spaltung sind mit denen bei der Umwandlung identisch. Bei der Spaltung können sie allerdings entgegen ihrem Zweck zur Intensivierung der Mitbestimmung führen. Grundsätzlich besteht eine Verhandlungspflicht, wenn sich der Umfang der Mitbestimmung im Sitzstaat der begünstigten Gesellschaft verringert. Mit der Spaltung sinkt nicht

60 Dazu auch *Titze*, NZA 2021, 752, 755.
61 *Pütz*, AG 2020, 117, 122; *Titze*, NZA 2021, 752, 755.
62 *Pütz*, AG 2020, 117, 122.

selten die Arbeitnehmerzahl im Vergleich zu der Gesellschaft, welche die Spaltung vorgenommen hat, weil die Arbeitnehmer aufgeteilt werden. Insofern reduziert sich bei der Spaltung der Umfang der Mitbestimmung nicht nur, weil die Mitbestimmung im Sitzstaat der begünstigten Gesellschaft nicht denselben Umfang hat. Sie kann auch entfallen, weil die begünstigte Gesellschaft weniger Arbeitnehmer hat und somit den Schwellenwert für die Mitbestimmung nicht erreicht. Aus Art. 160l Abs. 2 lit. a Umwandlungsrichtlinie ergibt sich nicht eindeutig, ob bei dem vom Wortlaut vorausgesetzten Vergleich zwischen der Mitbestimmung in der Ausgangsgesellschaft und dem Sitzstaatsrecht der begünstigten Gesellschaft auch das Absinken der Arbeitnehmerzahl zu berücksichtigen ist.

Das Ziel der Mitbestimmungssicherung scheint auf den ersten Blick für eine Verhandlungspflicht in allen Fällen zu sprechen. Wenn die Spaltung zur Neugründung jedoch im Inland erfolgt, fände auf die neu gegründete Gesellschaft das nationale Recht ohne Modifikationen Anwendung. Ohne das Erreichen des Schwellenwertes entfiele somit die Mitbestimmung. Würde die Richtlinie dennoch eine Mitbestimmungssicherung regeln, so diskriminierte sie die grenzüberschreitende Spaltung und die Niederlassungsfreiheit wäre beeinträchtigt. Daher muss Art. 160l Abs. 2 lit. a Umwandlungsrichtlinie primärrechtskonform dahingehend eingeschränkt werden, dass eine Mitbestimmungssicherung nur zur Anwendung kommt, wenn die begünstigte Gesellschaft auch im Inlandsfall (Spaltung ohne grenzüberschreitenden Bezug) mitbestimmt gewesen wäre.

Insofern besteht eine Verhandlungspflicht, wenn die Mitbestimmung für die begünstigte Gesellschaft im Zuzugsstaat nicht den gleichen Umfang hat. Eine teleologische Einschränkung der Verhandlungspflicht ist erst recht notwendig, wenn es sich um den Sonderfall der Abspaltung einer arbeitnehmerlosen (Asset-) Gesellschaft handelt.[63] Einer vergleichbaren Beschränkung bedarf auch der Tatbestand des Art. 160l Abs. 2 lit. b Umwandlungsrichtlinie. Diese Primärrechtswidrigkeit der Umwandlungsrichtlinie findet in § 5 Nr. 2 MgFSG-RegE keine Berücksichtigung, allerdings hat der Anwendungsvorrang des Primärrechts zur Folge, dass die Verhandlungspflicht nach dem MgFSG im Fall eines Verstoßes gegen die Niederlassungsfreiheit keine Anwendung findet.

Die Vier-Fünftel-Regelung lässt sich ohne weiteres auf die Spaltungsfälle anwenden. Auch die für die Umwandlung befürwortete Einschränkung (siehe III.1.a) ist zu übertragen. Anders als bei der Umwandlung ist bei der Spaltung aber viel weniger zu erwarten, dass die begünstigte Gesellschaft demnächst den Schwellenwert erreicht, weil nun mehrere Gesellschaften bestehen. Insofern lässt

63 *Pütz*, AG 2020, 117, 122.

sich an der Erforderlichkeit eines solchen Mitbestimmungsschutzes zweifeln. Grundsätzlich darf der Gesetzgeber einer Mitbestimmungsumgehung in typisierten Fallgruppen entgegenwirken, insbesondere wenn die Regelung unter einem Überprüfungsvorbehalt steht. Insofern kann bereits jetzt festgehalten werden, dass eine Anpassung der Regelungen zur Spaltung wünschenswert wäre. Die mangelnde Spezifität der Fallgruppe für die Spaltung zur Neugründung spricht sogar für eine Verletzung der Niederlassungsfreiheit.

2. Verhandlungsverfahren – Bildung des besonderen Verhandlungsgremiums

Bei der Spaltung zur Neugründung können aus der Gesellschaft, die die Spaltung vornimmt, eine oder mehrere begünstigte Gesellschaften hervorgehen. Die Verhandlungspflicht ist für jede begünstigte Gesellschaft eigens zu ermitteln, so dass grundsätzlich auch für jede eigens zu verhandeln ist.[64] Ein einheitliches besonderes Verhandlungsgremium kann nur im Ausnahmefall gebildet werden.

Das besondere Verhandlungsgremium ist nach dem Grundsatz der Repräsentativität zusammengesetzt.[65] Bei der Spaltung erfolgt die Verhandlung der Mitbestimmung für die jeweilige begünstigte Gesellschaft. Insofern widerspräche es dem Grundsatz der Repräsentativität, wenn das Verhandlungsgremium mit Rücksicht auf alle Arbeitnehmer der Ausgangsgesellschaft, einschließlich der betroffenen Tochtergesellschaften und Betriebe, gebildet würde. Vielmehr muss eine entsprechende Anwendung der SE-Richtlinie dazu führen, dass das besondere Verhandlungsgremium nur die Arbeitnehmer der begünstigten Gesellschaften repräsentiert.[66] Das steht einem einheitlichen besonderen Verhandlungsgremium für alle begünstigten Gesellschaften grundsätzlich entgegen. Etwas anderes gilt höchstens, wenn die betroffenen Tochtergesellschaften und Betriebe ausnahmsweise identisch sind. Dies sieht auch § 7 MgFSG-RegE vor.

3. Grenzüberschreitende Auf- und Abspaltung zur Aufnahme

Die Umwandlungsrichtlinie beschränkt sich auf die Harmonisierung der grenzüberschreitenden Spaltung zur Neugründung. Eine weitergehende Regelung, die

64 Ebenso *Titze*, NZA 2021, 752, 755.

65 Siehe zur SE MüKoAktG/*Jacobs* (Fn. 6), SEBG § 5 Rn. 2.

66 Vgl. auch *Titze*, NZA 2021, 752, 755.

auch die nicht-harmonisierte grenzüberschreitende Spaltung zur Aufnahme einschließt, ist grundsätzlich zulässig und dient der Verwirklichung der Niederlassungsfreiheit, so dass grundsätzlich kein Verstoß gegen Unionsprimärrecht besteht. Probleme ergeben sich aber bei der Umsetzung der Arbeitnehmermitbestimmung. Sofern eine Mitbestimmungssicherung erfolgen soll und dazu eine Verhandlungspflicht eingreift und die gesetzliche Auffangregelung zur Anwendung kommt, bedarf es einer Bestellung der ausländischen Arbeitnehmervertreter. Zudem ist die Rechtsstellung der Arbeitnehmervertreter im Aufsichtsrat in den anderen Mitgliedstaaten, in denen die Arbeitnehmervertreter arbeiten, nicht geregelt. Hierfür sind Rechtsvorschriften in den betreffenden Mitgliedstaaten erforderlich, an denen es mangels einer Harmonisierung aber fehlen wird. Auch eine analoge Anwendung der Vorschriften für die Spaltung zur Neugründung auf die Spaltung zur Aufnahme kommt nicht in Betracht. Die Richtlinie gibt den Mitgliedstaaten nur vor, Vorschriften für den Fall der Spaltung zur Neugründung vorzuhalten, so dass kein Grund für eine Analogie besteht. Vielmehr handelt es sich um eine geplante Lücke.

Sofern die Leitung eine Mitbestimmungsvereinbarung schließt, ließen sich zwar entsprechende Regelungen für die Arbeitnehmer im Ausland vorsehen. Ein solcher Kollektivvertrag mit normativer Wirkung unterliegt bei seiner Anwendung in den Mitgliedstaaten ggf. einer Überprüfung durch die Gerichte. Da es an einer Harmonisierung fehlt, ist es nicht ausgeschlossen, dass die Gerichte einen Verstoß gegen den ordre public annehmen. Das betrifft insbesondere die Arbeitnehmervertreter im Aufsichtsrat, deren Teilnahme an der Sitzung in die Arbeitszeit fällt. Dann läge ein Pflichtverstoß im Arbeitsverhältnis vor, der zur Kündigung führen kann. Insofern ist die Funktionsfähigkeit einer solchen Mitbestimmung im Aufsichtsrat in Frage gestellt.

Daher hat der Regierungsentwurf für das UmRUG gut daran getan, die grenzüberschreitende Spaltung zur Aufnahme nur solchen Gesellschaften zu eröffnen, die nicht mitbestimmt sind oder der Mitbestimmungssicherung nach der sog. Vier-Fünftel-Regelung unterfallen (§ 332 UmwG-RegE).[67] Diese Richtlinienvorgaben gelten für die Spaltung zur Aufnahme zwar nicht, aber die Regelung stellt sicher, dass weder die nationale Unternehmensmitbestimmung unterlaufen noch eine wegen der Mitbestimmung undurchführbare Regelung geschaffen wird.

67 Vgl. Regierungsentwurf UmRUG, 20.7.2022, https://www.bmj.de/SharedDocs/Gesetzgebungsverfahren/Dokumente/RegE_UmRUG.pdf?__blob=publicationFile&v=2 (zuletzt am 9.9.2022).

V. Nachträgliche Mitbestimmungssicherung und Missbrauchsschutz

1. Nachträgliche Mitbestimmungssicherung

a) Erweiterung der Mitbestimmungssicherung

Eine Flucht vor der Mitbestimmung erschwert die Umwandlungsrichtlinie vor allem dadurch, dass auch nach der grenzüberschreitenden Umwandlung i. w. S. von der Gesellschaft für vier Jahre Maßnahmen zur Mitbestimmungssicherung zu ergreifen sind. Die Regelung ähnelt der Richtlinie zur grenzüberschreitenden Verschmelzung, geht aber in drei Punkten über sie hinaus: (1) Die Mitbestimmungssicherung ist nun für vier Jahre zu gewährleisten; (2) sie erfasst die nachfolgende Umwandlung, Verschmelzung und Spaltung gleichermaßen und (3) sie findet auch auf grenzüberschreitende Vorgänge Anwendung. Dementsprechend wurde auch die Regelung für die grenzüberschreitende Verschmelzung angepasst (Art. 133 Abs. 7 Richtlinie [EU] 2019/2121).

Während die erste Änderung ein Kompromiss politischer Positionen im Trilog war, sind die letzten beiden Punkte eine konsequente Weiterentwicklung der Regelung. Für eine Beschränkung der Mitbestimmungssicherung auf nachfolgende Verschmelzungen hätte es keinen sachlichen Grund gegeben. Allerdings erscheint eine Mitbestimmungssicherung bei grenzüberschreitenden Umwandlungen i. w. S. auf den ersten Blick überflüssig, weil die Richtlinie ohnehin für diese Fälle gilt. Das hätte aber zur Folge, dass die Mitbestimmungssicherung nach Art. 86l Abs. 7, 133 Abs. 7 und Art. 160l Abs. 7 Umwandlungsrichtlinie jeweils erneut zu laufen begönne und sich damit zeitlich verlängerte. Insofern wäre die nachfolgende grenzüberschreitende Umwandlung i. w. S. schlechter gestellt als die inländische, was mit der Niederlassungsfreiheit in Konflikt geriete.

b) Durchführung der Mitbestimmungssicherung

Die Richtlinie ordnet nicht nur die Fortgeltung der Mitbestimmungsvereinbarung an, sondern verpflichtet die Gesellschaft auch dazu, ggf. erneut zu verhandeln. Hierfür wird die entsprechende Anwendung des Verhandlungsverfahrens durch Verweisung angeordnet (z. B. Art. 86l Abs. 1-6 Umwandlungsrichtlinie), aber nicht auf die Transparenzvorschrift verwiesen (z. B. Art. 86 l Abs. 8 Umwandlungsrichtlinie). Das lässt sich nur damit erklären, dass diese Vorschrift erst im Trilog eingeführt wurde und es an der Nachjustierung des davorstehenden Absatzes bei der endgültigen Textfassung fehlte. Dieses Defizit ist in Bezug auf die Richtlinie rechtsfortbildend zu korrigieren und bei der Umsetzung zu beachten.

Die Verhandlungspflicht ist bei der Mitbestimmungssicherung mit Rücksicht auf die Ergebnisse des ersten Verhandlungsverfahrens zu ermitteln. Für die Vier-Fünftel-Regelung ist grundsätzlich nur Raum, wenn weder eine Mitbestimmungsvereinbarung noch die Auffangregelung eingreift. Solche Vereinbarungen enthalten regelmäßig keine Schwellenwerte für eine Mitbestimmungsintensivierung. Findet hingegen das Recht des Sitzstaates Anwendung, dann sind dessen Schwellenwerte für die mitbestimmungsfreien Gesellschaften maßgebend (nicht die des ursprünglichen Wegzugsstaates). Im Übrigen ist für die Ermittlung der Verhandlungspflicht die Mitbestimmung in der beteiligten bzw. begünstigten Gesellschaft mit der des (neuen) Sitzstaates zu vergleichen. Ergibt sich keine Verhandlungspflicht, gilt die Mitbestimmungsvereinbarung bzw. die Auffangregelung fort. Die Vier-Jahres-Frist begrenzt nicht deren zeitlichen Geltungsbereich.[68]

Das Verhandlungsverfahren ist nach den gleichen Maßgaben wie bei der ersten (grenzüberschreitenden) Umwandlung auszugestalten. Nur für den Fall der Nichtaufnahme oder des Abbruchs der Verhandlungen durch das besondere Verhandlungsgremium gilt das Recht des Sitzstaates. Dazu gehört im Falle einer inländischen Umwandlung i. w. S. die bestehende Mitbestimmungsvereinbarung bzw. die Auffangregelung als Teil des Sitzstaatsrechts.

c) Zeitliche Beschränkung der Mitbestimmungssicherung

Die Pflicht zur Mitbestimmungssicherung gilt für vier Jahre ab dem Wirksamwerden der ersten grenzüberschreitenden Umwandlung i. w. S. Dafür ist auf Art. 86q, 160q Umwandlungsrichtlinie abzustellen. In der Regel wird die Eintragung im Register für den Fristbeginn maßgebend sein. Damit ist noch nicht bestimmt, welche Umwandlungen i. w. S. die Frist tatbestandlich erfasst. Für die Mitbestimmungssicherung kann auf deren Eintragung im Handelsregister vor Ablauf der Vierjahresfrist abgestellt werden. Alternativ lässt sich am Bericht über die geplante Umwandlung oder am Beschluss über die formwechselnde Umwandlung, am Verschmelzungs-, Spaltungs- oder Übernahmevertrag oder am Spaltungsplan vor Ablauf der Vierjahresfrist anknüpfen.

68 Dazu *Titze*, NZA 2021, 752, 756.

Die Richtlinie stellt dem Wortlaut nach darauf ab, dass eine formwechselnde Umwandlung, Spaltung oder Verschmelzung vor Fristablauf vorliegt. Dies steht im Zeitpunkt des Berichts mangels des Beschlusses der Gesellschafterversammlung noch nicht endgültig fest, so dass dies nicht der maßgebende Anknüpfungszeitpunkt sein kann. Vielmehr ist auf den Zeitpunkt des Beschlusses über die formwechselnde Umwandlung, den Verschmelzungs-, Spaltungs- oder Übernahmevertrag oder den Spaltungsplan abzustellen. Die Notwendigkeit einer Mitbestimmungssicherung steht dann fest, zumal die Folgen für die Arbeitnehmer und ihre Vertreter anzugeben sind. Ein Abstellen auf die Registereintragung hätte hingegen zur Folge, dass ggf. eine Mitbestimmungsvereinbarung vorliegt oder die Anwendung der Auffangregelung feststeht, aber dieser Mitbestimmungssicherung nachträglich die Grundlage entzogen würde, weil die Eintragung nach Ablauf der Vierjahresfrist erfolgt. Das widerspricht auch dem Zweck der Mitbestimmungssicherung, weil das Registergericht sonst (ungewollt) über die Mitbestimmungssicherung disponierte.

d) Zur Umsetzung in nationales Recht

Der Regierungsentwurf zum MgFSG und zur Änderung des MgVG hat auf der Grundlage der Richtlinie die Mitbestimmungssicherung einheitlich neu geregelt. Der richtlinienwidrige § 30 MgVG[69] wurde nicht zur Vorlage für das MgFSG genommen. Bei einer nachfolgenden *innerstaatlichen* Umwandlung, Spaltung oder Verschmelzung finden nun die Bestimmungen über die verhandelte Mitbestimmung entsprechende Anwendung (§ 30 Abs. 1 MgVG-RegE, § 32 Abs. 1 MgFSG-RegE). Das schließt auch die Transparenzvorgaben ein. Wegen der unterschiedlichen Ausgestaltung des Verhandlungsverfahrens im Falle der Verschmelzung auf der einen Seite und der formwechselnden Umwandlung oder Spaltung auf der anderen Seite war es notwendig, in § 30 Abs. 2 MgVG-RegE für den Fall der Spaltung oder des Formwechsels auf die speziellen Bestimmungen des MgFSG-RegE zu verweisen und umgekehrt in § 32 Abs. 2 MgFSG-RegE auf die einschlägigen Vorschriften des MgVG für den Fall der nachfolgenden Verschmelzung. Die Verweisung erfasst nur die im jeweiligen Gesetz abweichenden Vorschriften. Das hat zur Folge, dass die Bestimmungen des Gesetzes, aus dem verwiesen wird, ergänzend anzuwenden sind. Das ergibt sich aus § 30 Abs. 1 MgVG-RegE bzw. § 32

69 Annuß/Kühn/Rudolph/Rupp/*Annuß* (Fn. 21), MgVG § 30 Rn. 10; *Habersack,* ZHR 171 (2007), 631, 637 f.; Habersack/Drinhausen/*Thüsing/Forst* (Fn. 6), MgVG § 30 Rn. 7 f.; Habersack/Henssler/*Habersack* (Fn. 6), MgVG § 30 Rn. 3; *Lunk/Hinrichs,* NZA 2007, 773, 780; *Schubert,* RdA 2007, 9, 16; a. A. Nagel/Freis/Kleinsorge/*Kleinsorge* (Fn. 6), MgVG § 30 Rn. 9 ff.

Abs. 1 MgFSG-RegE, die übereinstimmend eine Mitbestimmungssicherung durch eine verhandelte Mitbestimmung nach Maßgabe dieses Gesetzes anordnen.

Die Vorgaben zur Mitbestimmungssicherung bei einer nachfolgenden *grenzüberschreitenden* Verschmelzung, Spaltung oder formwechselnden Umwandlung in § 30a MgVG-RegE und § 33 MgFSG-RegE gehen über die Richtlinie hinaus. Die verhandelte Mitbestimmung findet in diesen Fällen unbefristet Anwendung. Für eine solche Rechtsfolge war die Aufnahme der beiden Bestimmungen an sich entbehrlich, weil die Richtlinie bzw. das Umsetzungsgesetz in solchen Fällen ohnehin eingreift. Allerdings war zusätzlich zu regeln, dass im Fall einer grenzüberschreitenden Verschmelzung, die vor Ablauf von vier Jahren nach einer grenzüberschreitenden formwechselnden Umwandlung oder Spaltung erfolgt, jedenfalls keine Verschlechterung der Mitbestimmung erfolgen darf (§ 30a Abs. 2 MgVG-RegE).

Im Ergebnis ist bei jeder grenzüberschreitenden Umwandlung i. w. S. eine Mitbestimmungssicherung unabhängig vom Zeitablauf erforderlich, auch wenn dieser bereits eine grenzüberschreitende Umwandlung i. w. S. vorausgegangen ist. Dadurch ist die Niederlassungsfreiheit einer Beschränkung unterworfen, die so nicht in der Umwandlungsrichtlinie vorgegeben ist und daher einer Rechtfertigung bedarf.

§ 30a MgVG-RegE und § 33 MgFSG-RegE dienen einem umfassenden Schutz vor der Flucht aus der Unternehmensmitbestimmung und setzen dem Wettbewerb der Rechtsordnungen Grenzen, wo es an der notwendigen Harmonisierung der Arbeitnehmermitbestimmung im Unionsrecht fehlt. Eine solche Regelung ist praktikabel. Die notwendigen Bestimmungen für die Arbeitnehmerbeteiligung sind in den anderen Mitgliedstaaten vorhanden. Zudem wird eine Mitbestimmungsvereinbarung nicht dem ordre public widersprechen, weil sie in vergleichbarer Weise bis zum Ablauf der Vierjahresfrist in allen Mitgliedstaaten geschlossen werden muss.

Rechtfertigen lässt sich eine solche Beschränkung der Niederlassungsfreiheit vor allem mit den vom Unionsrecht (auch in der Umwandlungsrichtlinie) anerkannten Arbeitnehmerinteressen. Die verhandelte Mitbestimmung ist insoweit eine erforderliche und keine unangemessene Beschränkung. Dieser Regelung lässt sich nicht vorhalten, dass sie keinen umfassenden Schutz gewährleiste. Ein solcher wäre dem deutschen Gesetzgeber wegen des Unionsrechts nicht möglich, so dass er sich auf die Regelung von Teilbereichen beschränken muss, soweit sie ihm offenstehen und praktikabel sind.

2. Missbrauchsschutz

Entsprechend Art. 11 SE-Richtlinie müssen die Mitgliedstaaten schließlich Maßnahmen ergreifen, um zu verhindern, dass die grenzüberschreitende Umwandlung dazu missbraucht wird, Arbeitnehmern ihr Mitbestimmungsrecht vorzuenthalten oder zu entziehen. Diesem von den Registergerichten zu kontrollierenden Missbrauchsschutz gehen die spezielleren Regelungen – Vier-Fünftel-Regelung und nachträgliche Mitbestimmungssicherung – vor. Daher entfallen einige Fallgruppen, für die bei der SE über das Vorliegen eines Missbrauchs gestritten wurde.

Das Missbrauchsverbot ist ebenso wie bei der SE anhand der Richtlinienziele auszulegen. Dabei lässt sich auf das allgemeine Verständnis vom Rechtsmissbrauch im Unionsrecht Bezug nehmen.[70] Ein Missbrauch liegt nur vor, wenn die Mitbestimmung bzw. die Mitbestimmungssicherung nach der Richtlinie konterkariert wird und dies den gesetzlichen Wertungen widerspricht. Darüber hinaus verlangt der EuGH grundsätzlich ein subjektives Element für den Rechtsmissbrauch.[71] Die Registergerichte werden prüfen müssen, ob für das Vorgehen, das objektiv die Mitbestimmung verhindert, sachlich nachvollziehbare Gründen außerhalb der Mitbestimmung bestehen. Ebenso wie bei der SE kann ein Missbrauch vorliegen, wenn die Arbeitnehmerzahlen vor der grenzüberschreitenden Umwandlung manipuliert werden, damit keine Mitbestimmungssicherung erfolgen muss.[72]

Die Umwandlungsrichtlinie verweist zwar auf das Missbrauchsverbot der SE-Richtlinie, regelt aber keine Rechtsfolge. Die Verpflichtung der Registergerichte zur Missbrauchsprüfung hat aber zur Folge, dass ggf. keine Vorabbescheinigung zu erteilen bzw. die Eintragung abzulehnen ist. Kumulativ kommt ein Unterlassungsanspruch im Fall der rechtswidrigen Eintragung in Betracht, mit dem die Verhandlungen über die Mitbestimmung noch erzwungen werden. Das wird auch für die SE angenommen[73], so dass ein solcher Anspruch im Fall der Umwandlung vom Äquivalenzgrundsatz geboten ist. Hiergegen lässt sich nicht auf die durch die Umwandlungsrichtlinie vorgegebene Prüfung durch die Registergerichte verweisen, weil die Arbeitnehmervertreter insoweit keine eigene Rechtsstellung bzw.

---

70 Ausführlich dazu *Förster*, ZGR 2022, im selben Sonderheft.

71 St. Rspr., EuGH 14.12.2000 – C-110/99 Rn. 52f. – Emsland-Stärke; 28.7.2016 – C-423/15 Rn. 38 – Kratzer; 6.2.2018 – C-359/16 Rn. 48f. – Altun.

72 *Bayer/Schmidt*, BB 2019, 1922, 1930.

73 So zu § 43 SEBG analog § 1004 BGB; Habersack/Henssler/*Henssler* (Fn. 6), SEBG § 43 Rn. 16; KK-AktG/*Feuerborn* (Fn. 52), SEBG § 43 Rn. 9; MüKoAktG/*Jacobs* (Fn. 6), SEBG § 43 Rn. 8; mit anderer Begründung Lutter/Hommelhoff/Teichmann/*Oetker* (Fn. 11), SEBG § 43 Rn. 13; anders Nagel/Freis/Kleinsorge/*Nagel* (Fn. 6), SEBG § 43 Rn. 2.

Verfahrensrechte haben, um dem Missbrauch entgegenzuwirken, obwohl ihnen die Mitbestimmung bzw. deren Sicherung garantiert ist.

VI. Fazit und Ausblick

1. Die EU hat dem Transformationsgesetzgeber die Aufgabe nicht leicht gemacht. Die aufgezeigten Defizite der Richtlinien zwingen ihn nach dem Grundsatz der Unionstreue zur primärrechtskonformen Auslegung bzw. Fortbildung der Richtlinie und deren Umsetzung im Gesetzestext. Bei der Umsetzung der Richtlinie 1:1 verlagert sich die Herstellung einer Primärrechtskonformität auf die Gerichte. Das belastet vor allem die Rechtsanwender und wird zu einem Ausweichen auf andere Gestaltungen führen. Insbesondere die grenzüberschreitende Verschmelzung hat Vorzüge, ggf. auch die Gründung einer SE.
2. Das Mitbestimmungsmodell der Umwandlungsrichtlinie führt bei einer verhandelten Mitbestimmung nur zur Sicherung der Mitbestimmung im Wegzugsstaat. Die Arbeitnehmer partizipieren nicht an einer weiterreichenden Mitbestimmung im Zuzugsstaat. Daher hat beispielsweise die Spaltung einer österreichischen Aktiengesellschaft mit 3.000 Mitarbeitern und einer Drittelbeteiligung im Aufsichtsrat zur Folge, dass die begünstigte Gesellschaft in Deutschland nach dem Vorher-Nachher-Prinzip nur einer Drittelmitbestimmung unterliegt, selbst wenn sie mehr als 2.000 Arbeitnehmer hat. Die paritätische Mitbestimmung des MitbestG kommt nicht zur Anwendung. Dieses Ergebnis ist eine konsequente Folge der (bloßen) Mitbestimmungssicherung.[74] Es kommt vor allem zustande, weil die ausländischen Arbeitnehmer ihr Wahlrecht bei der Hereinverschmelzung nach Deutschland verlieren, so dass über die Mitbestimmung zu verhandeln ist.
3. Die Umwandlungsrichtlinie hindert die Mitgliedstaaten nicht daran, einen stärkeren Schutz der Arbeitnehmer vorzusehen (Erwägungsgrund 11). Der Arbeitnehmerschutz ist somit keine Voll-, sondern eine Mindestharmonisierung. Punktuelle Erweiterungen der Mitbestimmung kommen an mehreren Punkten in Betracht: eine Nachverhandlungspflicht beim Wachsen der Gesellschaft sowie das Wahlrecht für ausländische Arbeitnehmer, wobei für letzteres enge Grenzen bestehen (siehe III.1.c). Hinzu kommt die zeitlich unbefristete Mitbestimmungssicherung bei grenzüberschreitenden Verschmelzungen, Spaltungen und Formwechsel, wie sie der Regierungsentwurf vor-

74 Dazu *Pütz*, AG 2020, 117, 122.

sieht. In jedem Fall muss die Regelung aber mit der Niederlassungsfreiheit in Einklang stehen.

4. Nicht zu empfehlen ist hingegen eine Erweiterung der Regelung auf die grenzüberschreitende Spaltung zur Aufnahme. Es fehlt an den notwendigen Bestimmungen in den übrigen Mitgliedstaaten, die eine Mitwirkung der ausländischen Arbeitnehmervertreter an den Verhandlungen und der Mitbestimmung sicherstellen. Eine Mitbestimmungssicherung nach dem SE-Modell ist auf diesem Weg nicht erreichbar. Der Regierungsentwurf beschränkt daher die Spaltung zu Recht auf den mitbestimmungsfreien Bereich, auch wenn eine genauere Abgrenzung möglich gewesen wäre.

Susanne Zwirlein-Forschner*

Grenzüberschreitende Umwandlungen außerhalb der Mobilitätsrichtlinie

Zusammenfassung: Der Beitrag beleuchtet die Frage, welche Regeln für grenzüberschreitende Umwandlungen außerhalb des Anwendungsbereichs der Mobilitätsrichtlinie und des UmRUG-Entwurfs gelten. Hierzu werden zunächst die Grenzen dieser Anwendungsbereiche ausgelotet, um sodann die maßgeblichen Parameter für grenzüberschreitende Umwandlungen im nicht harmonisierten europäischen und drittstaatlichen Bereich herauszuarbeiten. Die hierbei zu Tage tretenden Rechtsunsicherheiten und eine hieraus resultierende Konzentration der Praxis auf den harmonisierten Bereich unterstreichen den Bedarf nach einer weiter reichenden Gesetzgebung zu grenzüberschreitenden Umwandlungen.

Abstract: This paper addresses the problem of the rules applicable to cross-border conversions outside the scope of the Directive (EU) 2017/1132 and the draft UmRUG. For this purpose, the article first explores the scope of the Directive and the draft UmRUG, in order to then work out the relevant parameters for cross-border conversions in non-harmonized EU and third-country contexts. The legal uncertainties revealed by this and the resulting practical self-restraint to the harmonized area underline the need for comprehensive legislation on cross-border conversions.

Inhaltsübersicht

---

* Dr. Susanne Zwirlein-Forschner ist Partnerin der Sozietät Sernetz Schäfer in München und Lehrbeauftragte an der Ludwig-Maximilians-Universität München. Die Verfasserin dankt Prof. Dr. Helge Großerichter, Prof. Dr. Jessica Schmidt, Prof. Dr. Chris Thomale und Prof. Dr. Marc-Philippe Weller für wertvolle Anregungen zu diesem Beitrag.

https://doi.org/10.1515/9783110780895-012

Die Mobilitätsrichtlinie ist – wie auch dieses Sonderssymposion gezeigt hat – ein relevanter Schritt in Richtung eines harmonisierten europäischen Rechtsrahmens für grenzüberschreitende Umwandlungen[1] und zur Beseitigung mobilitätsbezogener Beschränkungen der Niederlassungsfreiheit.[2] Der mit der Richtlinie eröffnete Rechtsraum für Gesellschaftsmobilität beschränkt sich allerdings – bedingt durch deren niederlassungsfreiheitsgeprägte Perspektive[3] – auf innereuropäische Umwandlungen und reicht selbst in diesem Bereich mitnichten genauso weit wie der vom EuGH in seiner Rechtsprechung zur Niederlassungsfreiheit aufgespannte Mobilitätsrahmen für Gesellschaften. Vielmehr weist die nunmehr sekundärrechtlich geschaffene europäische „Mobilitätslandkarte" an mehreren entscheidenden Stellen *terrae incognitae* auf.

Im Folgenden gilt es, diese *terrae incognitae* zunächst zu lokalisieren (**I.**), und sodann die maßgeblichen Parameter für grenzüberschreitende Umwandlungen im nicht harmonisierten europäischen Bereich herauszuarbeiten – hierbei wird sich im Ergebnis ein *practical self-restraint* auf den harmonisierten Bereich beobachten lassen (**II.**). Jenseits des europäischen Terrains ist zu analysieren, ob daneben Möglichkeiten für Umwandlungen aus Drittstaaten und in Drittstaaten

1 Der Terminus „Umwandlungen" wird im Folgenden – abweichend von der missverständlichen deutschen Terminologie der Richtlinie, welche den speziell den Formwechsel als Umwandlung bezeichnet – als Oberbegriff für alle Strukturmaßnamen der partiellen Gesamtrechtsnachfolge (Verschmelzungen, Spaltungen) und den Formwechsel verwendet. Vgl. zum deutschen und europäischen Umwandlungsbegriff i.E. Behme, ZHR 182 (2018), 32, 33 ff.

2 Vgl. zu dieser Zielsetzung der Richtlinie Erwägungsgründe 5 und 6 der RL (EU) 2121/2019.

3 Zu dieser Perspektive vgl. die am Beginn der Präambel der RL (EU) 2121/2019 zitierte Kompetenzgrundlage Art. 50 AEUV (also keine umfassende Binnenmarktrichtlinie gem. Art. 26 AEUV). Siehe auch Thomale, RdW 2020, 424, 426, der die subjektivrechtlich-niederlassungsfreiheitsbasierte Konzeption der Richtlinie im Kontrast zu einer Beantwortung der objektiven Frage nach dem jeweils anwendbaren Gesellschaftsrecht herausarbeitet.

hinein bestehen (**III.**). Eine Demarkation der Grenzen der *lex lata* un der *lex proposita* und Desiderata *de lege ferenda* schließen die Untersuchung ab (**IV.**).

I. *Terrae incognitae* auf der europäischen Mobilitätslandkarte

Die Mobilitätsrichtlinie erfasst räumlich zunächst nur Gesellschaften aus Mitgliedstaaten der EU.[4] Daneben ist es wahrscheinlich, dass die Richtlinie kraft eines Beschlusses des gemeinsamen EWR-Ausschusses demnächst auch in Anhang XXII des EWR-Abkommens und damit in den EWR-Acquis aufgenommen wird.[5] Territorial umfasst die Richtlinie damit die gesamte EU und wahrscheinlich künftig auch den EWR. Allerdings weist die Richtlinie innerhalb dieses Territoriums relevante Lücken ihres persönlichen und sachlichen Anwendungsbereichs auf. Diese betreffen sowohl die von der Richtlinie erfassten Gesellschaftsformen als auch die durch sie geregelten Umwandlungsarten und Umwandlungssituationen. Insoweit verbleiben *terrae incognitae* auf der Mobilitätslandkarte, welche den Eindruck entstehen lassen, dass die Richtlinie nur eine vorläufige Antwort des Brüsseler Gesetzgebers auf die Rechtsprechung des EuGH zur Niederlassungsfreiheit darstellen kann.[6]

1. Vom Anwendungsbereich der Mobilitätsrichtlinie ausgesparte Gesellschaftsformen

Diese „weißen Flecken“ betreffen zunächst die von der Mobilitätsrichtlinie erfassten Gesellschaftsformen: Wie bereits die internationale Verschmelzungsrichtlinie[7] beschränkt sich auch die Mobilitätsrichtlinie auf die Harmonisierung

4 Es handelt sich um eine auf Art. 50 AEUV gestützte Richtlinie und nicht um eine Maßnahme der verstärkten Zusammenarbeit.

5 Dies ist für die RL (EU) 2017/1132 erfolgt. In den entsprechenden Umsetzungsnormen des Entwurfs eines Gesetzes zur Umsetzung der Umwandlungsrichtlinie vom 05.08.2022, BR-Drs. 371/22 (im Folgenden: UmRUG-Entwurf) wurde die bevorstehende Aufnahme der Mobilitätsrichtlinie in den EWR-Acquis bereits berücksichtigt.

6 Thomale, RdW 2020, 424, 427 spricht noch deutlich weitergehend von einer „sektoralen Verlegenheitslösung“.

7 Art. 1 i.V.m. 2 Nr. 1. RL 2005/56/EG (alt) bzw. Art. 118 i.V.m. 119 Nr. 1 RL (EU) 2017/1132 (Gesellschaftsrechtsrichtlinie).

von Mobilitätsvorgängen im Bereich der Kapitalgesellschaften[8] und spart Personengesellschaften aus. Bei Verabschiedung der internationalen Verschmelzungsrichtlinie waren hierfür zwei Gründe identifizierbar: Erstens wurde die Harmonisierung der Mobilität von Personengesellschaften als (wirtschaftlich) weniger drängend empfunden.[9] Ob dies mit Blick auf die zahlreichen Kapitalgesellschaften und Co. KGs[10] oder – aus österreichischer Perspektive formuliert: „verdeckten Kapitalgesellschaften“[11] – und Publikumspersonengesellschaften zutreffend ist, mag dahingestellt bleiben. Zudem wurde als Grund angeführt, dass die Einbeziehung von Personengesellschaften die Komplexität der Regelungen erhöht hätte, da das Personengesellschaftsrecht bisher nicht europäisch harmonisiert worden ist und man daher den divergierenden Konzepten der jeweiligen Mitgliedstaaten hätte Rechnung tragen müssen.[12] Diese Komplexitätsvermeidung bei der Regulierung hat als Kehrseite freilich eine fortgesetzte besondere Komplexität der Mobilitätsvorgänge von Personengesellschaften im nicht harmonisierten Bereich. Dennoch erweiterte der Europäische Gesetzgeber im Zuge der Mobilitätsrichtlinie den Anwendungsbereich des harmonisierten Regimes trotz entsprechender Forderungen aus Literatur und Praxis[13] nicht auf Personengesellschaften, so dass ihnen der Zugang zum nunmehr erweiterten harmonisierten Mobilitätsrahmen verwehrt bleibt. Hinsichtlich der Personengesellschaften weist die europäische Mobilitätslandkarte insofern eher eine *terra vitata* als eine *terra incognita* auf.

Hinzu kommt, dass die Reichweite des Anwendungsbereichs der Mobilitätsrichtlinie auch für die von ihr grundsätzlich erfassten Kapitalgesellschaften keineswegs in allen Fällen eindeutig ist. Grund hierfür ist eine schon traditionell gewordene Abstinenz des Europäischen Gesetzgebers bei der Bildung rechts-

---

8 Art. 86a Abs. 1, 160a Abs. 1 i.V.m. Art. 86b Nr. 1, 160b Nr. 1 RL (EU) 2121/2019.

9 Vgl. die Andeutung in Erwägungsgrund 1 RL 2005/56/EG sowie J. Schmidt, Cross-border mergers and divisions transfers of seat: Is there a need to legislate?, 2016, PE 556.960, 17.

10 Insbesondere in der Ausprägung der Auslandsgesellschaft & Co., vgl. hierzu eingehend Teichmann, ZGR 2014, 220.

11 Vgl. hierzu aus dem Blickwinkel der Bilanzierung aus österreichischer Sicht Vanas, FS Rödler 2010, 909 (910).

12 Vgl. J. Schmidt, Cross-border mergers and divisions transfers of seat: Is there a need to legislate?, 2016, PE 556.960, 17. Zur Vielfalt der mitgliedstaatlichen Konzeptionen von Personengesellschaften siehe eindrücklich Windbichler, ZGR 2014, 110.

13 Vgl. beispielhaft aus deutscher Perspektive Habersack ZHR 182 (2018), 495, 497; Bayer/J. Schmidt, BB 2019, 1922, 1926 sowie Handelsrechtsausschuss des Deutschen Anwaltvereins, NZG 2018, 857.

ordnungsübergreifender Begriffe.[14] Zwar wird in den Erwägungsgründen der im Jahr 1968 verabschiedeten Publizitätsrichtlinie, deren Anwendungsbereich bereits auf Kapitalgesellschaften beschränkt war, als besonderes Merkmal dieser Gesellschaften der Umstand erwähnt, dass „diese Gesellschaften zum Schutze Dritter lediglich das Gesellschaftsvermögen zur Verfügung stellen".[15] Allerdings griff der Richtliniengesetzgeber in Art. 1 der Publizitätsrichtlinie dann (doch) auf eine Enumeration der von der Richtlinie erfassten mitgliedstaatlichen Gesellschaften anstelle einer rechtsordnungsübergreifenden Definition zurück.[16] Diese Abstinenz bei der Begriffsbildung wurde in einer jüngeren Entscheidung des EuGH nochmals unterstrichen: Die Publizitätsrichtlinie zählt demnach die von ihr erfassten Gesellschaften in der Tat nur auf, sieht aber keinen einheitlichen Begriff der Kapitalgesellschaft vor und macht hierzu auch keine Vorgaben.[17]

Dieses Enumerationsprinzip wurde in späteren Richtlinien beibehalten. So operierte die steuerliche Fusionsrichtlinie[18] etwa mit einer als Anhang angefügten Liste erfasster Gesellschaftsformen, die durch Art. 3 in Bezug genommen wird. Auch die nunmehr geltende Gesellschaftsrechtsrichtlinie und mit ihr die sie ändernde Mobilitätsrichtlinie greifen auf solche „Rechtsformenanhänge"[19] zurück: Während Anhang I zur Gesellschaftsrechtsrichtlinie die Aktiengesellschaft und deren Äquivalente mit Blick auf die spezifisch hierfür geltenden Regelungen auflistet und der mit der Digitalisierungsrichtlinie[20] neu eingeführte Anhang IIA die online-mustertauglichen Gesellschaftsformen auflistet, sieht Anhang II der Gesellschaftsrichtlinie eine Aufzählung der von ihr erfassten Kapitalgesellschaften vor. Auf diesen Anhang II nehmen sodann die Regelungen zur grenzüberschreitenden Verschmelzung in Art. 119 Nr. 1 lit. a Gesellschaftsrechtsrichtlinie

---

14 Thomale, JBl 143 (2021), 621, 625 spricht von einer „traditionellen Begriffsarmut des Europäischen Gesellschaftsrechts".

15 Erwägungsgrund 3 der RL 68/151/EWG.

16 Siehe hierzu Einmahl AG 1969, 132, Fußnote 8, der auf die unterschiedliche Perspektive der mitgliedstaatlichen Rechtsordnungen auf die Demarkationslinie zwischen Kapital- und Personengesellschaften hinweist.

17 EuGH v. 21.10.2010, C-81/09 – „Idryma Typou", Rn. 40 f.

18 RL 90/434/EWG des Rates vom 23. Juli 1990 über das gemeinsame Steuersystem für Fusionen, Spaltungen, die Einbringung von Unternehmensteilen und den Austausch von Anteilen, die Gesellschaften verschiedener Mitgliedstaaten betreffen; inzwischen ersetzt durch RL 2009/133/EG des Rates vom 19. Oktober 2009 über das gemeinsame Steuersystem für Fusionen, Spaltungen, Abspaltungen, die Einbringung von Unternehmensteilen und den Austausch von Anteilen, die Gesellschaften verschiedener Mitgliedstaaten betreffen, sowie für die Verlegung des Sitzes einer Europäischen Gesellschaft oder einer Europäischen Genossenschaft von einem Mitgliedstaat in einen anderen Mitgliedstaat.

19 Begriffsbildend Thomale, , JBl 143 (2021), 621, 623 ff.

20 RL (EU) 2019/151.

sowie die Regelungen zu Formwechseln und Spaltungen in Art. 86b Nr. 1, 160b Nr. 1 in der durch die Mobilitätsrichtlinie geänderten Fassung Bezug.

Dabei besteht allerdings ein kleiner, nicht zu vernachlässigender Unterschied zwischen den Regelungen zu Verschmelzung und den Regelungen zu Spaltungen und Formwechseln: Während letztere allein auf Anhang II der Gesellschaftsrechtsrichtlinie Bezug nehmen, enthält Art. 119 Nr. 1 lit. b Gesellschaftsrechtsrichtlinie für Verschmelzungen eine „kleine Generalklausel“ in Ergänzung des Verweises auf Anhang II in lit. a, wonach (über den Anhang II hinaus) auch solche Gesellschaften erfasst sein sollen, die Rechtspersönlichkeit besitzen und über gesondertes Gesellschaftskapital verfügen, das allein für die Verbindlichkeiten der Gesellschaft haftet, und die nach dem für sie maßgebenden nationalen Recht bestimmte Schutzbestimmungen im Interesse der Gesellschafter sowie Dritter einhalten müssen. Dies wurde in der internationalen Verschmelzungsrichtlinie ursprünglich insbesondere deswegen so vorgesehen, weil die Richtlinie dann nicht gesondert geändert werden muss, wenn in einzelnen Mitgliedstaaten vielleicht künftig noch neue Rechtsformen geschaffen werden, welche die genannten Merkmale aufweisen und nicht im Rechtsformanhang aufgeführt sind.[21] Eine solche „kleine Generalklausel“ fehlt bei den Regelungen zu Formwechseln und Spaltungen aus unerfindlichen Gründen.[22] Dies wird zu Unklarheiten bei der Einführung neuer Gesellschaftsformen, wie etwa der in Österreich avisierten Austrian Limited,[23] führen, auf welche die Regelungen zu grenzüberschreitenden Formwechseln und Spaltungen dann nicht ohne weiteres anwendbar sind.

2. Vom Anwendungsbereich der Mobilitätsrichtlinie ausgesparte Umwandlungsformen

Auch für die von ihr erfassten Kapitalgesellschaften harmonisiert die Mobilitätsrichtlinie nicht alle möglichen Umwandlungsarten: Zwar werden in Art. 160b

---

21 NEYE, ZIP 2005, 1893, 1894. Freilich weist diese Definition im Verhältnis zu Anhang II der Gesellschaftsrechtsrichtlinie insofern eine gewisse Widersprüchlichkeit auf, als von Anhang II auch die KGaA und deren ausländische Äquivalente erfasst, welche mindestens einen Komplementär aufweisen und deshalb keine haftungsbeschränkten Gesellschaften im Sinne der „kleinen Generalklausel“ sind, THOMALE, JBl 143 (2021), 621, 625.

22 Siehe J. SCHMIDT, DK 2018, 273, 274 Fn. 174. Es könnte sich um ein schlichtes Redaktionsversehen handeln, da überhaupt die kongruente Regelung der drei Umwandlungsarten an mehreren Stellen in der Richtlinie misslungen ist, vgl. auch THOMALE, RdW 2020, 338, 340.

23 Siehe hierzu im Kontext der Rechtsformanhänge eingehend THOMALE, JBl 143 (2021), 621, der von einer insgesamt deklaratorischen Funktion von Anhang II ausgeht.

Nr. 3, 4 die Aufspaltung, die Abspaltung und die Ausgliederung geregelt. Allerdings sind diese Spaltungsformen jeweils nur als Spaltung zur Neugründung und nicht als Spaltung zur Aufnahme vom Anwendungsbereich der Richtlinie erfasst. In Erwägungsgrund 8 werden hierfür zwei Gründe gegeben: Erstens seien Spaltungen zur Neugründung besonders komplex und erforderten die Beteiligung der zuständigen Behörden mehrerer Mitgliedstaaten. Zweitens bärgen sie zusätzliche Risiken der Rechtsumgehung. Dem ersten Grund ist zuzugestehen, dass grenzüberschreitende Spaltungen insofern komplexer sind als Formwechsel und auch Verschmelzungen, als ihr Ergebnis nicht eine (im Rechtskleid gewandelte bzw. verschmolzene) Gesellschaft, sondern zwei nebeneinander existierende Gesellschaften in zwei Mitgliedstaaten sind. Dies trifft allerdings auch auf die Spaltung zur Neugründung zu, so dass hierin kein geeignetes Differenzierungskriterium liegt. Auch das erhöhte Betrugs- bzw. Umgehungsrisiko ausgerechnet bei Spaltungen zur Aufnahme erscheint – auch aus praktischer Sicht – nicht nachvollziehbar.[24]

Auch vor dieser *terra incognita* bzw. *terra vitata* der Europäischen Mobilitätslandkarte steht man insofern ratlos. Für die Zukunft bleibt freilich die Hoffnung, dass der gem. Art. 4 Abs. 3 der Mobilitätsrichtlinie zu erstellende Bericht zur Möglichkeit weiterer Regelungen, insbesondere für Spaltungen zur Aufnahme, hier eine Vervollständigung der Harmonisierung vorschlägt.

3. Vom Anwendungsbereich der Richtlinie ausgesparte Mobilitätssituationen

Schließlich klammert die Mobilitätsrichtlinie bestimmte Mobilitätssituationen aus ihrem Regelungsbereich aus. So enthalten etwa Art. 86a Abs. 3, 120 Abs. 4, 160a Abs. 4 jeweils zwingende Ausnahmen für Gesellschaften, die Gegenstand von in Titel IV der Bankenabwicklungsrichtlinie[25] oder in Titel V der CCPRRR[26] vorgesehenen Abwicklungsinstrumenten, -befugnissen und -mechanismen sind. Darüber steht es den Mitgliedstaaten bei grenzüberschreitenden Formwechseln

24 Vgl. J. Schmidt, Der Konzern 2018, 273, 275; Heckschen/Stelmaszczyk, BB 2020, 1734, 1742 (sogar erhöhtes Missbrauchsrisiko bei Spaltungen zur Neugründung) sowie Handelsrechtsausschuss des Deutschen Anwaltvereins, NZG 2018, 857.

25 RL 2014/59/EU.

26 VO (EU) 2021/23 des EP und des Rates v. 16.12.2020 über einen Rahmen für die Sanierung und Abwicklung zentraler Gegenparteien und zur Änderung der VO (EU) Nr. 1095/2010, (EU) Nr. 648/2012, (EU) Nr. 600/2014, (EU) Nr. 806/2014 und (EU) 2015/2365 sowie der RL 2002/47/EG, 2004/25/EG, 2007/36/EG, 2014/59/EU und (EU) 2017/1132.

und Spaltungen gem. Art. 86a Abs. 4, 120 Abs. 5, 160a Abs. 5 frei, solche Gesellschaften bei der Richtlinienumsetzung außen vor zu lassen, die Gegenstand eines Insolvenzverfahrens oder präventiven Restrukturierungsrahmens, eines sonstigen Liquidationsverfahrens oder einer Krisenpräventionsmaßnahme i.S.d. Art. 2 Abs. 1 Nr. 101 Bankenabwicklungsrichtlinie oder des Art. 2 Nr. 48 CCPRRR sind.

Diese Ausnahmen für Gesellschaften in wirtschaftlichen Schwierigkeiten sollen verhindern, dass Gesellschaften einen grenzüberschreitenden Formwechsel dazu missbrauchen, sich einem geordneten Abwicklungsverfahren zu entziehen oder Gläubiger zu benachteiligen.[27] Allerdings ist dies nur die eine Seite der Medaille. Denn andererseits können Umwandlungen auch ein wichtiges und sinnvolles Instrument im Rahmen einer Sanierung sein.[28] Im deutschen Insolvenz- bzw. Restrukturierungsrecht ermöglichen etwa § 225 a Abs. 3 InsO bzw. §§ 2 Abs. 3, 7 Abs. 4 StaRUG gesellschaftsrechtliche Umwandlungen, wobei alle Umwandlungsformen genutzt und durchgeführt werden können, die das UmwG vorsieht.[29] Soweit Mitgliedstaaten von der Ausschlussoption Gebrauch machen werden, steht eine grenzüberschreitende Restrukturierung durch Umwandlung dann – jedenfalls im harmonisierten Bereich – nicht mehr zu Gebote.

II. Maßgebliche Parameter für grenzüberschreitende Umwandlungen im nicht harmonisierten europäischen Bereich

Nachdem die *terrae incognitae* auf der europäischen Mobilitätslandkarte nunmehr abgesteckt sind, ist in einem nächsten Schritt zu untersuchen, welche Regeln in diesem „Niemandsland" der Harmonisierung gelten. Dabei sind primär die diesbezüglichen europarechtlichen Vorgaben und sodann in deren Rahmen die nationale Perspektive in den Blick zu nehmen.

---

27 J. Schmidt, ZEuP 2020, 565, 567.

28 J. Schmidt, ZEuP 2020, 565, 567. In diesem Sinne auch Stellungnahme ECON zu dem Vorschlag für eine Richtlinie des Europäischen Parlaments und des Rates zur Änderung der Richtlinie (EU) 2017/1132 in Bezug auf grenzüberschreitende Umwandlungen, Verschmelzungen und Spaltungen, PE625.345v03-00, 35, 37, 91 f.

29 Multert/Steiner, NZG 2021, 673, 680. Zu Umwandlungen im Kontext von Insolvenzplänen siehe umfassend *Kocher* in *Kallmeyer*, UmwG, 7. Aufl. 2020, Anhang II.

1. Vorgaben des EuGH auf Grundlage der Niederlassungsfreiheit

Obgleich sich die Harmonisierungsrechtsakte des europäischen Sekundärrechts auf Kapitalgesellschaften beschränken, gewährt das Primärrecht Niederlassungsfreiheit für Gesellschaften unbesehen der Tatsache, ob es sich jeweils um eine Kapital- oder Personengesellschaft handelt:

a) Gewährleistungsgehalt der Art. 49, 54 AEUV

Die im Sekundärrecht beobachtete Abstinenz des Europäischen Gesetzgebers bei der Bildung rechtsordnungsübergreifender Begriffe lässt sich auch im Primärrecht feststellen, indem der die Niederlassungsfreiheit auf Gesellschaften erstreckende Art. 54 AEUV keine hinreichende Definition der von ihm erfassten Gesellschaften enthält:

Ausgangspunkt der Gleichstellung von Gesellschaften mit natürlichen Personen ist gem. Art. 54 Abs. 1 AEUV ein Rechtsgrundverweis auf das nationale Gesellschaftsrecht, gepaart mit dem Erfordernis einer räumlichen Verknüpfung mit dem Gebiet der EU. Die „Gesellschaft" muss demnach zunächst nach dem Recht eines Mitgliedstaats wirksam gegründet worden sein. Insofern liegt die Definitionshoheit über die nach ihrem Recht gegründeten Gesellschaften bei den einzelnen Mitgliedstaaten – oder, um es mit dem EuGH in *Daily Mail* zu sagen: *„Jenseits der jeweiligen nationalen Rechtsordnung, die ihre Gründung und ihre Existenz regelt, haben sie keine Realität"*.[30] Für diese Definitionsautonomie der Mitgliedstaaten hat sich die Bezeichnung „Geschöpftheorie" etabliert,[31] die freilich mit ihrer Fokussierung auf den Staat als „Schöpfer" der jeweiligen Gesellschaft den für die Gesellschaftsgründung mindestens ebenso zentralen Aspekt der Parteiautonomie der Gesellschafter vernachlässigt.[32] Ungeachtet dieser Be-

---

30 EuGH, Urteil vom 27. September 1988, C-81/87 Rn. 19. Siehe später ähnlich EuGH, Urteil vom 29. November 2011, C-371/10 – National Grid Indus, Rn. 26; Urteil vom 16. Dezember 2008, C-210/06 – Cartesio, Rn. 109; Urteil vom 12. Juli 2012, C-378/10 – Vale, Rn. 28.

31 Vgl. beispielhaft Barth/Schall, NZG 2012, 414, 415; Kindler, EuZW 2012, 888; W.-H. Roth, FS Hoffmann-Becking, 2013, 965, 972f. Siehe insoweit auch die Formulierung der englischen Sprachfassung von Rn. 19 des Daily Mail-Urteils (C-81/87): *„In that regard it should be borne in mind that, unlike natural persons, companies are creatures of the law and, in the present state of Community law, creatures of national law."*

32 Wird die Geschöpftheorie schematisch angewandt, tritt in ihr insofern ein an sich überkommenes Verständnis der Gesellschaft zutage. Die Vorstellung von einer Gesellschaft als Geschöpf eines Mitgliedstaats und damit notwendigerweise als staatliches Geschöpf lässt nämlich

grifflichkeiten bleibt zu Art. 54 Abs. 1 AEUV festzuhalten, dass über die Frage, ob eine Gesellschaft als Rechtssubjekt der Niederlassungsfreiheit existiert, jeweils das Recht deren Gründungs-Mitgliedstaats entscheidet[33] – insoweit enthält sich Art. 54 AEUV in seinem Absatz 1 einer Definition dessen, was eine „Gesellschaft" ist.

Daneben erfordert Art. 54 Abs. 1 AEUV eine räumliche Verknüpfung der nach dem Recht eines Mitgliedstaats gegründeten Gesellschaft mit dem Gebiet der EU, indem diese ihren satzungsmäßigen Sitz, ihre Hauptverwaltung oder ihre Hauptniederlassung innerhalb der Union haben muss. Diese spezifische (institutionelle) Unionsbindung ist neben der (rechtlichen) Gründung nach dem Recht eines Mitgliedstaats tatsächliche Voraussetzung der Grundfreiheitsberechtigung.[34]

Dieser zweifachen Definition des persönlichen Anwendungsbereichs der Niederlassungsfreiheit durch rechtlichen Verweis auf die jeweilige Gründungsrechtsordnung und tatsächliche Anknüpfung an das Unionsgebiet stülpt Art. 54 Abs. 2 AEUV zusätzlich eine sprachlich missglückte,[35] als Fiktion formulierte „Definition" der Gesellschaft über, welche sich in einer Aneinanderreihung neuer, nicht definierter Begrifflichkeiten erschöpft. Demnach sollen als Gesellschaften „die Gesellschaften des bürgerlichen Rechts und des Handelsrechts einschließlich der Genossenschaften und die sonstigen juristischen Personen des öffentlichen und privaten Rechts mit Ausnahme derjenigen, die keinen Erwerbszweck verfolgen" gelten. Diese Aufzählung nimmt sich in anderen Sprachfassungen ähnlich, aber jeweils unter Rekurs auf nationale Begrifflichkeiten aus – so tritt im

---

die rechtsgeschäftliche (und gerade nicht mehr staatlich durch Verleihung gestiftete) Natur der Gesellschaftsgründung in den Hintergrund treten: Die Gesellschafter wählen im Rahmen ihrer rechtsgeschäftlichen Parteiautonomie durch Lokalisierung des Satzungssitzes als Rahmen ihrer vertraglich begründeten Entität aktiv eine bestimmte Rechtsordnung (vgl. hierzu begriffsbildend Weller/Benz/Thomale, ZEuP 2017, 250, 259) und existieren keineswegs passiv „von Gnaden" eines zufälligen Gesellschaftsrechts. Der EuGH scheint hier in „naturalistischen" Kategorien zu argumentieren, wohl um leichter eine Parallele zur Niederlassungsfreiheit natürlicher Personen als Staatsangehörige der Mitgliedstaaten ziehen zu können. Dies trägt freilich dem Wesen der rechtsverkehrsfähigen Entität als Ergebnis privatautonomer Verbandssetzung nicht hinreichend Rechnung. Vgl. hierzu auch BeckOGK/Grosserichter/Zwirlein-Forschner, IntGesR Grundfragen, Rn. 4.1.

33 Siehe Verse, ZEuP 2013, 458, 473.

34 In dieser alternativen Anknüpfung an Satzungssitz, Hauptverwaltung oder Hauptniederlassung ist zugleich eine Absage an die „Kontrolltheorie" zu sehen, welche die Ansässigkeit der Gesellschafter bzw. (mittelbaren) Eigentümer der Gesellschaft in den Blick nimmt, vgl. Streinz/Müller-Graff, 3. Aufl. 2018, AEUV Art. 54 Rn. 10; Grabitz/Hilf/Nettesheim/Forsthoff, 72. EL Februar 2021, AEUV Art. 54 Rn. 22.

35 So auch Streinz/Müller-Graff, 3. Aufl. 2018, AEUV Art. 54 Rn. 2.

Englischen an die Stelle der Gesellschaft bürgerlichen Rechts die „*company constituted under civil law*". Diese Scheindefinition durch neuerliche Begriffsnennung (anstelle Begriffsbildung) evoziert Gertrude Stein: „*A rose is a rose is a rose.*"[36] Tatsächlich lässt sich – außer dem ausdrücklich genannten Erwerbszweck (der freilich keine persönliche, sondern eine sachliche, mit Art. 49 Abs. 2 AEUV identische und somit redundante Anwendungsvoraussetzung ist[37]) – aus Art. 54 Abs. 2 AEUV keine unionsrechtlich autonome Definition der Gesellschaft ableiten. Vielmehr wird man sich als „Rahmen" der in Art. 54 Abs. 1 AEUV eingeräumten Definitionshoheit der Mitgliedstaaten darauf zurückziehen müssen, dass in einem weiten Begriffsverständnis alle rechtlich konfigurierten Marktakteure erfasst sind, also alle Gebilde, die nach dem auf sie anwendbaren Recht über eine rechtlich verfestigte Struktur verfügen, die ein Auftreten im Rechtsverkehr erlaubt.[38]

Damit fallen auch Personengesellschaften in den persönlichen Anwendungsbereich der Niederlassungsfreiheit, sofern sie nach dem Recht eines Mitgliedstaats wirksam gegründet sind, im Rechtsverkehr (unabhängig vom Ausmaß ihrer Rechtsfähigkeit) auftreten können und eine spezifische institutionelle Unionsverbindung aufweisen. Sie sind ebenso wie Kapitalgesellschaften Trägerinnen der Niederlassungsfreiheit.[39] Hiermit geht für die Personengesellschaften nach der Rechtsprechung des EuGH eine entsprechende Freiheit zur tatsächlichen und rechtlichen Unternehmensmobilität als „Essenz des Binnenmarkts"[40] einher.

b) Auslegung durch den EuGH

Dementsprechend hat der EuGH die in der Niederlassungsfreiheit radizierten tatsächlichen Mobilitätsgarantien in seinem *Cartesio*-Urteil ohne weiteres (und ohne Problematisierung dieser Frage) auch auf Personengesellschaften (in diesem Fall auf eine *betéti társaság*, eine Kommanditgesellschaft ungarischen Rechts)

---

36 STEIN, Sacred Emily (1913), publiziert in: Geography and Play, 1922, 178 ff.

37 Vgl. die Nachweise bei Calliess/Ruffert/KORTE, 5. Aufl. 2016, AEUV Art. 54 Rn. 10.

38 Streinz/MÜLLER-GRAFF, 3. Aufl. 2018, AEUV Art. 54 Rn. 2; Grabitz/Hilf/Nettesheim/FORSTHOFF, 72. EL Februar 2021, AEUV Art. 54 Rn. 6.

39 Vgl. auch ROTH, ZGR 2014, 168, 177; HOGER/LIEDER, ZHR 180 (2016), 613, 621; KALSS/KLAMPFE in Dauses/Ludwigs EU-WirtschaftsR-HdB, 52. EL Februar 2021, E. III. Gesellschaftsrecht Rn. 12; SERVATIUS in Henssler/Strohn GesR, 5. Aufl. 2021, Internationales Gesellschaftsrecht A. Mobilität der Gesellschaften Rn. 19; TRAUTRIMS, Das Kollisionsrecht der Personengesellschaften: Grundzüge des neuen internationalen Gesellschaftsrechts, 2009, 76 ff.; BUNGERT/SCHNEIDER, Gedächtnisschrift für Gruson, 2009. 37.

40 Weller, FS Blaurock 2013, 497, 498 f.

erstreckt.[41] In diesem Zusammenhang stellt er klar, dass die Mitgliedstaaten die Existenz der Gesellschaften ihrer eigenen Rechtsordnung an die Beibehaltung eines inländischen Verwaltungssitzes knüpfen können. Dies führt insbesondere dazu, dass Personengesellschaften, die nach nationalem Recht ihre Hauptverwaltung im Inland haben müssen, keine Verwaltungssitzverlegung durchführen können. Während dies nach deutschem Recht für Personengesellschaften bisher umstritten war,[42] wird ab dem Inkrafttreten des MoPeG Klarheit dahingehend bestehen, dass deutsche registrierte Personengesellschaften ihren Verwaltungssitz auch im Ausland haben können: Nach § 706 BGB n.F., der nach § 105 Abs. 3 n.F auch für die OHG sowie gem. § 161 Abs. 2 HGB für die KG und gem. § 1 Abs. 4 PartGG für die PartG gilt, ist Gesellschaftssitz der Ort, an dem die Geschäfte tatsächlich geführt werden (Verwaltungssitz). Bei im Register eingetragenen Gesellschaften kann dieser Verwaltungssitz von dem Ort im Inland abweichen, den die Gesellschafter als Sitz im Gesellschaftsvertrag vereinbart haben (Vertragssitz).[43] Damit ermöglicht es das MoPeG nun den Gesellschaftern, einen auch nach außen hin verbindlichen Vertragssitz zu vereinbaren, von dem der Verwaltungssitz abweichen kann, und damit auch, ihren Verwaltungssitz im Ausland zu begründen bzw. ihn dorthin zu verlegen.[44] Dementsprechend wird der in *Cartesio* anerkannte mitgliedstaatliche Vorbehalt bzgl. der Verwaltungssitzverortung für deutsche Personengesellschaften keine Bedeutung mehr haben – der Verwaltungssitz wird mobil.

Der vom EuGH aufgespannte Mobilitätsrahmen reicht allerdings über die Verortung des *tatsächlichen* Verwaltungssitzes hinaus und erstreckt sich auf Mobilitätsvorgänge *rechtlichen* Gepräges: Dies hat der EuGH initial in *SEVIC*[45] klargestellt: Kurz vor Inkrafttreten der internationalen Verschmelzungsrichtlinie (2005/56/EG) sollte eine luxemburgische SA auf eine deutsche AG hineinverschmolzen werden. Der EuGH ordnete diese grenzüberschreitende Verschmelzung zur Aufnahme als Ausübung der Niederlassungsfreiheit ein; sie entspräche den Zusammenarbeits- und Umgestaltungsbedürfnissen von Gesellschaften und sei für das Funktionieren des Binnenmarktes relevant.[46] Diese an die Umgestal-

---

41 EuGH v. 16.12.2008, C-210/06, Rn. 106 ff.

42 Siehe hierzu Baumbach/Hopt/Roth, 40. Aufl. 2021, HGB § 106 Rn. 8 m.w.N. aus Literatur und Rechtsprechung sowie Lieder/Hilser, ZHR 185 (2021), 471, 475 ff. mit zahlreichen Nachweisen zur (wohl noch) h.M. vor dem MoPeG, dass ein tatsächlicher Verwaltungssitz in Inland erforderlich sei, sowie zu der im Vordringen befindlichen Gegenauffassung.

43 Siehe Oetker/Lieder, 7. Aufl. 2021, HGB § 106 Rn. 23.

44 Begr. des RegE MoPeG, 146. Siehe auch Lieder/Hilser, ZHR 185 (2021), 471, 488 f.

45 EuGH v. 13.12.2005, C-411/03. Vgl. zum Folgenden auch Zwirlein, ZGR 2017, 114, 118 f.

46 EuGH v. 13.12.2005, C-411/03, Rn. 20 ff.

tungsbedürfnisse von Gesellschaften anknüpfende Definition der Niederlassungsfreiheit griff der EuGH in *VALE* auf und sah einen grenzüberscheitenden Formwechsel als Gebrauch derselben an; ungeachtet ihrer Definitionshoheit über die nach ihrer Rechtsordnung gegründeten Gesellschaften müssten daher Mitgliedstaaten, die inländischen Rechtsträgern eine Umwandlungsmöglichkeit eröffnen, dies auch für EU-ausländische Gesellschaften tun.[47] Hierfür gab der EuGH eine an allgemeinen Grundsätzen des Unionsrechts[48] orientierte Leitlinie vor: *Die Formwechselmodalitäten dürfen nicht ungünstiger als die für gleichartige innerstaatliche Sachverhalte geltenden sein (Äquivalenzgrundsatz) und dürfen die Ausübung der Niederlassungsfreiheit nicht praktisch unmöglich machen (Effektivitätsgrundsatz).*[49] Nach diesen Feststellungen des EuGH zur Erstreckung nationaler Umwandlungsmöglichkeiten auf EU-ausländische Gesellschaften ist bei entsprechenden nationalen Möglichkeiten auch die grenzüberschreitende Spaltung zur Aufnahme als Umgestaltungsaktivität einer mitgliedstaatlichen Gesellschaft, eine von der Niederlassungsfreiheit geschützte Aktivität.[50]

Den „Schlussstein" im Gebilde des in der Niederlassungsfreiheit begründeten Mobilitätsrahmens setzte der EuGH schließlich mit seiner *Polbud*-Entscheidung.[51] Darin stellte er klar, dass eine Gesellschaft sich auch dann auf die Niederlassungsfreiheit berufen kann, wenn ihr Mobilitätsvorgang nicht tatsächlicher, sondern ganz ausschließlich rechtlicher Natur ist. Anders als im deutschen Schrifttum prophezeit[52] verzichtete der EuGH auf die Ausübung einer tatsächlichen wirtschaftlichen Tätigkeit im Zielland als Voraussetzung der Anwendbarkeit der Niederlassungsfreiheit. Vielmehr hielt er fest, dass im Rahmen von Art. 49, 54 AEUV letztlich auch das jeweils relevante Verbundenheitskriterium für den „Zutritt" bzw. die „Zugehörigkeit" zu einer Rechtsordnung der Definitionsautonomie der Mitgliedstaaten unterliegt. Unter Verweis auf Art. 54 Abs. 1 AEUV stellte der EuGH klar, dass Gesellschaften, welche eine der drei dort alternativ genannten Voraussetzungen erfüllen, sich dann auf die Niederlassungsfreiheit berufen könnten, wenn sie dasjenige der drei Kriterien erfüllen, welches das jeweils auf sie anwendbare nationale Recht autonom als maßgebliche Anknüpfung an die je-

---

47 EuGH v. 12.7.2012, C-378/10, Rn. 24ff.

48 Vgl. insbes. Art. 197 AEUV.

49 EuGH v. 12.7.2012, C-378/10, Rn. 48.

50 Vgl. auch MüKoAktG/Ego, 5 Aufl. 2021 Europäisches Aktienrecht, Rn. 361.

51 EuGH v. 25.10.2017 – C-106/16. Vgl. dazu insbes. Kieninger ZEuP 2018, 309; Kindler NZG 2018, 1; Schollmeyer ZGR 2018, 186.

52 Vgl. etwa Wicke NZG 2017, 702 und Stiegler GmbHR 2017, 650; für Schutz auch des Formwechsels in Form der isolierten Satzungssitzverlegung jedoch Bayer/J. Schmidt ZIP 2012, 1481 (1486, 1490).

weilige Rechtsordnung definiert.[53] Daher seien – vorbehaltlich einer entsprechenden Anknüpfung nach dem nationalen Recht des Zuzugsstaats – die Art. 49, 54 AEUV auch auf die isolierte Satzungssitzverlegung anwendbar.

Damit hat der EuGH die Niederlassungsfreiheit zu einer umfassenden tatsächlichen und rechtlichen „Mobilitätsfreiheit" ausgebaut, die auch grenzüberschreitende Spaltungen zur Aufnahme umfasst. Diese Mobilitätsfreiheit kommt Personengesellschaften in gleichem Maße wie Kapitalgesellschaften zu, auch wenn insoweit keine sekundärrechtliche Harmonisierung erfolgt ist.

Diese umfassende Mobilitätsfreiheit gilt auch für Gesellschaften aus den EWR-Staaten. Denn Art. 31, 34 EWR-Abkommen gewährleisten unter Beachtung des in der Präambel niedergelegten Grundsatzes der einheitlichen Auslegung mit europäischen Bestimmungen den nach dem Recht eines Vertragsstaates gegründeten Gesellschaften die Niederlassungsfreiheit in gleichem Maße wie EU-Gesellschaften;[54] dieser Gewährleistungsgehalt ist gem. Art. 216 Abs. 2 AEUV Teil der Unionsrechtsordnung und wirkt daher unmittelbar.[55] Der BGH nimmt zutreffend eine parallele Auslegung der europäischen Verträge und des EWR-Abkommens auch insoweit an, als die entsprechende Auslegung durch den EuGH erst nach Unterzeichnung des EWR-Abkommens etabliert wurde.[56] Damit gilt auch für Gesellschaften aus EWR-Staaten eine umfassende Mobilitätsfreiheit innerhalb von EU und EWR, die sich auch auf den Bereich außerhalb der in den EWR-Acquis aufgenommenen harmonisierenden Rechtsakte erstreckt.

2. Nationale Perspektive

Wie ist nun aus Perspektive der Mitgliedstaaten mit dem Befund umzugehen, dass die Niederlassungsfreiheit nach der EuGH-Rechtsprechung zwar umfassende Gesellschaftsmobilität für Personen- und Kapitalgesellschaften innerhalb von EU und EWR gewährleistet, eine Harmonisierung diesbezüglich aber nur für (die meisten) Kapitalgesellschaften und auch nicht für die Spaltung zur Aufnahme erfolgt ist?

---

53 EuGH v. 25.10.2017 – C-106/16 Rn. 34.

54 Vgl. BGH, Urt. v. 19.9.2005, Az. II ZR 372/03, NJW 2005, 3351 zur Anerkennung dieser Gesellschaften nach ihrem Gründungsrecht.

55 Vgl. Weller ZGR 2006, 748 (762f.).

56 BGH NZG 2005, 974, 975. Weller ZGR 2006, 748, 753f. spricht insofern zutreffend von einer „Erweiterung des EG-Binnenmarkts durch das EWR-Abkommen".

a) Überschießende Richtlinienumsetzung

Eine Möglichkeit, diesem Befund Rechnung zu tragen, ist eine überschießende Umsetzung der nicht vollharmonisierend ausgestalteten Richtlinien der EU auch für deren *terrae incognitae* bzw. *vitatae*. Für diese Lösung hatten sich bei der Umsetzung der internationalen Verschmelzungsrichtlinie zahlreiche Mitgliedstaaten entschieden: So erstrecken beispielsweise Belgien und Luxemburg die Umsetzungsnormen auf alle Gesellschaften mit eigener Rechtspersönlichkeit, Italien ordnet eine Erstreckung auf Personen- und sogar Drittstaatengesellschaften unter einem Gegenseitigkeitsvorbehalt an und im englischen Recht erklärte Section 46 der Limited Liability Partnerships (Application of Companies Act. 2006) Regulations 2009 die Companies Cross Border Mergers Regulations 2007 als auch auf die LLP anwendbar.[57] Eine solche überschießende Umsetzung erfordert wegen der spezifischen Strukturmerkmale der weiteren Gesellschaftsformen einige hierauf abgestimmte Anpassungen,[58] ermöglicht aber eine mit den Regeln für Kapitalgesellschaften grundsätzlich kongruente Normierung der Umwandlungsmodalitäten.

Der deutsche Gesetzgeber hatte sich bei Umsetzung der internationalen Verschmelzungsrichtlinie freilich ursprünglich unter Verweis auf die „*nahezu unüberschaubar große Anzahl von Kombinationsmöglichkeiten, sowohl was die möglichen Umwandlungsarten als auch die beteiligten Rechtsformen angeht*“, die er in der Regelungstiefe des UmwG als nicht regelbar erachtete,[59] gegen eine überschießende Umsetzung entschieden. Stattdessen verwies er vage auf das Ziel der Kollisionsrechtsvereinheitlichung.[60] Allerdings hat nunmehr der Gesetzgeber des Vierten Gesetzes zur Änderung des UmwG im Vorfeld des Brexit doch auch

57 Siehe hierzu im Überblick die Tabelle bei Bech-Bruun/Lexidale, Study on the application of the cross-border mergers directive, Study for the Directorate General for the Internal Market and services, European Commission, 2013, 137f. Im Einzelnen vgl. ergänzend für Belgien Houben/Meeusen: The competition for corporate charters: Belgium wants a (bigger) piece of the pie, ZEuP 2020, 11, 33f.; für Luxemburg Winter, Grenzüberschreitende Verschmelzungen – ein Update, GmbHR 2008, 532, 353; für Italien Psaier/Mayr in: Widmann/Mayer, Umwandlungsrecht, 1. Aufl. 2002, 192. Lieferung, Stand 01.10.2011 Anhang 3. Im UK wurden die Companies (Cross-Border Mergers) Regulations 2007 nach dem Brexit aufgehoben, siehe Section 5(a)-(d) The Companies, Limited Liability Partnerships and Partnerships (Arnendment etc.) (EU Exil) Regulations 2019, SI 2019/348.

58 Vgl. etwa beispielhaft die durch Section 46 der Limited Liability Partnerships (Application of Companies Act. 2006) Regulations 2009 a.F. angeordneten Anpassungen der Cross Border Merger Regulations a.F.

59 BR-Drucksache 548/06, 20; BT-Drucksache 16/2919, 11.

60 Ibid.

Personenhandelsgesellschaften als Zielrechtsträger einer Hineinverschmelzung ins deutsche Recht zugelassen (vgl. § 122b Abs. 1 Nr. 2 UmwG). Insofern wird die überschießende Richtlinienumsetzung für Personengesellschaften teilweise „nachgeholt", um mit einem minimalinvasiven Eingriff eine „Heimkehrmöglichkeit" für pseudo-englische Kapitalgesellschaften auch in deutsche Personengesellschaftsformen zu schaffen.[61] Durch die entsprechenden Änderungen der §§ 122a ff. UmwG wurde aus deutscher Perspektive für den verschmelzungsbedingten Eintritt in die deutsche Rechtsordnung als Personengesellschaft Rechtssicherheit geschaffen, indem das Verfahren in Anlehnung an die Verschmelzung auf Kapitalgesellschaften geregelt wurde.[62] Die umgekehrte Herausverschmelzung einer Personengesellschaft wurde dagegen nicht reguliert – es blieb insofern bei einer minimalen Intervention.

Die Möglichkeit einer überschießenden Richtlinienumsetzung steht den Mitgliedstaaten grundsätzlich auch bei der Umsetzung der Mobilitätsrichtlinie frei. Der UmRUG-Entwurf sieht freilich – in Fortsetzung der Haltung zur internationalen Verschmelzungsrichtlinie – von einer überschießenden Regelung jenseits der sekundärrechtlichen Grundlagen weitgehend ab.[63]

b) Kollisions- und sachrechtliche Ausgestaltung im nicht harmonisierten Bereich

Soweit keine überschießende Umsetzung der Richtlinie erfolgt, stellt sich die Frage, wie die Mitgliedstaaten den aus der Niederlassungsfreiheit folgenden Umwandlungsmöglichkeiten außerhalb des harmonisierten Bereichs Rechnung tragen können. Die Antwort auf diese Frage ist erstens im Kollisions- und zweitens im Sachrecht zu suchen.

Kollisionsrechtlich gilt, dass für grenzüberschreitende Umwandlungen mindestens zwei verschiedene Rechtsordnungen maßgeblich sind: Die Zulässigkeit und der Modus des Ausscheidens aus dem bisherigen Gesellschaftsstatut richten sich nach dem Herkunftsrecht und der Eintritt in das neue Gesellschaftsstatut

---

61 Zwirlein, ZGR 2018, 900, 913.

62 Zu der Frage, ob und inwieweit überhaupt Bedarf für eine Personengesellschaft gerade als Zielrechtsform in Vorfeld des Brexit bestand, vgl. kritisch Zwirlein, ZGR 2018, 900, 917 ff.

63 Insbesondere wird der Kreis der spaltungs- bzw. formwechselfähigen Gesellschaften nicht über die von der Richtlinie erfassten Gesellschaftsformen (siehe dazu oben, I.1.) hinaus erweitert, vgl. Begründungen zu § 321 und zu § 334 UmRUG-Entwurf. Mit Blick auf die von der Regelung erfassten Umwandlungsformen führt dagegen § 332 UmRUG-Entwurf zu einer teilweise überschießenden Umsetzung für bestimmte grenzüberschreitende Spaltungen zur Aufnahme.

sowie die hierdurch vermittelte Zielrechtsform werden bestimmt durch das Aufnahmerecht. Erst in der Kopplung dieser beiden Rechtordnungen kann sich der Formwechsel vollziehen.[64] Sind Gesellschaften aus mehr als zwei Staaten an der Umwandlung beteiligt, kommen dementsprechend weitere Statute als zusätzliches Herkunfts- bzw. Aufnahmerecht hinzu.

Die kollisionsrechtliche Feinabstimmung zwischen den verschiedenen anwendbaren Gesellschaftsrechtsordnungen fällt im harmonisierten Bereich insoweit nicht ins Gewicht, als die Mobilitätsrichtlinie wie auch schon die internationale Verschmelzungsrichtlinie dem europäischen Modell für Strukturmaßnahmen folgt, wodurch ein europaweit uniformes Grundgerüst aus Plan, Bericht, sachverständiger Prüfung und Beschluss gilt[65] und in einer zweistufigen Rechtmäßigkeitskontrolle mittels der Kombination aus Verschmelzungsplan und Verschmelzungsbescheinigung eine im Zielstaat zusammengeführte Prüfung nach allen anwendbaren Rechtsordnungen sichergestellt wird.[66] Dieses einheitliche Modell führt zu einer Parallelität der Demarkationslinien zwischen den verschiedenen Statuten im harmonisierten Bereich.[67] Jenseits des harmonisierten Bereichs ist dagegen für das jeweils anwendbare Gesellschaftsstatut in der konkreten Konstellation zu beantworten, wo die Herrschaft des Herkunftsrechts endet und die des Aufnahmerechts beginnt. Die Beantwortung dieser Frage führt im Zusammenspiel zweier Rechtsordnungen im nicht harmonisierten Kontext bisweilen zu Friktionen – so hat etwa das OLG Frankfurt bei einem Hinausformwechsel einer deutschen GmbH nach Italien die Kombinationslehre missachtet und fälschlicherweise aufgrund einer Eintragung in Italien eine Heilung von Mängeln im Bereich der deutschen Ausgangsrechtsordnung angenommen.[68] Vor diesem Hintergrund wirft die Kombinationslehre als zweite, sachrechtliche Frage auf, nach welchen Maßgaben das jeweils

---

64 Sog. Kombinationslehre; begründet für Fusionen von Beitzke, *FS Hallstein 1966, 14, 20f. im Vergleich mit der gekoppelten Anknüpfung der Eheschließungsvoraussetzungen.* Weller, FS Blaurock 2013, 497, 517 legitimiert die gekoppelte Anknüpfung des zeitlich und räumlich gestreckten Formwechsels einleuchtend mit dem intertemporalen Leitprinzip der *lex temporis actūs*. Siehe in diesem Sinne auch Art. 10a und 10b des Referentenentwurfs eines Gesetzes zum Internationalen Privatrecht der Gesellschaften, Vereine und juristischen Personen (2008).

65 Vgl. (zur internationalen Verschmelzungsrichtlinie) Bayer/J. Schmidt, NJW 2006, 401, 402 sowie Lutter/Bayer/J. Schmidt, Europäisches Unternehmens- und Kapitalmarktrecht, 6. Aufl. 2018, Rn. 22.32. Siehe (zur Mobilitätsrichtlinie) J. Schmidt, DK 2018, 273.

66 Vgl. Lutter/Bayer/Schmidt, Europäisches Unternehmens- und Kapitalmarktrecht, 6. Aufl. 2018, Rn. 22.100.

67 Thomale, RdW 2020, 424, 427 spricht in diesem Kontext sogar davon, dass kollisionsrechtliche Streifragen „mit unionalem Umgründungseinheitsrecht erstickt“ würden.

68 OLG Frankfurt v. 3.1.2017, 20 W 88/15.

nationale Gesellschaftsstatut auf grenzüberschreitende Umwandlungen innerhalb der EU anzuwenden ist.

Soweit das jeweilige nationale Gesellschaftsstatut in seinen Reglungen zu Umwandlungen kein spezifisches internationales Umwandlungsrecht jenseits des Anwendungsbereichs der Mobilitätsrichtlinie enthält, sind die Maßgaben für grenzüberschreitende Umwandlungen aus den jeweiligen nationalen Umwandlungsregeln abzuleiten. Bei dieser Ableitung ist zu beachten, dass diese Wege nicht ungünstiger sein dürfen als die für gleichartige innerstaatliche Sachverhalte geltenden (Äquivalenzgrundsatz) und die Ausübung der Niederlassungsfreiheit nicht praktisch unmöglich machen dürfen (Effektivitätsgrundsatz).[69]

In Deutschland wird außerhalb des von der Umwandlungsrichtlinie erfassten Bereichs nach Verabschiedung des UmRUG-Entwurfs Folgendes gelten: Während §§ 1–304 UmwG n.F., welche sämtliche Umwandlungsarten aus nationaler Perspektive regeln, auf inländische Rechtsträger beschränkt sein werden, erfassen die in Umsetzung der Verschmelzungs- und der Mobilitätsrichtlinie erlassenen §§ 305 ff. UmwG n.F. zwar ausländische Gesellschaften, nicht aber außerhalb des harmonisierten Bereichs. Diesbezüglich liegt ausweislich der Begründungen zu § 321 und zu § 334 UmRUG-Entwurf auch keine planwidrige Regelungslücke vor, so dass eine generelle Gesamtanalogie zu diesen Umsetzungsnormen der Richtlinie fern liegt;[70] zudem entspräche sie auch nicht dem Äquivalenzgrundsatz.[71] Angesichts der Mobilitätsfreiheit von Gesellschaften auch außerhalb des harmonisierten Bereichs müssen daher andere Wege im deutschen Umwandlungsrecht gefunden werden. Ausgangpunkt hierfür ist die durch die Äquivalenz gebotene Parallelität der Regeln für grenzüberschreitende Umwandlungen zu denen für innerstaatliche Sachverhalte. Aus dieser Perspektive sind die auf inländische Rechtsträger ausgerichteten Normen des nationalen Rechts auch auf eine jeweils rechtsformähnliche hineinumwandelnde ausländische Ausgangsgesellschaft bzw. ausländische Zielgesellschaft einer Umwandlung anzuwenden.

Dies wirft die Frage auf, welche ausländischen Rechtsträger unter die jeweilige nationale Umwandlungsnorm subsumiert werden können. Diese Frage, ob das jeweilige rechtlich geprägte Tatbestandsmerkmal des Rechtsträgers nach nationalem Recht durch ein ausländisches Rechtsgebilde erfüllt werden kann, beantwortet die internationalprivatrechtliche Substitution: Subsumiert man einen internationalen Sachverhalt unter eine nationale Sachnorm, muss er ins

69 EuGH v. 12.7.2012, C-378/10, Rn. 48.

70 So auch Lieder/Hilser, ZHR 185 (2021), 471, 502.

71 Im Ergebnis zu den bisherigen §§ 122a ff. UmwG genauso Wachter, GmbHR 2016, 738, 739. Gegen eine Gesamtanalogie mangels planwidriger Regelungslücke auch Mansel/Thorn/Wagner, IPRax 2013, 1, 5 sowie Weller/Rentsch, IPRax 2013, 530, 535.

nationale Recht „übersetzt" werden, was mittels der Substitution als spezieller Auslegungstechnik im internationalen Kontext möglich ist.[72] Im Zuge dessen ist zunächst die Substituierbarkeit des jeweiligen normgeprägten Tatbestandsmerkmals zu klären: Ist die Norm generell offen für ausländische Rechtsverhältnisse oder beinhaltet sie als geschlossene Sachnorm den Willen, nur auf rein inländische Sachverhalte angewandt zu werden?[73] Ist das jeweilige Tatbestandsmerkmal grundsätzlich substituierbar, gewinnt man sodann aus den nationalen Begrifflichkeiten durch Abstraktion weite funktionale „Rahmenbegriffe", um dann den Inhalt der ausländischen Rechtsordnung anhand des Kriteriums der Funktionsäquivalenz unter den Rahmenbegriff zu subsumieren.[74] Bejaht man die Funktionsäquivalenz beider Rechtsgebilde, ersetzt die ausländische Rechtsfigur die inländische, z. B. eine französische S.à.r.l. eine deutsche GmbH.

Bei der Substitution im deutschen Umwandlungsrecht stößt man allerdings schon bei der Frage, ob die entsprechenden Normen des UmwG überhaupt substituierbare Rechtsbegriffe beinhalten oder vielmehr geschlossene Sachnormen darstellen, auf ein Hindernis. Denn die §§ 1 ff. UmwG beinhalten ausweislich ihres Wortlauts und ihres Regelungszusammenhangs den Willen, nur auf inländische Sachverhalte angewandt zu werden; sie gehen von einem *numerus clausus* inländischer Rechtsformen aus, was auch die Gesetzesbegründungen des UmwG deutlich so widerspiegeln.[75] Eine – von Rechtsprechung und Literatur in diesem Kontext regelmäßig angenommene[76] – bloße europarechtskonforme Auslegung

---

72 Vgl. Weller, ZGR 2010, 679, 695; Kindler, EuZW 2012, 888, 890. Speziell zur europarechtlich veranlassten Substitution im Umwandlungsrecht siehe Zwirlein, ZGR 2017, 114, 122 ff.

73 *Ebd. sowie* Mansel, *FS W. Lorenz 1991, 689, 697.*

74 So in der ersten methodischen Aufbereitung der Substitution durch Wengler, RabelsZ 1934, 148, 155, 158 ff. Vgl. auch Hug, Die Substitution im internationalen Privatrecht, 1983, 127 ff. sowie die Methode in den außerdeutschen Rechtsraum exportierend Institut de Droit International, IPRax 2008, 297. Vgl. auch aus französischer Perspektive am Beispiel der Adoption Muir-Watt, Revue internationale de droit comparé 55.4 (2003), 833

75 Siehe z. B. schon § 1 Abs. 1 UmwG: *„Rechtsträger mit Sitz im Inland können umgewandelt werden […]."* Der Gesetzgeber hat sich bewusst entschieden, grenzüberschreitende Sachverhalte nicht zu regeln, weil – so die wörtliche Begründung – *„die Ausdehnung des Gesetzes auf internationale Fälle politisch wie rechtstechnisch erhebliche Probleme aufwerfen [würde]"*, BT-Drucks. 75/94, 80. Dieser gesetzgeberische Wille durchlief auch in den punktuellen Änderungsgesetzen zum Umwandlungsgesetz, insbesondere bei Umsetzung der internationalen Verschmelzungsrichtlinie keine Änderung, vgl. BR-Drucksache 548/06, 20; BT-Drucksache 16/2919, 11 sowie auch oben, Text bei Fn. 60.

76 OLG Düsseldorf, Beschl. v. 19.7.2017, I-3 Wx 171/16; OLG Nürnberg v. 19.6.2013, 12 W 520/13; ähnlich KG v. 21.3.2016, 22 W 64/15 sowie OLG Frankfurt, Beschluss von 3.1.2017, 20 W 88/15. Vgl. auch BeckOGK/Drinhausen/Keinath, 1.7.2021, UmwG § 1 Rn. 23; Bayer/Schmidt, ZIP 2012, 1481, 1491; Krebs, GWR 2014, 144, 146; BeckOGK/Foerster, 1.7.2021, UmwG § 190 Rn. 19.

vermag hierüber nicht hinwegzuhelfen, da es sich um eine gegen Gewaltenteilung und Gesetzesbindung der Gerichte verstoßende Auslegung *contra legem* handeln würde[77] – das UmwG lässt im Rahmen einer reinen Auslegung aufgrund Wortlaut, Historie, Teleologie und Systematik keine Anwendung seiner geschlossenen Sachnormen auf ausländische Rechtsträger zu.[78] Diesem Auslegungshindernis kann auch nicht mit dem Argument begegnet werden, dass das deutsche Umwandlungsrecht nur auf die „deutsche Hälfte" des Umwandlungsvorgangs Anwendung fände und damit die Beschränkung auf inländische Rechtsträger funktionslos sei.[79] Denn das Umwandlungsgesetz sieht in seiner bisherigen Fassung jenseits der §§ 122a ff. UmwG die entsprechenden inländischen Rechtsträger bewusst[80] nur als Ziel- bzw. Ausgangsrechtsträger für inländische Umwandlungen vor und gerade diese Beschränkung kann angesichts der Geschlossenheit dieser Sachnormen nicht durch reine Auslegung beseitigt werden.

Daher bleibt nur die Möglichkeit einer über die bloße Auslegung hinausgehenden europarechtskonformen Rechtsfortbildung. Hierfür hat der BGH im Kontext der Verbrauchsgüterkaufrichtlinie Maßstäbe gesetzt. Er befand in Umsetzung des *Weber-Putz*-Urteils des EuGH, dass eine planwidrige Unvollständigkeit bzw. „Ausnahmelücke" von § 439 Abs. 3 BGB bestünde, weil der Gesetzgeber die Richtlinienkonformität des Gesetzes in genereller Umsetzungsabsicht vorausgesetzt habe, so dass er die Norm nicht genauso erlassen hätte, wenn ihm deren Unionsrechtswidrigkeit bekannt gewesen wäre. Akzeptiert man eine derartige Möglichkeit der teleologischen Reduktion kraft hypothetischen europarechtskonformen Gesetzgeberwillens[81] auch für das Umwandlungsrecht, kann man durch Reduktion des ausdrücklich geregelten Inlandsbezugs zur Substituierbarkeit der Rechtsträger des UmwG kommen und die §§ 1 ff. UmwG auch auf funktionsäquivalente Rechtsträger aus anderen Mitgliedstaaten anwenden. Diese Vorgehensweise haben deutsche Obergerichte auch schon mehrfach angewandt, freilich ohne in der Begründung auf die Methode der Substitution zurückzugreifen – vielmehr blieb die Argumentation bei der europarechtskonformen Ausle-

---

77 Vgl. in diesem Sinne jüngst wieder (im Kontext der Verbraucherkreditrichtlinie) BGH v. 31.03. 2021, XI ZR 198/19, Rn. 11.

78 Siehe ZWIRLEIN, ZGR 2017, 114, 124.

79 Schmitt/Hörtnagl/HÖRTNAGL, 9. Aufl. 2020, UmwG § 1 Rn. 47; Lutter/DRYGALA § 1 UmwG, 5. Aufl. 2014, Rn. 4, 31.

80 Siehe Fn. 75.

81 Kritisch hierzu (ebenfalls im Kontext der Übertragung dieser Methode auf das Umwandlungsrecht) ZWIRLEIN, ZGR 2017, 114, 125.

gung oder analogen Anwendung der jeweiligen Normen stehen,[82] was der Begründungslast für die Durchbrechung der ausdrücklich geschlossenen Sachnormen nicht hinreichend Rechnung trägt.[83]

Allerdings wird diese substituierende Anwendung der nationalen Umwandlungsnormen auf EU-ausländische Gesellschaften an den Stellen für sich allein zu kurz greifen, an denen die Wahrung solcher Interessen ins Spiel kommt, die bei grenzüberschreitenden Umwandlungen deutlich stärker tangiert sind als bei innerstaatlichen Vorgängen – namentlich die Schutzinteressen von Gläubigern, Minderheitsgesellschaftern und Arbeitnehmern. Diese Schutzinteressen sind vom EuGH in ständiger Rechtsprechung als zwingende Gründe des Allgemeininteresses anerkannt, die eine Beschränkung der Niederlassungsfreiheit rechtfertigen können, wenn die jeweilige Maßnahme erforderlich und geeignet ist.[84] Daher kann zum Schutz dieser Interessen das Äquivalenzprinzip durchbrochen werden, indem zusätzlich zur substituierenden Anwendung der nationalen Normen einzelne Normen für grenzüberschreitende Umwandlungen im Anwendungsbereich der Umwandlungsrichtlinie analog angewandt werden.[85]

Dies betrifft beispielsweise die bereits bisher für grenzüberschreitende Verschmelzungen in §§ 122d, 122e UmwG zu Gunsten von Anteilsinhabern, Gläubigern und Arbeitnehmern geregelten Bekanntmachungs- und Berichtspflichten bzgl. Verschmelzungsplan und Verschmelzungsbericht. Diese werden nunmehr in Umsetzung der Mobilitätsrichtlinie umfassender in §§ 308, 309 UmRUG-Entwurf für grenzüberschreitende Verschmelzungen, in §§ 323, 324 UmRUG-Entwurf für grenzüberschreitende Spaltungen sowie in §§ 336, 337 UmRUG-Entwurf für grenzüberschreitende Formwechsel geregelt. Diese Bekanntmachungs- und Be-

---

82 OLG Nürnberg v. 19.6.2013, 12 W 520/13 (Hineinformwechsel einer luxemburgischen S.à.r.l.); KG v. 21.3.2016, 22 W 64/15 (Hineinformwechsel einer französischen S.à.r.l.); OLG Düsseldorf v. 19.7.2017, I-3 Wx 171/16, (Hineinformwechsel einer niederländischen B.V.); OLG Frankfurt v. 3.1.2017, 20 W 88/15 (Herausformwechsel einer deutschen GmbH in eine italienische S.r.l., wobei die Kombinationslehre missachtet und fälschlicherweise eine Heilung angenommen wurde); OLG Saarbrücken v. 7.1.2020, 5 W 79/19 (Herausformwechsel einer deutschen GmbH auf eine französische Kapitalgesellschaft). Dagegen gibt es keine in der Rechtsprechung bekannt gewordenen Praxisfälle zu Verschmelzungen oder Spaltungen, vgl. auch BUNGERT/SCHNEIDER, Gedächtnisschrift für Gruson, 2009. 37, 38.

83 Insbesondere fehlt es an einer planwidrigen Regelungslücke.

84 EuGH v. 13.12.2005, C-411/03 Rn. 28; EuGH v. 12.7.2012, C-378/10, Rn. 39; EuGH v. 25.10.2017 – C-106/16, Rn. 54.

85 Vgl. zu einer derartigen Analogie zur Wahrung der genannten Schutzinteressen SCHÖN, ZRG 2013, 333, 363 f. Für eine zusätzliche Analogie zu §§ 122a ff. UmwG in der bisherigen Fassung (unterstützt durch SE-Recht) in Ergänzung der nationalen Regeln BAYER/J. SCHMIDT, ZHR 173 (2009), 735, 763 sowie TEICHMANN, ZIP 2009, 393, 403.

richtspflichten dienen der rechtzeitigen Information der jeweiligen Stakeholder und sollen eine informierte Entscheidung der (Minderheits-)Gesellschafter über ihre Rechte, eine Stellungnahme der Arbeitnehmer und einen etwaigen Sicherheitsleistungs-Antrag der Gläubiger ermöglichen.[86] Dieser Schutz der beteiligten Kreise durch frühzeitige Information entspricht auch der Interessenlage der Stakeholder außerhalb des harmonisierten Bereichs: Auch hier besteht angesichts des Wechsels in einen ausländischen Rechtsträger bzw. in eine ausländische Rechtsordnung ein besonderes Informations- und Schutzbedürfnis, das durch die im harmonisierten Bereich geregelten Informationsmaßnahmen befriedigt werden kann, ohne hierbei den Rahmen des Erforderlichen zu sprengen. Dementsprechend hat jüngst das OLG Saarbrücken für einen Herausformwechsel einer deutschen GmbH in eine französische Kapitalgesellschaft § 122d UmwG analog dahingehend angewandt, dass (anstelle des Verschmelzungsplans) der Umwandlungsbeschluss der GmbH beim Register hätte eingereicht und bekanntgemacht werden müssen.[87] Zur Wahrung berechtigter Schutzinteressen bei grenzüberscheitenden Umwandlungsvorgängen außerhalb des harmonisierten Bereichs wird es daher nach Inkrafttreten des UmRUG zu einer das substituierend angewandte nationale Umwandlungsrecht ergänzenden analogen Anwendung der Normen zu Bekanntmachungs- und Berichtspflichten kommen. Ähnliches wird beispielsweise auch für die Erforderlichkeit von Umwandlungsprüfungen zum Schutz der Gesellschafter und die hierzu im UmRUG enthaltenen Normen gelten.[88]

Dagegen hat das OLG Oldenburg in einer jüngeren Entscheidung[89] bei einem Formwechsel einer luxemburgischen Personengesellschaft in eine deutsche KG kraft Satzungs- und Verwaltungssitzverlegung[90] die spezifische grenzüberschreitende Interessenlage übersehen. Das OLG Oldenburg ließ diesen Formwechsel – angesichts der auch für Personengesellschaften geltenden Mobilitäts-

86 Vgl. Erwägungsgründe 12, 13 und 23 der RL (EU) 2121/2019.

87 OLG Saarbrücken, Beschl. v. 7 1.2020 – 5 W 79/19, NZG 2020, 390, 392. Zusätzlich wurden freilich fälschlicherweise bereits die Art. 86a ff. der Mobilitätsrichtlinie berücksichtigt, obwohl diese keine (unmittelbare) Vorwirkung entfalten, vgl. hierzu Heckschen/Stelmaszcyk, BB 2020, 1734, 1736 ff. Für eine rechtzeitige Offenlegung des Umwandlungsbeschlusses analog § 122d vgl. auch schon Winter/Marx/De Decker DStR 2017, 1664, 1668.

88 Siehe für die grenzüberschreitende Verschmelzung von Personengesellschaften im Sinne einer analogen Anwendung von § 122f UmwG bereits Bungert/Schneider, Gedächtnisschrift für Gruson, 2009, 37, 43.

89 OLG Oldenburg, Beschl. v. 30.6.2020 – 12 W 23/20 (HR) = NZG 2020, 992. Vgl. dazu die Anm. von Stiegler, NZG 2020, 979 und Knaier DNotZ 2021, 153.

90 Zur Notwendigkeit auch der Verwaltungssitzverlegung in der umstrittenen Rechtslage vor Inkrafttreten des MoPeG vgl. oben, Fn. 43.

freiheit gem. Art. 49, 54 AEUV im Ergebnis richtigerweise – zu, begründete dies aber unterkomplex allein im Sinne der Äquivalenz damit, dass sich ein Formwechsel zwischen zwei inländischen Personengesellschaftsformen bereits kraft allgemeiner gesetzlicher Grundlagen *ex lege* vollzöge, ohne dass hierfür ein formelles Umwandlungsverfahren durchlaufen werden müsste – der Formwechsel knüpfe insoweit allein an die grenzüberschreitende Verwaltungssitzverlegung der Gesellschaft an und sei daher ohne weiteres möglich.[91] Ausschließlich für die Frage, ob beim Formwechsel die Identität mit der luxemburgischen Personengesellschaft gewahrt wird, stellte das OLG Oldenburg zusätzlich auch auf das luxemburgische Recht ab.[92] Dieser Ansatz greift allerdings insofern zu kurz, als es bei dem von der luxemburgischen Gesellschaft bezweckten Formwechsel ganz zentral um die Identitätswahrung als *conditio sine qua non* geht. Dagegen soll eine durch die bloße Verwaltungssitzverlegung (auch nur gegenüber Drittstaaten) ausgelöste Statutenaufspaltung im Sinne der „Wechselbalgtheorie"[93] gerade vermieden werden – vielmehr soll die Gesellschaft vollständig aus der Ausgangsrechtsordnung entlassen werden und in der Eingangsrechtsordnung Aufnahme finden – so wird aufgrund der Vermögensidentität auch der Schutz der Gläubiger hinreichend gewährleistet.[94] Richtigerweise wäre in der Konstellation daher – mit demselben Ergebnis im konkreten Fall, in dem die Gesellschafter entsprechend vorgesorgt hatten – die deutsche KG als tauglicher Zielrechtsträger analog §§ 191 Abs. 2 Nr. 2, 228 UmwG zu behandeln gewesen, wobei durch entsprechende Anwendung dieser Normen sowie (künftig) auch der zusätzlichen Bekanntmachungs- und Berichtspflichten aus dem grenzüberschreitend harmonisierten Bereich der besonderen grenzüberschreitenden Interessenlage hätte Rechnung getragen werden können.[95]

3. *Practical self-restraint* auf den harmonisierten Bereich

Wie zuletzt diese Entscheidung des OLG Oldenburg, aber etwa auch die kollisionsrechtlich missratene Entscheidung des OLG Frankfurt[96] eindrücklich gezeigt haben, führen die Anwendung mehrerer Rechtsordnungen aufgrund der Kombi-

91 Vgl. OLG Oldenburg, Beschl. v. 30.6.2020 – 12 W 23/20 (HR) = NZG 2020, 992, 993.

92 OLG Oldenburg, Beschl. v. 30.6.2020 – 12 W 23/20 (HR) = NZG 2020, 992, 994.

93 Weller, Die Wechselbalgtheorie, FS Goette, 2011, 583.

94 Vgl. Knaier, DNotZ 2021, 153, 156.

95 In diese Richtung in einer vergleichbaren Konstellation OGH Österreich, Beschluss vom 10.04.2014, Az. 6 Ob 224/13d, Rn. 6ff.

96 OLG Frankfurt v. 3.1.2017, 20 W 88/15, siehe dazu oben, Text zu Fn. 68.

nationslehre und die verbleibenden Unschärfen hinsichtlich der in der jeweiligen Rechtsordnung substituierend bzw. analog anzuwendenden Normengruppen zu Schwierigkeiten bei der Ermittlung der konkreten Erfordernisse der jeweiligen grenzüberschreitenden Umwandlung und damit zu erheblicher Rechtsunsicherheit.[97] Selbst bei enger Absprache mit den beteiligten Registergerichten kann es hierdurch zu Unwägbarkeiten im Verfahrensablauf und zu erheblichen Verzögerungen, ja im schlimmsten Fall sogar zum Scheitern der Transaktion kommen.

Vor dem Hintergrund dieser Situation ließ sich bereits in den letzten 15 Jahren ein *practical self-restraint* auf den harmonisierten europäischen Bereich beobachten. Denn seit der Harmonisierung der grenzüberschreitenden Verschmelzung stellt diese mit Abstand die meistgenutzte grenzüberschreitende Umwandlungsform dar.[98] In der Praxis wird die Verschmelzung insbesondere einem grenzüberschreitenden Formwechsel trotz dessen praktischer und steuerliche Vorzüge aufgrund dessen identitätswahrender Wirkung regelmäßig vorgezogen.

Diese Tendenzen werden sich auch im Rahmen des aktuellen Harmonisierungsstands fortsetzen, indem Wege gesucht werden, das gewünschte wirtschaftliche Ergebnis innerhalb des harmonisierten Bereichs zu erreichen. So kann das Ergebnis einer nicht harmonisierten Spaltung zur Aufnahme z. B. erreicht werden mittels der innerstaatlichen Spaltung der Ursprungsgesellschaft und der nachfolgenden grenzüberschreitende Verschmelzung einer der Nachfolgegesellschaften auf die Zielgesellschaft oder durch einen vorgelagerten grenzüberschreitenden Formwechsel der Ursprungsgesellschaft in den Staat der Zielgesellschaft gefolgt von einer nationalen Spaltung zur Aufnahme.[99] Freilich führt der hierbei erforderliche Zwischenschritt zu erhöhten Transaktionskosten für die Beteiligten und damit zu faktischen Hürden bei der Ausübung von deren Mobilitätsfreiheit.

Kaum Ausweichmöglichkeiten auf den harmonisierten Bereich bestehen dagegen für Personengesellschaften. Die Fokussierung der europäischen Harmonisierung auf Kapitalgesellschaften lässt sie vielmehr als Gesellschaften mit „gestutzten Flügeln“ im europäischen Gesellschaftsrechtsraum zurück. Soweit dies in beiden betroffenen Rechtsordnungen möglich ist, verbleibt den Personengesellschaften als Alternative zu den Rechtsunsicherheiten einer Umwandlung im nicht harmonisierten Bereich nur eine grenzüberschreitende Anwachsung oder ein

---

97 Siehe in diesem Sinne auch BUNGERT/SCHNEIDER, Gedächtnisschrift für Gruson, 2009, 37, 41.
98 Vgl. HEIDINGER in Hennsler/Strohn GesR, 5. Aufl. 2021 Rn. 19, UmwG § 2 Rn. 19.
99 FÖRSTER DStR 2020, 865, 872.

asset deal.[100] Es bleibt zu wünschen, dass diese erheblich erschwerte Situation für Personengesellschaften in der EU nicht von nachhaltiger Dauer ist.

III. Keine grenzüberschreitenden Umwandlungen von Drittstaatengesellschaften *de lege lata*

Nachdem die Maßgaben für Umwandlungen mitgliedstaatlicher Gesellschaften innerhalb der EU jenseits des harmonisierten Bereichs herausgearbeitet wurden, soll nunmehr abschließend untersucht werden, inwieweit grenzüberschreitende Umwandlungsmöglichkeiten auch im Verhältnis zu Staaten außerhalb der EU zu Gebote stehen. Dabei ist die Rechtslage hinreichend geklärt für „echte" Drittstaatengesellschaften, denen die Möglichkeit einer grenzüberschreitenden Umwandlung nach dem UmwG verschlossen ist. Dagegen verbleiben im Verhältnis zu den USA, Kanada und dem UK gewisse Unklarheiten, die allerdings *de lege lata* ebenfalls in Richtung der Unmöglichkeit grenzüberschreitender Umwandlungen nach dem UmwG weisen.

1. „Echte" Drittstaaten

Gesellschaften aus „echten" Drittstaaten, mit welchen keine kollisionsrechtlich relevanten Staatsverträge bestehen, haben *de lege lata* keine Möglichkeit, einen grenzüberschreitenden Umwandlungsvorgang auf eine deutsche Gesellschaft vorzunehmen: Dies scheitert sowohl am Erfordernis des inländischen Rechtsträgers in § 1 Abs. 1 UmwG als auch am *numerus clausus* der umwandlungsfähigen Rechtsformen. Anders als im innereuropäischen Bereich besteht kein dogmatischer „Hebel" zur Durchbrechung dieser geschlossenen Sachnormen im Rahmen einer Substitution.

Denkbar erscheint allenfalls eine „Pseudo-Hereinumwandlung" der jeweiligen drittstaatlichen Gesellschaft durch eine Verwaltungssitzverlegung ins Inland und die damit einhergehende Umqualifikation in eine deutsche Personengesellschaft aufgrund der derzeit im Verhältnis zu Drittstaaten weiterhin geltenden[101]

---

100 Zu beidem vgl. am Beispiel des Brexit ZWIRLEIN/GROSSERICHTER/GÄTSCH, NZG 2017, 1041, 1043 ff. sowie jüngst, auch mit Blick auf § 712 BLB-MoPeG, HECKSCHEN/HILSER DStR 2022, 1005, 1009 f.

101 Siehe BGH NZG 2009, 68, 70 – „Trabrennbahn".

modifizierten Sitztheorie, an die nach Eintragung ins Handelsregister dann eine inländische Umwandlung angeschlossen werden kann.[102] Dies birgt allerdings die Gefahr der depeçage im Sinne der „Wechselbalgtheorie" (die Gesellschaft würde aus deutscher Perspektive ggf. anders eingeordnet als aus ausländischer Sicht) und führt im Zwischenstadium der Personengesellschaft zu einer persönlichen Haftung.[103] Diese Pseudo-Hereinumwandlung dürfte daher keinen rechtssicheren Umwandlungsweg für drittstaatliche Gesellschaften darstellen. In der Praxis wird daher für Personengesellschaften – soweit in allen beteiligten Rechtsordnungen zulässig – auch hier auf grenzüberschreitende Anwachsungen sowie im Allgemeinen auf *asset deals* ausgewichen.

2. Drittstaaten, für welche die Gründungstheorie gilt

Nicht ganz so eindeutig ist die Rechtslage für Gesellschaften aus Drittstaaten, mit denen Staatsverträge von kollisionsrechtlicher Bedeutung bestehen. Derartige kollisionsrechtliche Bedeutung haben solche Staatsverträge, welche Gesellschaften nach ihrem Gründungsrecht anerkennen und damit in ihrem Anwendungsbereich die gegenüber Drittstaaten derzeit noch weiterhin geltende Sitztheorie suspendieren. Eine solche kollisionsrechtlich bedeutsame Bestimmung ist etwa in Art. XXV Abs. 5 des Freundschafts-, Handels- und Schifffahrtsvertrags zwischen der Bundesrepublik Deutschland und den Vereinigten Staaten von Amerika enthalten, der vorbehaltlich eines – praktisch schwachen – *genuine link*-Vorbehalts zur Anwendung der Gründungstheorie im Verhältnis zu den USA führt.[104] Daneben kommt richtigerweise seit neuestem auch Art. 1.1 iVm Art. 8 des Comprehensive Economic Trade Agreement zwischen Kanada und der EU und ihren Mitgliedstaaten (CETA)[105] sowie den Art. 128 ff. des zum 1. Mai 2021 endgültig in Kraft getretenen EU-UK Trade and Cooperation Agreement (EU-UK TCA) kollisionsrechtliche Bedeutung im Sinne einer grundsätzlichen Anwendung der Gründungstheorie zu.[106]

---

102 Vgl. Lutter/Drygala § 1 UmwG, 6. Aufl. 2019, Rn. 26 f.; Sagasser in Sagasser/Bula/Brünger, Umwandlungen, 2. Teil. § 2. Rn. 57 f. sowie Lieder in MHdB GesR VIII, 5. Aufl. 2018, § 5 Rn. 23.

103 Siehe auch Lutter/Drygala § 1 UmwG, 5. Aufl. 2014, Rn. 29.

104 Vgl. BGH NJW 2003, 1607 (1608) und BGH NZG 2005, 44 – GEDIOS.

105 Comprehensive Economic and Trade Agreement (CETA) between Canada, as the one part, and the European Union and its Member States, of the other part, ABl. 2017 L 11, 23.

106 Vgl. für das CETA: Freitag NZG 2017, 615 (Gründungstheorie mit Ausnahme für bloße Briefkastengesellschaften); BeckOGK/Grosserichter/Zwirlein-Forschner, IntGesR Grundfragen, Rn. 24 ff. (Gründungstheorie mit genuine link-Vorbehalt); J. Schmidt, EuZW 2021, 613, 618

Fraglich ist, ob diese staatsvertraglichen Gebote zur Anerkennung der Gesellschaft nach ihrem Gründungsrecht so weit gehen, dass sie auch eine zu inländischen Umwandlungswegen analoge Möglichkeit grenzüberschreitender Umwandlungen zwischen den Vertragsstaaten erfordern. Im Verhältnis zu den USA erscheint eine solche Auslegung durchaus erwägenswert: Eine solche weite Auslegung des vertraglichen Anerkennungsgebots folgt zwar nicht zwingend aus der von Art. 49, 54 AEUV verschiedenen dogmatischen Struktur des bilateralen Freundschaftsvertrags.[107] Insbesondere sind grenzüberschreitende Umwandlungen in Art. VII Abs. 1 des Vertrags nicht ausdrücklich als Ausprägung der geschäftlichen Freizügigkeit aufgezählt. Von der Aufzählung ausdrücklich umfasst ist allerdings die Gründung von Zweigniederlassungen und die Gründung von Gesellschaften nach dem Aufnahmerecht, die nach der Meistbegünstigungsklausel in Art. VII Abs. 4, XXV Abs. 4 und dem Inländergleichbehandlungsgebot in Art. VII Abs. 1 unter den gleichen Umständen möglich sein müssen wie für Inländer. Inländern stehen zur Schaffung neuer Gesellschaften und zur Gründung von Zweigniederlassung allerdings auch Umwandlungsmöglichkeiten zu Gebote. Dabei ist eine solche Gründung oder Zweigniederlassung durch Umwandlung gerade wegen der in diesem Kontext anwendbaren Stakeholder-Schutzvorschriften keineswegs „gefährlicher" oder missbrauchsanfälliger als etwa die Gründung einer Tochtergesellschaft, die Etablierung einer tatsächlichen Zweigniederlassung oder das Agieren als Auslandgesellschaft im Inland. Zur Gewährleistung von Inländergleichbehandlung und Meistbegünstigung bei der Gründung von Gesellschaften und Zweigniederlassungen liegt daher auch im Verhältnis zu den USA eine umfassende Auslegung des Anerkennungsgebots als Mobilitätsfreiheit nahe. Diese Auslegung ließe sich auch insofern mit der bisherigen Rechtsprechung des BGH insofern in Einklang bringen, als dieser festgehalten hat, dass für US-Gesellschaften nach dem Anerkennungsgebot in Art. XXV Abs. 5 S. 2 und der Garantie geschäftlicher Freizügigkeit in Art. VII des deutsch-amerikanischen Vertrags mit Blick auf die Anerkennung US-amerikanischer Ge-

---

(Gründungstheorie) sowie auch schon VON BAR/MANKOWSKI, Internationales Privatrecht II, 2. Aufl. 2019, 105 (Gründungstheorie mit Ausnahme für bloße Briefkastengesellschaften). Vgl. für das EU-UK TCA: J. SCHMIDT GmbHR 2021, 229, 231 ff. Ferner BeckOGK/GROSSERICHTER/ZWIRLEIN-FORSCHNER, IntGesR Grundfragen, Rn. 28 f.; FISCHER NZG 2021, 483, 484; ZWIRLEIN-FORSCHNER IPRax 2021, 357, 360 f. und jüngst nochmals J. SCHMIDT EuZW 2021, 613. A.A. SCHOLLMEYER NZG 2021, 692, 694 und KNAIER GmbHR 2021, 488, 491 sowie OLG München v. 05.08.2021 – 29 U 2411/21 Kart. Siehe hierzu die kritische Anmerkung von GROSSERICHTER ZEuP 2022, 720.

Eben gegen eine Anwendung der Gründungstheorie aus österreichischer Perspektive OGH v. 27.01.2022 – 9Ob 74/21d.

107 Vgl. Ebke, RIW 2004, 740, 742.

sellschaften „ähnliches gilt“ wie im Geltungsbereich der Niederlassungsfreiheit[108] – dies ließe durchaus Spielraum dafür, US-Gesellschaften auch Mobilitätsfreiheit zuzuerkennen.[109]

Eine ähnliche Argumentation ließe sich für das CETA vertreten. Denn dieses verwirklicht die Gestattung des grenzüberschreitenden Handels insbesondere durch den Schutz von Investitionen. Die Definition der Investition in Art. 8.1. CETA nennt an erster Stelle Unternehmen. Handelt es sich bei einem Unternehmen aber um eine geschützte Investition, so gelten die Grundsätze des ungehinderten Marktzugangs (Art. 8.4 CETA), der Inländergleichbehandlung (Art. 8.6 CETA) sowie der Meistbegünstigung (Art. 8.7 CETA). Hieraus ließe sich wie zum deutsch-amerikanischen Vertrag ableiten, dass Inländern Unternehmensinvestitionen infolge von Umwandlungen zu Gebote stehen, so dass zur Verwirklichung von Inländergleichbehandlung, Meistbegünstigung und Marktzugang Umwandlungen in Deutschland auch für Unternehmen kanadischen Rechts möglich sein müssten. Parallel hierzu gewährleistet schließlich auch das EU-UK TCA in seinem Abschnitt zu Dienstleistungen und Investitionen ungehinderten Marktzugang (Art. 128 EU-UK TCA), Inländergleichbehandlung (Art. 129 EU-UK TCA) und Meistbegünstigung (Art. 130 EU-UK TCA) für juristische Personen einer Vertragspartei, die ein Unternehmen im Gebiet der anderen Vertragspartei gründen (möchten), vgl. Art. 124 lit. j und k EU-UK TCA. Auch hier wäre also eine Mobilitätsfreiheit für UK-Gesellschaften mit einer parallelen Argumentation begründbar.

Allerdings sind diese Argumentationsansätze zwei *caveats* ausgesetzt, deren zweites sich als gewichtiges Hindernis darstellt: Erstens stellten sie nur dann eine plausible Vertragsauslegung dar und führen zu sinnvollen Ergebnissen, wenn die Vertragspartner ihr jeweiliges Umwandlungsrecht gegenüber deutschen Gesellschaften ähnlich auslegten und sich die Umwandlung so gemäß der Kombinationslehre in beiden Rechtsordnungen vollziehen ließe.[110] Zweitens besteht im Verhältnis zu den US-amerikanischen und kanadischen Gesellschaften das Problem der geschlossenen Sachnormen der §§ 1 ff. UmwG und des darin vorgesehenen *numerus clausus* der umwandlungsfähigen Rechtsträger, ohne dass die

---

108 BGH v. 5.7.2004, Az. II ZR 389/02 = NZG 2004, 1001 (Folgeentscheidung zu BGH, Urteil vom 29.1.2003 – VIII ZR 155/02 = NZG 2003, 531).

109 Vgl. ähnlich Ebke, RIW 2004, 740, 744; a.A. Drinhausen in Semler/Stengel, UmwG, 3. Aufl. 2012, Einl. C, Rn. 32.

110 Zum US-amerikanischen Reincorpation-Recht vgl. den Überblick bei MUCCIARELLI, Tulane Journal of International and Company Law 20 (2011–2012), 421 ff., allerdings ohne Hinweise auf eine Anwendung auf Drittstaaten. Aus kanadischer Perspektive besteht grundsätzlich die Möglichkeit einer *continuance* aufgrund des Business Corporations Act.

oben beschriebene europarechtskonforme teleologische Reduktion kraft hypothetischen europarechtskonformen Gesetzgeberwillens weiterhelfen würde. Denn die entsprechenden Staatsverträge erlangen – auch im Fall von CETA als gemischtem Abkommen – erst aufgrund ihrer Ratifikation durch die Mitgliedsstaaten über den Transmissionsriemen des nationalen Rechts vollständig Geltung, was zwar eine völkerrechtsfreundliche Auslegung, aber keine weitreichende Rechtsfortbildung wie zur Verwirklichung des Anwendungsvorrangs des Unionsrechts ermöglicht. Es erscheint daher äußerst fraglich, ob alleine aufgrund der Verpflichtung Deutschlands aus den jeweiligen Staatsverträgen und der Ratifikationsgesetzte der Anwendungsbereich der geschlossenen Sachnormen in § 1ff. UmwG auf Gesellschaften aus den USA und Kanada erstreckt werden kann. Allenfalls zum reinen EU-Abkommen EU-UK TCA ließe sich ein Anwendungsvorrang vertreten, der freilich in dieser Singularität wohl kaum von einem hypothetischen Gesetzgeberwillen erfasst gewesen wäre, der eine teleologische Reduktion der geschlossenen Sachnormen zuließe. *De lege lata* ist es daher wohl zutreffend, die §§ 1 ff. UmwG auch nicht auf solche Drittstaatengesellschaften anzuwenden, für welche die Gründungstheorie gilt. Vielmehr wird es auch hier derzeit bei den Möglichkeiten der grenzüberschreitenden Anwachsung für Personengesellschaften und des *asset deal* bleiben.

IV. Grenzen der *lex lata* und der *lex proposita* und Desiderata *de lege ferenda*

Sowohl die *lex lata* in Gestalt der Mobilitätsrichtlinie als auch die *lex proposita* in Gestalt des UmRUG-Entwurfs finden somit ihre räumlichen Grenzen an den Rändern von EU und EWR und ihre persönlichen und sachlichen Grenzen in den *terrae incognitae* bzgl. Personengesellschaften, bestimmter Formen der Spaltung zur Aufnahme und besonderer Mobilitätssituationen. Nur einzelne Mitgliedstaaten setzen die Richtlinie jenseits ihrer persönlichen und sachlichen Grenzen um, so dass nachhaltige Lücken im europäischen Rechtsrahmen für Gesellschaften verbleiben. Im nicht harmonisierten Bereich bestehen erhebliche Unsicherheiten bei der Anwendung der jeweiligen Gesellschaftsstatute.

Mit Blick auf die umfassende Grundfreiheitsberechtigung jeglicher mitgliedstaatlicher Gesellschaften – insbesondere auch Personengesellschaften – an der Niederlassungsfreiheit gerade auch in ihrer vom EuGH geformten Ausprägung als Mobilitätsfreiheit wäre es daher angebracht, dass der Europäische Gesetzgeber die Harmonisierung der Gesellschaftsmobilität zeitnah auf alle europäischen Gesellschaften und damit insbesondere auch auf die Personengesellschaften erstreckt.[111] Dies würde den *practical self-restraint* auf den harmonisierten Bereich obsolet machen und so die Verwirklichung der Niederlassungsfreiheit durch Unternehmensmobilität innerhalb der EU und des EWR umfassend sicherstellen.

Aber auch aus nationaler Perspektive wäre es wünschenswert, wenn man die niederlassungsprivilegierten Gesellschaften außerhalb des harmonisierten Bereichs nicht im „Niemandsland" zurückließe, aus dem sich die Kapitalgesellschaften durch *practical self-restraint* auf den harmonisierten Bereich retten und in dem die Personengesellschaften mit „gestutzten Flügeln" zurückbleiben. Abhilfe könnte ein „großer Wurf" eines grenzüberschreitenden Umwandlungsrechts schaffen, der über den UmRUG-Entwurf hinaus den gesamten europäischen Mobilitätsraum auch persönlich und sachlich abdeckt. Daneben könnte man angesichts des oben Gesagten auch an eine Einführung ähnlicher Regelungen (z. B. durch Verweisung und Ergänzung) für Gesellschaften aus niederlassungsprivilegierten Drittstaaten denken und so ein – ggf. zweispuriges[112] – umfassendes niederlassungsfreiheitsakzessorisches internationales Umwandlungsrecht schaffen. Dies würde die Unternehmensmobilität fördern, indem Rechtssicherheit für all ihre Akteure geschaffen wird. Zugleich wäre aber auch ein vorhersehbarer und rechtssicherer Stakeholder-Schutz durch Implementierung entsprechender Schutznormen gewährleistet. Es gilt: Mehr gesetzgeberischen Mut zu grenzüberschreitenden Umwandlungen außerhalb der Mobilitätsrichtlinie wagen!

111 Siehe bereits unter Auswertung der entsprechenden Desiderata zur internationalen Verschmelzungsrichtlinie J. Schmidt, Cross-border mergers and divisions transfers of seat: Is there a need to legislate?, 2016, PE 556.960, 17.

112 Vgl. für einen ähnlichen Vorschlag aus österreichsicher Perspektive Thomale, RdW 2020, 424, 429. Siehe auch jüngst aus deutscher Perspektive Lieder/Hilser, ZHR 185 (2021), 471, 504.

Stefanie Leclerc*

Bericht über die Diskussion

An die Referate von *Claudia Schubert* und *Susanne Zwirlein-Forschner* schloss sich unter der Leitung von *Marc-Philippe Weller* eine rege Diskussion an, die sowohl Aspekte der Mitbestimmung (dazu unter I.) als auch Fragen bezüglich Umwandlungen außerhalb des harmonisierten Bereichs thematisierte (dazu unter II.). Zur besseren Übersichtlichkeit wird diese im Folgenden nicht in der Reihenfolge der Beiträge, sondern anhand der Beitragsthemen sortiert wiedergegeben.

I.

Auf Skepsis stieß *Schuberts* These, darin, dass das Leitungsorgan allein bei einer grenzüberschreitenden Verschmelzung, nicht hingegen bei einer Umwandlung oder Spaltung beschließen könne, keine Verhandlungen aufzunehmen, liege ein Verstoß gegen den Gleichheitssatz. Einem Diskutanten aus der Wissenschaft leuchtete es im Ansatz zwar ein, dass es sich hierbei um eine Ungleichbehandlung handle, jedoch sei diese nicht dahin aufzulösen, dass auch bei der Umwandlung und Spaltung auf die Verhandlung verzichtet werden könne. Vielmehr sei nach dem Grundansatz der Richtlinie die Verhandlung sachgemäß und der Verzicht auf diese die Ausnahme. Zustimmung fand hingegen die These, dass bei der Garantie von Gewerkschaftssitzen nicht die nominelle Zahl der Sitze, sondern nur ihr Anteil abgesichert sei. Die Forderung *Schuberts*, bei einer grenzüberschreitenden Spaltung sei für jede begünstigte Gesellschaft ein besonderes Verhandlungsgremium zu bilden, rief bei einem Diskussionsteilnehmer Zweifel an ihrer Umsetzbarkeit hervor. Da es nur die Spaltung zur Neugründung gebe, sei der Gedanke der Repräsentativität wohl eine Fiktion. Auch gebe es aufseiten der neugegründeten Gesellschaft noch keine Gesellschaftsvertreter, die mitverhandeln könnten. Eine Wissenschaftlerin hinterfragte die Reichweite des Begriffs der Mitbestimmung und warf zudem die Frage auf, ob Regelungen zu Diversitätsanforderungen Gegenstand einer Mitbestimmungsregelung sein könnten.

Schubert stellte in ihrer Replik klar, dass die Frage, wie die Ungleichbehandlung aufzulösen sei, durch den Gesetzgeber zu beantworten sei. Die Frage, die sich stelle, sei jedoch die, ob es sich hierbei um eine begünstigende Regelung

* Dr. Stefanie Leclerc ist Ref. jur. am Hanseatischen Oberlandesgericht.

https://doi.org/10.1515/9783110780895-013

im Sinne der EuGH-Rechtsprechung handle. Dafür spreche, dass das Ziel der Richtlinie die Umsetzung der Niederlassungsfreiheit sei und daher jeder Akt, der dazu führe, dass diese leichter erreicht werde, eine Begünstigung sein könnte. Hinsichtlich der Erforderlichkeit besonderer Verhandlungsgremien für jede begünstigte Gesellschaft komme es darauf an, ob die betroffenen Tochtergesellschaften und Betriebe im Einzelfall identisch seien. Zum Begriff der Mitbestimmung äußerte *Schubert*, dass der Richtliniengeber sich zur Trennung der betrieblichen Mitbestimmung und der Unternehmensmitbestimmung entschieden habe. Diversitätsregeln könnten nach *Schubert* aufgenommen werden, allerdings nur soweit die nationalen Regelungen dies erlaubten.

II.

Das Referat von *Zwirlein-Forschner* regte einen Diskutanten aus der Wissenschaft dazu an, einen Blick in die Zukunft zu werfen und die Frage aufzuwerfen, welchen Einfluss die neuen Regelungen auf den Wettbewerb der Rechtsordnungen hätten. Ein weiterer Diskutant aus der Wissenschaft stellte zur Diskussion, ob im Rahmen des nicht harmonisierten Bereichs die Subsumtionsoffenheit des § 202 UmwG nicht gerade dazu führen sollte, dass auch Eintragungen außerhalb Deutschlands zur Heilung in diesem Sinne führen. Ein weiterer Diskussionsteilnehmer warf die Frage auf, ob für Sitzwechsel von Personengesellschaften nicht dieselbe Umqualifikationslösung anzuwenden sei, die auch im Rahmen des Sitzwechsels von Drittstaaten-Kapitalgesellschaften gelte. Konkret stelle sich die Frage, ob die Rechtsprechung des BGH in Sachen Trabrennbahn, wonach eine Drittstaaten-Kapitalgesellschaften bei Wechsel des Verwaltungssitzes nach Deutschland in eine deutsche Personengesellschaft umqualifiziert werde, nicht erst recht für ausländische Personengesellschaften gelte und ob dann der Äquivalenzgrundsatz nicht auch eine Erstreckung auf EU-Personengesellschaften gebiete. Ein Wissenschaftler warf schließlich die Frage auf, ob im Falle der Anwachsung die Kombinationslehre anzuwenden sei, mit der Folge, dass die Anwachsung in beiden Rechtsordnung akzeptiert sein müsse.

Zwirlein-Forschner erwiderte, dass der Wettbewerb der Rechtsordnungen grundsätzlich nicht kritisch zu sehen sei, solange das jeweilige Gesellschaftsstatut angemessen durch die Nachbarstatute des Delikts-, Insolvenz- und Steuerrechts flankiert sei. Für die Frage der Sinnhaftigkeit eines Rechtsordnungswechsels müssten jedoch die Vorteile der Zielrechtsordnung die Hürden des Rechtsordnungswechsels überwiegen. Insofern sei die Mobilitätsrichtlinie nicht ohne Hürden; hinzu komme die Außenwirkung, welche im Einzelfall gegen einen Rechtsordnungswechsel sprechen könne. Auf die These, die Subsumtionsoffenheit des deutschen Rechts spreche für eine Anwendung des § 202 UmwG auf Registereintragungen im Unionsraum, erwiderte *Zwirlein-Forschner*, dass die Vorschrift zunächst eine Heilungsnorm für nationale Formwechsel sei und dort den Zweck verfolge, eine Rückabwicklung abgeschlossener Vorgänge wegen eines Fehlers zu verhindern. Wenn man die Vorschrift für grenzüberschreitende Formwechsel substituierend anwende, müsse man sich daher nach der Kombinationslehre die Frage stellen, ob das deutsche Register eine Vorabbescheinigung erstellt oder eine solche rechtswidrig verweigert habe. Sei beides nicht der Fall, liege kein abgeschlossener Tatbestand im Sinne der Teleologie der Norm vor. Die Rechtsprechung zur Umqualifikation in eine deutsche Personengesellschaft bei Verwaltungssitzwechsel ausländischer Gesellschaften gelte für EU-Personengesellschaften in der Tat nicht. Die Ungleichbehandlung von Unionspersonengesellschaften gegenüber ausländischen Gesellschaften deutet nach *Zwirlein-Forschner* darauf hin, dass die modifizierte Sitztheorie im Ergebnis eine Krücke sei, um die Sitztheorie überhaupt aufrechtzuerhalten, die langfristig zugunsten einer umfassenden Gründungstheorie und dem damit einhergehenden Wettbewerb der Rechtsordnungen aufgegeben werden sollte. Bezüglich der grenzüberschreitenden Anwachsung wies *Zwirlein-Forschner* darauf hin, dass auch dort die Kombinationslehre gelte, sodass der Zielstaat auf die Frage, was mit der Ausgangsgesellschaft passiert sei, das Statut der Ausgangsgesellschaft und dort die Gesamtrechtsnachfolge anzuwenden habe.

Jessica Schmidt*

Schutz der Minderheitsgesellschafter bei grenzüberschreitenden Umwandlungen: Vorgaben der GesRRL und Umsetzung durch den UmRUG-RegE

Zusammenfassung: Zu den wesentlichsten Errungenschaften der UmwRL (auch bekannt als MobilRL) gehört die Einführung eines speziellen harmonisierten Systems zum Schutz der Minderheitsgesellschafter: Sie haben nun bei grenzüberschreitenden Herausumwandlungen europaweit ein Austrittsrecht gegen Barabfindung sowie bei grenzüberschreitenden Verschmelzungen und Spaltungen zusätzlich einen Anspruch auf Verbesserung des Umtauschverhältnisses; im Gegenzug ist die Anfechtung wegen Bewertungsmängeln ausgeschlossen. Der Beitrag analysiert die neuen Vorgaben in der GesRRL und ihre Umsetzung durch den Regierungsentwurf eines Gesetzes zur Umsetzung der Umwandlungsrichtlinie (UmRUG).

Abstract: One of the most important achievements of the Mobility Directive is the introduction of a special harmonized system to protect minority shareholders: In case of outbound cross-border operations, they now have an exit right against cash compensation in all Member States, and in case of cross-border mergers and divisions, they also have a right to a cash payment if the share exchange ratio is inadequate; in return, it is not possible to challenge the resolution of the general meeting on the basis of the inadequacy of the share exchange ratio or the cash compensation. The article analyses the new requirements in the Company Law Directive (CLD) and their planned implementation into German law by the government draft for a "Gesetz zur Umsetzung der Umwandlungsrichtlinie (UmRUG)" (law to implement the Mobility Directive).

* Prof. Dr. Jessica Schmidt, LL.M., ist Inhaberin des Lehrstuhls für Bürgerliches Recht, deutsches, europäisches und internationales Unternehmens- und Kapitalmarktrecht an der Universität Bayreuth, Mitglied der Informal Expert Group on Company Law and Corporate Governance (ICLEG) der Europäischen Kommission sowie der vom BMJ eingesetzten Expertenkommission UmRUG. Der Beitrag gibt ausschließlich ihre persönliche Meinung wieder.

https://doi.org/10.1515/9783110780895-014

Inhaltsübersicht

I. Überblick über die UmwRL und Umsetzung durch den UmRUG-RegE

Die UmwRL[1] (auch bekannt als MobilRL) schafft endlich einen speziellen EU-Rechtsrahmen für grenzüberschreitende Spaltungen (Titel II Kapitel IV GesRRL[2]) und grenzüberschreitende Formwechsel (Titel II Kapitel -I GesRRL); zudem bringt sie eine umfassende Novellierung des EU-Rechtsrahmens für grenzüberschreitende Verschmelzungen (Titel II Kapitel II GesRRL). Die technischen Spezifikationen wurden durch die DVO (EU) 2021/1042[3] ergänzt.

Die Umsetzung in Deutschland soll in gewohnter Manier durch zwei einander komplementierende Gesetze erfolgen: Die gesellschaftsrechtlichen Elemente durch ein Gesetz zur Umsetzung der Umwandlungsrichtlinie (UmRUG), die mitbestimmungsrechtlichen durch ein Gesetz zur Umsetzung der Bestimmungen der Umwandlungsrichtlinie über die Mitbestimmung der Arbeitnehmer bei grenzüberschreitenden Umwandlungen, Verschmelzungen und Spaltungen (UmRMitbestG). BMJ und BMAS haben am 20.4.2022 Referentenentwürfe für beide Gesetze vorgelegt.[4] Am 6.7.2022 folgten der Regierungsentwurf des UmRUG und des

1 RL (EU) 2019/2121 des EP und des Rates v. 27.11.2019 zur Änderung der Richtlinie (EU) 2017/1132 in Bezug auf grenzüberschreitende Umwandlungen, Verschmelzungen und Spaltungen , ABlEU v. 12.12.2019, L 321/1.

2 RL (EU) 2017/1132 des EP und des Rates v. 14.6.2017 über bestimmte Aspekte des Gesellschaftsrechts (Kodifizierter Text), ABlEU v. 30.6.2017, L 169/46; zuletzt geändert durch VO (EU) 2021/23 des EP und des Rates v. 16.12.2020 über einen Rahmen für die Sanierung und Abwicklung zentraler Gegenparteien und zur Änderung der VO (EU) Nr. 1095/2010, (EU) Nr. 648/2012, (EU) Nr. 600/2014, (EU) Nr. 806/2014 und (EU) 2015/2365 sowie der RL 2002/47/EG, 2004/25/EG, 2007/36/EG, 2014/59/EU und (EU) 2017/1132, ABlEU 22.1.2021, L 22/1.

3 DVO (EU) 2021/1042 der Kommission v. 18.6.2021 mit Durchführungsbestimmungen zur RL (EU) 2017/1132 des EP und des Rates in Bezug auf technische Spezifikationen und Verfahren für das System der Registervernetzung und zur Aufhebung der DVO (EU) 2020/2244 der Kommission, ABlEU v. 25.6.2021, L 225/7.

4 Referentenentwurf eines Gesetzes zur Umsetzung der Umwandlungsrichtlinie (UmRUG), abrufbar unter <https://www.bmj.de/SharedDocs/Gesetzgebungsverfahren/DE/Umsetzung_Umwandlungsrichtlinie.html>. Referentenentwurf eines Gesetzes zur Umsetzung der Bestimmungen der Umwandlungsrichtlinie über die Mitbestimmung der Arbeitnehmer bei grenzüberschreitenden Umwandlungen, Verschmelzungen und Spaltungen, abrufbar unter <https://www.bmas.de/DE/Service/Gesetze-und-Gesetzesvorhaben/umsetzung-mitbestimmungsrechtliche-regelungen-umwandlungsrichtlinie.html>. Zum Ganzen: *Bungert/Reidt* DB 2022, 1369ff.; *Bungert/Strothotte* BB 2022, 1411ff.; *Drinhausen/Keinath* BB 2022, 1346ff.; *Handelsrechtsausschuss des DAV* NZG 2022, 849ff.; *Heckschen/Knaier* GmbHR 2022, 501ff.; *Heckschen/Knaier* GmbHR 2022, 613ff.; *Hommelhoff* NZG 2022, 683ff.; *Kablitz* GmbHR 2022, 721ff.; *Luy/Redler* notar 2022, 163ff.; *Mückl/Blunck* DB

UmRMitbestG.[5] Der RegE für das UmRUG sieht vor, die Vorschriften über grenzüberschreitende Verschmelzungen (bislang: §§ 122a–122l UmwG) entsprechend den RL-Vorgaben als §§ 305–319 UmwG-E umfassend zu novellieren und gemeinsam mit den neuen Vorschriften über grenzüberschreitende Spaltungen (§§ 320–332 UmwG-E) und grenzüberschreitende Formwechsel (§§ 333–345 UmwG-E) in einem neuen 6. Buch des UmwG über grenzüberschreitende Umwandlungen zu verankern. Inkrafttreten sollen die Neuerungen pünktlich mit Ablauf der Umsetzungsfrist der UmwRL am 31.1.2023.

II. Genese und Kernelemente des neuen Konzepts der GesRRL zum Schutz der Minderheitsgesellschafter

Der bisherige unionsrechtliche Rechtsrahmen für grenzüberschreitende Verschmelzungen beschränkte sich auf einen Schutz der Minderheitsgesellschafter durch ein (formales) Mitentscheidungsrecht in Form des Beschlusserfordernisses sowie Information in Form des Berichts und des Prüfungsberichts (sog. „Informationsmodell").[6] Weitere spezielle Schutzrechte waren nicht vorgesehen. Stattdessen ermächtigte Art. 4 Abs. 2 S. 2 CBMD[7]/Art. 121 Abs. 2 S. 2 GesRRL 2017[8] die Mitgliedstaaten explizit zum Erlass von Vorschriften zur Gewährleistung eines angemessenen Schutzes der Minderheitsgesellschafter. Von dieser Ermächtigung machten die Mitgliedstaaten jedoch in höchst unterschiedlicher Weise Gebrauch. Das Spektrum reichte vom völligen Verzicht auf spezielle Schutzinstrumente (wie

2022, 1640 ff.; *Müller-Bonanni/Jenner* AG 2022, 457 ff.; *J. Schmidt* NZG 2022, 579 ff.; *J. Schmidt*,NZG 2022, 635 ff.; *Wollin* ZIP 2022, 989 ff.; *Wollin* AG 2022, 474 ff.

5 Entwurf eines Gesetzes zur Umsetzung der Umwandlungsrichtlinie, BR-Drs. 371/22; Entwurf eines Gesetzes zur Umsetzung der Bestimmungen der Umwandlungsrichtlinie über die Mitbestimmung der Arbeitnehmer bei grenzüberschreitenden Umwandlungen, Verschmelzungen und Spaltungen, BR-Drs. 360/22. Zum Ganzen: *Brandi/M. Schmidt* DB 2022, 1880 ff.; *Bungert/Strothotte* DB 2022, 1818 ff.; *Drinhausen/Keinath* BB 2022, 1923 ff.; *Habrich* AG 2022, 567 ff.; *Heckschen/Knaier* GmbHR 2022, R260 ff.; *J. Schmidt* ECCL-Blog v. 6.7.2022 = NZG 2022, 986 = EuZW 2022, 635; *J. Schmidt* BB 2022, 1859 (1865 ff.); *Schollmeyer* NZG 2022, 937.

6 Dazu *Lutter/Bayer/J. Schmidt,* EuropUR, 6. Aufl. 2018, 22.140 m.w.N.

7 RL 2005/56/EG des EP und des Rates v. 26.10.2005 über die Verschmelzung von Kapitalgesellschaften aus verschiedenen Mitgliedstaaten, ABlEU v. 25.11.2005, L 310/1.

8 RL (EU) 2017/1132 des EP und des Rates v. 14.6.2017 über bestimmte Aspekte des Gesellschaftsrechts (Kodifizierter Text), ABlEU v. 30.6.2017, L 169/46.

z. B. im UK[9], Belgien[10], Luxemburg[11] oder Norwegen[12]) bis hin zu höchst komplexen Schutzsystemen (wie z. B. in Deutschland mit den §§ 122h, 122i UmwG).[13] Dieser durch die Sonderregelung des Art. 10 Abs. 3 CBMD/Art. 127 Abs. 3 GesRRL 2017 für „Spruchverfahren" noch weiter verkomplizierte „Flickenteppich" unterschiedlicher nationaler Schutzstandards führte in der Praxis zu erheblichen Problemen[14] und nachdrücklichen Forderungen nach einer Harmonisierung[15].

Durch die UmwRL wurde deshalb in der GesRRL für alle drei Varianten grenzüberschreitender Umwandlungen[16] als EU-Mindeststandard[17] ein zusätzliches Schutzsystem verankert. Dieses besteht aus drei Kernelementen:

- Austrittsrecht gegen Barabfindung (Art. 86i, Art. 126a Abs. 1–5, 160i Abs. 1–5 GesRRL);
- bei grenzüberschreitenden Verschmelzungen und Spaltungen zusätzlich ein Anspruch auf Verbesserung des Umtauschverhältnisses (Art. 126a Abs. 6–7, 160i Abs. 6–7 GesRRL);
- Ausschluss der Anfechtung wegen Bewertungsmängeln (Art. 86 h Abs. 5, 126 Abs. 4, 160 h Abs. 5 GesRRL).

Diese neuen Richtlinienvorgaben sind zwar stark vom Vorbild des deutschen Rechts geprägt, bringen aber gleichwohl auch aus deutscher Perspektive einige Neuerungen.

---

9 Vgl. Bech-Bruun/Lexidale, Study on the Application of the Cross-border Mergers Directive, DOI: 10.2780/96404, 2013, UK-10.

10 Vgl. Bech-Bruun/Lexidale (Fn. 9), BE-11.

11 Vgl. Bech-Bruun/Lexidale (Fn. 9), LU-9.

12 Vgl. Bech-Bruun/Lexidale (Fn. 9), NO-9.

13 Vgl. *J. Schmidt,* Cross-border mergers and divisions, transfers of seat: Is there a need to legislate?, PE 559.960, S. 19.

14 Vgl. *J. Schmidt* (Fn. 13), S. 19 f.; SWD(2018) 141, Annex 4.2.1, 5.2.2.

15 Vgl. nur P8_TA(2017)0248, Ziff. 11, 18; *J. Schmidt,* Cross-border mergers and divisions, transfers of seat: Is there a need to legislate?, IPOL_STU(2016)556960,, S. 20 m.w.N.

16 Eine Ausnahme gilt lediglich im Falle der Ausgliederung zur Neugründung (vgl. Art. 160s GesRRL), weil hier die Gesellschaft, die die Spaltung vornimmt, die Anteile erhält (vgl. Art. 160r Abs. 3 lit. b GesRRL).

17 Vgl. zum Charakter als Mindeststandard: ErwG 18 S. 2 UmwRL; COM(2018) 241, S. 23; SWD(2018) 141, S. 73; *Bayer/J. Schmidt* BB 2019, 1922, 1931; *Deck* NZG 2021, 629, 637; Kindler/Lieder/*de Raet*, European Corporate Law, Art. 126a CLD para. 1; *Papadopoulos* ECFR 2021, 980, 985; *J. Schmidt* DK 2018, 229, 237; *J. Schmidt* ECFR 2019, 222, 254; *J. Schmidt* FS Krieger, 2020, S. 841, 843; *J. Schmidt* FS Heidel, 2021, S. 353, 364; *J. Schmidt* ZEuP 2020, 565, 579; *J. Schmidt* NZG 2022, 579, 581; *Stelmaszczyk* ZIP 2019, 2437, 2439; *Stelmaszczyk* DK 2021, 48, 50; abw. jedoch *Noack* ZGR 2020, 90, 93 ff.

III. Austrittsrecht gegen Barabfindung

1. Überblick

Art. 86i, Art. 126a Abs. 1–5, 160i Abs. 1–5 GesRRL sehen für alle drei Varianten der grenzüberschreitenden Umwandlung ein Austrittsrecht gegen Barabfindung vor. Das Barabfindungsangebot muss in den Plan aufgenommen (Art. 86d S. 2 lit. i, 122 S. 2 lit. m, 160d S. 2 lit. p GesRRL) und vom Sachverständigen auf seine Angemessenheit geprüft werden (Art. 86f Abs. 2 UAbs. 1, 125 Abs. 3 UAbs. 1, 160f Abs. 2 UAbs. 1 GesRRL). Wenn die Gesellschafter das Barabfindungsangebot nicht für angemessen halten, haben sie das Recht, eine zusätzliche Barabfindung zu beantragen (Art. 86i Abs. 4 UAbs. 1, 126a Abs. 4 UAbs. 1, 160i Abs. 4 UAbs. 1 GesRRL).

Maßgeblich ist jeweils das Recht des Mitgliedstaats, dem die jeweilige sich verschmelzende, spaltende oder formwechselnde Gesellschaft unterliegt und die Gerichte dieses Mitgliedstaats sind auch für alle Streitigkeiten in diesem Zusammenhang ausschließlich international zuständig (Art. 86i Abs. 5, 126a Abs. 5, 160i Abs. 5 GesRRL).

Der deutsche Gesetzgeber hatte für grenzüberschreitende Verschmelzungen in § 122i UmwG bereits auf der Basis der Ermächtigung in Art. 121 Abs. 2 S. 2 GesRRL 2017 ein Recht zum Austritt gegen Barabfindung im Falle der Herausverschmelzung vorgesehen. Die Vorschrift wird nun zu § 313 UmwG-E und an die neuen Vorgaben des Art. 126a Abs. 1–5 GesRRL angepasst. Nach § 327 S. 1 UmwG-E gilt § 313 UmwG-E entsprechend auch bei der grenzüberschreitenden Ab- und Aufspaltung[18]. Für grenzüberschreitende Formwechsel enthält § 340 UmwG-E eine Parallelregelung.

2. Anwendungsbereich des Austrittsrechts

a) Vorgaben der GesRRL

Ein Austrittsrecht gegen Barabfindung muss bei grenzüberschreitenden Verschmelzungen und Spaltungen nach Art. 126a Abs. 1 UAbs. 1 bzw. Art. 160i Abs. 1 UAbs. 1 GesRRL für alle Gesellschafter bestehen, die erstens gegen den Plan gestimmt haben und zweitens infolge der Verschmelzung bzw. Spaltung Anteile an einer Gesellschaft erwerben würden, die dem Recht eines anderen Mitgliedstaats

18 Nicht für die Ausgliederung, vgl. § 327 S. 2 UmwG-E (s. dazu bereits Fn. 16).

unterliegt. Bei grenzüberschreitenden Formwechseln kommt es stets zu einem Statutenwechsel; daher muss hier nach Art. 86i Abs. 1 UAbs. 1 GesRRL generell ein Austrittsrecht für alle Gesellschafter bestehen, die gegen den Plan gestimmt haben. Die Restriktion des unionsrechtlichen Austrittsrechts im Falle grenzüberschreitender Verschmelzungen und Spaltungen auf Gesellschafter, für die es zu einem „Rechtswechsel" kommt, beruht auf dem Gedanken, dass ein Austrittsrecht nur durch eine Änderung des Gesellschaftsstatuts gerechtfertigt werden kann.[19]

Die Mitgliedstaaten haben allerdings die Option, auch anderen Gesellschaftern ein Austrittsrecht einzuräumen (Art. 86i Abs. 1 UAbs. 2, 126a Abs. 1 UAbs. 2, 160i Abs. 1 UAbs. 2 GesRRL). ErwG 18 S. 3 UmwRL nennt als Beispiele: Gesellschafter mit stimmrechtslosen Anteilen oder Gesellschafter, für die sich bestimmte Rechte wegen des Vorhabens ändern würden (z. B. im Falle einer sog. Mischverschmelzung). Beispielhaft genannt ist ferner der Fall, dass sich im Rahmen einer nicht verhältniswahrenden Spaltung die Beteiligungsquote der Gesellschafter ändert.

Ferner gestattet der auf deutsche Initiative hin eingefügte[20] Art. 86i Abs. 1 UAbs. 3 S. 2, Art. 126a Abs. 1 UAbs. 3 S. 2, Art. 160i Abs. 1 UAbs. 3 S. 2 GesRRL den Mitgliedstaaten, eine Dokumentation der Ablehnung des Plans, speziell durch einen Widerspruch zur Niederschrift, zu verlangen.

b) Umsetzung durch den UmRUG-RegE

In Bezug auf grenzüberschreitende Verschmelzungen entspricht die deutsche *lex lata* bereits den Richtlinienvorgaben: Der bisherige § 122i Abs. 1 S. 1 UmwG findet sich daher nun unverändert als § 313 Abs. 1 S. 1 Hs. 1 UmwG-E wieder. Insbesondere konnte wegen Art. 126a Abs. 1 UAbs. 3 S. 2 GesRRL auch am Erfordernis eines Widerspruchs zur Niederschrift als Voraussetzung festgehalten werden.

Entsprechend bedarf es bei grenzüberschreitenden Auf- und Abspaltungen[21] eines Barabfindungsangebots, wenn eine begünstigte Gesellschaft nicht dem deutschen Recht unterliegt („Herausspaltung", § 327 S. 1 i.V.m. § 313 Abs. 1 S. 1

---

19 Vgl. ErwG 18 S. 1–2 UmwRL; *Bormann/Stelmaszczyk* ZIP 2019, 300, 307; *ECLE* ECFR 2019, 196, 210 f.; *Garcimartín/Gandía* ECFR 2019, 15, 20; *Papadopoulos* ECFR 2021, 980, 987 f.; *Schlumberger* BJS 2020, 52, 54; *J. Schmidt*, in: FS Krieger, 2020, S. 841, 843; *J. Schmidt* FS Heidel, 2021, S. 353, 365; *J. Schmidt* NZG 2022, 579, 581; *Teichmann* ECFR 2019, 3, 9; *Winner* ECFR 2019, 44, 68 f.

20 Dazu *J. Schmidt* FS Krieger, 2020, S. 841, 846.

21 Bei Ausgliederungen ist ein Abfindungsangebot nach § 327 S. 2 UmwG-E in Umsetzung von Art. 160s GesRRL nicht erforderlich, weil hier die Gesellschaft, die die Spaltung vornimmt, die Anteile erhält (vgl. §§ 320 Abs. 2, 131 Abs. 1 Nr. 3 S. 3 UmwG-E/Art. 160r Abs. 3 lit. b GesRRL).

Hs. 1 UmwG-E). Bei nicht verhältniswahrenden Aufspaltungen kann es theoretisch sein, dass es nur für einen Teil der Anteilsinhaber zu einem Rechtswechsel kommt. In diesem Fall sind § 327 S. 1 i.V.m. § 313 Abs. 1 S. 1 Hs. 1 UmwG-E teleologisch dahin zu reduzieren, dass ein Barabfindungsangebot nur für diejenigen Anteilsinhaber erforderlich ist, für die es tatsächlich zu einem Rechtswechsel kommt.[22]

Im Falle eines grenzüberschreitenden Formwechsels kommt es für alle Anteilsinhaber denknotwendig immer zu einem Rechtswechsel; deshalb verlangt § 340 Abs. 1 S. 1 Hs. 1 UmwG-E hier stets ein Barabfindungsangebot.

Bei allen drei Varianten der grenzüberschreitenden Umwandlung sind – ebenso wie nach bisheriger Rechtslage bei nationalen Umwandlungen und grenzüberschreitenden Verschmelzungen[23] – auch Anteilsinhaber ohne Stimmrecht austrittsberechtigt[24]; dies ist richtlinienkonform, weil die Mitgliedstaaten nach Art. 86i Abs. 1 UAbs. 2, 126a Abs. 1 UAbs. 2, 160i Abs. 1 UAbs. 2 GesRRL auch anderen Anteilsinhabern ein Austrittsrecht einräumen können und ErwG 18 S. 3 UmwRL insoweit ausdrücklich Anteilsinhaber ohne Stimmrecht als Beispiel aufführt.

3. Barabfindungsangebot im Plan

Nach Art. 86d S. 2 lit. i, 122 S. 2 lit. m, 160d S. 2 lit. p GesRRL müssen die Einzelheiten zum Barabfindungsangebot an die Gesellschafter in den Plan aufgenommen werden.

---

22 Beispiel 1: Im Falle der nicht verhältniswahrenden Aufspaltung der deutschen A-AG zur Neugründung der deutschen B-AG und einer französischen C-SA haben diejenigen Aktionäre der A-AG, die nur Aktien der B-AG erhalten, kein Austrittsrecht nach § 327 S. 1 i.V.m. § 313 Abs. 1 S. 1 Hs. 1 UmwG-E.

Beispiel 2: Im Falle der nicht verhältniswahrenden Aufspaltung der deutschen X-AG zur Neugründung der deutschen Y-GmbH und der französischen Z-SA haben diejenigen Aktionäre der A-AG, die nur Aktien der Y-GmbH erhalten zwar kein Austrittsrecht nach § 327 S. 1 i.V.m. § 313 Abs. 1 S. 1 UmwG-E, aber nach §§ 320 Abs. 2, 125 Abs. 1 S. 1, 29 Abs. 1 S. 1 UmwG-E.

Beispiel 3: Im Falle der nicht verhältniswahrenden Aufspaltung der deutschen D-AG zur Neugründung der deutschen E-AG und der französischen Z-SA haben diejenigen Aktionäre der A-AG, die nur Aktien der E-AG erhalten, kein Austrittsrecht (weder nach § 327 S. 1 i.V.m. § 313 Abs. 1 S. 1 Hs. 1 UmwG-E noch nach §§ 320 Abs. 2, 125 Abs. 1 S. 1, 29 Abs. 1 S. 1 UmwG-E).

23 Vgl. zu § 29 UmwG: *Bayer/J. Schmidt* ZHR 178 (2014) 150, 157; Lutter/*Grunewald*, UmwG, 6. Aufl. 2019, § 29 Rn. 11; Henssler/Strohn/*Müller*, 5. Aufl. 2021, § 29 UmwG Rn. 14.

24 Bei ihnen entfällt das Widerspruchserfordernis, vgl. zu § 29 UmwG die Nachweise in Fn. 23.

Dies war nach deutschem Recht bei grenzüberschreitenden Verschmelzungen auch schon bislang der Fall (§ 122i Abs. 1 S. 1 UmwG). Der UmRUG-RegE nimmt das Barabfindungsangebot aber nun für alle drei Umwandlungsvarianten ausdrücklich in die Liste der Mindestinhalte des Plans auf (§§ 307 Abs. 2 Nr. 13, 322 Abs. 2, 335 Abs. 2 Nr. 11 UmwG-E).[25]

4. Prüfung durch den Sachverständigen

Verstärkt wird der Schutz der Gesellschafter dadurch, dass das Barabfindungsangebot vom Sachverständigen auf seine Angemessenheit zu prüfen ist (Art. 86f Abs. 2 S. 1, 125 Abs. 3 S. 1, 160f Abs. 2 S. 1 GesRRL). Durch seinen Bericht erhalten die Gesellschafter so eine objektive Einschätzung der Angemessenheit der angebotenen Barabfindung.[26] Dabei macht die GesRRL auch zumindest Rahmenvorgaben zur Bestimmung der Barabfindung: Der Sachverständige hat nämlich im Rahmen seiner Prüfung den etwaigen Marktpreis der Anteile vor Ankündigung der geplanten grenzüberschreitenden Umwandlung oder den nach allgemein anerkannten Bewertungsmethoden bestimmten Wert der Gesellschaft ohne die Auswirkungen der geplanten grenzüberschreitenden Umwandlung zu berücksichtigen (Art. 86f Abs. 2 S. 2, 125 Abs. 3 S. 2, 160f Abs. 2 S. 2 GesRRL).

Die Prüfung durch den Sachverständigen war für das Barabfindungsangebot bei grenzüberschreitenden Verschmelzungen auch schon bislang vorgesehen (§ 122i Abs. 1 S. 3, 30 Abs. 2 UmwG). Nun wird dies für alle drei Varianten der grenzüberschreitenden Umwandlung geregelt (§§ 313 Abs. 6, 327 S. 1, 340 Abs. 6 UmwG-E); die Prüfung erfolgt gemeinsam mit der Prüfung des Plans durch den Sachverständigen[27]. Die neuen Rahmenvorgaben zur Bewertung erfordern keine Änderungen im UmwG.[28]

---

25 Entsprechend den Richtlinienvorgaben („Einzelheiten") wird zudem nun ausdrücklich bestimmt, dass die „Modalitäten für die Ausübung der Rechte zum Angebot einer Barabfindung" in den Verschmelzungsplan aufgenommen werden müssen.

26 *J. Schmidt* ZEuP 2020, 565, 580.

27 Näher zur Prüfung des Plans durch den Sachverständigen *J. Schmidt* NZG 2022, 635, 638.

28 Näher *J. Schmidt* NZG 2022, 635, 638.

5. Zeitpunkt und Modalitäten des Austritts

a) Vorgaben der GesRRL

Die neuen Regelungen für grenzüberschreitende Umwandlungen in der GesRRL beruhen auf dem Konzept, dass die Gesellschafter, die das Barabfindungsangebot angenommen haben, nie Gesellschafter der aus der grenzüberschreitenden Umwandlung hervorgehenden Gesellschaft(en) werden. In Art. 131 Abs. 1 lit. b GesRRL heißt es für die grenzüberschreitende Verschmelzung durch Aufnahme ausdrücklich: „Die Gesellschafter der übertragenden Gesellschaft werden Gesellschafter der übernehmenden Gesellschaft, *es sei denn, sie haben ihre Anteile nach Artikel 126a Absatz 1 veräußert.*"[29] Parallel formulieren dies auch Art. 131 Abs. 2 lit. b GesRRL für die grenzüberschreitende Verschmelzung durch Neugründung, Art. 160r Abs. 1 lit. b, Abs. 2 lit. b GesRRL für die grenzüberschreitende Auf- bzw. Abspaltung und Art. 86r lit. b GesRRL für den grenzüberschreitenden Formwechsel. Die Gesellschafter, die das Barabfindungsangebot angenommen haben, scheiden also im Zeitpunkt des Wirksamwerdens der grenzüberschreitenden Umwandlung *ipso iure* aus.

Nicht ausdrücklich geregelt ist, was mit den Anteilen der austretenden Gesellschafter im Zeitpunkt des Wirksamwerdens der grenzüberschreitenden Umwandlung geschieht. Sie können jedenfalls nicht einfach untergehen, denn dann würde der entsprechende Teil des Grundkapitals fehlen und bei grenzüberschreitenden Verschmelzungen und Formwechseln würde das im Plan festgelegte Umtauschverhältnis nicht mehr passen. Nach dem Gesamtkonzept der GesRRL ist vielmehr davon auszugehen, dass die betreffenden Anteile im Zeitpunkt des Wirksamwerdens der grenzüberschreitenden Umwandlung von der aus der grenzüberschreitenden Umwandlung hervorgehenden Gesellschaft[30] als eigene Anteile erworben werden. Dies steht im Einklang damit, dass die aus der grenzüberschreitenden Umwandlung hervorgehende Gesellschaft die Barabfindung zahlen muss (vgl. Art. 86i Abs. 3, 126a Abs. 3, 160i Abs. 3 GesRRL). Auf der Basis

---

29 Hervorhebung hinzugefügt.

30 Bei der grenzüberschreitenden Verschmelzung zur Aufnahme also von der übernehmenden Gesellschaft, bei der grenzüberschreitenden Verschmelzung zur Neugründung von der neuen Gesellschaft, beim grenzüberschreitenden Formwechsel von der formgewechselten Gesellschaft.

Bei der grenzüberschreitenden Spaltung werden die Anteile von derjenigen Gesellschaft erworben, deren Gesellschafter der Austretende nach dem Spaltungsplan hätte werden sollen; hätte er im Falle einer Aufspaltung nach dem Spaltungsplan Gesellschafter mehrere Gesellschaften werden sollen, erwerben diese Gesellschaften die Anteile entsprechend dem im Spaltungsplan festgelegten Verhältnis.

dieses Konzepts gibt es auch keine Probleme mit dem Grundkapital und dem Umtauschverhältnis. Der Erwerb eigener Anteile ist in dieser Konstellation nach Art. 61 Abs. 1 lit. d GesRRL (gesetzliche Verpflichtung zum Schutz der Minderheitsaktionäre) auch bei AG zulässig.

Dieses Konzept des Ausscheidens *ipso iure* im Zeitpunkt des Wirksamwerdens der grenzüberschreitenden Umwandlung trägt der Ratio des Austrittsrechts gegen Barabfindung optimal Rechnung: Die Gesellschafter sollen nicht gezwungen werden, Gesellschafter einer Gesellschaft zu werden, die einer anderen Rechtsordnung unterliegt[31] – nach diesem Modell werden sie es auch nie![32]

b) Umsetzung durch den UmRUG-RegE

Entsprechend den Vorgaben der GesRRL bestimmt der UmRUG-RegE für alle drei Varianten der grenzüberschreitenden Umwandlung explizit, dass die Anteilsinhaber, die das Barabfindungsangebot angenommen haben, nicht Anteilsinhaber der aus der grenzüberschreitenden Umwandlung hervorgehenden Gesellschaft(en) werden (§§ 313 Abs. 4, 327 S. 1, 340 Abs. 4 UmwG-E).

Zudem wird das Barabfindungsangebot *ex lege* unter die aufschiebende Bedingung des Wirksamwerdens der grenzüberschreitenden Umwandlung gestellt (§§ 313 Abs. 1 S. 2, 327 S. 1, 340 Abs. 1 S. 2 UmwG-E).[33] Damit wird ergänzend sichergestellt, dass keine Pflicht zur Anteilsübertragung (und Barabfindung) besteht, wenn die grenzüberschreitende Umwandlung – aus welchen Gründen auch immer – scheitern sollte.[34]

6. Zahlung der Barabfindung

a) Vorgaben der GesRRL

Hinsichtlich der Frist für die Zahlung der Barabfindung lässt die GesRRL den Mitgliedstaaten zwar etwas Spielraum; die Frist darf aber nicht später als zwei Monate nach dem Wirksamwerden der grenzüberschreitenden Umwandlung ablaufen (Art. 86i Abs. 3 S. 2, 126a Abs. 3 S. 2, 160i Abs. 3 S. 2 GesRRL).

---

31 Vgl. die Nachweise in Fn. 19.

32 *J. Schmidt* NZG 2022, 579, 582.

33 Die Annahme kann jedoch schon vor Bedingungseintritt erfolgen, vgl. BGH NJW 2016, 2173 Rn. 26.

34 BegrRegE UmRUG, BR-Drs. 371/22, S. 110.

b) Umsetzung durch den UmRUG-RegE

Der UmRUG-RegE hat sich entschieden, die Maximalfrist von zwei Monaten nicht auszuschöpfen, sondern eine Frist von nur zwei Wochen zu bestimmen (§§ 313 Abs. 5 S. 1, 327 S. 1, 340 Abs. 5 S. 1 UmwG-E). Diese Frist sollte einerseits für die betreffende Gesellschaft ausreichend sein, um die Zahlung zu veranlassen, hält aber andererseits den Zeitraum zwischen Verlust der Anteile und der Zahlung der Barabfindung relativ kurz.[35]

Außerdem trägt der UmRUG-RegE auch dem Umstand Rechnung, dass die Gesellschafter nach dem Konzept der GesRRL – anders als nach der deutschen *lex lata* – quasi „vorleistungspflichtig" sind, weil sie ihre Anteile bereits mit Wirksamwerden der grenzüberschreitenden Umwandlung verlieren, die Barabfindung aber erst binnen zwei Wochen danach zahlbar ist.[36] Der UmRUG-RegE sieht deshalb vor, dass die Vorschriften über den Anspruch der Gläubiger auf Sicherheitsleistung entsprechend[37] auch für die austretenden Gesellschafter gelten (§§ 313 Abs. 5 S. 2, 327 S. 1, 340 Abs. 5 S. 2 UmwG-E). Diese können also innerhalb von drei Monaten nach Bekanntmachung des Plans oder seines Entwurfs eine angemessene Sicherheit beantragen (§ 314, 328, 341 Abs. 1 UmwG-E). Zudem darf die Vorabbescheinigung nicht erteilt werden, bevor diese Frist abgelaufen ist und – falls ein Antrag gestellt wurde – dieser entweder rechtskräftig abgelehnt oder die in der gerichtlichen Entscheidung festgestellte Sicherheit geleistet wurde (§§ 316 Abs. 2, 329 S. 1, 343 Abs. 2 UmwG-E). Obgleich nicht ausdrücklich auch auf §§ 307 Abs. 2 Nr. 14, 322 Abs. 2, 335 Abs. 2 Nr. 8 UmwG-E verwiesen wird, spricht nichts dagegen, dass die Gesellschaft auch den austretenden Gesellschaftern bereits im Plan eine angemessene Sicherheit anbietet, um solchen Anträgen zuvorzukommen.[38]

---

35 BegrRegE UmRUG, BR-Drs. 371/22, S. 112.

36 BegrRegE UmRUG, BR-Drs. 371/22, S. 112.

37 Die Gläubigerschutzvorschriften der §§ 314, 328, 341 Abs. 1 UmwG-E mussten für entsprechend anwendbar erklärt werden, weil sie in ihrem unmittelbaren Anwendungsbereich nur für Gläubiger gelten, deren Forderungen vor Bekanntmachung des Plans entstanden sind. Vgl. BegrRegE UmRUG, BR-Drs. 371/22, S. 112.

38 Art. 86d S. 2, 122 S. 2, 160d S. 2 GesRRL und §§ 307 Abs. 2, 322 Abs. 2, 335 Abs. 2 UmwG-E legen ausdrücklich nur den Mindestinhalt des Plans fest.

7. Annahme des Barabfindungsangebots

a) Vorgaben der GesRRL

Im Kommissionsentwurf zur UmwRL fanden sich noch ausdrückliche Vorgaben zur Annahme[39] des Barabfindungsangebots.[40] Im Verlauf der Beratungen im Rat[41] wurden diese Regelungen jedoch gestrichen; stattdessen statuiert die verabschiedete Fassung nun Vorgaben für eine „Erklärung" der Gesellschafter über ihre „Entscheidung [...], das Recht auf Veräußerung ihrer Anteile auszuüben"[42] (Art. 86i Abs. 2 S. 1, 126a Abs. 2 S. 1, 160i Abs. 2 S. 1 GesRRL). Die Mitgliedstaaten müssen für diese Erklärung eine Frist von maximal einem Monat nach der Gesellschafterversammlung, die über die Zustimmung zum Plan entscheidet, festlegen (Art. 86i Abs. 2 S. 1–2, 126a Abs. 2 S. 1–2, 160i Abs. 2 S. 1–2 GesRRL). Zudem müssen sie sicherstellen, dass die betreffende Ausgangsgesellschaft eine elektronische Adresse für den Eingang dieser Erklärung in elektronischer Form zur Verfügung stellt (Art. 86i Abs. 2 S. 3, 126a Abs. 2 S. 3, 160i Abs. 2 S. 3 GesRRL). Nach ErwG 19 S. 1 UmwRL soll es diese Erklärung den Gesellschaften ermöglichen, die Kosten im Zusammenhang mit der grenzüberschreitenden Umwandlung einzuschätzen.

Fraglich ist, ob diese „Veräußerungserklärung" zugleich auch die Annahme des Barabfindungsangebots darstellt.[43] Dafür spricht, dass eine Differenzierung zwischen einer „Veräußerungserklärung" und einer separaten Annahme des Barabfindungsangebots konstruiert und unnötig kompliziert erscheint. Der Umstand, dass die „Veräußerungserklärung" in elektronischer Form abgegeben werden können muss (Art. 86i Abs. 2 S. 3, 126a Abs. 2 S. 3, 160i Abs. 2 S. 3 GesRRL), belegt, dass die GesRRL den Austritt möglichst unkompliziert und einfach gestalten können wollte. In der „Veräußerungserklärung" zugleich die Annahme des Barabfindungsangebots zu sehen, steht auch nicht im Widerspruch zu ErwG 19 S. 1 GesRRL. Im Gegenteil: Wenn die „Veräußerungserklärung" nicht nur eine bloße Mitteilung der Veräußerungsabsicht, sondern die Annahme des Angebots

---

39 Englisch: acceptance; Französisch: acceptation.

40 COM(2018) 241, Art. 86j Abs. 3 UAbs. 1 S. 2-3, 126a Abs. 3 UAbs. 1 S. 2-3, 160l Abs. 3 UAbs. 1 S. 2-3 GesRRL-E.

41 Dazu *J. Schmidt* FS Krieger, 2020, S. 809, 813.

42 Englisch: „decision to exercise the right to dispose of their shares"; französisch: „décision d'exercer leur droit de céder leurs actions".

43 Dagegen etwa *Bungert* FS Krieger, 2020, S. 109, 128; Kindler/Lieder/*Kühnle*, Corporate Law, Art. 86i CLD para. 20; *Luy* GmbHR 2019, 1105, 1109; *M. Noack* ZGR 2020, 90, 106 ff.; *Stelmaszczyk* DK 2021, 48, 52 f.

ist, weiß die Gesellschaft mit Fristablauf bereits genau, wie hoch der Liquiditätsabfluss aufgrund der Zahlung der Barabfindung sein wird.

Gegen die Annahme, dass die „Veräußerungserklärung" zugleich die Annahme des Barabfindungsangebots ist, könnte allerdings sprechen, dass die GesRRL – anders als der Kommissionsentwurf – eben gerade nicht mehr den Begriff Annahme verwendet. Zudem wird in den Erwägungsgründen betont, dass speziell die „Veräußerungserklärung" die nach nationalem Recht festgelegten Formerfordernisse unberührt lassen soll (ErwG 19 S. 3 UmwRL) und dass die Richtlinie generell „weder nationale Vorschriften über die Gültigkeit von Verträgen für den Verkauf und die Übertragung von Anteilen an Gesellschaften noch spezielle Anforderungen an die Form des Rechtsgeschäfts berühren" soll (ErwG 18 S. 4 UmwRL) sowie, dass die Mitgliedstaaten z. B. eine notarielle Beurkundung oder Beglaubigung vorschreiben können (ErwG 18 S. 5 UmwRL). Diese Erwägungsgründe wurden auf Initiative der deutschen und österreichischen Delegation hin mit Blick auf das im deutschen und österreichischen Recht bestehende Erfordernis der notariellen Beurkundung sowohl für die Übertragung von GmbH-Geschäftsanteilen als auch für die Verpflichtung hierzu[44] eingefügt. Wäre die – elektronisch abgebbare – „Veräußerungserklärung" zugleich auch die Annahme des Barabfindungsangebots, könnte dies nämlich möglicherweise zu einem Konflikt mit dem Beurkundungserfordernis führen (dazu noch III.7.b)aa).

Letztlich handelt es sich bei der Ersetzung der „Annahme" durch die nun im Richtlinientext verankerte „Veräußerungserklärung" wohl um einen Kompromiss, der den Mitgliedstaaten insoweit Spielraum im Hinblick auf die konkrete Ausgestaltung lassen sollte. Sie müssen in ihrem nationalen Recht jedenfalls eine solche elektronisch abgebbare „Veräußerungserklärung" mit einer Frist von maximal einem Monat nach der Gesellschafterversammlung vorsehen, damit die Gesellschaft den Liquiditätsabfluss spätestens zu diesem Zeitpunkt zuverlässig einschätzen kann. Ob sie die „Veräußerungserklärung" zugleich auch als Erklärung der Annahme des Barabfindungsangebots ausgestalten oder eine separate Annahmeerklärung vorsehen, steht ihnen jedoch frei.[45] Die Annahme muss nach dem Konzept der GesRRL aber auf jeden Fall vor Wirksamwerden der grenzüberschreitenden Umwandlung erfolgen (s. o. III.5.a)).

---

44 Deutsches Recht: § 15 Abs. 3 und Abs. 4 GmbHG, österreichisches Recht: § 76 Abs. 2 GmbHG.

45 In diesem Sinne wohl auch Kindler/Lieder/*Bader/Börner*, European Corporate Law, 2021, Art. 160i CLD para. 10.

b) Umsetzung durch den UmRUG-RegE

aa) Vorfrage: Beurkundungserfordernis bei GmbH

Im Kontext der Umsetzung ins deutsche Recht stellt sich zunächst die grundlegende Vorfrage, ob die Annahme des Barabfindungsangebots bei einer deutschen GmbH als Ausgangsgesellschaft tatsächlich nach § 15 Abs. 4 GmbHG der notariellen Beurkundung bedarf.

(1) Rechtslage bei nationalen Umwandlungen

In Bezug auf nationale Umwandlungen wird in der Literatur verbreitet vertreten, dass die Annahme des Barabfindungsangebots nach § 15 Abs. 4 GmbHG der notariellen Beurkundung bedürfe, weil sie die Verpflichtung zur Übertragung des Geschäftsanteils begründe.[46]

Es gibt allerdings auch zahlreiche Stimmen, die dies auch für nationale Umwandlungen mit guten Gründen ablehnen und die Annahmeerklärung für formfrei halten.[47]

Erstens fehlt es an der für § 15 Abs. 4 S. 1 GmbHG erforderlichen Unmittelbarkeit[48]: Kerninhalt der Barabfindungsvereinbarung ist das Ausscheiden des Gesellschafters gegen Barabfindung; die Übertragung des Geschäftsanteils lässt sich insofern als bloße Ausscheidensmodalität begreifen.

Zweitens ist der primäre Schutzzweck des § 15 Abs. 4 S. 1 GmbHG nicht einschlägig. Die Gefahr eines schnellen, spekulativen Handels mit GmbH-Geschäftsanteilen, die § 15 Abs. 4 S. 1 GmbHG verhindern soll[49], besteht im Falle des

---

46 NK-UmwG/*Burg*, 2. Aufl. 2019, § 31 Rn. 1; Lutter/*Grunewald*, UmwG, 6. Aufl. 2019, § 31 Rn. 3; MHdB GesR VIII/*Kogge*, 5. Aufl. 2018, § 13 Rn. 371; MHdB GesR VIII/*Larisch*, 5. Aufl. 2018, § 27 Rn. 263; *Luy* GmbHR 2019, 1105 (1108); Henssler/Strohn/*Müller*, 5. Aufl. 2021, § 31 UmwG Rn. 2; BeckOGK/*Rieder* § 31 UmwG Rn. 3; KK-UmwG/*Simon*, 2009, § 31 Rn. 3; *Stelmaszczyk* DK 2021, 48, 52f.; Widmann/Mayer/*Wälzholz* § 31 UmwG Rn. 3, § 209 UmwG Rn. 5.

47 Lutter/*Hoger*, UmwG, 6. Aufl. 2019, § 209 Rn. 5; Semler/Stengel/Leonard/*Kalss*, UmwG, 5. Aufl. 2021, § 31 Rn. 5, § 209 Rn. 4; Limmer/*Limmer*, HdB Unternehmensumwandlung, 6. Aufl. 2019, Rn. 613; Kallmeyer/*Marsch-Barner/Oppenhoff*, UmwG, 7. Aufl. 2020, § 31 Rn. 4; Kallmeyer/*Meister/Klöckner/Berger*, UmwG, 7. Aufl. 2020, § 209 Rn. 4; Maulbetsch/Klumpp/Rose/*Rebel*, UmwG, 2. Aufl. 2017, § 209 Rn. 3; *J. Schmidt* NZG 2022, 579, 582; BeckOGK UmwG/*Simons* § 209 Rn. 16.1; Maulbetsch/Klumpp/Rose/*Stockburger*, UmwG, 2. Aufl. 2017, § 31 Rn. 13; Schmitt/Hörtnagl/*Winter*, UmwG, 9. Aufl. 2020, § 31 Rn. 4, § 209 Rn. 3.

48 Schmitt/Hörtnagl/*Winter*, UmwG, 9. Aufl. 2020, § 31 Rn. 4; *J. Schmidt* NZG 2022, 579, 582.

49 Entwurf eines Gesetzes betreffend die Gesellschaften mit beschränkter Haftung nebst Begründungen und Anlagen, 1891, S. 38; BegrRegE MoMiG, BT-Drs. 16/6140, S. 30; BGH NZG 2008, 377 Rn. 9; BGH NZG 2017, 476 Rn. 19; Lutter/Hommelhoff/*Bayer*, GmbHG, 20. Aufl. 2020, § 15 Rn. 1 m.w.N.

Barabfindungsangebots im Kontext einer Umwandlung gerade nicht.[50] § 15 Abs. 4 GmbHG dient hingegen nicht dem Schutz des Veräußerers oder des Erwerbers vor übereilten Entscheidungen.[51] Allein der Gedanke des Schutzes der Minderheitsgesellschafter vor einer übereilten und unzureichend informierten Entscheidung zur Annahme des Barabfindungsangebots könnte indes ein Formerfordernis für die Annahmeerklärung rechtfertigen.

Drittens sind die Gesellschafter – speziell vor der Gefahr einer unzureichend informierten Entscheidung – durch das spezielle umwandlungsrechtliche Schutzinstrumentarium umfassend geschützt.[52] Zum einen gewährleistet es einen „Schutz durch Information" mittels der umfassenden Informationspflichten in Verschmelzungs-/Spaltungsvertrag bzw. Formwechselbeschluss, Bericht der Vertretungsorgane und Prüfungsbericht des Sachverständigen. Die Minderheitsgesellschafter verfügen dadurch über umfassende Informationen sowohl über die Umwandlung insgesamt als auch speziell über die Barabfindung, wenn sie die Annahme des Barabfindungsangebots erklären. Zum anderen wird durch die Möglichkeit, eine als zu niedrig erachtete Barabfindung im Spruchverfahren überprüfen zu lassen (§§ 34, 125 S. 1, 212 UmwG), gewährleistet, dass die Annahme des Angebots für die Minderheitsgesellschafter weniger risikobehaftet ist, weil sie wissen, dass sie zumindest im Spruchverfahren sicherstellen können, dass sie eine angemessene Abfindung erhalten.

Die überzeugenderen Argumente sprechen folglich dafür, dass die Annahme des Barabfindungsangebots bei nationalen Umwandlungen – auch bei der GmbH – formfrei ist.

---

50 *J. Schmidt* NZG 2022, 579, 582.

51 So ausdrücklich: BGH NJW 1996, 3338, 3339; auch in späteren Entscheidung nennt der BGH den Schutz von Erwerber und Veräußerer gerade nicht als Zweck von § 15 Abs. 4 GmbHG, vgl. BGH NZG 2008, 377 Rn. 9; BGH NZG 2017, 476 Rn. 19.

Aus der Literatur: Lutter/Hommelhoff/*Bayer*, GmbHG, 20. Aufl. 2020, § 15 Rn. 1; *Lieder/Villegas* GmbHR 2018, 169, 171; Habersack/Casper/Löbbe/*Löbbe*, GmbHG, 3. Aufl. 2019, § 15 Rn. 43; *Loritz* DNotZ 2000, 990, 94 f.; Scholz/*Seibt*, GmbHG, 12. Aufl. 2018, ff., § 15 Rn. 7; MüKoGmbHG/*Reichert/Weller*, 4. Aufl. 2022, § 15 GmbHG Rn. 18, 79; Henssler/Strohn/*Verse*, 5. Aufl. 2021, § 15 GmbHG Rn. 39.

Für einen Schutz vor Übereilung und durch Beratung jedoch *Altmeppen*, GmbHG, 10. Aufl. 2021, § 15 Rn. 66; Noack/Servatius/Haas/*Servatius*, 23. Aufl. 2022, § 15 Rn. 21; *Wicke*, GmbHG, 4. Aufl. 2020, § 15 Rn. 12.

52 *J. Schmidt* NZG 2022, 579, 582.

Aber: Die anschließende Übertragung des GmbH-Geschäftsanteils an die Gesellschaft – Zug-um-Zug gegen Zahlung der Barabfindung – bedarf bei nationalen Umwandlungen nach § 15 Abs. 3 GmbHG der notariellen Beurkundung.[53]

(2) Rechtslage bei grenzüberschreitenden Umwandlungen

Selbst wenn man die Annahme des Barabfindungsangebots bei nationalen Umwandlungen für nach § 15 Abs. 4 GmbHG beurkundungsbedürftig hält, lässt sich dies nicht schlicht *mutatis mutandis* auf grenzüberschreitende Umwandlungen auf der Basis der GesRRL übertragen. Hier findet nämlich – anders als bei nationalen Umwandlung – gar keine rechtsgeschäftliche Übertragung der Anteile statt. Vielmehr scheiden die Gesellschafter, die das Barabfindungsangebot angenommen haben, mit Wirksamwerden der grenzüberschreitenden Umwandlung *ipso iure* aus (vgl. §§ 313 Abs. 4, 327 S. 1, 340 Abs. 4 UmwG-E).[54] Damit fehlt es an der Grundvoraussetzung für das Eingreifen des § 15 Abs. 4 GmbHG, der Verpflichtung zu einer rechtsgeschäftlichen Übertragung eines GmbH-Geschäftsanteils.[55]

(3) Position des UmRUG-RegE

Der UmRUG-RegE verficht allerdings die Position, dass es aus Gründen der Beweiserleichterung, der Richtigkeitsgewähr hinsichtlich der Beteiligungsverhältnisse und des Schutzes der Anleger vor einer übereilten und unberatenen Entscheidung gleichwohl einer notariellen Beurkundung der Annahme nach § 15 Abs. 4 GmbHG bedürfe.[56]

Obgleich mit dem DiRUG[57] und dem DiREG[58] zwischenzeitlich die Möglichkeit einer Online-Beurkundung – für die Gründung einer GmbH sowie bestimmte weitere Beurkundungsgegenstände – geschaffen wurde (§ 2 Abs. 3 GmbHG i.V.m. §§ 16a-16e BeurkG), hielt man es auch nicht für angezeigt, eine solche zumindest auch für den Sonderfall der Annahme des Barabfindungsangebots zuzulassen, weil man insoweit nicht vorgreifen wollte.

---

53 Unstreitig; s. nur: Lutter/*Grunewald*, UmwG, 6. Aufl. 2019, § 31 Rn. 9; Semler/Stengel/Leonard/*Kalss*, UmwG, 5. Aufl. 2021, § 29 Rn. 32; Kallmeyer/*Marsch-Barner/Oppenhoff*, UmwG, 7. Aufl. 2020, § 29 Rn. 24; Widmann/Mayer/*Wälzholz* § 29 UmwG Rn. 56.

54 Vgl. dazu bereits oben III.5.

55 *J. Schmidt* NZG 2022, 579, 582 f.

56 BegrRegE UmRUG, BR-Drs. 371/22, S. 112.

57 Gesetz zur Umsetzung der Digitalisierungsrichtlinie (DiRUG) v. 5.7.2021, BGBl. I, 3338.

58 Gesetz zur Ergänzung der Regelungen zur Umsetzung der Digitalisierungsrichtlinie und zur Änderung weiterer Vorschriften v. 15.7.2022, BGBl. I, 1146.

bb) UmRUG-RegE: „Aufspaltung" in Mitteilung und Annahme

Der UmRUG-RegE hat sich stattdessen für eine „Aufspaltungslösung" entschieden, um die Richtlinienvorgaben und Postulat der notariellen Beurkundung in Einklang zu bringen: Bei grenzüberschreitenden Umwandlungen gibt es künftig:

a) eine (stets formfreie) Mitteilung über die Annahmeabsicht (§§ 313 Abs. 2, 327 S. 1, 340 Abs. 2 UmwG-E) und
b) die eigentliche Annahme, die bei einer GmbH als Ausgangsgesellschaft der notariellen Beurkundung bedarf (§§ 313 Abs. 3, 327 S. 1, 340 Abs. 3 UmwG-E).

(1) Mitteilung

Die Mitteilung über die Annahmeabsicht ist dabei die „Veräußerungserklärung" i.S.v. Art. 86i Abs. 2 S. 1, 126a Abs. 2 S. 1, 160i Abs. 2 S. 1 GesRRL.[59] Sie muss spätestens einen Monat nach dem Zustimmungsbeschluss zur grenzüberschreitenden Umwandlung erfolgen (§§ 313 Abs. 2, 327 S. 1, 340 Abs. 2 UmwG-E). Im Plan oder seinem Entwurf ist eine Postanschrift sowie eine elektronische Adresse anzugeben, an welche die Mitteilung wahlweise übermittelt werden kann (§§ 313 Abs. 1 S. 3, 327 S. 1, 340 Abs. 1 S. 3 UmwG-E).[60] Die Mitteilung begründet keine Verpflichtung zur Annahme des Angebots.[61] Ihr Zweck ist vielmehr, der Gesellschaft eine Schätzung des maximalen Liquiditätsbedarfs zu ermöglichen.[62] Nach der Konzeption des UmRUG-RegE ist sie zudem rechtliche Voraussetzung für die verbindliche Annahme[63] : Nur Gesellschafter, die rechtzeitig ihre Annahmeabsicht mitgeteilt haben, können das Barabfindungsangebot annehmen (§§ 313 Abs. 3 S. 2, 327 S. 1, 340 Abs. 3 S. 2 UmwG-E).

---

59 BegrRegE UmRUG, BR-Drs. 371/22, S. 111.

60 Art. 86i Abs. 2 S. 3, 126a Abs. 2 S. 3, 160i Abs. 2 S. 3 GesRRL würden zwar eine elektronische Adresse genügen lassen. Es erscheint jedoch zweckmäßig, den Anteilsinhabern die Möglichkeit zu geben, die Annahmeerklärung auch per Post zu übermitteln. Die GesRRL dürfte nicht so zu verstehen sein, dass die Mitteilung ausschließlich in elektronischer Form erfolgen kann; vielmehr soll den Anteilsinhabern nur die Möglichkeit eröffnet werden, die Mitteilung auch in elektronischer Form abzugeben. Vgl. *J. Schmidt* NZG 2022, 579, 583.

61 BegrRegE UmRUG, BR-Drs. 371/22, S. 111; *J. Schmidt* NZG 2022, 579, 583.

62 Vgl. ErwG 19 S. 2 UmwRL; BegrRegE UmRUG, BR-Drs. 371/22, S. 111; *J. Schmidt* NZG 2022, 579, 583.

63 BegrRegE UmRUG, BR-Drs. 371/22, S. 111; *J. Schmidt* NZG 2022, 579, 583.

(2) Annahme

Für die eigentliche Annahme[64] haben die Gesellschafter dann noch einen Monat länger Zeit: sie muss spätestens zwei Monate nach dem Zustimmungsbeschluss erfolgen (§§ 313 Abs. 3 S. 1, 327 S. 1, 340 Abs. 3 S. 1 UmwG-E). Sie kann ebenfalls an die im Plan anzugebende Postanschrift und elektronische Adresse übermittelt werden (§§ 313 Abs. 1 S. 3, 327 S. 1, 340 Abs. 1 S. 3 UmwG-E).

Die Frist von zwei Monaten wurde bewusst gewählt, um einerseits den Gesellschaftern noch etwas mehr Zeit für ihre Entscheidung einzuräumen, andererseits aber das Verfahren nicht zu verzögern.[65] Die Vorabbescheinigung kann nach §§ 316 Abs. 2 S. 1, 329 S. 1, 343 Abs. 2 S. 1 UmwG-E ohnehin frühestens zwei Monate nach dem Zustimmungsbeschluss erteilt werden, weil die Frist für die Gläubiger zur Beantragung von Sicherheiten frühestens dann abläuft; diese beträgt nämlich drei Monate ab Bekanntmachung des Plans (§§ 314 Abs. 3, 328, 341 Abs. 1 UmwG-E) und der Plan ist spätestens einen Monat vor der Versammlung, die über die Zustimmung beschließt, bekannt zu machen (§§ 308 Abs. 1, 323, 336 UmwG-E).

Die Annahme bedarf bei GmbH der notariellen Beurkundung (vgl. §§ 313 Abs. 3 S. 4, 327 S. 1, 340 Abs. 3 S. 4 UmwG-E); bei AG, KGaA und SE ist sie formfrei.

Sofern die Annahme bereits innerhalb der Monatsfrist für die Mitteilung erklärt wird, bedarf es keiner gesonderten Mitteilung mehr (§§ 313 Abs. 3 S. 3, 327 S. 1, 340 Abs. 3 S. 3 UmwG-E). Damit ist ja der Zweck der Mitteilung erfüllt.[66] Die Anteilsinhaber haben also die Wahl: Sie können entweder gleich innerhalb eines Monats nach dem Zustimmungsbeschluss die Annahme erklären oder erst einmal nur eine Mitteilung senden und sich damit die Option offenhalten, die Annahme noch bis spätestens zwei Monate nach dem Zustimmungsbeschluss zu erklären.[67]

---

64 Obgleich das Barabfindungsangebot unter der aufschiebenden Bedingung des Wirksamwerdens der grenzüberschreitenden Umwandlung steht, kann die Annahme schon vorher erfolgen, vgl. oben bei Fn. 33.

65 BegrRegE UmRUG, BR-Drs. 371/22, S. 111; *J. Schmidt* NZG 2022, 579, 583.

66 BegrRegE UmRUG, BR-Drs. 371/22, S. 111; *J. Schmidt* NZG 2022, 579, 583.

67 *J. Schmidt* NZG 2022, 579, 583.

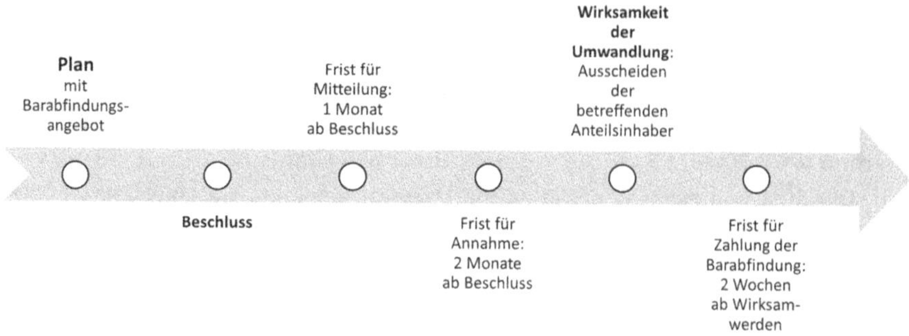

cc) Einschätzung und Desiderata *de lege ferenda*

Die „Aufspaltung" in eine Mitteilung und eine separate Annahme mag sicherlich etwas umständlich erscheinen. Ausgehend von der Prämisse, dass die Annahme bei GmbH einer notariellen Beurkundung bedarf und diese jedenfalls derzeit nicht im Wege einer Online-Beurkundung erfolgen kann, scheint die „Aufspaltungslösung" des UmRUG-RegE jedoch zumindest einstweilen als zweckmäßigste Lösung.[68] Zudem eröffnet der UmRUG-RegE den Gesellschaftern zumindest die Möglichkeit, auch die Annahme bereits innerhalb der Monatsfrist für die Mitteilung zu erklären und damit letztlich nur eine Erklärung abgeben zu müssen.[69]

De lege ferenda ist es wünschenswert, den Anwendungsbereich der Online-Beurkundung noch weiter auszudehnen als dies bislang mit dem DiRUG und dem DiREG geschehen ist, insbesondere auf die Übertragung von GmbH-Geschäftsanteilen sowie die Verpflichtung hierzu (§§ 15 Abs. 3 und Abs. 4 GmbHG).[70] Dann könnte auch die Annahme entsprechend den Vorgaben der Art. 86i Abs. 2 S. 3, 126a Abs. 2 S. 3, 160i Abs. 2 S. 3 GesRRL auch bei der GmbH in elektronischer Form erfolgen und man bräuchte die Aufspaltung in Mitteilung und Annahme nicht mehr, sondern könnte eine einheitliche Annahmefrist von einem Monat vorsehen.[71]

---

68 *J. Schmidt* NZG 2022, 579, 583; *J. Schmidt* BB 2022, 1859, 1867.

69 *J. Schmidt* NZG 2022, 579, 583.

70 *J. Schmidt* ZIP 2021, 112, 117; *J. Schmidt* NZG 2021, 849, 850; *J. Schmidt* NZG 2022, 579, 583; s. ferner auch *Drygala/Grobe* GmbHR 2020, 985, 990 f.; *Keller/Schümmer* NZG 2021, 573, 577; *Omlor/Blöcher* DStR 2021, 2352, 2357; *Teichmann* GmbHR 2021, 1237, 1245.

71 *J. Schmidt* NZG 2022, 579, 583; *J. Schmidt* BB 2022, 1859, 1867.

8. Spruchverfahren zur Überprüfung der Barabfindung

a) Vorgaben der GesRRL

Wenn die Gesellschafter die angebotene Barabfindung nicht für angemessen halten oder der Auffassung sind, dass die diesbezüglich erteilten Informationen nicht die rechtlichen Anforderungen erfüllen, können sie deswegen nicht den Umwandlungsbeschluss anfechten. Art. 86h Abs. 5, 126 Abs. 4, 160h Abs. 5 GesRRL schließen eine solche Anfechtung wegen Bewertungsmängeln und diesbezüglichen Informationsmängeln explizit aus; es kann also sinnvollerweise nicht die gesamte Umwandlung deswegen blockiert werden[72]. Stattdessen werden die Gesellschafter – nach dem Vorbild des deutschen[73] und österreichischen[74] Rechts – in ein „Spruchverfahren" verwiesen. Nach Art. 86i Abs. 4 UAbs. 1, 126a Abs. 4 UAbs. 1, 160i Abs. 4 UAbs. 1 GesRRL haben Gesellschafter, die ihre Entscheidung erklärt haben, ihr Recht auf Veräußerung ihrer Anteile auszuüben, aber der Auffassung sind, dass die angebotene Barabfindung nicht angemessen ist, das Recht innerhalb einer durch das nationale Recht zu bestimmenden Frist bei der nach nationalem Recht zuständigen Stelle eine zusätzliche Barabfindung zu beantragen. Ob die in diesem Verfahren ergehende Entscheidung *erga omnes*-Wirkung hat, bleibt allerdings leider den Mitgliedstaaten überlassen[75] (Art. 86i Abs. 4 UAbs. 2, 126a Abs. 4 UAbs. 2, 160i Abs. 4 UAbs. 2 GesRRL). Nach Art. 86i Abs. 5, 126a Abs. 5, 160i Abs. 5 GesRRL sind für Streitigkeiten im Zusammenhang mit der Barabfindung ausschließlich die Gerichte des Mitgliedstaats maßgeblich, dem die jeweilige Ausgangsgesellschaft unterliegt.

b) Umsetzung durch den UmRUG-RegE

Nachdem die Vorgaben der GesRRL insoweit auf deutschem Vorbild beruhen, konnte der UmRUG-RegE bei der Umsetzung an die bestehenden Regelungen für nationale Umwandlungen anknüpfen: §§ 313 Abs. 1 S. 4, 327 S. 1, 340 Abs. 1 S. 4 UmwG-E verweisen auf §§ 32, 210 UmwG (Anfechtungsausschluss) sowie auf §§ 34, 212 UmwG (Spruchverfahren).

---

72 *J. Schmidt* ZEuP 2020, 565, 581.
73 Vgl. §§ 32, 34, 125 S. 1, 210, 212 UmwG.
74 Vgl. § 234b Abs. 5 AktG.
75 Kritisch dazu auch *Bayer/J. Schmidt* BB 2019, 1922, 1932; *Bormann/Stelmaszczyk* ZIP 2019, 300, 309; *Habersack* ZHR 182 (2018) 495, 499; *Handelsrechtsausschuss des DAV* Stellungnahme 31/2018, 14; *J. Schmidt* ZEuP 2020, 565, 581.

Gesellschafter einer deutschen Ausgangsgesellschaft, die die angebotene Barabfindung nicht für angemessen halten, können also binnen drei Monaten nach Wirksamwerden der grenzüberschreitenden Umwandlung eine gerichtliche Nachprüfung im Spruchverfahren verlangen (§§ 313 Abs. 1 S. 4, 327 S. 1, 34 UmwG-E; §§ 340 Abs. 1 S. 4, 212 UmwG-E, § 4 Abs. 1 S. 1 Nr. 4 SpruchG-E). Da die GesRRL nun generell vorschreibt, dass die Gesellschafter eine zusätzliche Barabfindung beantragen können, ist dieses Recht – anders als bislang bei grenzüberschreitenden Verschmelzungen (vgl. Art. 127 Abs. 3 GesRRL 2017 bzw. § 122i Abs. 2 UmwG) – auch nicht davon abhängig, dass auch die anderen beteiligten Rechtsordnungen ein solches „Spruchverfahren" vorsehen oder die Anteilsinhaber der anderen beteiligten Gesellschaften zustimmen. Die Entscheidung des Gerichts im Spruchverfahren oder ein vom Gericht durch Beschluss festgestellter Vergleich haben – wie auch bei allen anderen Arten von Spruchverfahren – *erga-omnes*-Wirkung (§ 13 S. 2 SpruchG).

Eine Anfechtung des Zustimmungsbeschlusses wegen einer zu niedrigen, fehlenden oder nicht ordnungsgemäß angebotenen Barabfindung ist hingegen ausgeschlossen; Entsprechendes gilt bei diesbezüglichen Informationsmängeln[76] (§§ 313 Abs. 1 S. 4, 327 S. 1, 32 UmwG-E; §§ 340 Abs. 1 S. 4, 210 UmwG-E).

Die internationale Zuständigkeit der deutschen Gerichte ergibt sich aus §§ 2 Abs. 1, 17 Abs. 1 SpruchG-E i.V.m. § 105 FamFG.

IV. Anspruch auf Verbesserung des Umtauschverhältnisses

1. Überblick

Bei grenzüberschreitenden Verschmelzungen und Spaltungen[77] sehen Art. 126a Abs. 6 UAbs. 1, 160i Abs. 6 GesRRL außerdem ein Recht auf Verbesserung des Umtauschverhältnisses durch bare Zuzahlung vor. Nach Art. 126a Abs. 7, 160i Abs. 7 GesRRL können die Mitgliedstaaten auch vorsehen, dass statt einer baren

76 Nach ganz h.M. gelten §§ 32, 210 UmwG analog für bewertungsbezogene Informationsmängel, vgl. BGH NJW 2001, 1425; Semler/Stengel/Leonard/*Gehling*, 5. Aufl. 2021, § 32 Rn. 5; Lutter/*Hoger*, UmwG, 6. Aufl. 2019, § 210 Rn. 3f. m.w.N.

77 Für grenzüberschreitende Formwechsel sieht die GesRRL gerade keinen Anspruch auf Verbesserung des Beteiligungsverhältnisses vor. § 333 Abs. 4 UmwG-E stellt deshalb ausdrücklich klar, dass §§ 195 Abs. 2, 196 UmwG hier keine Anwendung finden. Vgl. BegrRegE UmRUG, BR-Drs. 371/22, S. 137.

Zuzahlung Anteile oder eine andere Abfindung bereitgestellt werden kann. Aus der Gesamtsystematik der GesRRL ergibt sich, dass auch für den Anspruch auf Verbesserung des Umtauschverhältnisses des Recht des Mitgliedstaats maßgeblich ist, dem die jeweilige sich verschmelzende bzw. dem die spaltende Gesellschaft unterliegt.[78]

2. Anwendungsbereich

a) Vorgaben der GesRRL

Nach Art. 126a Abs. 6 UAbs. 1 S. 1, 160i Abs. 6 GesRRL sind Gesellschafter der sich verschmelzenden Gesellschaften bzw. der sich spaltenden Gesellschaft, die über kein Recht zur Veräußerung ihrer Anteile verfügen oder dieses nicht ausgeübt haben, aber der Auffassung sind, dass das im Plan festgelegte Umtauschverhältnis nicht angemessen ist, berechtigt, das Umtauschverhältnis anzufechten und eine bare Zuzahlung zu verlangen. Hervorzuheben ist, dass die GesRRL das Recht auf bare Zuzahlung – anders als die deutsche *lex lata*[79] – nicht auf die Gesellschafter übertragender Rechtsträger beschränkt, sondern es auch bei grenzüberschreitenden Verschmelzungen den Gesellschaftern jeder sich verschmelzenden Gesellschaft (also auch einer übernehmenden Gesellschaft) einräumt.

Als Korrelat ist die Anfechtung des Zustimmungsbeschlusses wegen der Unangemessenheit des Umtauschverhältnisses und diesbezüglicher Informationsmängel ausgeschlossen (Art. 126 Abs. 4, 160 h Abs. 5 GesRRL).

b) Umsetzung durch den UmRUG-RegE

Aufgrund der Richtlinienvorgaben ist der deutsche Gesetzgeber gezwungen, die bislang bestehende Beschränkung des Nachbesserungsanspruchs auf Anteilsinhaber übertragender Rechtsträger zumindest für grenzüberschreitende Verschmelzungen aufzugeben. Eine auf grenzüberschreitende Verschmelzungen beschränkte 1:1-Umsetzung der Richtlinienvorgaben wäre indes in diesem Punkt

78 *Bayer/J. Schmidt* BB 2019, 1922, 1923; *J. Schmidt* FS Krieger, 2020, S. 841, 849; offenlassend *Stelmaszczyk* DK 2021, 48, 55.
79 Vgl. § 15 Abs. 1 S. 1, 122i Abs. 1 UmwG.

schon deshalb wenig sinnvoll, weil sie sich durch geschickte Gestaltung der Transaktion relativ einfach aushebeln ließe.[80]

> Beispiel:
> Die deutsche A-AG soll auf die deutsche B-AG verschmolzen werden. *De lege lata* haben nur die Aktionäre der A-AG einen Anspruch auf Verbesserung des Umtauschverhältnisses (§ 15 Abs. 1 S. 1 UmwG), können aber dafür den Beschluss nicht wegen eines zu niedrig bemessenen Umtauschverhältnisses anfechten (§ 14 Abs. 2 UmwG). Die Transaktionspartner müssten nur eine französische S.à.r.l. mit einem Kapital von 1 € gründen und diese mitverschmelzen, damit aus der nationalen Verschmelzung eine grenzüberschreitende würde; dann hätten auch die Aktionäre der deutschen B-AG einen Anspruch auf Verbesserung des Umtauschverhältnisses, aber kein Anfechtungsrecht wegen Bewertungsmängeln.

Der UmRUG-RegE hat die Umsetzung der GesRRL daher zum Anlass genommen, das deutsche Umwandlungsrecht über die Richtlinienvorgaben hinaus insgesamt zu reformieren: Künftig haben sowohl bei grenzüberschreitenden als auch bei nationalen Verschmelzungen und Spaltungen sowohl die Anteilsinhaber des übertragenden als auch des übernehmenden Rechtsträgers einen Anspruch auf Verbesserung des Umtauschverhältnisses; im Gegenzug sind diesbezügliche Anfechtungsklagen ausgeschlossen (§§ 14 Abs. 2, 15 Abs. 1 S. 1, 125 Abs. 1 S. 1, 305 Abs. 2, 320 Abs. 2 UmwG-E).

Mit dieser „großen Lösung“ kommt der UmRUG-RegE einer schon lange immer wieder geltend gemachten Forderung aus Wissenschaft und Praxis[81] nach.

---

80 *J. Schmidt* NZG 2022, 579, 584.

81 Vgl. bereits Beschlüsse der Abteilung Wirtschaftsrecht des 63. DJT 2000, I.12.b); Beschlüsse der Abteilung Wirtschaftsrecht des 72. DJT 2018, II.10; *Baums*, Gutachten für den 63. DJT 2000, F 120 ff.; *Bayer* ZHR 163 (1999) 505, 547 ff.; *Bayer* VGR 2 (2000) 35, 52; *Bayer* ZHR-Sonderheft 71 (2002) 137, 143 ff.; *Bayer* ZHR 172 (2008) 25, 26; Lutter/*Bayer*, UmwG, 6. Aufl. 2019, § 122 h Rn. 4; *Bayer/J. Schmidt* NJW 2006, 401, 406; *Bayer/J. Schmidt* ZIP 2010, 953, 963; *Bork* ZGR 1993, 343, 354; *Handelsrechtsausschuss des DAV* WM-Sonderbeilage 1993/2, Rn. 50; *Handelsrechtsausschuss des DAV* NZG 2006, 737; *Handelsrechtsausschuss des DAV* NZG 2007, 497, 503; *Hoffmann-Becking* ZGR 1990, 482, 484 ff.; *Hoffmann-Becking* WPg-Sonderheft 2001, 121, 126 f.; *Hüffer* ZHR 172 (2008) 8, 14 f.; Kallmeyer/*Marsch-Barner/Oppenhoff*, UmwG, 7. Aufl. 2020, § 15 Rn. 3; *Koch*, Gutachten für den 72. DJT 2018, F 65; *Löbbe*, Referat beim 72. DJT 2018, O 28 f.; *Marsch-Barner*, Referat beim 63. DJT 2000, O 59; *Reichert* ZHR-Sonderheft 71 (2002) 165, 185 ff.; *J. Vetter* ZHR 168 (2004) 8, 33 ff.; *Winter* FS Ulmer, 2003, S. 699, 708 ff.

Im Kontext des Company Law Package: *Bayer/J. Schmidt* BB 2019, 1922, 1932; *Habersack* ZHR 186 (2022) 1 (5 f.); *J. Schmidt* DK 2018, 229, 238. Die Gleichbehandlung der Anteilsinhaber übertragender und übernehmender Rechtsträger im Rahmen des Company Law Package begrüßend auch: *Bormann/Stelmaszczyk* ZIP 2019, 300, 309; *Bungert/Becker* DB 2019, 1609, 1614 f.; *Handelsrechtsausschuss des DAV* NZG 2018, 857 Rn. 79; *M. Noack* AG 2019, 665, 669; *Stelmaszczyk* ZIP 2019, 2437, 2441.

Die bislang bestehende Differenzierung zwischen Anteilsinhabern des übertragenden und des übernehmenden Rechtsträgers ist in der Sache nicht gerechtfertigt, denn je nach Einzelfall kann das Umtauschverhältnis entweder für die einen oder für die anderen nachteilig sein.[82] Beim übernehmenden Rechtsträger besteht dasselbe Bedürfnis, eine Blockade der Transaktion durch Anfechtung wegen eines unangemessenen Umtauschverhältnisses zu verhindern.[83]

3. Prozessuale Durchsetzung

a) Internationale Zuständigkeit

aa) Grenzüberschreitende Spaltung

Bei grenzüberschreitenden Spaltungen sind für die Geltendmachung des Anspruchs auf eine bare Zuzahlung die Behörden oder Stellen des Mitgliedstaats zuständig, dessen Recht die sich spaltende Gesellschaft unterliegt (Art. 160i Abs. 6 S. 2 GesRRL).[84] Dies ist sachgerecht: Damit kommt es einerseits zu einem Gleichlauf von *forum* und *ius*; anderseits ist gewährleistet, dass nur die Stellen eines Mitgliedstaats über die Angemessenheit des Umtauschverhältnisses entscheiden.[85]

Im deutschen Recht wird dies durch §§ 2 Abs. 1, 17 Abs. 1 SpruchG-E i.V.m. § 105 Abs. 1 FamFG umgesetzt.

bb) Grenzüberschreitende Verschmelzung

(1) Vorgaben der GesRRL

Problematisch ist jedoch die Regelung der internationalen Zuständigkeit im Falle der grenzüberschreitenden Verschmelzung. Im Rahmen des Legislativverfahrens war hier zunächst die ausschließliche Zuständigkeit des Mitgliedstaats, dessen Recht die aus der grenzüberschreitenden Verschmelzung hervorgehende Gesellschafter unterliegt, vorgesehen gewesen.[86] Damit hätte man eine angemessene

---

82 So nun auch ausdrücklich BegrRegE UmRUG, BR-Drs. 371/22, S. 80; s. ferner auch *J. Schmidt* NZG 2022, 579, 584; *J. Schmidt NZG 2022, 579, 584; J. Schmidt* FS Krieger, 2020, S. 841, 847 m.w.N.

83 Vgl. bereits *Handelsrechtsausschuss des DAV*, WM-Sonderbeilage 1993/2, Rn. 50 sowie nun auch BegrRegE UmRUG, BR-Drs. 371/22, S. 80; *J. Schmidt* NZG 2022, 579, 584.

84 Es handelt sich insoweit um eine *lex specialis* zu Art. 24 Nr. 2 Brüssel Ia-VO (*J. Schmidt* FS Krieger, 2020, S. 841, 489; ebenso i.E. auch *M. Noack/Habrich* AG 2019, 908, 913).

85 *J. Schmidt* FS Krieger, 2020, S. 841, 850.

86 ST 15678/2018, Art. 126a Abs. 10 GesRRL-E. Dazu auch *J. Schmidt* FS Krieger, 2020, S. 841, 849.

und praktikable Lösung mit einer Verfahrenskonzentration in einem sachgerechten Forum gehabt.[87]

In der letztlich verabschiedeten Fassung[88] ist nun jedoch eine ausschließliche Zuständigkeit der Behörden oder Stellen des Mitgliedstaats, dessen Recht die jeweilige sich verschmelzende Gesellschaft unterliegt, vorgesehen (Art. 126a Abs. 6 UAbs. 1 S. 2 GesRRL).[89] Diese Lösung hat zwar den unbestreitbaren Vorteil, dass auch insoweit ein Gleichlauf zwischen *forum* und *ius* besteht.[90] Allerdings beschwört der europäische Gesetzgeber damit unweigerlich die Gefahr sich widersprechender Entscheidungen herauf.[91] Theoretisch kann es zwar nur ein angemessenes Umtauschverhältnis geben. Nach dem nun in der GesRRL verankerten System entscheidet aber die Stelle des Mitgliedstaats A, ob das Umtauschverhältnis nach dem Recht von A angemessen war, und die Stelle des Mitgliedstaats B, ob das Umtauschverhältnis nach dem Recht von B angemessen war. Dass die beiden Stellen hierbei nicht immer zum selben Ergebnis kommen werden, ist quasi vorprogrammiert (wobei die eigentliche Wurzel des Problems freilich nicht allein in der nun verankerten Zuständigkeitsregelung, sondern vielmehr schon in der versäumten Harmonisierung der Unternehmensbewertung liegt).[92]

Die GesRRL sieht allerdings bedauerlicherweise keinerlei spezielle Mechanismen vor, um mit dieser Problematik umzugehen. Art. 29 Brüssel Ia-VO[93] greift schon mangels Parteiidentität nicht ein.[94] Art. 30 Brüssel Ia-VO passt zwar tatbestandsmäßig, hilft aber nicht wirklich weiter: Denn er begründet gerade keine Aussetzungspflicht, sondern stellt die Aussetzung in das Ermessen des später angerufenen Gerichts.[95] Darüber hinaus werden dadurch sogar noch Anreize zum *forum shopping* geschaffen.[96] Die im Schrifttum vorgeschlagene Lösung über eine

---

87 *J. Schmidt* FS Krieger, 2020, S. 841, 849.

88 Zur Genese *J. Schmidt* FS Krieger, 2020, S. 841, 849.

89 Es handelt sich insoweit um eine *lex specialis* zu Art. 24 Nr. 2 Brüssel Ia-VO (*J. Schmidt* FS Krieger, 2020, S. 841, 489; ebenso i.E. auch *M. Noack/Habrich* AG 2019, 908, 913).

90 *J. Schmidt* FS Krieger, 2020, S. 841, 850; *J. Schmidt* FS Heidel, 2021, S. 353, 367.

91 *M. Noack/Habrich* AG 2019, 908, 910 ff.; *J. Schmidt* FS Krieger, 2020, S. 841, 850; *J. Schmidt* FS Heidel, 2021, S. 353, 367 f.

92 *J. Schmidt* FS Krieger, 2020, S. 841, 850.

93 VO (EU) Nr. 1215/2012 des EP und des Rates v. 12.12.2012 über die gerichtliche Zuständigkeit und die Anerkennung und Vollstreckung von Entscheidungen in Zivil- und Handelssachen, ABlEU v. 20.12.2012, L 351/1; zuletzt geändert durch Delegierte VO (EU) 2015/281 der Kommission v. 26.11.2014, ABlEU v. 25.2.2015, L 54/1.

94 *M. Noack/Habrich* AG 2019, 908 (913 f.); *J. Schmidt* FS Krieger, 2020, S. 841 (850); *J. Schmidt* NZG 2022, 579, 585.

95 *M. Noack/Habrich* AG 2019, 908, 913 f.; *J. Schmidt* FS Krieger, 2020, S. 841, 850; *J. Schmidt* NZG 2022, 579, 585.

96 *M. Noack/Habrich* AG 2019, 908, 914; *J. Schmidt* FS Krieger, 2020, S. 841, 850.

Gerichtsstandsvereinbarung im Verschmelzungsplan[97] hat zwar ganz erheblichen Charme, steht und fällt aber mit der Frage, ob der Charakter des Art. 126a Abs. 6 UAbs. 1 S. 2 GesRRL als prinzipiell ausschließlichem Zuständigkeitstatbestand eine Prorogation überhaupt zulässt.[98] Wenn Art. 25 Abs. 4 Brüssel Ia-VO eine solche im Falle einer ausschließlichen Zuständigkeit nach der *lex generalis* des Art. 24 Nr. 2 Brüssel Ia-VO gerade verbietet, müsste dies an sich konsequenterweise auch für die *lex specialis* des Art. 126a Abs. 6 UAbs. 1 S. 2 GesRRL gelten.[99] Allerdings wäre zu erwägen, hiervon im Wege einer teleologischen Reduktion zumindest dann eine Ausnahme zu machen, wenn die internationale Zuständigkeit der Behörden/Stellen des Mitgliedstaats der aus der Verschmelzung hervorgehenden Gesellschaft vereinbart wird, denn in diesem Fall wird das – auch dem Art. 24 Brüssel Ia-VO zugrunde liegende[100] – Ziel einer Zuständigkeitskonzentration und der Verhinderung widersprechender Entscheidungen gerade erreicht.[101] Ob dies auch der EuGH so sehen wird, ist freilich mit einem Fragezeichen zu versehen.

Wenn man schon eine derart „gespaltene" Zuständigkeit in der GesRRL verankert, hätte sinnvollerweise zumindest ein institutioneller Rahmen zur Koordinierung der verschiedenen Gerichtsentscheidungen geschaffen werden sollen. Zumindest hätte man – wie etwa in Art. 42, 58 EuInsVO 2015[102] – eine Pflicht der Gerichte bzw. nationalen Stellen zur Kooperation regeln sollen. Allerdings sprechen gute Gründe dafür, dass sich eine solche Kooperationspflicht bereits aus dem *effet utile* des Unionsrechts ableiten lässt.[103]

(2) Umsetzung durch den UmRUG-RegE

Die Zuständigkeit der deutschen Gerichte für das Spruchverfahren betreffend die Geltendmachung des Nachbesserungsanspruchs durch die Gesellschafter einer deutschen sich verschmelzenden Gesellschaft ergibt sich aus §§ 2 Abs. 1, 17 Abs. 1 SpruchG-E i.V.m. § 105 FamFG.

---

97 *J. Schmidt* FS Krieger, 2020, S. 841, 850; ausf. *M. Noack/Habrich* AG 2019, 908, 914 ff.; s. ferner auch *Bungert/Reidt* DB 2022, 1369, 1373.

98 *J. Schmidt* FS Krieger, 2020, S. 841, 850.

99 *J. Schmidt* FS Krieger, 2020, S. 841, 850.

100 Siehe nur Rauscher/*Mankowski*, 5. Aufl. 2021, Art. 24 Brüssel Ia-VO Rn. 3 m.w.N.

101 *M. Noack/Habrich* AG 2019, 908, 917; *J. Schmidt* FS Krieger, 2020, S. 841, 850.

102 VO (EU) 2015/848 des EP und des Rates v. 20.5.2015 über Insolvenzverfahren, ABlEU v. 5.6.2015, L 141/19; zuletzt geändert durch VO (EU) 2021/2260 des EP und des Rates v. 15.12.2021 zur Änderung der Verordnung (EU) 2015/848 über Insolvenzverfahren im Hinblick auf die Ersetzung der Anhänge A und B, ABlEU v. 20.12.2021, L 455/4.

103 *J. Schmidt* NZG 2022, 579, 585.

Im Interesse der Rechtssicherheit und der Förderung einer grenzüberschreitenden Kooperation zwischen den zuständigen Stellen wird in § 6c Abs. 2 S. 1 SpruchG-E ausdrücklich klargestellt, dass die deutschen Gerichte mit den zuständigen Stellen der anderen Mitgliedstaaten zusammenarbeiten dürfen und sollen. Eine derartige Regelung findet sich für grenzüberschreitende Insolvenzverfahren bereits in § 348 Abs. 2 InsO.[104] Weiterhin wird ausdrücklich klargestellt, dass eine solche Kooperation insbesondere darin bestehen kann, Informationen mit den zuständigen ausländischen Stellen auszutauschen (§ 6c Abs. 2 S. 2 Nr. 1 SpruchG-E) und/oder dieselbe Person zum Sachverständigen zu ernennen wie in dem ausländischen Verfahren (§ 6c Abs. 2 S. 2 Nr. 2 SpruchG-E). Zumindest dann, wenn die ausländische Stelle ebenfalls kooperationswillig ist, lässt sich so ggf. zumindest auf der praktischen prozessualen Ebene eine Koordination erreichen, um widersprechende Entscheidungen möglichst zu verhindern. Vorbild ist auch insoweit das internationale Insolvenzrecht: Art. 57 Abs. 3 S. 2 lit. a EuInsVO 2015 ermöglicht bei Konzerninsolvenzen ausdrücklich eine Koordinierung der Gerichte bei der Bestellung von Verwaltern und ErwG 50 S. 2 EuInsVO 2015 sieht explizit vor, dass die Gerichte auch dieselbe Person als Verwalter für die Insolvenzverfahren über verschiedene Mitglieder einer Unternehmensgruppe bestellen können.

Ferner wird in § 6c Abs. 1 SpruchG-E auch die Möglichkeit zur Bestellung eines gemeinsamen Vertreters für die Anteilsinhaber der ausländischen Gesellschaft(en) beibehalten, damit deren Interessen im deutschen Verfahren berücksichtigt werden.

b) Ausgestaltung des Verfahrens

aa) Vorgaben der GesRRL

Die Frist für die Einleitung des Verfahrens zur Geltendmachung des Anspruchs auf bare Zuzahlung wird von den Mitgliedstaten festgelegt (Art. 126a Abs. 6 UAbs. 1 S. 2, 160i Abs. 6 S. 2 GesRRL). Zudem bestimmt die GesRRL explizit, dass die Einleitung eines solchen Verfahrens der Eintragung der grenzüberschreitenden Verschmelzung oder Spaltung nicht entgegensteht und dass die Entscheidung für die aus der grenzüberschreitenden Verschmelzung oder Spaltung hervorgehende Gesellschaft bindend ist (Art. 126a Abs. 6 UAbs. 1 S. 2-3, 160i Abs. 6 S. 2-3 GesRRL). Die GesRRL eröffnet den Mitgliedstaaten ferner die Möglichkeit, eine *erga-omnes-*

104 Dieser enthält allerdings nur eine Ermächtigung. Ausf. dazu Jaeger/*J. Schmidt*, InsO, 2020, § 348 Rn. 23 ff. m.w.N.

Wirkung für alle Gesellschafter der betreffenden Gesellschaft vorzusehen; ausdrücklich allerdings nur für grenzüberschreitende Verschmelzungen (Art. 126a Abs. 6 UAbs. 2 GesRRL), nicht hingegen für grenzüberschreitende Spaltungen. Diese Divergenz dürfte indes ein Redaktionsfehler sein.[105] Es ist davon auszugehen, dass die Mitgliedstaaten – schon wegen des Charakters als bloße Mindestharmonisierung – auch bei grenzüberschreitenden Spaltungen eine *erga-omnes*-Wirkung vorsehen können.[106]

bb) Umsetzung durch den UmRUG-RegE

Der UmRUG-RegE hält auch hinsichtlich der prozessualen Durchsetzung des Nachbesserungsanspruch am bewährten Verfahren fest. Die angemessene Zuzahlung wird auf Antrag durch das Gericht nach den Vorschriften des SpruchG bestimmt (§§ 305 Abs. 2, 320 Abs. 2, 125 Abs. 1 S. 1, 15 Abs. 1 S. 2 UmwG-E); der Antrag ist binnen drei Monaten nach Wirksamwerden der grenzüberschreitenden Umwandlung zu stellen (§ 4 Abs. 1 S. 1 Nr. 4 SpruchG-E). Die gerichtliche Entscheidung hat *erga-omnes*-Wirkung (§ 13 S. 2 SpruchG).

4. Option der Gewährung zusätzlicher Anteile

a) Vorgaben der GesRRL

Nach Art. 126a Abs. 7 und Art. 160i Abs. 7 GesRRL können die Mitgliedstaaten vorsehen[107], dass die nachbesserungspflichtige Gesellschaft[108] anstelle einer baren Zuzahlung Anteile oder eine andere Abfindung bereitstellen kann.

Die Gewährung zusätzlicher Anteile hat den Vorteil, dass den nachbesserungspflichtigen Gesellschaften damit unter Liquiditätsaspekten mehr Flexibilität

---

105 *Bayer/J. Schmidt* BB 2019, 1922, 1932; *Bungert* FS Krieger, 2020, S. 109, 129; *J. Schmidt* FS Krieger, 2020, S. 841, 848.

106 *Bayer/J. Schmidt* BB 2019, 1922, 1932; *Bungert* FS Krieger, 2020, S. 109, 129; *J. Schmidt* FS Krieger, 2020, S. 841, 848; *Stelmaszczyk* DK 2021, 48, 55.

107 Im ursprünglichen Kommissionsentwurf (COM(2018) 241) war noch vorgesehen gewesen, dass das nationale Gericht befugt sein muss, auf Antrag eines nachbesserungsberechtigten Gesellschafters oder der beteiligten Gesellschaften anzuordnen, dass statt einer baren Zuzahlung zusätzlich Anteile bereitgestellt werden (Art. 126a Abs. 9 S. 3 GesRRL-E). Zur Normgenese *J. Schmidt* FS Krieger, 2020, S. 841, 848.

108 Bei der grenzüberschreitenden Verschmelzung die aufnehmende bzw. neue Gesellschaft; bei der grenzüberschreitenden Spaltung die betreffende begünstigte Gesellschaft und im Falle der Abspaltung auch die sich spaltende Gesellschaft.

gewährt wird; wenn statt einer baren Zuzahlung Anteile gewährt werden, kommt es nicht zu einem Abfluss liquider Mittel.[109] Für die Anteilsinhaber bedeutet die Gewährung zusätzlicher Anteile, dass sie am Ende genau das erhalten, was sie eigentlich ursprünglich hätten bekommen sollen: die „richtige“ Anzahl von Anteilen am übernehmenden bzw. neuen Rechtsträger.[110]

In Deutschland fordern Praxis und Wissenschaft bereits seit Langem nachdrücklich, dass anstelle einer baren Zuzahlung zusätzliche Anteile gewährt werden können.[111] Ein solches Modell ist zudem aus rechtsvergleichender Perspektive kein Novum: In Österreich wurde bereits 1996[112] eine Regelung eingefügt, wonach die übernehmende Gesellschaft im Spruchverfahren beantragen kann, „sie zu ermächtigen, an Stelle von baren Zuzahlungen zusätzliche Aktien zu leisten“ (§ 225e Abs. 3 S. 2 öAktG).

Art. 126a Abs. 7, 160i Abs. 7 GesRRL gestatten allerdings nicht nur die Gewährung zusätzlicher Anteile, sondern auch eine „andere Abfindung“ („other compensation“). Was genau mit diesem – erst in der letzten Phase des Legislativverfahrens ergänzten[113] – Begriff gemeint ist, wird nicht näher spezifiziert. Rein vom Wortlaut her könnten darunter alle Arten von Vermögenswerten fallen. So könnte z. B. ein Automobilhersteller einem Minderheitsgesellschafter statt einer baren Zuzahlung i.H.v. 10.000 Euro einen Kleinwagen geben. Dies wäre zwar

---

109 Vgl. BegrRegE UmRUG, BR-Drs. 371/22, S. 84; s. ferner *Bungert* FS Krieger, 2020, S. 109, 129; *Bungert/Becker* DB 2019, 1609 (1614 f.); *Bungert/Reidt* DB 2022, 311, 316; *Papadopoulos* ECFR 2021, 980, 999; *J. Schmidt* FS Heidel, 2021, S. 353, 367; *J. Schmidt* NZG 2022, 579, 584; *Stelmaszczyk* ZIP 2019, 2437, 2442; *Stelmaszczyk* DK 2021, 48, 54.

110 Vgl. BegrRegE UmRUG, BR-Drs. 371/22, S. 84; *Bungert* FS Krieger, 2020, S. 109, 129; *Bungert/Reidt* DB 2022, 1369, 1374; *Hommelhoff* NZG 2022, 683, 684; *J. Schmidt* FS Heidel, 2021, S. 353, 367; *J. Schmidt* NZG 2022, 579, 584; sowie etwa bereits *Bayer* ZHR 172 (2008) 25 (38).

111 Vgl. *Bayer* ZHR 172 (2008) 24 ff.; Lutter/*Bayer*, UmwG, 6. Aufl. 2019, § 122 h Rn. 4; *Bayer/J. Schmidt* NJW 2006, 401, 406; *Bayer/J. Schmidt* ZIP 2010, 953, 963; Lutter/*Decher*, UmwG, 6. Aufl. 2019, § 15 Rn. 10; Semler/Stengel/Leonard/*Gehling*, UmwG, 5. Aufl. 2021, Rn. 26; *Handelsrechtsausschuss des DAV*, WM-Sonderbeilage 1993/2, Rn. 50; *Handelsrechtsausschuss des DAV* NZG 2004, 75, 76; *Handelsrechtsausschuss des DAV* NZG 2004, 957; *Handelsrechtsausschuss des DAV* NZG 2006, 737, 738; *Handelsrechtsausschuss des DAV* NZG 2007, 497, 503 ff.; *Handelsrechtsausschuss des DAV* Stellungnahme 35/2013, S. 13; *Handelsrechtsausschuss des DAV* Stellungnahme 34/2014, S. 9; *Hoffmann-Becking* WPg-Sonderheft 2001, 121, 124; *Hoffmann-Becking* AnwBl. 2007, 570 f.; *Löbbe*, Referat beim 72. DJT 2018, O 29; *Maier-Reimer* ZHR 164 (2000) 563, 587; *Marsch-Barner*, Referat beim 63. DJT 2000, O 59; *J. Vetter* ZHR 168 (2004) 8, 42 ff.; *J. Vetter* AG 2006, 613, 625.

Im Kontext des Company Law Package: *Bayer/J. Schmidt* BB 2019, 1922, 1932; *Habersack* ZHR 186 (2022) 1, 5 f.; *J. Schmidt* DK 2018, 228, 238.

112 Eingeführt durch das EU-Gesellschaftsrechtsänderungsgesetz – EU-GesRÄG, BGBl. Nr. 304/1996.

113 Erstmals in ST 5380/1/19 REV 1.

vielleicht für den Automobilhersteller praktisch, nicht aber unbedingt für den Minderheitsgesellschafter (sofern dieser nicht gerade zufälligerweise einen Kleinwagen brauchen kann) – denn er müsste den Kleinwagen erst wieder (ggf. umständlich und mit Verlust) – veräußern. Eher als „andere Abfindung" geeignet wären wohl Edelmetalle oder übertragbare Wertpapiere i.S.v. Art. 4 Abs. 1 Nr. 44 MiFID II[114] oder Geldmarktinstrumente i.S.v. Art. 4 Abs. 1 Nr. 17 MiFID II, die zum Handel an einem geregelten Markt i.S.v. Art. 4 Abs. 1 Nr. 21 MiFID II zugelassen sind. Bei solchen Vermögenswerten, die einen Kurs bzw. Marktpreis haben, ließe sich der Wert relativ einfach feststellen und die Minderheitsgesellschafter könnten sie relativ einfach wieder am Markt veräußern.

Nachdem es sich bei Art. 126a Abs. 7, 160i Abs. 7 GesRRL jedoch nur um eine Mitgliedstaatenoption handelt, steht es den Mitgliedstaaten frei, ob sie hiervon ganz oder auch nur teilweise Gebrauch machen. Sie können also z. B. anstelle einer baren Zuzahlung nur die Gewährung zusätzlicher Anteile und/oder bestimmter Arten einer „anderen Abfindung" zulassen; zudem können sie dies auch auf bestimmte Rechtsformen begrenzen.

Wenn und soweit der Mitgliedstaat die Gewährung zusätzlicher Anteile oder einer anderen Abfindung gestattet, entscheidet nach dem klaren Wortlaut von Art. 126a Abs. 7, 160i Abs. 7 GesRRL – anders als noch nach dem Kommissionsentwurf[115] – ausschließlich die Gesellschaft, ob sie von dieser Möglichkeit Gebrauch macht.[116] Die GesRRL macht allerdings keinerlei Vorgaben hinsichtlich des Zeitpunkts und der Modalitäten der Ausübung des Ersetzungsrechts; dies bleibt den Mitgliedstaaten überlassen.

b) Umsetzung durch den UmRUG-RegE

aa) Option der Gewährung zusätzlicher Aktien

Der UmRUG-RegE macht von der Mitgliedstaatenoption der Art. 126a Abs. 7, 160i Abs. 7 GesRRL nur partiell Gebrauch: Er lässt ausschließlich die Gewährung zusätzlicher Aktien durch AG, KGaA und SE zu. Für andere Rechtsträger – insbesondere GmbH – wird aufgrund ihrer personalistischen Prägung kein vergleich-

114 RL 2014/65/EU des EP und des Rates v. 15. 5. 2014 über Märkte für Finanzinstrumente sowie zur Änderung der RL 2002/92/EG und 2011/61/EU (Neufassung), ABlEU v. 12. 6. 2014, L 173/349, zuletzt geändert durch VO (EU) 2022/858 des EP und des Rates v. 30.5.2022 über eine Pilotregelung für auf Distributed-Ledger-Technologie basierende Marktinfrastrukturen und zur Änderung der VO (EU) Nr. 600/2014 und (EU) Nr. 909/2014 sowie der RL 2014/65/EU, ABlEU v. 2.6.2022, L 151/1.

115 Siehe Fn. 107.

116 Abw. *Papadopoulos* ECFR 2021, 980, 999.

barer praktischer Bedarf gesehen.[117] Ebenso sieht man auch für die Möglichkeit der Gewährung einer „anderen Abfindung" kein Bedürfnis.

Allerdings beschränkt der UmRUG-RegE die Möglichkeit der Gewährung zusätzlicher Aktien nicht auf grenzüberschreitende Verschmelzungen und Spaltungen, sondern setzt dies überschießend auch für nationale Verschmelzungen, Spaltungen und Formwechsel um (§§ 72a, 72b, 142a, 248a i.V.m. § 10a SpruchG-E, ggf. i.V.m. § 305 Abs. 2 UmwG-E bzw. §§ 320 Abs. 2, 125 Abs. 1 S. 1 UmwG-E). Ebenso wie in Bezug auf den Anwendungsbereich des Nachbesserungsanspruchs wäre eine auf grenzüberschreitende Verschmelzungen und Spaltungen beschränkte Umsetzung in der Tat auch hier wenig sinnvoll, weil sie sich durch geschickte Gestaltung der Transaktion relativ einfach aushebeln ließe.[118]

bb) Bestimmung des Nennwerts bzw. der Zahl der zusätzlich zu gewährenden Aktien

(1) Denkbare Methoden

Für die Ermittlung des Nennwerts oder der Zahl der zu gewährenden Anteile kommen grundsätzlich zwei Methoden in Betracht:[119]

a) *Herstellung des „richtigen" Umtauschverhältnisses in natura:* Jeder Berechtigte erhält so viele zusätzliche Anteile, dass er am Ende insgesamt so viele Anteile erhalten hat, wie es dem im Spruchverfahren festgestellten „richtigen" Umtauschverhältnis entspricht.
b) *Ausgleich der Wertdifferenz in Anteilen:* Die auf der Basis des „richtigen" Umtauschverhältnisses berechnete bare Zuzahlung wird in Anteile entsprechend dem Wert der Anteile im Zeitpunkt der Entscheidung im Spruchverfahren umgerechnet.

Je nachdem, ob der Wert der Anteile im Zeitpunkt zwischen dem Bewertungsstichtag und der gerichtlichen Entscheidung im Spruchverfahren gestiegen oder gefallen ist, kann für die Minderheitsgesellschafter bzw. die Gesellschaft die eine oder andere Methode günstiger sein.

---

117 BegrRegE UmRUG, BR-Drs. 371/22, S. 85.

118 Vgl. oben IV.2.b).

119 Vgl. *Block*, Das angemessene Umtauschverhältnis im Verschmelzungsrecht, 2011, S. 156 ff.; *Handelsrechtsausschuss des DAV* NZG 2007, 497, 501; *J. Vetter* ZHR 168 (2004) 8, 48 f.

Beispiel: Die A-AG wird auf die B-AG verschmolzen. Als Umtauschverhältnis wird festgelegt, dass jeder Aktionär der A-AG für eine A-Aktie 10 B-Aktien erhält. Zum Bewertungsstichtag hatte eine B-Aktie einen Wert von 100 €. Im Spruchverfahren wird festgestellt, dass für eine A-Aktie eigentlich 11 B-Aktien zu gewähren gewesen wären. Pro A-Aktie besteht also ein Anspruch auf bare Zuzahlung in Höhe von 100 € (Wert einer B-Aktie zum Bewertungsstichtag). Die nachstehende Tabelle zeigt die Ergebnisse der Methoden (i) und (ii) zur Berechnung zusätzlich zu gewährender Aktien bei verschiedenen Wertentwicklungen.

<table>
<tr><td colspan="2" rowspan="2">ursprüngliches Umtauschverhältnis:
1 A-Aktie = 10 B-Aktien
„richtiges“ Umtauschverhältnis:
1 A-Aktie = 11 B-Aktien
Wert einer B-Aktie
zum Bewertungsstichtag: 100 €</td><td colspan="3">Wert einer B-Aktie
im Zeitpunkt der gerichtlichen Entscheidung</td></tr>
<tr><td>50 €</td><td>100 €</td><td>200 €</td></tr>
<tr><td rowspan="2">Zahl der zusätzlich zu gewährenden B-Aktien</td><td>Methode (i):
Herstellung des „richtigen“ Umtauschverhältnisses in natura</td><td>1
(Wert: 50 €)</td><td>1
(Wert: 100 €)</td><td>1
(Wert: 200 €)</td></tr>
<tr><td>Methode (ii):
Ausgleich der Wertdifferenz in Anteilen</td><td>2
(Wert: 100 €)</td><td>1
(Wert: 100 €)</td><td>0,5
(Wert: 100 €)</td></tr>
</table>

(2) Vor- und Nachteile der Methode (i) – Herstellung des ursprünglichen „richtigen“ Umtauschverhältnisses

Bei Methode (i) – Herstellung des ursprünglichen „richtigen“ Umtauschverhältnisses – bekommen die Anteilsinhaber am Ende genau das, was sie ursprünglich hätten bekommen sollen.[120] Zudem nehmen sie automatisch an etwaigen Wertgewinnen teil.[121] Weiterhin hat diese Methode den Vorteil, dass der Wert der Anteile im Zeitpunkt der Entscheidung im Spruchverfahren nicht festgestellt werden muss.

Andererseits nehmen die Anteilsinhaber bei Methode (i) aber auch automatisch an allen Wertverlusten im gesamten Zeitraum zwischen Bewertungsstichtag und Entscheidung im Spruchverfahren teil, ohne dass sie die Möglichkeit hätten, die Anteile zwischenzeitlich zu veräußern.[122] Da die Beteiligungsquoten quasi rückwirkend korrigiert werden, müssen zudem zwischenzeitliche Dividenden

---

120 *Bayer* ZHR 172 (2008) 25, 38.

121 *Block*, Das angemessene Umtauschverhältnis im Verschmelzungsrecht, 2011, S. 160.

122 *Block*, Das angemessene Umtauschverhältnis im Verschmelzungsrecht, 2011, S. 160.

ausgeglichen werden[123] und es muss berücksichtigt werden, dass die Anteilsinhaber auch nicht die Möglichkeit hatten, bei zwischenzeitlichen Kapitalerhöhungen ein Bezugsrecht auszuüben.[124] Weitere Probleme ergeben sich, wenn in der Zwischenzeit beim ausgleichspflichtigen Rechtsträger weitere Umwandlungen stattgefunden haben.[125]

(3) Vor- und Nachteile der Methode (ii) – Ausgleich der Wertdifferenz in Anteilen

Für Methode (ii) – Ausgleich der Wertdifferenz in Anteilen – spricht zunächst, dass die Anteilsinhaber genau den Wert erhalten, den sie auch im Falle einer baren Zuzahlung erhalten hätten; man könnte argumentieren, dass dies im Hinblick darauf, dass die zusätzliche Anteilsgewährung an die Stelle der baren Zuzahlung tritt und im Spruchverfahren nur noch das Vermögensinteresse geschützt wird, auch nur konsequent ist.[126] Vorteil dieser Methode ist zudem, dass zwischenzeitliche weitere Umwandlungen und Kapitalerhöhungen nicht zu Problemen führen.[127] Ebenso entfällt der komplexe Ausgleich von etwaigen Dividendenzahlungen, Bezugsrechten etc.[128] Zumindest bei börsennotierten AG lässt sich anhand des gewichteten Durchschnittsbörsenkurses in der Regel auch relativ leicht ermitteln, wie viele zusätzliche Anteile zu gewähren sind (analog § 31 WpÜG, §§ 5, 6 WpÜGAV bzw. § 33a Abs. 1 Nr. 1 AktG, § 39 Abs. 3 BörsG).[129]

Allerdings kommt ein Abstellen auf den Börsenkurs ausnahmsweise nicht in Betracht, wenn der Börsenkurs sich nicht auf einem funktionierenden Kapitalmarkt gebildet hat und deshalb keine verlässliche Aussage über den Verkehrswert der Aktie ermöglicht (Bsp.: Marktenge, Marktmanipulation).[130] Insoweit kann es sich einerseits um rein externe Geschehnisse handeln. Es ist aber auch nicht auszuschließen, dass interessierte Kreise im Vorfeld der gerichtlichen Entschei-

---

123 *Handelsrechtsausschuss des DAV* NZG 2007, 497, 501; *J. Vetter* ZHR 168 (2004) 8, 48.

124 *Handelsrechtsausschuss des DAV* NZG 2007, 497, 501; *J. Vetter* ZHR 168 (2004) 8, 48.

125 *Handelsrechtsausschuss des DAV* NZG 2007, 497, 501; *Maier-Reimer* ZHR 164 (2000) 563, 580; *J. Vetter* ZHR 168 (2004) 8, 48.

126 Vgl. *Winter* Liber Amicorum Happ, 2006, S. 363, 381.

127 *J. Vetter* ZHR 168 (2004) 8, 49.

128 *J. Vetter* ZHR 168 (2004) 8, 49.

129 *Handelsrechtsausschuss des DAV* NZG 2007, 497, 502; *J. Vetter* ZHR 168 (2004) 8, 49; s. ferner auch *Winter* Liber Amicorum Happ, 2006, S. 363, 381.

130 Vgl. BVerfG NZG 2012, 907 Rn. 19 (Deutsche Hypothekenbank); BVerfG NZG 2016, 461 Rn. 23 (Nestlé). Zum Ganzen auch *J. Schmidt* NZG 2020, 1361, 1367 m.w.N.

dung im Spruchverfahren versucht sein könnten, den Kurs durch gezielte Aktienkäufe bzw. -verkäufe nach oben oder unten zu beeinflussen.[131]

In allen Fällen, in denen ein Abstellen auf den Börsenkurs ausnahmsweise ausgeschlossen ist sowie bei allen nicht börsennotierten Gesellschaften ist dann aber eine erneute Unternehmensbewertung bezogen auf den Zeitpunkt der Entscheidung im Spruchverfahren erforderlich – die wiederum zeit- und kostenträchtig ist und ggf. neue Streitigkeiten produzieren kann.

(4) Verhältnis der Methoden zueinander

Weiterhin stellt sich die Frage, ob das Gesetz überhaupt bestimmen sollte, ob Methode (i) oder Methode (ii) anzuwenden ist. Man könnte es auch in das Ermessen des Gerichts stellen, welche Methode im konkreten Fall angemessen erscheint.[132] Dann müsste das Gericht aber letztlich wohl beide Varianten durchrechnen, was erheblichen Aufwand bedeuten würde; zudem würden dadurch für alle Beteiligten auch große Unsicherheiten entstehen.

Denkbar wäre weiterhin, bei börsennotierten Gesellschaften Methode (ii) anzuwenden und bei allen anderen Rechtsträgern Methode (i).[133] Dies würde jedoch zu erheblichen Ungleichbehandlungen führen; zudem bleiben die dargestellten Probleme von Methode (i).

Schließlich wäre es auch denkbar – analog § 31 WpÜG, §§ 3 ff. WpÜGAV – eine Art „Meistbegünstigungssystem“ vorzusehen: Wenn der Wert der Anteile seit dem Bewertungsstichtag gestiegen ist, gilt Methode (i); in allen anderen Fällen gilt Methode (ii). Dies würde aber ebenfalls erfordern, dass jedes Mal beide Varianten durchgerechnet werden müssen; zudem bleiben die dargestellten Probleme von Methode (i).

(5) Gestaltung im UmRUG-RegE

Der UmRUG-RegE hat sich mit Blick auf die dargestellten Vor- und Nachteile der beiden Methoden für die Methode (i) entschieden: Nach § 10a Abs. 1 Nr. 1 lit. a SpruchG-E bestimmt das Gericht im Spruchverfahren den zusätzlich zu gewährenden Nennbetrag oder bei Stückaktien die Zahl der zusätzlich zu gewährenden Aktien unter Zugrundelegung des angemessenen Umtauschverhältnisses. Jeder Aktionär erhält also so viele zusätzliche Aktien, dass er am Ende insgesamt so

131 *Bayer* ZHR 172 (2008) 25, 39.

132 Dafür *J. Vetter* ZHR 168 (2004) 8, 49.

133 Dafür *Handelsrechtsausschuss des DAV* SN 35/13, Anhang Rn. 38.

viele Aktien erhalten hat, wie es dem im Spruchverfahren festgestellten „richtigen" Umtauschverhältnis entspricht.[134]

In der Konsequenz muss der UmRUG-RegE auch Regelungen zur Berücksichtigung zwischenzeitlicher Dividendenzahlungen, Kapitalmaßnahmen und Umwandlungsmaßnahmen treffen.

Für entgangene Gewinne oder einen entgangenen Ausgleich nach § 304 AktG ist den Aktionären zusätzlich eine Entschädigung in Geld zu leisten (§ 72a Abs. 5 UmwG-E). Im Falle zwischenzeitlicher Kapitalerhöhungen aus Gesellschaftsmitteln oder Kapitalherabsetzungen ohne Rückzahlung von Teilen des Grundkapitals ist dies bei der Gewährung zusätzlicher Aktien zu berücksichtigen (§ 72a Abs. 2 S. 1 UmwG-E). Im Falle zwischenzeitlicher Kapitalerhöhungen gegen Einlage sind den Aktionären nachträglich entsprechende Bezugsrechte einzuräumen; diese müssen dann innerhalb eines Monats nach Rechtskraft der Entscheidung im Spruchverfahren ausgeübt werden (§ 72a Abs. 2 S. 2–3 UmwG-E). Aktionären, die anlässlich einer strukturverändernden Maßnahme aus der Gesellschaft ausgeschieden sind, ist Entschädigung in Geld unter Berücksichtigung der von der Gesellschaft zu gewährenden Abfindung zu leisten (§ 72a Abs. 4 UmwG-E).

Sofern die zunächst nachbesserungspflichtige Gesellschaft Umwandlungsmaßnahmen vornimmt, differenziert der UmRUG-RegE konsequenterweise: Wenn und soweit Zielrechtsträger eine Rechtsform ist, die grundsätzlich in der Lage ist, zusätzliche Aktien zu gewähren (AG, KGaA, SE), so geht die Pflicht zur Gewährung zusätzlicher Aktien im Wege der umwandlungsrechtlichen Gesamtrechtsnachfolge auf diesen Zielrechtsträger über (vgl. § 72a Abs. 1 S. 2 UmwG-E). Wenn und soweit Zielrechtsträger hingegen eine Rechtsform ist, bei der die Gewährung zusätzlicher Aktien unmöglich ist (z. B. GmbH, Genossenschaft, Personengesellschaft), so ist anstelle zusätzlicher Aktien ein Ausgleich durch bare Zuzahlung zu gewähren (§ 72 Abs. 3 Nr. 2 UmwG-E). Der Anspruch auf Gewährung zusätzlicher Aktien wandelt sich in diesem Fall also (ganz oder teilweise) wieder in einen Anspruch auf Ausgleich durch bare Zuzahlung um. Für den Fall einer nachfolgenden Spaltung bestimmt § 142a UmwG-E, dass die Ansprüche auf Gewährung zusätzlicher Aktien zwingend derjenigen Gesellschaft zugeordnet werden, der auch die insoweit anspruchsberechtigten Aktionäre angehören sollen.[135]

Die Begründung zu § 72a UmwG-E bezieht sich zwar ausdrücklich nur auf deutsche Rechtsformen. Im Falle grenzüberschreitender Umwandlungen gilt diese Differenzierung jedoch *mutatis mutandis* auch bei ausländischen Rechtsformen als Zielrechtsträger. Die Pflicht zur Gewährung zusätzlicher Anteile geht

---

134 Vgl. auch BegrRegE UmRUG, BR-Drs. 371/22, S. 152.
135 Dazu BegrRegE UmRUG, BR-Drs. 371/22, S. 97 f.

also im Wege der Gesamtrechtsfolge z. B. auf eine französische SA über; ist Zielrechtsform hingegen eine französische S.à.r.l., wandelt sie sich in einen Anspruch auf bare Zuzahlung um.

Ferner ist eine bare Zuzahlung konsequenterweise auch insoweit zu gewähren, als ein Ausgleich von Spitzenbeträgen erforderlich ist (§ 72a Abs. 3 Nr. 1 UmwG-E).[136]

Ebenso wie der Anspruch auf bare Zuzahlung (§ 15 Abs. 2 UmwG-E) sind folgerichtig auch der Anspruch auf zusätzliche Aktien und seine Surrogate jährlich mit 5 Prozentpunkten über dem Basiszinssatz zu verzinsen (§ 72a Abs. 6 UmwG-E). Die Geltendmachung eines weiteren Schadens ist nicht ausgeschlossen (§ 72a Abs. 7 S. 1 UmwG-E).

cc) Zeitpunkt und Modalitäten der Ausübung des Ersetzungsrechts

Eine zentrale Frage ist, wann die Gesellschaft das Recht, anstelle einer baren Zuzahlung zusätzliche Aktien zu gewähren, ausüben muss.

Denkbar wäre zum einen, die Gesellschaft erst nach der gerichtlichen Entscheidung im Spruchverfahren entscheiden zu lassen (*ex post*-Modell). So hatten z. B. die Entwürfe des *Handelsrechtsausschusses des DAV* eine Frist von einem Monat nach der rechtskräftigen Entscheidung im Spruchverfahren vorgesehen.[137] Dafür spricht, dass erst mit der rechtskräftigen Entscheidung im Spruchverfahren tatsächlich feststeht, wie hoch der Liquiditätsabfluss aufgrund zusätzlicher barer Zuzahlungen tatsächlich sein würde. Die Gesellschaft könnte dann auf Basis konkreter Zahlen und unter Berücksichtigung der aktuellen wirtschaftlichen Situation entscheiden, ob sie tatsächlich von ihrem Ersetzungsrecht Gebrauch machen möchte.

Im BMJ hatte man jedoch Bedenken, dass ein solches *ex-post*-Modell zum Nachteil der anspruchsberechtigten Aktionäre gereichen könnte, weil diesen damit das Risiko der wirtschaftlichen Entwicklung zugewiesen würde.[138] Auf der Basis des vom UmRUG-RegE hinsichtlich der Berechnung angewendeten Modells (i) – der Herstellung des „richtigen" Umtauschverhältnisses in natura – ist die Gewährung zusätzlicher Aktien für die Gesellschaft in der Tat immer dann besonders attraktiv, wenn die Aktien im Zeitpunkt der Gewährung weniger wert sind als zum Bewertungsstichtag; umgekehrt erhalten die Aktionäre dann jedoch durch die Gewährung zusätzlicher Aktien einen geringeren Wert als wenn sie eine bare Zuzahlung erhalten hätten. Siehe dazu auch die Beispiele oben IV.5.b)bb)(1).

---

136 Vgl. auch BegrRegE UmRUG, BR-Drs. 371/22, S. 87.

137 *Handelsrechtsausschuss des DAV* NZG 2007, 497, 503; Stellungnahme 35/13, Anlage Rn. 56.

138 Vgl. auch BegrRegE UmRUG, BR-Drs. 371/22, S. 85.

Der UmRUG-RegE sieht daher ein *ex-ante*-Modell vor: Die Gewährung zusätzlicher Aktien ist bereits im Vertrag bzw. Plan zu erklären (§ 72a Abs. 1 S. 1 UmwG-E). Evidenter Vorteil dieser Lösung ist, dass damit für alle Seiten von Anfang an Klarheit besteht.[139] Das Risiko der wirtschaftlichen Entwicklung trägt damit nun freilich die Gesellschaft, wodurch die Option der Gewährung zusätzlicher Aktien *a priori* um einiges weniger attraktiv wird.[140]

Hervorzuheben ist in diesem Kontext das Zusammenspiel von Zeitpunkt der Ausübung des Ersetzungsrechts und Berechnungsmethode: Bei Anwendung von Methode (i) – Herstellung des „richtigen" Umtauschverhältnisses in natura – besteht das Risiko der wirtschaftlichen Entwicklung der Aktien, das seitens des Gesetzgebers entweder der Gesellschaft oder den Aktionären zugewiesen werden muss. Bei Anwendung von Methode (ii) – Wertausgleich in Anteilen – besteht dieses Risiko hingegen nicht. Bei Anwendung dieser Methode wäre ein Hinausschieben des Zeitpunkts der Ausübung des Ersetzungsrechts bis nach der Entscheidung im Spruchverfahren daher unproblematisch. Wie oben dargestellt, hat Methode (ii) jedoch auch wesentliche Nachteile. Wie man die Stellschrauben Berechnungsmethode und Ausübungszeitpunkt stellt, ist vor diesem Hintergrund letztlich eine rechtspolitische Entscheidung.

dd) Schaffung der zu gewährenden Aktien

(1) Regelungsbedarf und -kompetenz

Die von der nachbesserungspflichtigen Gesellschaft zusätzlich zu gewährenden Aktien müssen letztlich irgendwo herkommen. Die Zulassung der Gewährung zusätzlicher Aktien wirft damit automatisch die Folgefrage auf, ob die *de lege lata* bestehenden Möglichkeiten insoweit ausreichend sind.

In Bezug auf grenzüberschreitende Umwandlung ist in diesem Kontext freilich zu berücksichtigen, dass sich die Schaffung von Aktien durch die letztlich nachbesserungspflichtige Gesellschaft ausschließlich nach deren Gesellschaftsstatut richtet. Nachdem nunmehr im UmRUG-RegE verankerten Modell wird die Pflicht zur Gewährung zusätzlicher Aktien für den Fall, dass sich das Umtauschverhältnis nachträglich als unrichtig erweist, zwar bereits vor Wirksamwerden der grenzüberschreitenden Umwandlung in der Person der deutschen Ausgangsgesellschaft begründet; diese Pflicht geht dann jedoch ggf. im Wege der umwandlungsrechtlichen Gesamtrechtsnachfolge auf die letztlich nachbesserungspflichtige Gesellschaft über. Unterliegt diese indes dem Recht eines anderen Mitgliedsstaats, so ist dessen Recht maßgeblich dafür, wie die zusätzlich zu ge-

139 *J. Schmidt* NZG 2022, 579, 585.
140 *J. Schmidt* NZG 2022, 579, 585.

währenden Aktien geschaffen werden können. Der deutsche Gesetzgeber kann nur Regelungen dafür treffen, wie eine dem deutschen Recht unterliegende Gesellschaft die zusätzlich zu gewährenden Aktien schaffen kann.

(2) Grundkonzept des UmRUG-RegE

In Literatur und Praxis wurden im Kontext früherer Reformerwägungen bereits verschiedenste Wege zur Schaffung zusätzlicher Aktien erörtert.[141]

Der UmRUG-RegE verweist insoweit zum einen auf die Möglichkeit der Verwendung eigener Aktien.[142] § 72b UmwG-E trifft zudem eine spezielle Regelung zur Kapitalerhöhung gegen Sacheinlage[143], die auch im Rahmen eines genehmigten Kapitals verwendet werden kann.

Eine spezielle Regelung für eine Kapitalerhöhung aus Gesellschaftsmitteln – wie sie etwa das österreichische Recht vorsieht[144] und wie sie auch in der deutschen Diskussion schon vorgeschlagen worden war[145] – sieht der UmRUG-RegE hingegen nicht vor. Gegen eine solche waren speziell vom bilanzielle und systematische Bedenken geltend gemacht worden.[146]

Ebenso wenig wird der Weg über das bedingte Kapital geebnet. Dieser war zwar im Schrifttum ebenfalls vorgeschlagen worden[147], würde jedoch ebenfalls eine Reihe von Problemen mit sich bringen[148].

141 Siehe *Bayer* ZHR 172 (2008) 24, 33 ff.; *Handelsrechtsausschuss des DAV* WM 1993, Sonderbeilage 2, Rn. 53; *Handelsrechtsausschuss des DAV* NZG 2000, 802, 804; *Handelsrechtsausschuss des DAV* NZG 2007, 497, 500 ff.; *Handelsrechtsausschuss des DAV* SN 35/13, Anhang Rn. 11 ff.; *Meier-Reimer* ZHR 164 (2000) 563, 580 ff.; *Meier-Reimer* FS K. Schmidt, 2009, S. 1077, 1083; *Philipp* AG 1998, 264, 271; *J. Vetter* ZHR 168 (2004) 8, 42 ff.; *Winter* FS Ulmer, 2003, S. 699, 721.

142 BegrRegE UmRUG, BR-Drs. 371/22, S. 90.

143 § 72b UmwG-E gilt nach § 248a S. 1 UmwG-E entsprechend auch beim nationalen Formwechsel (nicht jedoch beim grenzüberschreitenden, denn dort gibt es keinen Nachbesserungsanspruch, s. dazu bereits oben Fn. 77).

144 § 225j Abs. 2 S. 2–5 öAktG.

145 Dafür *Bayer* ZHR 163 (1999) 505, 551; *Bayer* ZHR 172 (2008) 24, 36; Semler/Stengel/Leonard/*Gehling*, UmwG, 5. Aufl. 2021, Rn. 26; *Handelsrechtsausschuss des DAV* WM 1993, Sonderbeilage 2, Rn. 53; *Handelsrechtsausschuss des DAV* NZG 2000, 802, 803 (ablehnend jedoch dann *Handelsrechtsausschuss des DAV* NZG 2007, 497, 500; *Handelsrechtsausschuss des DAV* SN 35/13, Anhang Rn. 13 ff.); *Philipp* AG 1998, 264, 271; *Meier-Reimer* FS K. Schmidt, 2009, S. 1077, 1083; *J. Vetter* ZHR 168 (2004) 8, 42; *Winter* FS Ulmer, 2003, S. 699, 721.

146 *Handelsrechtsausschuss des DAV* NZG 2007, 497, 500; *Handelsrechtsausschuss des DAV* SN 35/13, Anhang Rn. 13 ff.; kritisch dazu *Bayer* ZHR 172 (2008) 35, 37.

147 Vgl. *Bayer* ZHR 172 (2008) 25, 41; *Hoffmann-Becking* WPg-Sonderheft 2001, 121, 124; *Meier-Reimer* ZHR 164 (2000) 563, 581 ff.

148 Dazu *J. Vetter* ZHR 172 (2008) 8, 46 f.

(3) Möglichkeiten zur Schaffung der zusätzlichen Aktien auf der Basis des UmRUG-RegE im Einzelnen

c) Nutzung vorhandener oder Erwerb weiterer eigener Aktien

Sofern die Gesellschaft bereits über ausreichend eigene Aktien verfügt, kann sie selbstverständlich diese für die Gewährung der zusätzlichen Aktien nutzen.[149]

d) Sachkapitalerhöhung

§ 72b UmwG-E ermöglicht es, die zusätzlich zu gewährenden Aktien im Wege einer Sachkapitalerhöhung zu schaffen. Die Regelung ist an Vorschläge des *Handelsrechtsausschusses des DAV*[150] angelehnt, weicht allerdings doch punktuell von diesen ab.

aa) Gegenstand der Sacheinlage

Gegenstand der Sacheinlage ist der – durch gerichtliche Entscheidung oder gerichtlich festgestellten Vergleich festgestellte – Anspruch der Aktionäre auf Gewährung zusätzlicher Aktien (§ 72b Abs. 1 S. 2 UmwG-E).[151] Der *Handelsrechtsausschuss des DAV* hatte hingegen als Sacheinlagegegenstand den Anspruch auf bare Zuzahlung vorgesehen.[152] Nach dem *ex-ante*-Modell des UmRUG-RegE[153] besteht jedoch aufgrund des Erfordernisses der Ausübung des Ersetzungsrechts im Vertrag bzw. Plan von vornherein kein Anspruch auf bare Zuzahlung, sondern nur auf Gewährung zusätzlicher Aktien. Unabhängig von dieser dogmatischen „Feinheit" bleibt jedoch der Grundgedanke: Die ausgleichsberechtigten Aktionäre haben gegen die Gesellschaft einen Anspruch auf Gewährung zusätzlicher Aktien; diese Forderung bringen sie als Sacheinlage ein und erhalten dafür die zusätzlichen Aktien. Das mag auf den ersten Blick wie ein geschickter „Taschenspieler-Trick" scheinen. Tatsächlich haben die betreffenden Aktionäre ihre Einlage eigentlich bereits dadurch geleistet, dass sie sich mit ihren Aktien an der Um-

149 BegrRegE UmRUG, BR-Drs. 371/22, S. 90.

150 *Handelsrechtsausschuss des DAV* SN 35/13, Anhang Rn. 13 ff., 43 ff.

151 Kritisch zu diesem Konzept des UmRUG-RegE *Habrich* AG 2022, 567, 573 ff.; s. ferner zum RefE auch bereits *Bungert/Reidt* DB 2022, 1369, 1375. S. ferner zum Ganzen auch *Drinhausen/Keinath* BB 2022, 1923, 1926 ff.

152 *Handelsrechtsausschuss des DAV* SN 35/13, Anhang Rn. 13 ff., 43 ff.

153 Dazu oben IV.5.b)cc).

wandlung beteiligt haben; nun erhalten sie durch die zusätzlichen Aktien dafür nachträglich die volle Vergütung.[154]

bb) Ordentliche Kapitalerhöhung oder genehmigtes Kapital

Die Sachkapitalerhöhung kann zum einen nach rechtskräftiger Beendigung des Spruchverfahrens als ordentliche Kapitalerhöhung (§§ 182ff. AktG) durchgeführt werden.[155] Alternativ kann jedoch auch bereits im Vorfeld der Umwandlung oder nach deren Wirksamwerden ein genehmigtes Kapital geschaffen werden, dass dann nach rechtskräftiger Beendigung des Spruchverfahrens ausgenutzt wird (§§ 202ff. AktG).[156] Speziell diese zweite Alternative wird für die Praxis besonders interessant sein; denn damit können schon vorab die Voraussetzungen geschaffen werden, die zusätzlichen Aktien dann zeitnah nach rechtskräftiger Beendigung des Spruchverfahrens liefern zu können.[157] Nachdem der Anspruch auf Gewährung zusätzlicher Aktien nach Ablauf von drei Monaten nach Eintritt der Rechtskraft mit 5 Prozentpunkten über dem Basiszinssatz zu verzinsen ist (§ 72a Abs. 6 S. 1 Nr. 1 UmwG-E), ist dies von erheblicher praktischer Relevanz.

cc) Besonderheiten gegenüber den allgemeinen Vorschriften

Aufgrund der Besonderheiten dieser Sachkapitalerhöhungen bedarf es einiger „technischer“ Modifikationen gegenüber den allgemeinen Regelungen. Dies betrifft zunächst die im Kapitalerhöhungsbeschluss festzusetzenden Inhalte (vgl. § 72b Abs. 2 S. 1 UmwG-E).[158] Außerdem findet der Grundsatz der Subsidiarität gegenüber der Erfüllung ausstehender Einlagepflichten aus früheren Kapitalerhöhungen (§§ 182 Abs. 4, 203 Abs. 3 AktG) keine Anwendung (§ 72 Abs. 2 S. 2 UmwG-E), weil es hier nicht um Kapitalbeschaffung, sondern um die angemessene Beteiligung der ausgleichsberechtigten Aktionäre geht.[159] Keine Anwendung finden nach § 72b Abs. 2 S. 2 UmwG-E auch die §§ 186, 187 AktG, denn ein Bezugsrecht der (übrigen) Altaktionäre würde Sinn und Zweck des gesamten Konstrukts torpedieren – die neu geschaffenen Aktien sollen ja gerade an die ausgleichsberechtigten Aktionäre gehen.[160] Unionsrechtlich ist dies zulässig: Art. 72 Abs. 1 GesRRL schreibt ein Bezugsrecht nur für Barkapitalerhöhungen vor.[161]

---

154 Vgl. *Handelsrechtsausschuss des DAV* SN 35/13, Anhang Rn. 15, 21.
155 BegrRegE UmRUG, BR-Drs. 371/22, S. 90f.
156 BegrRegE UmRUG, BR-Drs. 371/22, S. 91.
157 Vgl. bereits *Handelsrechtsausschuss des DAV* SN 35/13, Anhang Rn. 26.
158 Dazu BegrRegE UmRUG, BR-Drs. 371/22, S. 92.
159 Vgl. BegrRegE UmRUG, BR-Drs. 371/22, S. 92.
160 Vgl. BegrRegE UmRUG, BR-Drs. 371/22, S. 92.

Grundsätzlich erforderlich ist allerdings – schon wegen der unionsrechtlichen Vorgaben in Art. 49 GesRRL – die Wertprüfung durch Sachverständige (§§ 183 Abs. 3 S. 1, 205 Abs. 5 S. 1 AktG).[162] Allerdings gelten natürlich auch hier die Ausnahmen nach §§ 183a, 205 Abs. 5 S. 2 AktG (Ausübung der Mitgliedstaatenoptionen in Art. 50 Abs. 1 und Abs. 2 GesRRL).[163] Insbesondere können ggf. §§ 183a, 205 Abs. 5 S. 2 AktG i.V.m. § 33a Abs. 1 Nr. 2 AktG eingreifen, wenn im Rahmen des Spruchverfahrens ein Sachverständigengutachten eingeholt wurde, im Rahmen dessen der Umfang des Anspruchs auf Gewährung zusätzlicher Aktien ermittelt wurde.

Besonderheiten gelten jedoch wieder für die Anmeldung der Durchführung der Kapitalerhöhung: Damit das Registergericht prüfen kann, ob die Forderungen tatsächlich bestehen, sind der Anmeldung die rechtskräftige gerichtliche Entscheidung oder der gerichtlich protokollierte Vergleich beizufügen (§ 72b Abs. 4 S. 1 UmwG-E).[164]

dd) Abwicklung

Zur technischen Durchführung von Einlageleistung, Zeichnung und Erwerb der Aktien kommen verschiedene Modelle in Betracht. Der *Handelsrechtsausschuss des DAV* hatte in seinem Entwurf aus dem Jahr 2007 noch ein „Zeichnungsmodell mit Präklusionsfrist“ vorgesehen.[165] Dies erscheint jedoch für die Praxis äußerst kompliziert und die Präklusionsfrist mit der Rechtsfolge des Anspruchsverlusts unverhältnismäßig.[166] In der Literatur war stattdessen vorgeschlagen worden, dass die ausgleichsberechtigten Aktionäre die Aktien nach dem Vorbild des § 212 AktG *ex lege* erhalten sollten.[167]

Der UmRUG-RegE hat sich dagegen – entsprechend dem Vorschlag des *Handelsrechtsausschusses des DAV* aus dem Jahr 2013[168] – für ein Treuhändermodell nach dem Vorbild des § 71 UmwG entschieden. Dieses Modell hat sich im Umwandlungsrecht bewährt; damit sorgt die Regelung zugleich für systematische Kohärenz. Es ist also ein Treuhänder zu bestellen, der kraft Gesetzes dazu ermächtigt ist, im eigenen Namen die Ansprüche auf Gewährung zusätzlicher Ak-

---

161 Zur Qualifikation der Einbringung einer Forderung als Sacheinlage im Rahmen der GesRRL näher *Lutter/Bayer/J. Schmidt*, EuropUR, 6. Aufl. 2018, 19.57 m.w.N.

162 Vgl. BegrRegE UmRUG, BR-Drs. 371/22, S. 91.

163 Vgl. BegrRegE UmRUG, BR-Drs. 371/22, S. 91.

164 BegrRegE UmRUG, BR-Drs. 371/22, S. 93.

165 *Handelsrechtsausschuss des DAV* NZG 2007, 497, 504.

166 Vgl. *Bayer* ZHR 172 (2008) 25, 37.

167 *Bayer* ZHR 172 (2008) 25, 37.

168 *Handelsrechtsausschuss des DAV* SN 35/13, Anlage Rn. 41, 50.

tien an die ausgleichspflichtige Gesellschaft abzutreten, die zusätzlich zu gewährenden Aktien zu zeichnen, die gem. § 72a UmwG-E zusätzlich zu gewährenden Aktien, baren Zuzahlungen und Entschädigungen in Geld in Empfang zu nehmen sowie alle vom Anspruchsberechtigten abzugebenden Erklärungen abzugeben, soweit diese für den Erwerb der Aktien erforderlich sind (§ 72b Abs. 3 S. 1 UmwG-E).

Der Treuhänder wird jedoch nicht Aktionär oder Eigentümer; vielmehr entstehen die Aktien mit der Eintragung der Durchführung der Kapitalerhöhung unmittelbar in der Person des jeweils anspruchsberechtigten Aktionärs.[169]

5. Exkurs: Erstreckung von Nachbesserungsanspruch und Spruchverfahren auf die Kapitalerhöhung mit Bezugsrechtsausschluss?

Die im Zuge der Umsetzung der GesRRL erfolgende Ausdehnung von Nachbesserungsanspruch und Spruchverfahren auch auf die Anteilsinhaber des übernehmenden Rechtsträgers führt letztlich auch zu einer Verschiebung der Gewichte in der aktien- und umwandlungsrechtlichen Gesamtsystematik. Damit erscheinen insbesondere auch die schon seit Langem erhobenen Forderungen nach einer Ausdehnung von Nachbesserungsanspruch und Spruchverfahren auch auf Kapitalerhöhungen mit Bezugsrechtsausschluss[170] in einem neuen Licht.

Tatsächlich wäre dies mit Blick auf die strukturelle Parallelität von Verschmelzung durch Aufnahme und Kapitalerhöhung gegen Einlagen nur konsequent: Wenn es ausschließlich um die Rüge einer Vermögensverwässerung geht, ist es sachgerecht, deswegen nicht die gesamte Maßnahme scheitern zu lassen, sondern einen reinen Vermögensausgleich im Spruchverfahren vorzusehen.[171] Die hiergegen vorgebrachten dogmatischen und praktischen Einwände sind entweder nicht stichhaltig oder jedenfalls überwindbar.[172]

169 BegrRegE UmRUG, BR-Drs. 371/22, S. 92.

170 Vgl. bereits Beschlüsse der Abteilung Wirtschaftsrecht des 63. DJT 2000, I.12.b); Beschlüsse der Abteilung Wirtschaftsrecht des 72. DJT 2018, II.10; *Baums,* Gutachten zum 63. DJT 2000, F 122 ff.; *Bayer* ZHR 163 (1999) 505 ff.; *Findeisen,* Beteiligungserwerb durch genehmigte Sachkapitalerhöhung, 2009, S. 187; *Hirte* AG 1990, 373, 375 f.; *Hoffmann-Becking* WPg-Sonderheft 2001, 121, 126 f.; *Hoffmann-Becking* AnwBl. 2007, 570, 571; *Hüffer* ZHR 172 (2008) 8 ff.; *Koch,* Gutachten für den 72. DJT 2018, F 65; *Löbbe,* Referat beim 72. DJT 2018, O 29; *J. Vetter* ZHR 168 (2004) 8, 29 ff.

171 Vgl. *Bayer* ZHR 163 (1999) 505, 549; *J. Vetter* ZHR 168 (2004) 8, 31.

172 Ausf. *Bayer* ZHR 163 (1999) 505, 550 f. m.w.N.

Der UmRUG-RegE sieht zwar in § 69 Abs. 3 UmwG-E vor, dass der Kapitalerhöhungsbeschluss zur Durchführung der Verschmelzung nicht wegen des Umtauschverhältnisses angefochten werden kann. Die allgemeine Problematik wird jedoch nicht adressiert. Der UmRUG-RegE wäre indes vielleicht auch nicht der richtige Ort, um diese doch eher grundlegende Frage, die zugleich auch viele Folgefragen aufwirft, „mitzuregeln". Perspektivisch sollte man hierüber aber noch einmal grundlegend nachdenken.

V. Zusammenfassung

1. Durch die UmwRL wurde in der GesRRL für grenzüberschreitende Verschmelzungen, Spaltungen und Formwechsel ein spezielles harmonisiertes Schutzsystem zugunsten der Minderheitsgesellschafter geschaffen; dabei handelt es sich um einen EU-Mindeststandard.
2. Es besteht aus drei Kernelementen:
   a. Austrittsrecht gegen Barabfindung (Art. 86i, Art. 126a Abs. 1–5, 160i Abs. 1–5 GesRRL),
   b. bei grenzüberschreitenden Verschmelzungen und Spaltungen zusätzlich ein Anspruch auf Verbesserung des Umtauschverhältnisses (Art. 126a Abs. 6–7, 160i Abs. 6–7 GesRRL),
   c. Ausschluss der Anfechtung wegen Bewertungsmängeln (Art. 86 h Abs. 5, 126 Abs. 4, 160 h Abs. 5 GesRRL).
3. Die Umsetzung dieser neuen Vorgaben in Deutschland soll durch das UmRUG erfolgen; hierfür hat das BMJ am 20. April 2022 einen Referentenentwurf vorgelegt; am 6.7.2022 folgte der Regierungsentwurf.
4. Austrittsrecht gegen Barabfindung
   a. Wenn die Zielgesellschaft einer grenzüberschreitenden Umwandlung nicht dem deutschen Recht unterliegt, haben die Anteilsinhaber der deutschen Ausgangsgesellschaft ein Recht zum Austritt gegen Barabfindung (§§ 313 Abs. 1 S. 1, 327 S. 1, 340 Abs. 1 S. 1 UmwG-E).
   b. Das Barabfindungsangebot erfolgt im Plan und ist zwingend von einem Sachverständigen zu prüfen.
   c. Anteilsinhaber, die das Barabfindungsangebot annehmen, scheiden mit Wirksamwerden der grenzüberschreitenden Umwandlung *ipso iure* aus; die entsprechenden Anteile werden von der Zielgesellschaft als eigene Anteile erworben.
   d. Der UmRUG-RegE vertritt die (umstrittene) Position, dass die Annahme des Barabfindungsangebot bei GmbH wegen § 15 Abs. 4 GmbHG der notariellen Beurkundung bedarf. Um dies mit der in der GesRRL vorgegeben

Möglichkeit einer elektronischen „Veräußerungserklärung" in Einklang zu bringen, wird eine „Aufspaltungslösung" verankert, die zwischen einer (unverbindlichen) Mitteilung (Frist: 1 Monat nach der Gesellschafterversammlung) und der (verbindlichen und bei GmbH formbedürftigen) Annahme (Frist: 2 Monate nach der Gesellschafterversammlung) differenziert (vgl. §§ 313, 327 S. 1, 340 UmwG-E). Auf der Basis der Prämisse, dass die Annahme bei GmbH einer notariellen Beurkundung bedarf und diese jedenfalls derzeit nicht im Wege einer Online-Beurkundung erfolgen kann, scheint sie jedoch zumindest einstweilen als zweckmäßigste Lösung. Perspektivisch wäre es jedoch wünschenswert, die Online-Beurkundung von GmbH-Geschäftsanteilsübertragungen und Verpflichtungen hierzu zu ermöglichen; dann könnte man insoweit eine einheitliche (elektronische) Annahmeerklärung vorsehen.

e. Ebenso wie bei nationalen Umwandlungen können die Gesellschafter eine gerichtliche Nachprüfung der Barabfindung im Spruchverfahren verlangen; im Gegenzug ist die Anfechtung wegen Bewertungsmängeln ausgeschlossen.

5. Anspruch auf Verbesserung des Umtauschverhältnisses
   a. Nach der GesRRL haben bei grenzüberschreitenden Verschmelzungen und Spaltungen nicht nur die Anteilsinhaber des übertragenden, sondern auch des übernehmenden Rechtsträgers einen Anspruch auf Verbesserung des Umtauschverhältnisses, dafür aber kein Recht zur Anfechtung wegen Bewertungsmängeln. Der UmRUG-RegE setzt dies sinnvollerweise überschießend auch für nationale Verschmelzungen und Spaltungen um (§§ 14 Abs. 2, 15 Abs. 1 S. 1, 125 Abs. 1 S. 1, 305 Abs. 2, 320 Abs. 2 UmwG-E).
   b. Ebenso wie bei nationalen Umwandlungen ist der Anspruch auf Verbesserung des Umtauschverhältnisses auch bei grenzüberschreitenden Verschmelzungen und Spaltungen im Spruchverfahren geltend zu machen.
   c. Das in Art. 126a Abs. 6 UAbs. 1 GesRRL verankerte Konzept, dass die Stellen des Mitgliedstaats, dem die jeweilige Gesellschaft unterliegt, für das „Spruchverfahren" betreffend die Angemessenheit des Umtauschverhältnisses ausschließlich zuständig sind, beschwört bei grenzüberschreitenden Verschmelzungen die Gefahr widersprechender Entscheidungen herauf. Ob insoweit durch eine Gerichtsstandsvereinbarung im Plan Abhilfe geschaffen werden kann, ist unklar. Aus dem *effet utile* des Unionsrechts dürfte sich aber jedenfalls eine Kooperationspflicht der zuständigen nationalen Stellen ergeben. Der UmRUG-RegE sieht vor diesem Hintergrund ausdrücklich vor, dass die deutschen Gerichte mit

den zuständigen Stellen der anderen Mitgliedstaaten zusammenarbeiten dürfen und sollen (§ 6c Abs. 2 SpruchG-E).

d. Gewährung zusätzlicher Anteile oder einer anderen Abfindung (Mitgliedstaatenoption)
   i. Der UmRUG-RegE setzt diese Mitgliedstaatenoption inhaltlich nur partiell um: Er lässt nur die Gewährung zusätzlicher Aktien durch AG, KGaA und SE zu – allerdings im Wege einer überschießenden Umsetzung nicht nur bei grenzüberschreitenden, sondern auch bei nationalen Umwandlungen (§§ 72a, 72b, 125 Abs. 1 S. 1, 142a, 248a, 305 Abs. 2, 320 Abs. 2 UmwG-E, § 10a SpruchG-E).
   ii. Für die Berechnung der Barabfindung sind zwei Methoden denkbar: (i) Herstellung des „richtigen" Umtauschverhältnisses in natura, oder (ii) Ausgleich der Wertdifferenz in Aktien. Der UmRUG-RegE hat sich mit Blick auf Vor- und Nachteile beider Methoden für Methode (i) entschieden.
   iii. Zudem sieht der UmRUG-RegE ein *ex-ante*-Modell vor: Das Ersetzungsrecht muss bereits im Plan ausgeübt werden. Evidenter Vorteil dieser Lösung ist, dass damit für alle Seiten von Anfang an Klarheit besteht. Das Risiko der wirtschaftlichen Entwicklung trägt damit nun freilich die Gesellschaft, wodurch die Option der Gewährung zusätzlicher Aktien *a priori* um einiges weniger attraktiv wird.
   iv. § 72b UmwG-E ermöglicht es, die zusätzlich zu gewährenden Aktien im Wege einer Sachkapitalerhöhung zu schaffen; dies kann auch im Rahmen eines genehmigten Kapitals geschehen.

Angaben zu den Verfassern

Dr. Max **Foerster**, LL.M.eur., Privatdozent an der Ludwig-Maximilians-Universität, München

Dr. Heribert **Heckschen**, Honorarprofessor an der TU Dresden, Notar in Dresden

Dr. Elke **Heinrich**, Max-Planck-Institut für ausländisches und internationales Privatrecht, Hamburg

Dr. Philipp Maximilian **Holle**, wissenschaftlicher Mitarbeiter und Habilitand am Lehrstuhl von Professor Dr. Jens Koch, Rheinische-Friedrich-Wilhelms-Universität Bonn

Ralf **Knaier**, Wissenschaftlicher Referent am Deutschen Notarinstitut in Würzburg und wissenschaftlicher Mitarbeiter am Lehrstuhl für Bürgerliches Recht, Deutsches und Europäisches Handels- und Gesellschaftsrecht (Prof. Dr. Christoph Teichmann) an der Julius-Maximilians-Universität Würzburg

Dr. Helmut **Krenek**, Vorsitzender Richter am Landgericht München I, München

Dr. Stefanie **Leclerc**, Ref. jur. am Hanseatischen Oberlandesgericht

Dr. Jessica **Schmidt**, LL.M., Universitätsprofessorin an der Universität Bayreuth

Dr. Eberhard **Schollmeyer**, LL.M., Ministerialrat im Bundesministerium der Justiz und Leiter des u. a. für das Umwandlungssrecht zuständigen Referats, Berlin

Dr. Claudia **Schubert**, Universitätsprofessorin an der Universität Hamburg

Dr. Sophia **Schwemmer**, Wissenschaftliche Assistentin am Institut für ausländisches und internationales Privat- und Wirtschaftsrecht der Ruprecht-Karls-Universität Heidelberg

Dr. Christoph **Teichmann**, Universitätsprofessor an der Julius-Maximilians-Universität-Würzburg

Dr. Christoph **Thole**, Universitätsprofessor an der Universität zu Köln

Dr. Susanne **Zwirlein-Forschner**, Rechtsanwältin in München und Lehrbeauftragte an der Ludwig-Maximilians-Universität, München

Sachregister

https://doi.org/10.1515/9783110780895-016

www.ingramcontent.com/pod-product-compliance
Lightning Source LLC
LaVergne TN
LVHW010644300926
849161LV00005B/1033
9783110780802